佐原の河岸（香取市）

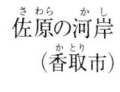

香取の海の支配
（本佐倉城，印旛郡酒々井町）

鯨の万祝（館山市）　　ツチクジラの解体（南房総市）

建物

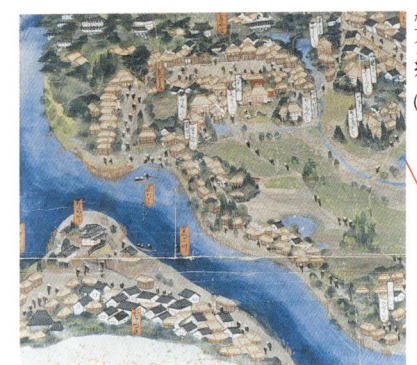

大師典八十八箇所寺
郷路方角大穀図
(野田市昌福寺)

旧鉄道聯隊材料廠煉瓦建築(千葉市)

上総国分尼寺跡に復元された
中門(市原市)

石堂寺多宝塔
(南房総市)

旧御子神家住宅
(印旛郡栄町千葉県立房総のむら)

成田国際空港(成田市)

渡辺家住宅(夷隅郡大多喜町)

笠森観音(長生郡長南町)

人物

日蓮著『立正安国論』
(市川市中山法華経寺)

日蓮像
(鴨川市清澄寺)

菱川師宣(現,安房郡鋸南町生れ)筆
「見返り美人図」

雄誉上人像とハングル四面石塔(館山市大巌院)

浅井忠(現,佐倉市出身)筆「漁婦」

伊能忠敬(現,香取市出身)作製
「大日本沿海輿地全図」(部分)

伊藤左千夫(現,山武市生れ)生家と
自筆歌碑

佐藤泰然の開いた旧佐倉順天堂
(佐倉市佐倉順天堂記念館)

> 美術・工芸

銅造薬師如来坐像
(印旛郡栄町龍角寺)

梵鐘
(松戸市本土寺)

金鈴塚古墳出土遺物(木更津市)

金鈴

金銅製透彫金具

頭椎大刀柄頭

波の伊八(武志伊八郎信由)作
「龍三体の図欄間」(長生郡長南町称念寺)

十一面観音坐像（香取市観福寺）

海獣葡萄鏡（香取市香取神宮）

古瀬戸黄釉狛犬（香取市香取神宮）

山下りん制作の聖画（イコン，匝瑳市須賀正教会）

鬼来迎の面（山武郡横芝光町広済寺）

もくじ　　赤字はコラム

県都となった千葉市

❶ 千葉氏ゆかりの町-- 4
　千葉神社／千葉氏／千葉教会／亥鼻城跡／千葉寺／月ノ木貝塚／栄福寺／東寺山貝塚／貝塚／加曽利貝塚／千葉公園／大日寺

❷ 海辺の別荘地稲毛から幕張------------------------------------- 16
　浅間神社／旧神谷伝平衛稲毛別荘／園生貝塚／駒形大仏／犢橋貝塚／天福寺／大賀蓮発掘碑／甘藷試作地

❸ 御成街道と土気の中世城郭---------------------------------- 23
　御茶屋御殿跡／妙興寺／本城寺／東光院／恕閑塚／土気城跡／善勝寺／荻生道遺跡／大椎城跡

❹ 小弓公方とその城跡-- 31
　大巌寺／生実城跡／大覚寺山古墳／小弓城跡／長徳寺／本行寺／千葉の鉄道

津で栄えた内房

❶ 上総国府と菊間古墳群--- 40
　飯香岡八幡宮／菊間古墳群／府中日吉神社／上総国分尼寺跡／国分僧寺と国分尼寺／上総国分寺跡／稲荷台1号墳／神門古墳群

❷ 養老川をさかのぼる-- 48
　小湊鉄道蒸気機関車／鶴峯八幡宮／橘禅寺／鶴舞藩庁跡／高滝神社／西願寺／姉崎古墳群／椎津城跡

❸ 海運の町木更津と小櫃川流域--------------------------------- 56
　選擇寺／長楽寺／金鈴塚古墳／上総大寺廃寺跡／飽富神社／真里谷城跡／久留里城跡

❹ 東京湾海防の要富津岬と小糸川周辺-------------------------------- 64
　九十九里廃寺跡／三島神社／富津陣屋跡と元洲堡塁砲台跡／内裏塚古墳群／房総のやぐら／弁天山古墳

❺ 鹿野山と鋸山の山並み-- 69
　神野寺／佐貫城跡／東明寺／江戸湾海防／十夜寺／三柱神社／金谷神社

川にはぐくまれた東葛飾

❶ 千葉・成田・木下の三街道-- 78
　飛ノ台貝塚／船橋大神宮／西福寺／谷津干潟／鷺沼城址公園／藤崎堀込貝塚／二宮神社／陸軍演習用囲壁／住宅団地発祥の碑／大和田排水機場／印旛沼と手賀沼の干拓／正覚院／小金牧野馬土手／房総の牧と開墾／鎌ヶ谷宿／関東大震災犠牲同胞慰霊碑

❷ 市川に古代のかおりを求めて--------------------------------------- 90
　中山法華経寺／葛飾八幡宮／手児奈霊堂／下総国分寺跡／国府と郡家／里見公園／堀之内貝塚／国府台合戦／本行徳の常夜灯／徳願寺／旧大塚家住宅

❸ 水戸街道の宿場と手賀沼--------------------------------------- 102
　戸定が丘歴史公園／萬満寺／本土寺／善光寺／近藤勇陣屋跡／一茶双樹記念館／覚王寺／布施弁財天／萬福寺／志賀直哉邸跡／鳥の博物館／日秀西遺跡／竹内神社／弘誓院

❹ 関宿藩と醸造都市野田-- 113
　実相寺／宗英寺／関宿城跡／常敬寺／旧花野井家住宅／平将門の乱／旧茂木佐平治邸／髙梨氏庭園／山崎貝塚／利根運河

内海に開かれた印旛

❶ 蘭学で知られる城下町佐倉--------------------------------------- 126
　海隣寺／佐倉城跡／麻賀多神社／佐倉武家屋敷／甚大寺／佐倉藩の洋学／旧堀田正倫邸・庭園／旧佐倉順天堂／佐倉高校鹿山文庫・記念館

❷ 上杉謙信もおとせなかった臼井城----------------------------- 135
　謙信一夜城跡／長源寺／雷電の墓／中世の街道「下総道」／臼井城跡／師戸城跡／井野長割遺跡

もくじ

❸ 戦国の城下町本佐倉-- 141
　将門神社／本佐倉城跡／義民／宗吾霊堂／麻賀多神社／薬師寺
❹ 空の玄関成田と白鳳の里-- 146
　成田山新勝寺／三里塚御料牧場記念館／龍角寺／房総の古墳／龍角寺古墳群
❺ 軍靴の響きから文化の町へ-- 152
　ルボン山／鹿渡城跡／物井古屋城跡
❻ 印旛沼西域の仏と御堂-- 155
　松虫寺／宝珠院観音堂／結縁寺／滝田家住宅／来迎寺

香取の海と北総台地

❶ 小江戸佐原と香取神宮-- 164
　伊能忠敬旧宅／伊能図の基盤／佐原の町並み／東薫酒造・馬場酒造と小堀屋本店／両総用水第1揚水機場／観福寺／香取の海の水運／香取神宮
❷ 中世文化のかおる北総-- 172
　龍正院／神崎神社／大慈恩寺／日本寺／寺田屋本家／しゃくし塚古墳／山倉大神
❸ 農村文化の華開く東総-- 178
　三之分目大塚山古墳／佐藤尚中誕生地／城山公園／良文貝塚／諏訪神社／東大社／福聚寺／大原幽学／大原幽学遺跡／宮負定雄旧宅
❹ 海運と舟運で栄えた銚子-- 185
　猿田神社／中島城跡／海上八幡宮／妙福寺／圓福寺／銚子漁港／犬吠埼灯台／常灯寺

九十九里の海辺

❶ 椿海干拓地の周辺-- 196
　見広城跡／玉崎神社／椿海干拓地／網戸城跡
❷ 檀林と鬼来迎の里-- 201
　飯高檀林／福善寺／脱走塚／須賀正教会／薬師寺／広済寺
❸ はにわ道に古墳文化のかおりを求めて-------------------------------- 208
　観音教寺／殿塚古墳・姫塚古墳／坂田城跡／海保漁村生誕地／大堤権現塚古墳

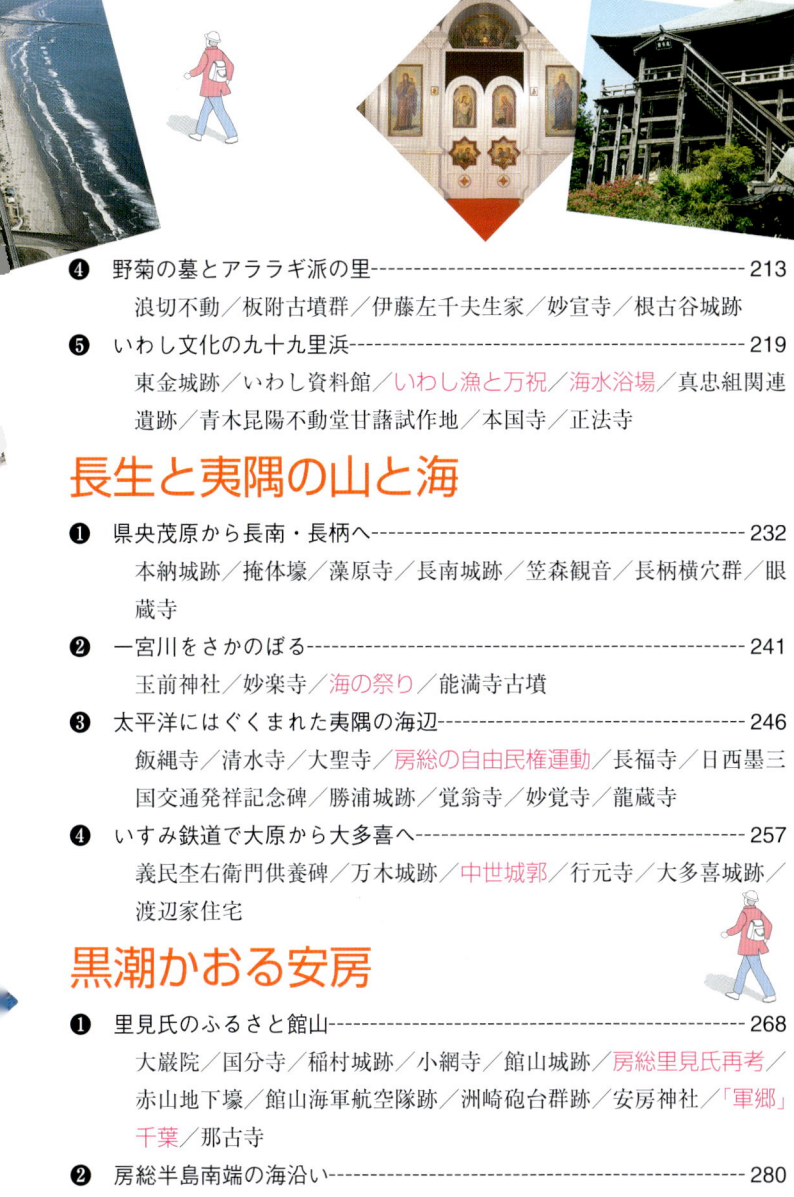

❹ 野菊の墓とアララギ派の里 -- 213
　浪切不動／板附古墳群／伊藤左千夫生家／妙宣寺／根古屋城跡
❺ いわし文化の九十九里浜 --- 219
　東金城跡／いわし資料館／いわし漁と万祝／海水浴場／真忠組関連
　遺跡／青木昆陽不動堂甘藷試作地／本国寺／正法寺

長生と夷隅の山と海

❶ 県央茂原から長南・長柄へ -- 232
　本納城跡／掩体壕／藻原寺／長南城跡／笠森観音／長柄横穴群／眼
　蔵寺
❷ 一宮川をさかのぼる --- 241
　玉前神社／妙楽寺／海の祭り／能満寺古墳
❸ 太平洋にはぐくまれた夷隅の海辺 --------------------------------- 246
　飯縄寺／清水寺／大聖寺／房総の自由民権運動／長福寺／日西墨三
　国交通発祥記念碑／勝浦城跡／覚翁寺／妙覚寺／龍蔵寺
❹ いすみ鉄道で大原から大多喜へ ----------------------------------- 257
　義民杢右衛門供養碑／万木城跡／中世城郭／行元寺／大多喜城跡／
　渡辺家住宅

黒潮かおる安房

❶ 里見氏のふるさと館山 -- 268
　大巌院／国分寺／稲村城跡／小網寺／館山城跡／房総里見氏再考／
　赤山地下壕／館山海軍航空隊跡／洲崎砲台群跡／安房神社／「軍郷」
　千葉／那古寺
❷ 房総半島南端の海沿い -- 280
　野島埼灯台／小松寺／真野寺／クジラのたれ／石堂寺

もくじ

❸ 黒潮にはぐくまれた鴨川の海岸--286
鴨川大山千枚田／吉保八幡神社／仁右衛門島／鏡忍寺／清澄寺／日蓮／誕生寺

❹ 国中から東京湾に沿って---293
宝珠院／大房岬砲台跡／天神社／源頼朝上陸地／菱川師宣誕生地／菱川師宣／日本寺

発刊に寄せて／あとがき／編集を終えて／千葉県のあゆみ／地域の概観／文化財公開施設／無形民俗文化財／おもな祭り／有形民俗文化財／無形文化財／散歩便利帳／参考文献／年表／索引

[本書の利用にあたって]

1. 散歩モデルコースで使われているおもな記号は，つぎのとおりです。なお，数字は所要時間(分)をあらわします。

   ・・・・・・・・・・・・・・・・ 電車　　　　　　======= 地下鉄
   ——————— バス　　　　　　・・・・・・・・・・・・・・・・・・・ 車
   ------------- 徒歩　　　　　　～～～～～～～ 船

2. 本文で使われているおもな記号は，つぎのとおりです。

   | 大 | 徒歩 | 🚌 | バス | P | 駐車場あり |
   | 車 | 車 | 船 | 船 | ✈ | 飛行機 |

   〈M ▶ P.○○〉は，地図の該当ページを示します。

3. 各項目の後ろにある丸数字は，章の地図上の丸数字に対応します。

4. 本文中のおもな文化財の区別は，つぎのとおりです。
   国指定重要文化財＝(国重文)，国指定史跡＝(国史跡)，国指定天然記念物＝(国天然)，国指定名勝＝(国名勝)，国指定重要有形民俗文化財・国指定重要無形民俗文化財＝(国民俗)，国登録有形文化財＝(国登録)
   都道府県もこれに準じています。

5. コラムのマークは，つぎのとおりです。

泊	歴史的な宿	憩	名湯	食	飲む・食べる
み	土産	作	作る	体	体験する
祭	祭り	行	民俗行事	芸	民俗芸能
人	人物	伝	伝説	産	伝統産業
‼	そのほか				

6. 本書掲載のデータは，2019年1月現在のものです。今後変更になる場合もありますので，事前にお確かめください。

Chibashi

県都となった千葉市

千葉神社の祭礼，だらだら祭り

千葉港のシンボル，ポートタワー

①千葉神社	⑥栄福寺	⑪浅間神社	⑮犢橋貝塚
②千葉教会	⑦東寺山貝塚	⑫旧神谷伝平衛稲毛別荘	⑯天福寺
③亥鼻城跡	⑧加曽利貝塚	⑬園生貝塚	⑰大賀蓮発掘碑
④千葉寺	⑨千葉公園	⑭駒形大仏	⑱甘藷試作地
⑤月ノ木貝塚	⑩大日寺		⑲御茶屋御殿跡

県都となった千葉市

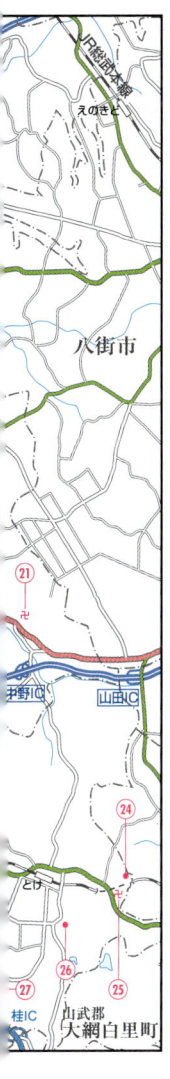

◎千葉市散歩モデルコース

1. JR総武線千葉駅 15 千葉神社 4 千葉市美術館・旧川崎銀行千葉支店 10 千葉教会 2 胤重寺 3 亥鼻城跡・千葉市立郷土博物館 5 七天王塚 10 都川給水塔 10 千葉県立青葉の森公園・千葉県立中央博物館 20 千葉駅

2. JR総武線西千葉駅 10 大日寺・来迎寺 3 千葉経済大学(旧鉄道聯隊材料廠煉瓦建築) 10 宗胤寺 3 千葉公園 10 女子師範学校跡の祈念碑 5 千葉機関区跡の記念碑 1 JR総武線千葉駅

3. 千葉都市モノレール千城台駅 15 提灯塚 8 金親町長屋門 5 御茶屋御殿跡 5 千城台駅 5 千葉都市モノレール桜木駅 5 加曽利貝塚 15 桜木駅

4. 京成千葉線京成稲毛駅 5 浅間神社 1 稲毛公園 1 千葉市民ギャラリーいなげ(旧神谷伝平衛稲毛別荘) 3 千葉市ゆかりの家・いなげ 3 民間航空発祥記念碑 1 千葉トヨペット本社(旧勧業銀行本店) 10 京成稲毛駅

5. JR総武線新検見川駅 25 天福寺 20 大賀蓮発掘碑 10 子安神社 25 真蔵院 5 三代王神社 15 青木昆陽甘藷試作地 1 京成千葉線京成幕張駅

6. JR総武線千葉駅 30 大巌寺 15 重俊院 3 生実神社(生実城跡) 10 大覚寺山古墳 1 千葉市埋蔵文化財調査センター 5 小弓城跡・八剣神社 5 大百池 15 京成千原線学園前駅

⑳妙興寺
㉑本城寺
㉒東光院
㉓恕開塚
㉔土気城跡
㉕善勝寺
㉖荻生道遺跡
㉗大椎城跡
㉘大巌寺
㉙生実城跡
㉚大覚寺山古墳
㉛小弓城跡
㉜長徳寺
㉝本行寺

1 千葉氏ゆかりの町

加曽利貝塚や，中世の武士団千葉氏関連の史跡を有する県都千葉市には，近代建築や戦争関連の遺構もある。

千葉神社 ❶
043-224-2211

〈M▶P.2,7〉千葉市 中央区院内1-16-1 P
JR総武線千葉駅 🚶15分

妙見信仰の拠点
毎年8月16〜22日にだらだら祭り

千葉神社本殿

駅前通りから東に500mほどいくと，千葉神社（祭神北辰妙見尊星王）がある。神社の前身は，千葉常重が1126（大治元）年に居館を千葉の地に移したのに伴い，妙見菩薩をまつった北斗山尊光院金剛授寺とされる。妙見菩薩は北極星・北斗七星を神格化したものであり，千葉氏の祖先の平良文以来，千葉氏一族の守護神とされてきた。この寺は，一般に妙見寺または妙見宮とよばれ，千葉宗家が滅んだ後も信仰を集めてきた。明治の神仏分離により千葉神社となったが，現在も妙見信仰の中心的な役割をになっている。毎年8月16〜22日に行われる妙見大祭は，別名「だらだら祭り」といわれ，常重が妙見菩薩を遷したときにはじまったと伝えられている。

神社南側の公園は，現在稲毛区轟町に移転した大日寺（真言宗）の跡地であり，そこから1963（昭和38）年，「下総国相馬郡安楽寺」（現，茨城県龍ケ崎市川原代町），「康永三（1344）年」の銘文がある高さ104cmの梵鐘が出土した。その由来は不明であるが，当

千葉氏略系図

```
                                    (上総氏)
              (平氏)  (1代略)─将門         ┌(2代略)─広常
桓武天皇─(2代略)─高望─良文─(1代略)─忠常─(2代略)┤
                                    └(1代略)─常重─常胤─(1代略)┐
                                                    (千葉氏)    │
┌───────────────────────────────────────────────────────────────┘
│(上総千葉氏)
├(1代略)─秀胤─宗胤(肥前千葉氏)
└(4代略)─┬胤宗─(3代略)─(1代略)─胤直─直重(北条氏政5男)
         └康胤─(9代略)─重胤           ══ 養子関係
```

県都となった千葉市

千葉氏

コラム 人

両総の中世を生き抜いた武士団

千葉氏は平高望の子良文を祖とする桓武平氏の一族であり、良文から7代目の常重が、1126（大治元）年に下総国千葉郡に拠点を移し、千葉荘を本領としたころから千葉氏を称するようになったとされる。その間、良文の孫の平忠常が、1028（長元元）〜31年に房総地方でおこした反乱が、源頼信によって鎮定されて以来、良文流の両総平氏は清和源氏の家人として、重要な役割をになうようになっていた。

1180（治承4）年、石橋山の戦いに敗れた源頼朝が安房にのがれた際に、千葉常胤は約300騎を率いて参陣し、頼朝から厚い信頼をかち得た。常胤参陣の背景としては、千葉氏の所領相馬御厨が、平氏政権と結んだ常陸の佐竹氏によって奪われていたことがあげられる。

なお、このとき遅れて参陣した同族の上総介広常は、約2万騎を率いたとされ、この時点での両総平氏の本宗は上総氏であったことがうかがわれる。それが、1183（寿永2）年に頼朝の命で広常が誅殺されたことで、常胤がその遺領を継承し、千葉氏は鎌倉幕府屈指の御家人になったのである。

また、常胤は平氏追討や奥州藤原氏との戦いにも軍功をあげ、下総国守護に加えて、北は奥州から南は薩摩に至る全国各地に所領を獲得し、千葉氏発展の基礎を築いた。

鎌倉時代にはいって、下総国守護職を世襲する千葉宗家に対して、上総氏の遺領を継承した上総千葉氏が宗家をしのぐ勢いを示し、常胤の曽孫にあたる秀胤は評定衆に列せられた。しかし、1247（宝治元）年の宝治合戦で、三浦泰村が5代執権北条時頼に討たれると、秀胤はこれに連座して滅ぼされた。

その後、千葉宗家は、蒙古襲来に備えて九州に下向した宗胤の子孫が、肥前千葉氏となり、宗胤の弟胤宗が下総千葉宗家をつぐことになった。しかし、15世紀中ごろの享徳の乱のなかで、胤直は叔父の馬加康胤に滅ぼされ、千葉宗家は康胤の系統に移った。

その際、千葉城は落城し、千葉氏の居城はそれ以降本佐倉城となった。

戦国時代にはいると千葉氏の勢力は衰え、北条氏の支配下に属することになり、北条氏政の子直重が千葉氏を継承した。1590（天正18）年に豊臣秀吉の小田原攻めがはじまると、千葉氏の軍勢は小田原城に籠城し、北条氏滅亡とともに、千葉宗家は滅亡した。

千葉氏ゆかりの町

時，相馬郡は千葉氏一族の相馬氏の所領であった。梵鐘は，現在千葉市立郷土博物館に所蔵されている。

京成千葉線新千葉駅近くの登渡(とわたり)神社は，金剛授寺から妙見菩薩を勧請(かんじょう)し「登戸(のぶと)の妙見宮」とよばれていた。現在の社殿は1850(嘉永3)年にたてられ，小間板(こまいた)の彫刻は信州の名匠立川和四郎富昌(たてかわわしろうとみまさ)の作といわれている。

千葉神社前の国道126号線を南に進むと，中央区役所の建物のなかに，浮世絵の収集に力をいれている千葉市美術館がある。その1階部分には，1927(昭和2)年に建てられた旧川崎(かわさき)銀行千葉支店の一部が，改修のうえ，新しい建築物で包み込む鞘堂(さや)方式で保存されている。建物のなかは，10本の円柱を並べたネオルネサンス様式の空間になっている。

千葉教会 ❷
043-224-5620
〈M▶P.2,7〉千葉市中央区市場9-20
JR総武線千葉駅🚌大厳寺行県庁前(だいがんじ)(けんちょうまえ)🚶1分

千葉市最古の教会
設計はドイツ人

バス停から道沿いに北へ少し進むと日本キリスト教団千葉教会教会堂(県文化)がある。木造ゴシック様式の教会堂は，京都市の同志社クラーク館を設計したドイツ人技師リヒャルト・ゼールの設計によって1895(明治28)年に建てられた。建設にはハンマービーム工法とドイツ小屋組工法が用いられている。ハンマービームとは，14世紀なかばごろ，イギリスの教会で用いられたスパンを広げるための工法で，明治時代になって日本にも紹介された。1911(明治44)年に台風で塔がこわれ，一部改築されたが，明治時代の工法を伝える貴重な建物である。

千葉教会

千葉県立中央図書館の北隣には，胤重寺(いんじゅうじ)(浄土宗)がある。境内の墓地には，千葉常胤(つねたね)の3男武石胤盛(たけいしたねもり)の子胤重(たねしげ)の墓と，柔術の戸塚派楊心流(とつかはようしんりゅう)流祖戸塚彦介英俊(ひこすけひでとし)と二代英美(ひでよし)の墓(県史跡)がある。英俊は江戸時代末

期の柔術家で，その子英美は明治時代前期に，現在の中央区中央1丁目に道場を開いて，千葉県に柔術を広めた。そのほか境内には，塩を奉納すると効能があるというイボ取り地蔵(塩地蔵)がある。

県立中央図書館から道沿いに南へ約250m進むと，丹後堰用水(たんごせき)の一部が残っている。1613(慶長18)年，寒川村(現，寒川町)の布施丹後守常長(たんごのかみつねなが)が，寒川方面に水をとおすため，13年の歳月と延べ7000人の人足を動員して，都川(みやこ)に堰(せき)を設け水路をひいた。千葉寺には常長がつくった多宝塔があり，星久喜(ほしぐき)の丹後堰公園には記念碑がある。

亥鼻城跡(いのはなじょうあと) ❸
043-222-8231(郷土博物館)
〈M▶P.2,7〉千葉市中央区亥鼻1-6-1　ⓟ(郷土博物館)
千葉都市モノレール県庁前駅🚶10分

千葉県立中央図書館から北へ50m進み，東の坂をのぼると台地の上に千葉市立郷土博物館がある。この亥鼻山とよばれる台地が亥鼻城跡で，博物館付近が主郭(しゅかく)であった。亥鼻城は，千葉常胤(つねたね)の父常重(つねしげ)が上総から移ってのち，1454(享徳3)年に一族の内紛で落城し廃城となるまで，千葉氏一族の本拠地であったと伝えられてきた。しかし近年の研究で，その館(やかた)は現在の千葉地方裁判所付近にあったとする説が有力になってきている。現在残されている堀や土塁(どるい)は，15世紀後半に生実城(おゆみ)を本拠地としていた原氏(はら)によって築かれた可能性が強い。なお，博物館は天守閣を模しているが，亥鼻山に天守閣がつくられたことはない。

郷土博物館に近接する千葉大学医学部の構内は，亥鼻城の外郭(がいかく)とされている。その南東には平将門(たいらのまさかど)の七騎武者の墓とする伝説をもつ七天王塚(しちてんのう)とよばれる7つの塚が点在している。この塚が取り囲む地点で，2002(平成14)年に発掘調査が行われ，長さ28mほどのホタ

テ貝形の前方後円墳がみつかり注目された。墳丘は失われていたが、周溝と石室が残っており、人骨・金環(耳飾り)・鉄鏃(やじり)・馬具の轡・須恵器などが出土した。石室は3号塚の脇に復元されている。

　その後、前方後円墳がもう1基確認され、台地上に古墳群が存在した可能性がでてきた。このことから、これまで亥鼻城の土塁の残存とする説が有力であった七天王塚も、古墳の可能性が考えられるようになった。谷をはさんで南側の千葉県立青葉の森公園内には荒久古墳がある。この古墳は横穴式石室をもつ一辺20mの方墳で、7世紀前半の豪族の墓と推定される。

　県立青葉の森公園内には、「房総の自然と人間」をテーマに1989(平成元)年に開館した千葉県立中央博物館がある。ここには、江戸時代に香取郡萬歳村(現、旭市干潟町)の数学者花香安精とその一門が収集した和算関係の書籍443冊からなる房総数学文庫(県文化)がある。

　七天王塚から矢作方向に向かうと、千葉県水道局千葉浄水場の千葉高架水槽(国登録)がみえる。1937(昭和12)年に建築されたこの給水塔は、正十二角形の5階建てで、最上階にバルコニーがめぐらされたアール・デコ風の外観をもち、現役で稼働している。塔のまわりには縄文時代の大型馬蹄形貝塚である矢作貝塚がある。

千葉寺 ❹
せんようじ
043-261-3723

〈M▶P.2,7〉千葉市中央区千葉寺町161　P
JR総武線千葉駅 大網街道方面行千葉寺 🚶 すぐ

千葉氏の加護をうけた市内最古の寺院

千葉寺本堂

バス停の目の前に千葉寺(真言宗)がある。8世紀初めの創建とされ千葉市内でも古い寺院として知られている。これまでの発掘調査により、8世紀中ごろの製作とみられる軒丸瓦や12世紀後半の経

梅竹透釣灯籠

筒・青白磁の合子(県文化)などが出土している。

1160(永暦元)年,落雷によって伽藍が焼失したが,1192(建久3)年に千葉常胤が源頼朝の命により再建し,千葉氏の保護をうけた。門前の民家から出土した青銅製の梅竹透釣灯籠(国重文,東京国立博物館蔵)は,笠の銘文から,1550(天文19)年に千葉氏の一族原氏によって奉納されたことがわかっている。その後,江戸時代には,幕府から100石の領地をあたえられた。仁王門と鐘楼は,1828(文政11)年に建立されたものである。

寺では,明治時代の初めまで,住民が大晦日の晩に覆面をして集合し,代官への不満や悪口を言い合い,みんなで大笑いする千葉笑いという行事が伝えられていた。

本堂の前には,樹齢1000年余りといわれる高さ30mをこえる大公孫樹(県天然)がたっている。

月ノ木貝塚 ❺

〈M▶P.2〉千葉市中央区仁戸名町289-1
JR総武線千葉駅🚌川戸行星久喜🚶3分

国指定史跡 大規模な馬蹄形貝塚

バス停から南側の台地をのぼると,月ノ木貝塚(国史跡)がある。貝塚は,東西約150m・南北約200mの東側に開口部がある大規模な馬蹄形で,残存状態もよい。1951(昭和26)年に約300㎡が調査され,縄文時代中期の竪穴住居が4軒確認されたほか,縄文土器や石器以外に,骨鏃・土錘・貝製腕輪・土製耳飾りなど豊富な遺物が出土した。

谷をはさんだ南東側の台地上にはへたの台貝塚がある。縄文時代中期の貝塚で,直径約100mの環状に小貝塚が並んでいる。さらに1kmほどの範囲には大宮戸貝塚や道免貝塚,高崎台貝塚など縄文時代中・後期の貝塚が点在している。

月ノ木貝塚から南へ向かい大網街道をこえると,松ヶ丘小学校のさきに仁戸名市民の森がある。ここは庚塚古墳群とよばれ,最大で23mの規模をもつ大小16基の円墳が確認されている。発掘調査は

千葉氏ゆかりの町

行われていないが，いずれも古墳時代後期のものと考えられている。

栄福寺 ❻
043-261-4686

〈M ▶ P.2〉千葉市若葉区大宮町3869 Ⓟ
JR総武線千葉駅🚌千城局 経由大宮市民の森行大宮学園入口🚶 5分

千葉氏ゆかりの燈籠と妙見縁起

　バス停から南へ進むと栄福寺(天台宗)がある。1130(大治5)年に千葉氏の家臣坂尾五郎治が，当地に妙見堂を建立し，妙見菩薩をまつったのが前身とされている。寺には金銅透彫六角釣燈籠と紙本著色千葉妙見大縁起絵巻(ともに県文化，千葉市立郷土博物館保管，非公開)が伝わっている。燈籠は高さ24.2cmで，六面すべてに千葉氏の家紋の九曜星紋が透し彫りされ，底面に千葉氏の一族で臼井城主であった原胤栄により，1574(天正2)年に妙見堂に寄進されたことが墨書されている。また妙見大縁起絵巻は，千葉氏が妙見菩薩の加護によって数度の合戦に勝利した様子を絵物語としてあらわしたもので，4巻計32mの大作である。奥書には，1532(享禄元)年に詞書がつくられ，1550(天文19)年に絵巻物としたこと，さらに，1678(延宝6)年に絵を描き直したことが記されている。

東寺山貝塚 ❼

〈M ▶ P.2, 12〉千葉市若葉区みつわ台1-18
千葉都市モノレールみつわ台駅🚶 5分

大型環状貝塚クジラの脊椎骨出土

　駅から南東方向に5分ほど歩いたみつわ台団地の南側にみつわ台第一公園がある。ここには，縄文時代中・後期を中心とする直径約130mの大型環状貝塚である東寺山貝塚(県史跡)が保存されている。鹿島神社付近や，葭川によって開かれた谷に面した斜面一帯に貝層がみられる。クジラの脊椎骨が採集されており，桜木町の千葉市立加曽利貝塚博物館に展示されている。

　駅からモノレール沿いに東へ進むと，北側の台地上に殿山ガーデンがある。ここは，廿五里城跡の主郭部分にあたり，虎口，土塁，空堀，腰曲輪が点在している。

　千葉都市モノレール建設に伴う発掘調査により，城館の遺構の下から，14世紀前半から16世紀前半にかけての墓地が発見され，土壙墓や火葬骨をおさめた骨蔵器，板碑，経典の一部を書いた墨書土器などが出土した。さらに，墓域の端に残っていた塚のなかには，常滑産の甕棺が埋められていた。

貝塚

コラム

縄文貝塚の密集地域　多数の大型貝塚が存在

　縄文時代の貝塚は，全国で2000カ所余り存在し，そのうちの約6割が関東地方に分布している。とくに東京湾周辺と利根川下流域から霞ヶ浦にかけての地域が，もっとも集中する地域である。

　今から約6000〜5000年前，縄文海進とよばれる海面上昇により，東京湾奥部と利根川下流域に，奥東京湾，古鬼怒湾がそれぞれ形成された。そして，海面上昇の終息とその後の海面低下により，貝の繁殖に適した砂質・砂泥質の遠浅の海浜が発達したことが，この地域に貝塚が濃密に分布する要因となった。

　千葉県内には約500カ所の貝塚があるが，多くは小型である。しかし，市川市から市原市に至る地域には，ハマグリ・アサリ・イボキサゴなどを中心として，縄文時代中期から後期の間に形成された，直径100mをこす馬蹄形や環状の貝塚が多数存在する。これらの大型貝塚は，東京に近かったこともあり，明治時代から縄文文化研究の場となった。

　貝塚は，縄文人が捨てた貝が層をなしているため，そこに含まれるものの新旧関係を容易に判断することができる。そのため，縄文土器の編年を組みたてるうえで，貝塚の調査は重要であった。

　県内には，加曽利E式・加曽利B式，堀之内式など，土器型式名となった貝塚が複数存在する。

　また，貝塚では，本来の酸性土壌では溶けて消滅してしまう人骨や，食べかすである獣骨・魚骨，さらに釣針・モリ・ヤスなどの骨角器が，貝殻のカルシウムで残るため，縄文人の食料や道具がより具体的に分析できる。

　さらに，立地や規模，存続期間，住居跡などの遺構，出土遺物の分析により，個々の遺跡の性格（どのようなムラなのか，作業場なのかなど）を検討することができる。その結果，縄文人の生業の全体像や，遺跡間の相互関係をあきらかにすることも可能である。

　また，廿五里城跡の中心部には，縄文時代の廿五里南貝塚が，その北側約100mのところに廿五里北貝塚があり，いずれも100m前後の環状貝塚を形成している。廿五里城跡の北には，葭川の水源となる湧水があり，紅嶽弁財天がまつられている。

加曽利貝塚 ❽
043-231-0129
〈M ▶ P. 2, 12〉千葉市若葉区桜木町163　Ｐ
千葉都市モノレール桜木駅🚶5分

　駅からモノレール沿いに約500m進み，南側へはいると加曽利貝塚がある。直径140mの環状をした縄文時代中期を中心とする北貝

千葉氏ゆかりの町

塚と，直径190mの馬蹄形をした縄文時代後期を中心とする南貝塚によって構成され，両者をあわせると8の字状をした全国でも最大規模の貝塚である。縄文時代早期末から晩期末まで存続したこの遺跡からは，貝塚以外にも120軒以上の竪穴住居跡や複数の墓域，大型竪穴などの遺構が発見され，土器・石器をはじめとする道具類や装身具など，大量の遺物が出土している。なかでも加曽利B式（中期後半），加曽利E式（後期中ごろ）と名づけられた土器は，縄文時代の時代区分を示す土器型式名に採用されている。

加曽利貝塚

2017（平成29）年に縄文時代の遺跡としては全国で4例目，貝塚としてははじめて，約15.1haが国の特別史跡に指定された。敷地内にたてられた千葉市立加曽利貝塚博物館には，発掘された土器などの遺物が展示され，縄文時代の人びとの暮らしがわかりやすく説明されている。さらに，北貝塚・南貝塚にそれぞれ貝層断面観覧施設があり，貝層の違いをみることができる。北貝塚には発掘された竪穴住居跡群をそのままの状態で観察できる施設もある。

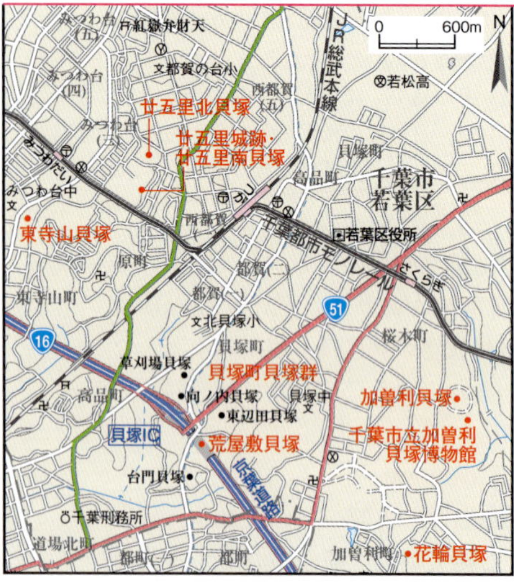

都賀駅周辺の史跡

荒屋敷貝塚

加曽利貝塚から約2kmほど西側の京葉道路貝塚トンネルの上に、広い緑地がある。ここが荒屋敷貝塚(国史跡)である。1970(昭和45)年の京葉道路建設の事前調査で、南に開口部がある直径約160mの馬蹄形貝塚を伴う、縄文時代中・後期を中心とする遺跡であることが判明した。当初、荒屋敷貝塚は取りこわされる計画であったが、市民・学者らの運動により道路をトンネルにして保存されることになった。

荒屋敷貝塚がある幅500m・長さ1kmの舌状台地上には、台門貝塚・草刈場貝塚という中・後期の大型貝塚と小貝塚が密集して形成され、貝塚町貝塚群とよばれている。貝塚がこのように密集しているのは、全国的にも珍しい。

加曽利貝塚から南東へ約1kmのところにも縄文時代中・後期を中心とする花輪貝塚(国史跡)がある。直径約120mの環状貝塚である。

千葉公園 ❾
043-251-5103(公園管理事務所)
〈M▶P.2.14〉千葉市中央区弁天3-1
千葉都市モノレール千葉公園駅 1分

鉄道連隊演習場跡
大賀蓮の綿打池

駅の西側に市民の憩いの場ともなっている千葉公園がある。この地は、1918(大正7)年から第二次世界大戦終結まで鉄道第一連隊の演習場であった。正門左手の公園事務所の裏には工事演習用のトンネルがあり、さらに広場を隔てた向かい側には、架橋演習のためのコンクリート製の橋脚やウインチ台の一部も現存している。公園内の綿打池では7月に、古代の蓮を復活させた大賀蓮の花(県天然)がみられる。

千葉公園の正門をでて、国道16号線をわたった東側

大賀蓮の花

千葉氏ゆかりの町

旧気球連隊の格納庫(現,川光倉庫)

の椿森公園の北側には鉄道大隊の記念碑があり、公園内には将校集会所の庭園の築山が残されている。また、千葉公園から約600m北側にある千葉経済大学のキャンパス内には、機関車の組み立て工場だった赤煉瓦造りの旧鉄道聯隊材料廠煉瓦建築(県文化)とレールの一部が残っている。大学周辺の轟町の名も軍靴の音が轟くことに由来するといわれている。

稲毛区作草部町の都賀小学校の近くにある川光倉庫には、旧気球連隊の格納庫が残っている。気球連隊は1927(昭和2)年に、埼玉県所沢の飛行学校研究部が発展し、天台にあった陸軍歩兵学校に隣接して設置された。格納庫は3棟建てられたが、現在は1棟だけが残っている。

このように軍事施設が多かった千葉市は、1945年6月10日と7月7日に大規模な空襲をうけ、多数の犠牲者がでた。千葉駅周辺には、

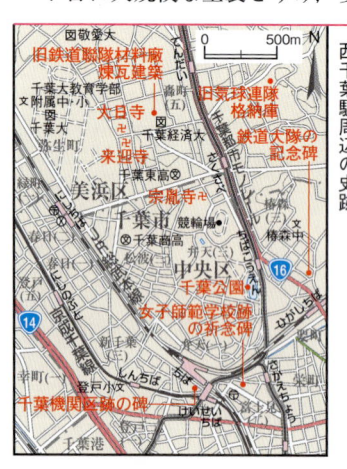

西千葉駅周辺の史跡

JR東日本千葉支社の一角に「千葉機関区の跡」の碑が、千葉駅前大通りの歩道脇に「千葉県女子師範学校同附属小学校・幼稚園跡」の祈念碑があるが、いずれも爆撃による犠牲者をしのぶものである。

空襲の慰霊碑としては、JR千葉駅から内房線または外房線で2駅くだった、JR蘇我駅西口から徒歩10分ほどの今井町の福正寺境内にも、6月10日の空襲の犠牲者の氏名がきざまれた「蘇我町戦

災死者之墓」がある。

大日寺 ❿　〈M▶P. 2, 14〉 千葉市稲毛区轟町2-1-27　P
043-251-2417　　JR総武線西千葉駅🚶10分

千葉氏歴代当主の五輪塔

　駅北口からゆりの木通りを進み，大学通りにはいるとその東側に大日寺（真言宗）がある。757（天平宝字元）年に仁生が創建したと伝えられ，当初は千葉神社の隣接地にあった。1945（昭和20）年7月の空襲によって全焼し，第二次世界大戦後この地に移転した。『鎌倉大草紙』によれば，1455（康正元）年におこった千葉氏一族の内紛に敗れ，自害した千葉胤直の遺骸が大日寺におさめられ，五輪塔がたてられたとされる。本堂の側に千葉常兼以下16代の墓石とされる五輪塔と，「文安二（1445）年」銘の多層石塔が並んでいる。

　大日寺の向かいには来迎寺（浄土宗）がある。1276（建治2）年に，一遍（時宗）を開山として，千葉貞胤が現在の中央区道場北に創建したと伝えられる。1590（天正18）年，徳川家康の関東入りに伴い，浄土宗に改宗した。大日寺と同じく，1945（昭和20）年7月の空襲で全焼し，現在地に移転した。正門をはいって左手に，7基の五輪塔が並んでいる。そのなかの1基に，「平氏胤」「応永三十二（1425）年」の銘があり，千葉氏胤とその一族の供養塔とみられている。

　また，千葉公園北側，競輪場の近くの宗胤寺（曹洞宗）には，元寇に出陣し，肥前千葉氏の祖となった千葉宗胤の墓と伝えられる五輪塔がある。

千葉氏累代の五輪塔（大日寺）

千葉氏ゆかりの町　　15

② 海辺の別荘地稲毛から幕張

埋め立て前は海に近かったこの地域は,縄文時代には貝塚が形成され,明治時代からは保養地として発展した。

浅間神社 ⓫
043-272-0001
〈M▶P.2, 17〉 千葉市稲毛区稲毛1-15 Ⓟ
京成千葉線京成稲毛駅 🚶 5分

九州から伝わったとされる十二座神楽

　駅から西へ県道134号線をくだっていくと,小高い松林のなかに安産・子育ての神として信仰されている浅間神社(祭神木花咲耶姫命)がある。808(大同3)年に富士浅間神社から勧請されたと伝えられており,1187(文治3)年には富士山の形に盛り土をし,その頂きに社殿をたてた。浅間神社の神楽(県民俗)は,16世紀の初めに九州地方から伝わったといわれているが,形式は江戸神楽の影響をうけたものである。元旦や7月15日の大祭など年6回奉納される。

　国道14号線に面した鳥居の脇の細い道をはいると千葉市ゆかりの家・いなげがある。ここは,1937(昭和12)年4月から10月まで,中国清朝最後の皇帝愛新覚羅溥儀の弟溥傑と嵯峨侯爵家の長女浩が新婚生活を送った家である。溥傑は,この家から作草部の陸軍歩兵学校に馬でかよった。

　国道14号線から西側は,かつて干潮時には1kmをこえる干潟が出現する遠浅の海であった。この干潟を滑走路として,1912(明治45)年に奈良原三次による飛行訓練所が開設された。これは,軍の施設を離れた初の民間飛行場で,1917(大正6)年に高潮で壊滅するまで使用された。現在,民間航空発祥記念碑が,浅間神社から国道14号線を渡ったさきの稲岸公園にたっている。

　稲岸公園に隣接する千葉トヨペット本社(国登録)は,旧勧業銀行本店で,1899(明治32)年,現在の東京都千代田区内幸町に建てられた。その後,谷津遊園の施設や千葉市庁

浅間神社の神楽

舎に利用されたのち、現在地に移築された。中央玄関に唐破風をもつ和風の堂々とした外観が特徴である。

旧神谷伝兵衛稲毛別荘 ⑫
043-248-8723

〈M ▶ P.2,17〉千葉市稲毛区稲毛1-8-35 P
京成千葉線京成稲毛駅 🚶 8分

袖ケ浦とよばれ、白砂青松の地であった稲毛の海岸は、明治時代後半から東京に住む人びとの保養地となり、多くの別荘が建てられた。浅間神社から国道14号線を千葉方面に3分ほど歩いた千葉市民ギャラリーいなげは、蜂印香竄葡萄酒や電気ブランで有名な神

旧神谷伝兵衛稲毛別荘

谷伝兵衛の別荘の跡である。4棟あった建物のなかで、現在まで残った洋館が、旧神谷伝兵衛稲毛別荘(国登録)として公開されている。

ワイン王伝兵衛の別荘 大正のモダニズム建築

1918(大正7)年の竣工で、全国的にみても初期の鉄筋コンクリート建築として貴重なものである。建物は、半地下地上2階建てで、1階が洋室、2階は和室になっている。この和室は、床柱にぶどうの巨木を使い、天井を竹で組んで、部屋全体をブドウ棚に見立てるなど、細部にまで工夫をこらした造りである。

浅間神社とこの別荘の間に、林芙美子や田山花袋・島崎藤村ら多くの文人が滞在したことで知られる海気館があった。海気館は1888(明治21)年に稲毛海気療養所としてつくられ、その際、千葉県ではじめての海水浴場も開かれた。当時、文人たちが愛した浅間の森とよばれる松林は浅間神社に隣接する稲毛

京成稲毛駅周辺の史跡

海辺の別荘地稲毛から幕張

公園にその面影を残している。フランス人風刺画家のビゴーも、この稲毛の風景を気にいり、海岸にアトリエを構えていたことがある。

園生貝塚 ⓭ 〈M▶P. 2, 18〉千葉市稲毛区園生町456
千葉都市モノレール穴川駅🚶1分

縄文時代中・後期の貝塚 海獣類の骨が出土

園生町周辺の史跡

駅の北側の路地をはいったさきに、園生貝塚がある。縄文時代中期から晩期の貝塚で、貝層は北側に開口部をもつ馬蹄形をしている。規模は径約110〜135mで、貝層の幅は25〜30m、厚さは最大で2mをこえる。これまで行われた数多くの調査によって、100軒をこす竪穴住居跡や埋葬された人骨、多くの種類の魚や動物の骨がみつかった。そのなかには、アザラシやクジラ、イルカなど海獣類もみられる。

園生貝塚から国道16号線を北へ約1kmいった、スポーツセンターバス停の西側の林は通称千葉山とよばれている。『千葉大系図』には、1201(正治3)年に死んだ千葉常胤の遺骨を「千葉山に葬る」と書かれており、それがこの地だと伝えられている。また、轟町の大日寺にある千葉氏累代の墓碑は、当地から江戸時代に移したものといわれている。現在は数基の塚が残されている。

駒形大仏 ⓮ 〈M▶P. 2, 18〉千葉市稲毛区長沼町28 Ｐ
JR総武線西千葉駅🚌草野車庫行観音前🚶3分

元禄時代の大仏 前の道は御成街道

バス停から西の長沼交差点へ向かう途中にある駒形観音堂境内に、長沼の駒形大仏の名で親しまれている銅造阿弥陀如来坐像がある。像高は約2.4mで、露座であったが、近年、覆屋が作られた。長沼の新田開発を請け負った江戸薬種問屋の野田源内が願主となって、1703(元禄16)年に大巌寺(浄土宗)16世然誉上人を開眼導師として大仏を建立し、あわせて馬頭観音をまつる観音堂を開いた。製作者は江戸浅草の鋳物大工橋本伊左衛門重広で、各部分を別々に鋳造し接合している。また、大仏の背面一面には、造立に寄付をした60

長沼の駒形大仏

カ村の念仏講中名がきざまれている。

観音堂の前の道が, 徳川家康が東金での鷹狩りのためにつくらせた通称御成街道である。県立千葉北高校近くの御瀧神社や奥乃院には, 家康がのどを潤した湧き水があったとか, 家光が愛馬を葬ったという伝承がある。

犢橋貝塚 ⓯
〈M ▶ P. 2, 22〉千葉市花見川区さつきが丘1-18
JR総武線新検見川駅🚌さつきが丘団地行さつきヶ丘第一🚶2分

団地内に残る大型貝塚 国指定史跡

バス停のある交差点を東にはいった団地内の公園が, 犢橋貝塚(国史跡)である。縄文時代後期を中心に晩期まで形成された貝塚で, 東北部が開口した径約160〜200mの馬蹄形をしている。貝層部分のみが犢橋貝塚公園として保存されており, 旧地形は残されていないが, 花見川によって開かれた谷の最奥部につきでた, 舌状台地に立地している。

道路より2mほど高くなっている公園にたつと, 北東側に緩やかに傾斜し, 中央部がくぼんでいることがわかる。このくぼみを囲んで貝層がある。多くみられる貝は, ハマグリやイボキサゴなどである。シカなどの動物の骨も出土しており, イヌの埋葬骨も発見されている。

天福寺 ⓰
043-259-7591
〈M ▶ P. 2〉千葉市花見川区花島60
JR総武線新検見川駅🚌こてはし団地行大山🚶10分

バス停の北側の交差点を西へはいり, 花見川にかかる花島橋を渡ると, 天福寺(真言宗)がある。この寺の本尊は, 花島観音とよばれている木造十一面観音立像(県文化)で, 33年に1度開帳される秘仏である。最近では2001(平成13)年に開帳された。像は高さ2.29mあ

海辺の別荘地稲毛から幕張　19

通称花島観音　鎌倉時代の大型観音像

花島観音（天福寺）

り、頭上の面が失われているが、鎌倉時代の特色をよく示している。一木を前後2材に割って内刳りした内刳造で、胎内に、1256（建長8）年に仏師賢光が作成した旨が墨書されている。賢光は、印西市松崎の多聞院（天台宗）と印西市平賀の来福寺（真言宗）にも彫像を残している。

　天福寺の脇を流れる花見川（印旛沼疎水路）は、印旛沼落し堀ともよばれている。印旛沼干拓などのため、印旛沼にそそぐ平戸川（新川）と東京湾にそそぐ花見川を結ぶ工事は、江戸時代3度行われたが、いずれも失敗した（コラム85頁参照）。なかでも、天保の改革で行われた工事は、幕府が駿河国沼津藩・出羽国庄内藩・因幡国鳥取藩・上総国貝淵藩・筑前国秋月藩の5藩に分担して行わせ、3カ月間に延べ100万人近くの人と30万両の経費が使われた。鳥取藩が担当した天福寺周辺は、泥土層のため掘ると水がわき、工事の難所であったと記録されている。2つの川がつながり、印旛沼の水が東京湾に流れるようになったのは、1969（昭和44）年のことである。

大賀蓮発掘碑 ⓱
043-273-8326（東京大学緑地植物実験所）

〈M▶P.2, 22〉千葉市花見川区朝日ヶ丘町　JR総武線新検見川駅🚌草野車庫行区役所入口🚶すぐ

古代蓮の種子の出土地　7月中旬に観蓮会

　バス停前の東京大学検見川総合運動場のなかに、検見川の大賀蓮（県天然）の発掘碑がある。ここでは、1947（昭和22）年と翌年に、縄文時代晩期の丸木舟3艘と櫂6本が発掘された。その後、1951年にハス博士として知られる東京大学農学部教授大賀一郎によって、青泥層のなかから蓮の種子3個が発掘された。そのうち1個が発芽し、翌年に開花した。弥生時代の蓮の種子と推定されており、大賀氏にちなんで大賀蓮と名づけられた。現在は中央区の千葉公園などで栽培が行われている。7月には、記念碑を囲む池にも大賀蓮の花がみられる。

大賀蓮発掘碑

　発掘碑のさきの東京大学緑地植物実験所の丁字路を北へはいり，台地をのぼって京葉道路を渡ると子安神社（祭神奇稲田姫命）がある。安産の神として信仰されており，三山の七年祭り（県民俗）には，妻の役として参加する。社殿の裏には円墳の子安古墳がある。

　子安神社の北西約400mの汐留橋を渡り，800mほど南へ進むと武石町の真蔵院（真言宗）がある。この寺は，千葉常胤の3男武石三郎胤盛の菩提寺である。境内には，「永仁二（1294）年」ときざまれた，高さ3.31mの秩父産緑泥片岩を使った武蔵型板碑がたっている。胤盛の曽孫胤長が，母の菩提を供養するために建立したものである。裏手の台地上の墓地は，武石氏の館跡と伝えられている。

　真蔵院から西へ徒歩5分ほどの三代王神社（祭神天種子命）は，三山の七年祭りに，産婆の役で参加する神社である。

「永仁二年」銘板碑（真蔵院）

甘藷試作地 ⑱　〈M▶P.2, 22〉千葉市花見川区幕張町4-589-1
　　　　　　　　京成千葉線京成幕張駅 🚶 1分

「芋神様」昆陽による甘藷試作成功の地

　駅のすぐ近くに青木昆陽甘藷試作地（県史跡）を記念する石碑が，塀に囲まれたなかにたっている。青木昆陽は，享保の飢饉の翌年，1735（享保20）年に，この地と江戸の小石川養生所と上総国不動村（現，九十九里町）の3カ所で甘藷（サツマイモ）の試作をしたが，この地での栽培がもっとも成功した。

　昆陽は，江戸日本橋の魚問屋に生まれたが，京都で儒学者伊藤東涯に学び，江戸で塾を開いた。その後救荒作物として甘藷に注目

海辺の別荘地稲毛から幕張

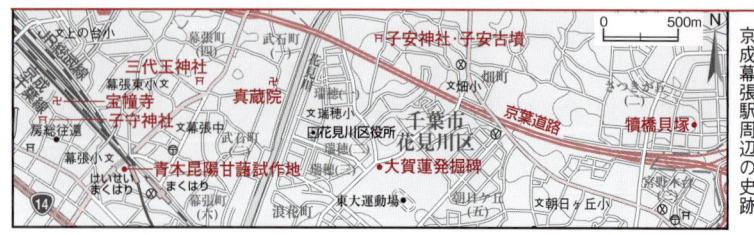

京成幕張駅周辺の史跡

し『蕃藷考』をあらわしたことが、江戸幕府8代将軍徳川吉宗に認められ、その試作を命じられた。この地が試作地に選ばれたのは、昆陽を吉宗に推挙した江戸町奉行大岡忠相の与力の給地であったからである。

以後、馬加(幕張)村では甘藷の栽培が普及し、天明や天保の大飢饉でも餓死者がでなかったと伝えられている。碑の前にある昆陽神社は、そのことに感謝をした土地の人びとが、1846(弘化3)年にまつったものである。

県道千葉鎌ヶ谷松戸線を南にいくと、幕張町4丁目交差点の手前に右にはいる道があるが、これが江戸時代の房総往還である。この道を10分ほど歩いた右側の路地の奥にある宝幢寺(真言宗)には、室町時代につくられた大日如来坐像(非公開)がある。宝幢寺の西にある子守神社(素加天王社、祭神建速素盞嗚命)は、三山の七年祭りに子守役として参加し、祭り後半の磯出祭を主催する神社である。

さらに、旧国道を幕張ICに向かって歩くと、右手の大須賀山とよばれる山林のなかに、馬加康胤の首が葬られたと伝わる首塚がある。康胤は、千葉氏の支族で馬加に本拠地をもっていた。1454(享徳3)年に千葉宗家を滅ぼしたが、美濃から駆けつけた千葉一族の東常縁に討たれた。塚のうえには、江戸時代初期の五輪塔がたっている。

「昆陽先生甘藷試作之地」の石碑

22　県都となった千葉市

御成街道と土気の中世城郭

江戸時代の雰囲気が感じられる，金親地区の御成街道。土気は下総と上総の境に近く，中世に多くの城郭がつくられた。

御茶屋御殿跡 ⑲

〈M▶P.2〉千葉市若葉区御殿町2549
千葉都市モノレール千城台駅🚌川崎十字路行御殿入口
🚶1分

家康の鷹狩りの宿貴重な近世の館跡

バス停から，南への道をはいっていくと右側に，御茶屋御殿跡がある。御成街道の造成と同時に，江戸幕府初代将軍徳川家康の宿泊・休憩所として「船橋御殿」「東金御殿」とともに建設された。現在その遺構がもっともよく残っているのが御茶屋御殿であり，築造年代がはっきりしている館跡としては，全国的にも貴重な遺構である。表門は，御成街道から180m（10間）北側にはいったところにあり，その敷地は一辺120mの正方形で，周囲に幅約5m・深さ約3mの薬研堀（断面がV字状の堀）と，高さ約2mの土塁がめぐらされている。

建物は残っておらず，東金御殿が1671（寛文11）年に廃絶されていることから，そのころ取りこわされたと考えられている。しかし，発掘調査により，主殿や大長屋などの建物や井戸が確認され，当時の建物の様子が明らかになっている。

御茶屋御殿の前の御成街道は，家康が1614（慶長19）年1月に東金で鷹狩りを行う際に，佐倉藩主土井利勝の指揮でつくられた街道で，ほぼ直線に船橋から東金に向かっている。街道は，幅3間（約5.5m），道程8里余（実測約36km）で，工事には96カ村が動員された。昼夜兼行の突貫工事であったと伝えられており，約10日ほどで完成したと考えられている。この道を使用した鷹狩りは1630（寛永7）年までに，家康・秀忠・家光が合計

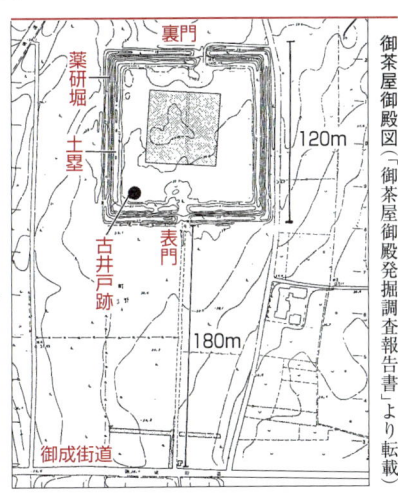

御茶屋御殿図（「御茶屋御殿発掘調査報告書」より転載）

13回行った。

　御茶屋御殿から御成街道を北西に10分ほど歩いたところにある金光院(真言宗)の門は、御茶屋御殿の裏門(北門)を移したものと伝えられている。また、寺には家康が使用した什器がある(非公開)。

　さらに街道を歩くと、金親町の集落があるが、長屋門が多く、往時の街道の雰囲気を感じることができる。そのさきの御成公園の角にある提灯塚は、道普請の際に提灯を掲げて目印にしたところと伝えられているが、一里塚ともいわれている。道路拡幅に伴い、その原型は失われてしまっている。

妙興寺 ⑳
043-228-2099

〈M▶P.2, 24〉千葉市若葉区野呂町738　P
JR総武線千葉駅🚌中野操車場 行芳賀🚶2分

千葉市内最古の日蓮宗寺院　野呂檀林跡

妙興寺子安堂

　バス停から国道126号線を西へ少しいくと妙興寺(日蓮宗)がある。創建は1275(建治元)年で、日蓮宗の寺院としては千葉市内最古といわれている。1600(慶長5)年には野呂檀林が開かれ、大講堂が建設されるなど繁栄した。その後、1834(天保5)年に火災にあうまで檀林は続いた。境内の子安堂は、檀林時代の経堂を移して改築したものである。また、三門はもと鐘楼堂であったが、第二次世界大戦中に鐘を供出してしまったため、戦後、三門に改めたものである。妙興寺近くの白井公民館のさきには、妙興寺の開山僧である日合上人の墓がある。

　妙興寺から北に900mほどの千葉市農政センターのなかに芳賀輪遺跡がある。この遺

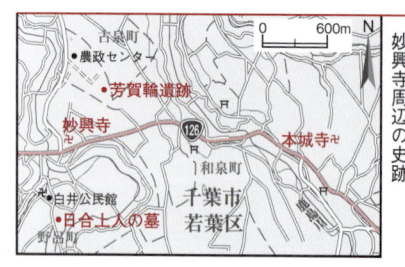
妙興寺周辺の史跡

跡では、幅約2mの空堀で囲まれた、一辺約70mの正方形の敷地のなかに、7棟の掘立柱建物が並んでいる遺構が発見された。8世紀の豪族の屋敷と考えられており、現在は保存のため埋め戻されている。

本城寺 ㉑　〈M▶P.3, 24〉千葉市若葉区中野町699 P
043-228-1121　JR総武線千葉駅🚌中野操車場行八幡前🚶5分

県内最古の鰐口を伝える寺

　バス停から、国道126号線を西へ200mほど進むと北へはいる道があり、その奥に本城寺(日蓮宗)がある。この寺は、土気城主となった酒井定隆が、本行寺(→P.34)の日泰上人を招いて1489(延徳元)年に建立したとされている。中世の中野城跡のなかにあり、周囲には土塁や空堀が残っている。

　この寺には、「延文六(1361)年」の銘がある鋳銅鰐口(県文化)が伝えられている。この鰐口は直径29.5cm・厚さ9cmの青銅製で、千葉県内では最古である。鰐口は、平たい円形の鉦で、仏殿の正面につるされ打ち鳴らす仏具である。

　国道126号線をさらに西へいった鎌田バス停の北側の集落には、以前、18世紀中ごろの建築とみられる、旧四関家住宅(県文化)があった。現在、解体保管されているが、間口12間半(約23m)・奥行6間(約11m)の茅葺き・寄棟造で、県内の古民家では最大である。

本城寺の鰐口

東光院 ㉒　〈M▶P.2〉千葉市緑区平山町278 P
043-228-0894　JR外房線鎌取駅🚌水砂行、または熊野神社行平山坂下🚶3分

平安時代の秘仏七仏薬師を安置

　バス停から北側の脇道にはいったところに、東光院大金剛寺(真言宗)がある。東光院は、11世紀に下総を中心に反乱をおこした平忠常が、この辺りの民衆の病気平癒を願って創建したと伝えられている。

　この寺の本尊である木造伝七仏薬師坐像(県文化)のうち、中尊は鎌倉時代初めの作とされ、像高107cmの一木割矧造で漆箔がほど

御成街道と土気の中世城郭　25

こされている。左右に配された6体の菩薩坐像は、10世紀後半の作とされる。この七仏薬師は、上野国花園の息災寺(現、妙見寺)の七仏薬師如来を勧請したものといわれ、33年に1度開帳される秘仏である。そのほか、本堂には、元山門の仁王像であった南北朝時代の作とされる木造天部形立像(阿形)と平安時代後期の作とされる兜跋毘沙門天像(吽形)や、阿弥陀三尊像の脇侍だったとされる鎌倉時代の木造観世音菩薩立像、室町時代の高さ13cmの銅板押出阿弥陀三尊像などが安置されている。

東光院の南側800mほどのところにあるゴルフ場内に長谷部貝塚(県史跡)が保存されている。貝塚は、都川の支流によって開かれた舌状台地上に位置し、長径約200m・短径約150mの大型馬蹄形貝塚である。縄文時代中期を中心に後期まで存続したと考えられている。

恕閑塚 ❷ 〈M▶P. 2, 27〉千葉市緑区誉田町2-11-7
JR外房線誉田駅🚗5分

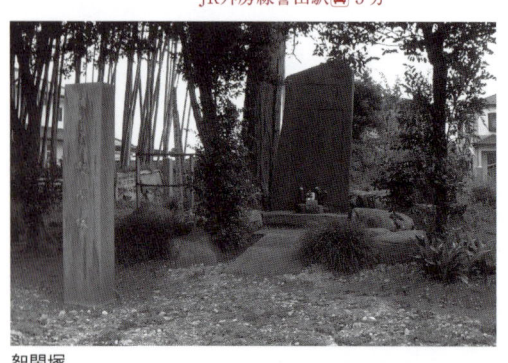

日蓮宗日経門流の寺院
日浄らの処刑の地

駅から大網街道を土気方面に歩いていくと、右手に恕閑塚がある。この辺りは、不受不施派と同様に、江戸幕府から弾圧の対象とされていた日蓮宗日経門流の信仰があった。1634(寛永11)年、日経の弟子蓮照院恕閑日浄は、野田村中宿(現、誉田町1丁目)に本覚寺を創建し布教を行ったことから、翌年5人の僧侶とともに捕らえられ、この地で処刑され埋葬された。線路をはさんで西側約350mのところに、処刑に使用した刀や槍を洗ったといわれる刀洗池の跡がある。

恕閑塚

誉田駅に戻って大網街道を鎌取方面に15分ほど歩くと、誉田郵便局前交差点の手前にある小さな公会堂の裏に、五日堂とよばれる五

輪塔がたっている。ここが本覚寺の跡地であり，斬首された日浄の首を，信徒がひそかに処刑場からもちだし，ここに供養した。1878(明治11)年になって小さな堂がたてられた。

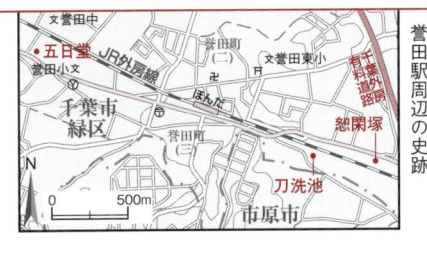

誉田駅周辺の史跡

土気城跡 ❷

〈M ▶ P.3, 29〉千葉市緑区土気町829
JR外房線土気駅🚃 大網行善勝寺 🚶10分

戦国時代末の城跡／土気酒井氏の本拠地

バス停から善勝寺の山門へ向かい，左側の台地をのぼって右へいくと土気城跡がある。標高90mをこえる台地の端に位置し，東側は比高差40〜50mの急な斜面となっている。奈良時代に，陸奥鎮守府将軍大野東人が，蝦夷征討の軍事拠点として，貴船城とよばれる砦を築いたのがこの城の始まりといわれており，今も土塁の上に貴船神社がまつられている。

その後，古河公方足利成氏につかえていた酒井定隆が，1488(長享2)年に城を修築して入城し，以来土気酒井氏の本拠地となったと伝えられている。酒井氏は，のちに東金城にもはいり(東金酒井氏)，一族は2つの城を拠点にこの地域をおさめた。1575(天正3)年には，北条氏政に攻められてその支配下にはいったため，1590年に豊臣秀吉の小田原攻めで北条氏とともに滅亡した。現在，土塁や空堀・郭がよく残っているが，それらの遺構は，秀吉軍の攻撃に備えて修築されたものである可能性が高い。また，城の西側の集落は，西端に物見台状の遺構があることなどから，軍事的に城と一体化してつくられたとみられている。

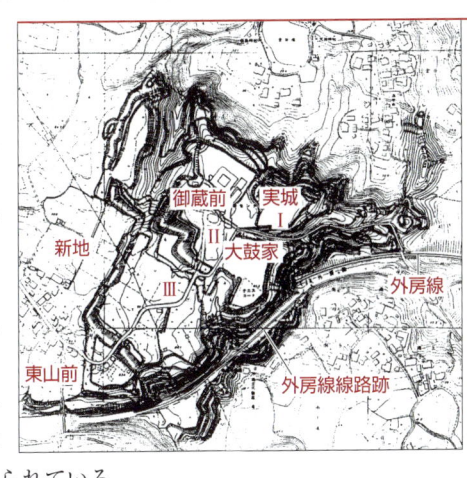

土気城跡(千葉城郭研究会編『図説房総の城郭』国書刊行会による)

御成街道と土気の中世城郭

城から道なりに西へ約600m進み，丁字路を北へ約450mいくと，左にお経塚がある。台地の縁に沿って十数基の塚があり，土気酒井氏５代の墓所と伝えられているが，これを裏づける史料はない。隣接地の発掘調査で火葬骨などが出土していることから，周辺の塚群も含めて，中世の墓域であると考えられる。塚の前にたつ石碑は，大正時代に建立されたものである。

　さらに，北の大網白里市には縣神社（祭神天照大神）がある。古代に県主がまつった神社と伝えられているが，酒井定隆が土気城入城の際に再興した。５代康治が1579（天正７）年に奉納した板絵馬著色武者絵２面（県文化）を所有するが，現在は千葉県立中央博物館に保管されている。

善勝寺 ㉕
043-294-0083

〈M ▶ P. 3, 29〉 千葉市緑区土気町215 P
JR外房線土気駅🚌大網善勝寺🚶3分

土気城の砦　旗本となった酒井氏の墓

　善勝寺は土気城の南に隣接した台地上にあり，「善勝寺砦」とよばれて土気城の一角をなしていた。もとは，極楽法寺という真言宗の寺であったが，酒井定隆の命令で日蓮宗に改宗した。本堂の左に古

酒井重治らの墓（善勝寺）

い墓石が３つ並んでおり，向かって右が酒井氏滅亡後に徳川家康に旗本として取りたてられた５代康治の子重治，真中がその子実治，左が家康への仕官に際して功があった家臣の富田彦兵衛のものと伝えられている。

　善勝寺と土気城の間の谷は，現在，埋め立てられているが，ここには1896（明治29）年に，千葉・大網間で開業した房総鉄道会社が，大網から土気にのぼる勾配を緩和するために，谷をさらに掘り込んで敷設した現外房線の線路跡があった。それでも，県内の鉄道では最大の難所であったため1972（昭和47）年の外房線の電化に際してト

ンネルが掘られ，廃止された。

大網街道にでて，土気駅方面にいくと左手奥に**本寿寺**(日蓮宗)がある。ウメとサクラの名所として地元の人に親しまれているこの寺は，酒井定隆が土気城に入城した際に，本行寺の日泰上人を招き，上総七里法華の根本道場として開いたと伝えられている。境内には，日泰上人と酒井氏の供養塔がある。また，1591(天正19)年に徳川家康が寺領30石を寄進した朱印状が伝わっているが，現在は千葉市立郷土博物館に保管されている。

荻生道遺跡 ㉖ 〈M ▶ P. 3, 29〉千葉市緑区小食土町747ほか Ｐ
JR外房線土気駅🚌大網行昭和の森入口🚶10分

バス停近くの昭和の森入口の交差点をはいり，奥へ600mほど進んだところにある昭和の森第2駐車場周辺が，**荻生道遺跡**(県史跡)である。

ここでは多数の竪穴住居跡とともに，幅約1.5mの溝で囲まれた東西42m・南北30mの敷地のなかに，東西に対称の形で掘立柱の建物2棟が配置されている遺構がみつかった。この建物の配置は，大阪の住吉大社本殿と似ていることから，奈良時代の神社跡と考えられている。

荻生道遺跡から，500m北側の昭和の森内に，**小食土廃寺跡**がある。発掘調査で，厚板で外側を囲んだ東西15m・南北12mの基壇(土台)や寺の敷地と外を区切る溝，掘立柱建物跡などがみつかった。上総国分寺の瓦と同じものが出土しており，東に1.1kmのところにあった南河原坂窯跡群で焼かれている。

荻生道遺跡と小食土廃寺は位置も近く，同じ奈良時代につくられていることから，なんらかの関連があると考えられている。いずれも現在は埋め戻されて，説明板がたっている。

御成街道と土気の中世城郭

大椎城跡 ㉗

〈M ► P. 3, 29〉 千葉市緑区大椎町864-1ほか
JR外房線土気駅🚌東国吉経由誉田行大椎本村🚶5分

直線連郭式の城跡
隣は高級住宅地

大椎城跡

バス停の北側にある集落は城下集落で、その裏山が大椎城跡である。城は西側に村田川をのぞむ標高80mの台地の端に立地している。村田川をはさんだ台地上には、大椎城の隠居城といわれる立山城跡があり、南側には向砦跡がある。大椎城は1028(長元元)年に乱をおこした平忠常が築き、その後、千葉氏の祖である千葉常重が1126(大治元)年に亥鼻城に移るまで、居城としていたと伝えられているが、確認できる史料はない。

城の構造は、東から西へのびる舌状台地を3本の堀で区切り、4つの郭をつくりだしている典型的な直線連郭式で、戦国時代の城の様相を示している。このことから、現在の遺構は土気酒井氏が支城として築いたものではないかと考えられている。

一番西側の郭の南側にある剣鏡碑は、1805(文化2)年に城跡の一角から出土した剣や鏡を、再び埋納してたてたものである。東側から遊歩道があり城内にはいれる。

4 小弓公方とその城跡

生浜は上総七里法華の中心地である。生実地区は戦国大名攻防の地となり、江戸時代には譜代大名の陣屋がおかれた。

大巌寺 ㉘
043-261-2917
〈M ▶ P.2, 33〉 千葉市中央区大巌寺町180 P
JR総武線千葉駅🚌大巌寺行終点🚶1分

龍澤山大巌寺(浄土宗)は、1551(天文20)年、生実城主原胤栄が夫人の病気平癒にあたった道誉上人に帰依し、道誉を開山として創建された。歴代住職には徳川家康と親交の深かった2世安誉上人や江戸の霊巌島や館山の大巌院を開いた3世雄誉上人ら、浄土宗を代表する高僧の名がみえる。

大巌寺本堂

江戸時代には、関東十八檀林の1つになり栄えた。山門左手の高台には、開山以来の歴代住職の墓石が並べられている。創建時の堂は、1718(享保3)年に焼失したが、1727年に再建され、現在に至っている。本堂(国登録)正面に掲げられている「大巌寺」の扁額は桃園天皇の宸筆と伝えられている。書院(国登録)は江戸末期の建築である。

境内の林は鵜の森とよばれている。かつて多くのカワウが生息したが、1972(昭和47)年ごろに姿を消した。現在、境内にそのことを伝える鵜の森の塔がたっている。

原氏ゆかりの寺 関東十八檀林の1つ

生実城跡 ㉙
〈M ▶ P.2, 33〉 千葉市中央区生実町1550ほか
JR総武線千葉駅🚌農業センター行生実神社前🚶すぐ

バス停の前に生実神社がある。ここは、室町時代に千葉氏一族の原氏が本拠地として築いた生実城跡である。現在は神社の西側に空堀と土塁、東側300mほどのところに大手口跡が残っているだけであるが、当時は南北約800m・東西約700mの規模であった。

下総進出をねらって生実の原胤隆と戦っていた真里谷(現、木更津市)の武田信保は、古河公方足利政氏の子である義明をみずから

森川氏の陣屋と歴代の墓所

小弓公方とその城跡　31

森川氏累代の墓碑(重俊院)

の陣営に迎えた。1517(永正14)年(一説には1522〈大永2〉年)、義明は武田氏の支援をうけて原氏を破り、その後、小弓公方と称して勢力を強め、古河公方と対立した。これまで、この原氏と武田氏の攻防の舞台となり、義明がおとして居城とした城は、生実神社から約1.2km南にある小弓城であり、生実城は義明の滅亡後に築かれたと考えられていた。しかし、近年の研究で、それは生実城であるとする説が有力となった。

　生実神社の西側には生実藩陣屋があった。生実藩初代藩主森川出羽守重俊は、徳川秀忠につかえ、1627(寛永4)年に1万石の大名として生実に封じられた。その際に、生実城の一部を利用して陣屋を構えた。重俊は老中にまでなったが、1632年秀忠の死により殉死した。

　生実神社から県道四街道長沼線を西へ300mほどのところにある森川山重俊院(曹洞宗)は、2代藩主重政が重俊の霊をとむらうため建立した。森川氏は、譜代大名には珍しく廃藩置県までこの地を領し、歴代藩主と一族の墓碑もこの寺にたてられた。仏殿奥の裏山には、いずれも舟形をした13代にわたる森川家累代の墓碑が並んでいる。重俊の墓碑は、高さ2.8m・幅1m・厚さ30cmの大きなものである。

大覚寺山古墳 ㉚　〈M▶P. 2, 33〉千葉市中央区生実町1861　P(千葉市埋蔵文化財調査センター)
京成千原線学園前駅 大 20分

千葉市内最古かつ最大級の前方後円墳

　駅から明徳学園をこえ、明徳学園バス停から東へ約200m進んで南にはいっていくと、大覚寺山古墳(県史跡)が生浜公園として保存されている。生浜丘陵の南端につきでた丘を利用した、全長約63mの前方後円墳である。発掘は行われていないが、5世紀前半の築造と考えられ、千葉市内では最古かつ最大級の規模である。

七廻り塚古墳出土の立花

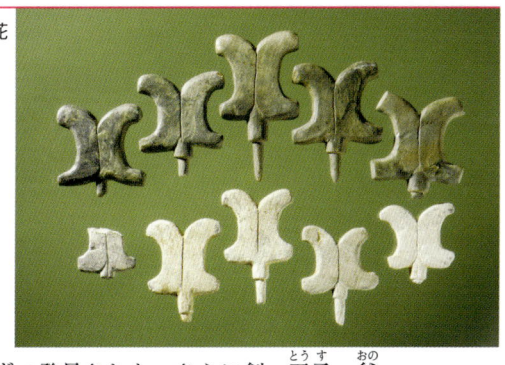

この辺りは，生実古墳群とよばれ，前方後円墳や円墳が築造されていた。なかでも生浜東小学校の校庭にあった七廻り塚古墳は，直径54mの大型の円墳で，中央の2カ所の埋葬施設から，死者の頭の周囲に並べた立花とよばれる石製品が5個ずつ発見された。さらに剣・刀子・斧・鎌の形をした石製模造品や，直径16.5cmの石釧（腕輪）なども出土している。大覚寺山古墳より新しく，古墳時代中期に築造されたと考えられている。

古墳群の概要や遺物は，大覚寺山古墳の東側にある千葉市埋蔵文化財調査センターに展示されている。展示室では，市内で出土した旧石器から奈良・平安時代までの主要な遺物もみることができる。

小弓城跡 ㉛

〈M▶P.2, 33〉千葉市中央区南生実町980ほか
京成千原線学園前駅 🚶 20分

千葉市埋蔵文化財調査センターの南側の台地が，小弓城跡である。センターと台地の間の溝は城の空堀で，センターから道を南に100mほどいった右側の坂が北門跡である。台地上には「古城」や「要害」などの地名があるが，遺構はほとんど残っていない。城の面積は生実城の半分の約15万㎡で，

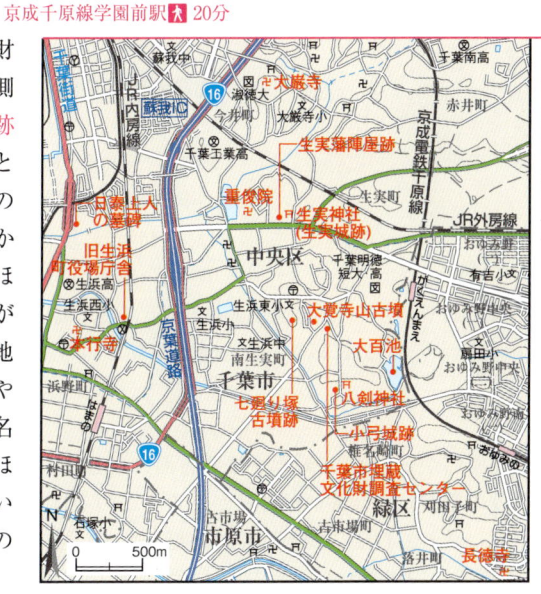

生浜・生実周辺の史跡

小弓公方とその城跡

その構造も単純なことから，原氏が上総との国境に，前線の拠点として築いた生実城の支城ではないかと考えられている。

生実城の支城
両総の国境の拠点

北門跡からまっすぐに城跡を南にぬけると，八剣神社(祭神日本武尊)がある。日本武尊が国境の争いを平定したので，土地の人びとが神としてまつったのが創建と伝えられている。この神社には1716(享保元)年の社殿再建の際に，上総一宮玉前神社から伝わったとされる神楽が伝承されており，毎年7月27日の祭礼の日に奉納される。

八剣神社から東へ15分ほど歩くと，江戸時代に農業用水池として利用された大百池が残っている。

長徳寺 ㉜

043-292-4526

〈M►P. 2, 33〉千葉市緑区富岡町209
JR総武線千葉駅🚌農業センター行富岡🚶1分

平安の薬師如来坐像
「宝徳元年」銘の梵鐘

木造薬師如来坐像

バス停の西側すぐのところに長徳寺(真言宗)がある。ここに安置される本尊の木造薬師如来坐像(県文化，非公開)は，高さ1.47mのカツラの一木割矧造である。顔の表情が穏やかであり，平安時代後期の作風を示している。また，この寺の梵鐘(県文化)は，高さ83cm・口径50cmで，「宝徳元(1449)年」の銘を有する。銘文には，1449年に現在の木更津市長須賀の日枝神社に奉納されたことが記されており，さらに，1545(天文14)年に，下総千葉荘椎名の長福寺(長徳寺の旧称)に移されたと追刻されている。

本行寺 ㉝

043-261-3616

〈M►P. 2, 33〉千葉市中央区浜野町1252 Ⓟ
JR内房線浜野駅🚶15分

上総七里法華の根本寺
日泰上人の創建

駅の西口から県道219号線を千葉方面に進むと，千葉市立生浜西小学校の手前に本行寺(日蓮宗)がある。この寺は京都妙満寺の日泰上人により，1469(文明元)年に道場として，当初浜村(現，浜野町)の東方に創建された。その後，師の日尊の後継者となった日泰

千葉の鉄道

コラム

千葉の鉄道網の成り立ち

千葉県に鉄道が開業したのは、全国的には遅い1894(明治27)年で、成東の安井理民らが設立した房総鉄道の市川・佐倉間39.9kmであった。路線は国府台・津田沼・佐倉と陸軍駐屯地をとおることで敷設が許可され、のちに両国・銚子へと延長された。その後、房総鉄道が千葉・蘇我・大原間を、成田鉄道が成田・佐原間を開通させた。現在、横芝駅・松尾駅・大原駅などがその当時の姿を残している。

1907(明治40)年に総武鉄道と房総鉄道は、国有化で鉄道院線(鉄道省線のち国鉄)となり、残った房総半島南部への敷設は、国によって進められた。そして、1929(昭和4)年に上総興津・鴨川間が開通し、房総環状線は全通した。この間、現在の内房線の建設に、千葉・習志野の鉄道連隊が加わっている。

日露戦争後には、知事有吉忠一が積極的に県営鉄道の建設を進めた。木更津・久留里間(現、JR久留里線)、柏・野田間(現、東武野田線)、成田・多古間が開通し、さらに、人が押す人車鉄道も茂原・長南間、大原・大多喜間に敷設された。このとき使われた人車鉄道の車両は、茂原市立郷土資料館に展示されている。

鉄道国有化法後の私鉄としては、1910(明治43)年に、成田山・宗吾霊堂間に成宗電気鉄道が開通したが、これが千葉県内の電車のはじめである。その後、京成電鉄など私鉄各線が開通する。現在でも小湊鉄道や銚子電鉄では、開業した大正時代当時の駅舎やトンネルなどの施設・保存車両をみることができる。

は、現在の東京都品川区の妙蓮寺の住職もかねたため、毎日船便で両寺を往復することになった。あるとき、同じ船に乗り合わせた酒井定隆が日泰に帰依し、のちに定隆が土気城主となると、長柄郡から武射郡にわたる領内の大半である7里四方の寺を日蓮宗に改宗させた。これが上総七里法華といわれるようになり、当寺はその根

日泰上人の墓碑

小弓公方とその城跡　35

旧生浜町役場庁舎

本寺とされた。

寺は，1590(天正18)年と1945(昭和20)年に戦火にあって焼失し，のちに再建された。境内には1667(寛文7)年に造立された日泰上人の墓碑がある。日泰は寺から900mほど離れた国道16号線の蘇我陸橋南側の旧道脇(現，中央区塩田町)に埋葬されたが，1978(昭和53)年に境内に移され，現在同所には「日泰上人之墓跡」の石碑がたてられている。

生浜支所前バス停近くの踏切手前に，フランス瓦葺きの洒落た洋風2階建ての建物がある。これは旧生浜町役場庁舎で，町制施行に伴い，1932(昭和7)年に竣工した。住民の運動で保存された建物の内部には，町長室などが復元され，随時見学ができる。

Uchibō 津で栄えた内房

市原の柳楯神事

富津岬

津で栄えた内房

◎内房散歩モデルコース

上総国府周辺コース　　JR内房線・小湊鉄道五井駅_13_市原市役所_10_上総国分尼寺跡展示館_15_稲荷台古墳記念広場_10_市原市埋蔵文化財調査センター_30_神門5号墳_5_上総国分寺跡_10_小湊鉄道上総村上駅

姉ヶ崎駅周辺コース　　JR内房線姉ヶ崎駅_15_二子塚古墳_15_姉崎天神山古墳_10_姉埼神社_25_椎津城跡_10_瑞安寺_15_妙経寺_5_JR姉ヶ崎駅

木更津市内コース　　JR内房線・久留里線木更津駅_5_選擇寺_10_金鈴塚古墳_15_木更津市郷土博物館金のすず_15_長楽寺_30_八劔八幡神社_5_JR木更津駅

青堀駅周辺コース　　JR内房線青堀駅_10_内裏塚古墳_15_飯野陣屋濠跡_5_九条塚古墳_30_稲荷山古墳_30_JR青堀駅_5_君津市漁業資料館_5_青蓮寺_5_JR青堀駅

①飯香岡八幡宮	⑫高滝神社	㉔三島神社
②菊間古墳群	⑬西願寺	㉕富津陣屋跡・元洲堡塁砲台跡
③府中日吉神社	⑭姉崎古墳群	
④上総国分尼寺跡	⑮椎津城跡	㉖内裏塚古墳群
⑤上総国分寺跡	⑯選擇寺	㉗弁天山古墳
⑥稲荷台1号墳	⑰長楽寺	㉘神野寺
⑦神門古墳群	⑱金鈴塚古墳	㉙佐貫城跡
⑧小湊鉄道蒸気機関車	⑲上総大寺廃寺跡	㉚東明寺
	⑳飽富神社	㉛十夜寺
⑨鶴峯八幡宮	㉑真里谷城跡	㉜三柱神社
⑩橘禅寺	㉒久留里城跡	㉝金谷神社
⑪鶴舞藩庁跡	㉓九十九坊廃寺跡	

上総国府と菊間古墳群

1

古墳時代の有力首長墓が存在する市原市北部は、律令体制の成立で上総国府がおかれて以来、上総国の中心地であった。

飯香岡八幡宮 ❶
0436-41-2072

〈M ▶ P. 38, 41〉市原市八幡1057-1 P
JR内房線八幡宿駅 徒 3分

武士の尊崇集めた古社
大祭の華、柳楯神事

駅から海に向かっていくと、樹木に囲まれた飯香岡八幡宮（祭神誉田別命）がみえてくる。社伝によると653年の創建とされ、中世以降も八幡信仰の中心地として関東武士団や庶民の崇敬を集めてきた。本殿（国重文）は室町時代末期の建築とみられ、総丹塗、屋根は銅板葺きの入母屋造であり、太い木組みや組物・彫刻・面取角柱などの部材は力強く簡素である。拝殿（県文化）は墨書銘から、1691（元禄4）年の再建が確実で、正面に唐破風と千鳥破風がつき、海老虹梁などの彫刻ともあいまって、華麗な雰囲気をかもしだしている。

また、当社には12基の神輿があり、そのうち「至徳元(1384)年」の墨書銘がある漆塗金銅装神輿4基（県文化）は、宝形造の屋根や基台周辺の瑞垣に、室町時代の建築・工芸様式をよく伝えている。そのほかにも、室町時代末期から江戸時代中期にかけて製作された当世具足11領や、1592（天正20）年に本多弥八郎正綱が、徳川家康の武運長久を祈って寄進した大太刀などが伝えられている。この大太刀は現在でも当社の御神刀として、旧暦8月15日の秋季大祭当日には一宮の神前にそなえられている。このように武具が多く奉納されてきたことは、同社が武門の守り神として、武家の篤い信仰をうけてきたことを物語っている。

なお、秋季大祭の中心的神事として行われているのが柳楯神事（県民俗）である。柳楯とは霊木と

飯香岡八幡宮拝殿

40　津で栄えた内房

される柳でつくった楯で、武神としての八幡神にちなんだものである。市原地区の2軒の森家が交代で担当し、柳の小枝と青竹を使って製作されたもので、大祭当日は神輿の先頭にたって町内を巡回したのちに、本殿内に安置される。

境内には社殿の左右にイチョウの古木がある。右のイチョウは途中から二股に分かれていることから<u>夫婦銀杏</u>（めおといちょう）(県天然)とよばれる神木であり、左の木は源（みなもとの）頼朝（よりとも）が、源氏再興を願って逆さに植えたと伝えられる倒公孫樹（さかさいちょう）である。また、市原市出身で二・二六事件を題材にした小説『叛乱』（はんらん）で、直木賞を受賞した<u>立野信之</u>（たてののぶゆき）の文学碑もある。

菊間古墳群（きくまこふんぐん）❷

〈M▶P. 39, 41〉市原市菊間
JR内房線八幡宿駅🚌菊間団地行北区🚶15分

八幡宿駅周辺の史跡

村田川左岸に点在する菊間国造の墳墓

飯香岡八幡宮の東方約3kmの村田川左岸の台地上に点在するのが、菊間国造（きくまくにのみやつこ）の墓域と推定されている<u>菊間古墳群</u>である。バス停から八幡宿方面へ100mほど戻り、北東へおれる小道へはいり5分ほどいくと左側に<u>東関山古墳</u>（とうかんやま）がある。この古墳は、5世紀後半の築造と推定される全長約70m・高さ約5.4mの前方後円墳（ぜんぽうこうえんふん）で、菊間古墳群中最大級のものである。そのすぐ北の<u>北野天神山古墳</u>（きたのてんじんやま）（権現山（ごんげんやま）

上総国府と菊間古墳群

ちはら台公園内の古墳広場

古墳)は、高さ約7mで後方部が削られているが、90m級の前方後円墳であったと推定されている。

また、その東方100mほどのところにある姫宮古墳は、全長51m・高さ約3.9mの前方後円墳で、6世紀の築造と推定されている。さらに東関山古墳の西400m、菊間終末処理場の南の台地上には、菊間天神山古墳がある。この古墳は直径約39m・高さ3.5mの円墳で、円筒埴輪が出土しており、5世紀末の築造と推定されている。

菊間三又バス停から南西へ200mほどはいると、菊間八幡神社(祭神日本武尊、若宮神社)がある。社伝では、673年に菊間国造の大鹿国直によって創建され、1180(治承4)年、源頼朝の祈願で鎌倉より分祀されたという。本殿は三間社流造で、内陣の墨書と棟札から、1748(延享5)年の建造と確認できる。また、神社の北東500mほどの地には、1868(明治元)年に駿河沼津(現、静岡県)5万石の譜代大名水野忠敬が転封されて成立した、菊間藩の藩庁がおかれていた。

東関山古墳の北東500mほどの古市場大気バス停前にある武田家住宅(国登録)は、1916(大正5)年に長生郡長南町に医院としてたてられた純和風建築であった。第二次世界大戦後の移築に際し、和風の屋根を残して外壁が洋風に改修され、独特の和洋折衷になっている。

武田家住宅から東へ2～3kmほどの村田川右岸の台地上にある草刈遺跡は、旧石器時代から中世に至る複合遺跡で、縄文時代から平安時代にかけて、約4000軒の竪穴住居跡が確認された大集落遺跡である。京成ちはら台駅の東にあるちはら台公園には、草刈古墳群の12基の古墳(円墳11基、前方後円墳1基)が古墳広場として保存整備されている。草刈遺跡のすぐ南の川焼台遺跡からは、高さ10

cmほどの小銅鐸2個が出土したが、銅鐸文化の東日本への伝播という意味で貴重な発見といえる。

なお、この台地先端部には、草刈古墳群で唯一埴輪をもつ前方後円墳の草刈33号墳が保存されている。また、この台地の南側斜面で発見された川焼瓦窯跡で生産された瓦は、村田川の水運などを利用して上総国分寺に送られたものとみられている。

府中日吉神社 ❸

〈M ▶ P. 39, 41〉市原市能満589-2
JR内房線八幡宿駅🚌山倉こどもの国行 郡本🚶8分

室町時代の建築部材が残る三間社流造の本殿

バス停から県道五井本納線を東に600mほどいくと、左側に「日吉山王権現」とよばれていた府中日吉神社(祭神大山咋神)がある。社伝によれば、674年に近江国滋賀郡(現、大津市)の日吉大社より勧請したとされる。本殿(県文化)は三間社流造で、室町時代中期に建立されたときの部材が多く残されている。

バス停から西に3分ほどの郡本八幡神社は、市原郡衙跡と推定されており、社殿と鳥居前の礎石も郡衙に関連するものとみられている。また、郡本地区の北側の「古甲」は「古国府」の転訛と考えられ、上総国府推定地の有力候補とされている。

バス停から国道297号線を北に進み、山木三差路の手前500mほどのところを左折した住宅地の北西端に、阿須波神社がある。阿須波神社(祭神阿須波神)は、今でこそ鳥居と小さな祠がたつのみであるが、『万葉集』にもうたわれた神社である。境内には市原郡の防人帳丁若麻続部諸人が旅の無事を祈って詠んだ「庭中の　阿須波の神に　小柴さし　吾は斎はむ　帰り来までに」(『万葉集』)の歌碑がたっている。

また、その台地の下の水田地帯からは条里制遺構が確認されており、神社から北西に向かう道がとおっていたことも確認された。この道は水田のなかを盛土し、

市原条里制遺構の古道跡

上総国府と菊間古墳群　43

側溝を切ったもので、幅約2丈(約6m)という規格性から古代の官道跡とみられているが、飯香岡八幡宮の柳楯神事の際に、阿須波神社から出発した柳楯や神輿がとおる道筋とも一致している。また、この道の跡は、南の郡本から山田橋にかけての台地上でも確認され、こちらは切通し状に掘られていた。

上総国分尼寺跡 ❹

〈M ▶ P. 38, 41〉市原市国分寺台3　Ｐ
JR内房線・小湊鉄道五井駅🚌国分寺台行市役所🚶10分

よみがえる天平の甍　全国最大級の国分尼寺

　上総国分尼寺跡(国史跡)は、市原市役所北東の住宅街にあり、寺域は南北371m・東西285〜350m、面積は約12万3000㎡で全国最大の規模を誇る。発掘調査によって、金堂・講堂・中門・回廊などの跡が確認され、塔のない変形の東大寺式伽藍配置であったことが判明した。また、周辺部では、政所院・大衆院・修理院の跡などが確認され、国分尼寺の全容があきらかになった、全国的にも貴重な遺跡である。

　現在、広大な敷地のなかに、ベンガラの色もあざやかに、中門・回廊などが復元されている。中門は法隆寺東大門などを参考にして、上面に甎を敷きつめた瓦積み基壇のうえに、切妻造・八脚門で復元され、礎石は蛇紋岩自然石、木材は木曽檜などを使用し、屋根は本瓦葺きである。また、回廊は法隆寺回廊や発掘された山田寺回廊などを参考に復元されたもので、中門とあわせて約4万5000枚の瓦が使われている。そのほか、金堂は基壇部だけの復元であるが、東大寺灯籠を参考に復元された、青銅製で金箔を貼った灯籠も金色に輝いている。

　1993(平成5)年に、寺域の北西隅に開館した上総国分尼寺跡展示館では、国分尼寺の正式名称である「法華滅罪之寺」を示す「法花寺」を墨書した土器などの出

国分寺の略称を墨書した金寺(僧寺、左)と法花寺(尼寺)

津で栄えた内房

国分僧寺と国分尼寺

コラム

741(天平13)年、聖武天皇は、金光明最勝王経をおさめた七重塔をもつ金光明四天王護国之寺(国分僧寺)と、妙法蓮華経を根本経典とする法華滅罪之寺(国分尼寺)を各国ごとにつくることを命じる国分寺建立の詔を発布した。

国分僧寺・国分尼寺は760年代にはほぼすべての国につくられたと考えられている。

房総の下総・上総・安房国にもそれぞれ国分僧寺・国分尼寺がつくられた。そのうち上総と下総の僧寺・尼寺は、発掘調査で伽藍(寺の中心的な建物)配置を含め、詳細がわかっている。しかし、安房については、金堂とみられる基壇1つが調査されたのみで、ほかの伽藍はわからず、それが僧寺か尼寺かもはっきりしていない。

上総と下総の国分寺をくらべてみると、さまざまなところに違いがみられる。

伽藍配置は、上総の尼寺が中門と金堂をつなぐ回廊をもつのに対して、下総の尼寺は金堂と講堂を溝と塀で囲む簡略化された構造をしている。また、瓦の文様も、上総は平城京で使用された文様を模倣しているのに対して、下総は地元の寺と同じ文様を使っている。これらのことから、諸国の国分寺が、朝廷の指導で画一的につくられたものではないことがわかるだけでなく、上総のほうが下総より都との結びつきが強かったこともうかがえる。

平安時代にはいって、仏教が国の安寧を祈るものから、個人の願いを叶えるものへ変質すると、国分寺は衰退した。上総・下総でも、10世紀ごろには勢いを失っていたようである。

> 発掘調査であきらかになった下総・上総の国分寺

土遺物や遺構の展示のほか、大型スクリーンの映像と国分尼寺の200分の1の復元模型を使った解説が行われている。

上総国分寺跡 ❺
0436-21-0754 〈M▶P. 38, 41〉 市原市惣社　Ⓟ
JR内房線・小湊鉄道五井駅🚌国分寺台行市役所🚶5分

> 高さ63mと推定される国分寺七重塔

国分尼寺跡と市原市役所をはさんで向かい側には、上総国分寺跡(国史跡)がある。寺域は南北481m・東西250〜340mで全国3番目の規模であり、発掘調査によって大官大寺式伽藍配置であったことが確認されている。寺域の中心部には今も国分寺の法灯をうけつぐ清浄院国分寺(真言宗)があり、その南側には、現市庁舎よりも高い63mと推定されている、七重塔の心礎がある。市役所1階のロビーには、塔の20分の1の復元模型が展示されている。

上総国分寺七重塔の心礎

上総国分寺跡の西方の惣社・村上地区は，惣社の地名などから，郡本地区とともに上総国府推定地の1つとされている。養老川(ようろう)の水運や古代の嶋穴駅(しまな)との関連で有力とされ，村上遺跡では掘立柱建物群が確認されたが，現在のところ国府関連の遺構とする確証はない。なお，惣社地区には，国分寺で使う瓦を焼いた窯跡(かまあと)とみられる南田瓦窯跡(みなみだ)などの窯跡が確認されている。

稲荷台1号墳(いなりだいいちごうふん) ❻

〈M ▶ P. 38, 41〉市原市山田橋(やまだばし)3-2
JR内房線・小湊鉄道五井駅 🚌 国分寺台行山田橋 🚶 1分

下賜刀として注目の「王賜」銘鉄剣が出土

市原市役所から北東に1kmほどの地域にあった稲荷台古墳群は，開発に伴って，1976(昭和51)～77年に発掘調査が行われ，破壊された。しかし，その後1988年に，そのなかの稲荷台1号墳の木棺(もっかん)から出土した鉄剣を，国立歴史民俗博物館でX線写真撮影をしたところ，「王賜(おうし)」を含む12文字が銀象嵌(ぞうがん)されていることが発見され，「王賜」銘鉄剣として一躍全国の注目を集めることになった。

1号墳は，5世紀中ごろの築造と推定される直径27mの円墳で，副葬品に武具類が多いことから，この鉄剣は畿内の大王によって武人的な性格をもつ地方豪族にあたえられた，下賜刀(かしとう)と考えられている。1号墳のあった場所は稲荷台古墳記念広場とされ，1号墳が縮尺3分の1で復元されている。

「王賜」銘鉄剣(部分)

古墳広場の東600mほどの市原市中央武道館の北に，市原市埋蔵文化財調査センターがあり，市内の遺跡で出土した人面土器などの

神門古墳群 ❼ 〈M ▶ P. 38, 41〉市原市惣社5
JR内房線・小湊鉄道五井駅🚌国分寺台行市役所🚶8分

古墳出現期の首長墓 5号墳は県史跡

　国分寺の南300mほどの地域にあった神門古墳群のなかで，3号墳・4号墳・5号墳（県史跡）は3世紀中ごろの，前方後円墳成立期の3代にわたる首長墓とみられており，前方後円墳の発生を考えるうえで重要な古墳群といえる。このうち，唯一保存された5号墳は，直径33m・高さ5mの円形の墳丘の西側に，幅5m・長さ5.5mの突出部がつく全長38.5mのいちじく形の墳丘をもち，前方後円墳が定型化する以前の古墳の様相を呈している。

　なお，周辺には船の絵が描かれた弥生土器や小銅鐸が出土した天神台遺跡，舶載鏡とみられる盤龍鏡が出土した諏訪台古墳群など多くの遺跡が集中している。また，神門古墳群の東方1kmほどの西広地区の台地上には，『日本三代実録』に記載のある前廣神社があり，その東の縄文時代の西広貝塚からは多数の土偶が出土している。

上総国府と菊間古墳群

② 養老川をさかのぼる

養老川に育まれた市原には、古代の姉崎古墳群をはじめとして、椎津城跡や西願寺など中世以来の城郭や名刹がある。

小湊鉄道蒸気機関車 ❽
0436-21-6771
〈M▶P.38〉市原市五井中央東1-1-2
JR内房線・小湊鉄道五井駅 🚶 2分

日本の近代を駆けた米英からの輸入機関車

駅東口に小湊鉄道の車庫があり、その一角に小湊鉄道蒸気機関車3輌（県文化）が保存されている。小湊鉄道株式会社は1917（大正6）年に設立され、五井・上総中野間39.1kmの鉄道路線を有し、その間を約2時間で結んでいた。そのうち2輌（下の写真中央と奥）は、1924年にアメリカのボールドウィン社で製造された、六輪連結十輪タンク機関車で、翌年の同社開業に向けて輸入され、1956（昭和31）年まで活躍した。もう1輌は1894（明治27）年に、イギリスのベイヤーピーコック社で製造された四輪連結十輪タンク機関車で、日本鉄道が輸入したものである。その後1946（昭和21）年に当時の国鉄から払い下げをうけ、4年間使用された。

駅から姉ヶ崎行きバスに乗って青柳バス停で下車し、内房線の線路に向かって10分ほど歩くと、『延喜式』式内社の嶋穴神社がある。祭神は風神の志那津比古命であり、この地には古代に嶋穴駅がおかれており、同社は交通の神としても尊崇されてきた。

駅から小湊鉄道に乗って養老川沿いに南下していくと、上総村上駅の南東約1.3kmの西広取水場の下流に、西広板羽目堰の設置箇所がある。板羽目堰は「横さん木」とよばれる両端の支え木をはずすと、一瞬で堰体が倒壊する仕組みの堰で、養老川下流域にはかつて数カ所につくられていたが、現在は保存会が技術伝承のため不定期に堰をつくっている。なお、この地の養老川左岸小折地区の西野遺跡

小湊鉄道蒸気機関車

48　津で栄えた内房

は海上郡衙跡とみられ，またその南西1kmほどの今富廃寺跡からは，上総国分寺系の軒瓦が出土している。

鶴峯八幡宮 ❾
0436-95-3595
〈M ▶ P.38〉市原市中高根272　P
小湊鉄道光風台駅🚶12分

鶴岡八幡宮伝来とされる十二座神楽は県指定

駅の西約1kmの中高根地区に鶴峯八幡宮(祭神誉田別命)がある。社伝によれば，1277(建治3)年に豊前国(現，大分県)宇佐八幡宮より勧請されたという。この神社の秋の大祭(10月15日)に奉納される十二座神楽(県民俗)は，「猿田彦」「恵比須」など12の演目があり，鎌倉鶴岡八幡宮伝来といわれることから「鎌倉ばやし」ともよばれている。駅の東約1kmには，県内で2例しかない紀寺系の瓦が出土した二日市場廃寺跡がある。

鶴峯八幡宮からさらに西に500mほどの風戸地区の山の斜面には日光寺(真言宗)がある。この寺の木造聖観音立像(県文化)は像高3.32mで，木造では千葉県内最大の仏像である。サクラの巨木を使用した一木造で，11世紀前半の作と推定されている。

小湊鉄道馬立駅から西に約1.2kmの上高根にある薬師堂には，県内でも3体そろった平安時代の薬師三尊像として高い評価をうける，木造薬師如来坐像及び両脇侍立像(県文化)がある。現在は薬師堂から北東に約10分の称礼寺(真言宗)が管理しており，毎月第3日曜日に開帳されている。なお，この上高根地区では出羽三山への信仰が今でも盛んで，上高根の三山信仰(県民俗)として知られている。

橘禅寺 ❿
〈M ▶ P.39, 50〉市原市皆吉6　P
小湊鉄道上総牛久駅🚶35分

県指定鎌倉仏の宝庫　紀年と仏師を伝える墨書

駅から国道409号線を木更津方面へ向かい，牛久小学校入口から南に25分ほどいった山上に単立の橘禅寺がある。その薬師堂には，多くの貴重な仏像が安置されている。本尊の木造薬師如来坐像及び両脇侍立像(県文化)はともにカヤを用い，中尊の薬師如来像は寄木造で，脇侍の日光・月光菩薩像は，割矧造で製作されている。如来像の背板に書かれた墨書によると，橘禅寺が焼失した1261(弘長元)年の翌年に，常陸公蓮上・信濃公新蓮の両仏師によりあらたにつくられたとある。また，両脇侍像の袈裟には宋風彫刻の様式がみられ，彫刻史上重要な作例といえる。三尊像に付随する2体の神

養老川をさかのぼる

木造金剛力士立像阿形像

　将立像(県文化)は一木造で，1988(昭和63)年の修理の際に，橘禅寺の焼失以前の仏像であることが判明した。

　このほか，本尊とほぼ同時期につくられた木造金剛力士立像(県文化)2体は，像高2.4mのマツの寄木造で，阿形像の後頭部内面の墨書に「弘長三(1263)年」の紀年と「常陸坊」「小仏師尾張坊覚念」の名がみえ，この常陸坊が本尊とともに両仏像を製作した仏師と思われる。また，吽形像の首部内面にも「橘寺聖僧」「文永(1264〜75)」の墨書がみえる。

　駅の西方には，養老川の屈曲部の左岸に沿って佐是城跡がある。この城は真里谷の武田氏の一族である武田国信が，天文年間(1532〜55)に築城したといわれ，南北700m，東西300〜350mにおよび，市原市内で最大規模である。空堀などによって5カ所の郭に区画され，主郭部周辺は，横矢構造をもつ土塁や土橋を用いるなど複雑な構造となっている。その東縁にたつと眼下に養老川を見下ろす崖

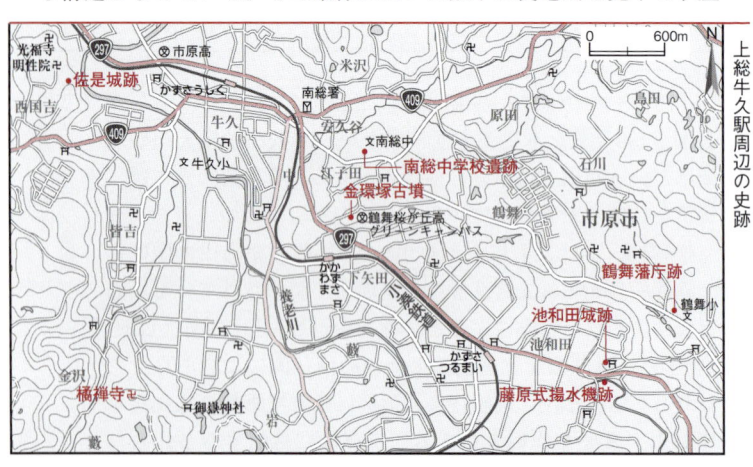

上総牛久駅周辺の史跡

50　　津で栄えた内房

となっていることから、地元ではこの城を「嶽城」とよんでいる。

駅の東方約3kmの国道409号線沿いにある長栄寺の木造十一面観音菩薩立像(県文化)は、墨書により鎌倉時代の1264(文永元)年に仏師賢光が製作したことが知られ、橘禅寺の諸仏像とほぼ同時期の貴重なものである。

国道297号線から県道鶴舞牛久線を東へ15分ほどいくと、道路沿いに南総中学校遺跡がある。1971(昭和46)〜72年に学校建設に伴う発掘調査で、弥生時代中期末の方形周溝墓23基をはじめ、縄文時代から古墳時代にかけての遺構が多数発見されたもので、現在校庭西側の丘に円墳2基が保存されている。

南総中学校の南約500mの地(国道297号線の北側)にある、旧鶴舞桜が丘高校グリーンキャンパス内にあった金環塚古墳(瓢箪塚古墳)からは、貴重な遺物が多数発見されている。この古墳は全長47mの前方後円墳で、6世紀前半の築造と推定されており、馬具・工具・武器・装身具あわせて359点が出土した。これらは江子田金環塚古墳出土一括遺物(県文化)として、市原市埋蔵文化財調査センターに保管されている。

鶴舞藩庁跡 ⓫

〈M▶P.39, 50〉市原市鶴舞708
小湊鉄道上総牛久駅🚌大多喜行鶴舞小学校前🚶1分

維新の動乱期に鶴舞を開拓した藩の足跡

バス停前の鶴舞小学校の一帯が鶴舞藩庁跡である。江戸時代の鶴舞は旗本領であったが、1868(明治元)年に、浜松藩(現、静岡県)6万石の譜代大名井上正直が上総に転封されたことにより鶴舞藩が成立した。幕末に老中をつとめた正直は、桐木原原野の開墾に着手し、ここを藩庁とした。その際に地勢がツルに似ていることなどから、地名も鶴舞と改められたとされ、翌年の版籍奉還を経て、1871年の廃藩置県により鶴舞県となった。

上総鶴舞駅から国道を大多喜方面へ10分ほどの平蔵川の右岸の台地上に池和田城跡がある。この城は戦国時代に、長南の武田氏の重臣で、里見氏方に属した多賀氏の居城であったが、1564(永禄7)年の第2次国府台合戦後に侵攻した北条氏政軍の攻撃で落城した。城跡の南を流れる平蔵川の河畔には、かつて藤原式揚水機が設置されていた。これは泉州佐野(現、大阪府)出身の藤原治郎吉によって

養老川をさかのぼる

発明された灌漑揚水機で、水車の動力で水箱のついたもう1台の水車を回転させて高地に水を送る仕組みであった。養老川流域は河川の浸食が激しく、川と丘陵上の高低差が大きいため、1880(明治13)年に設置されたこの揚水機への期待は大きく、その後流域で計8カ所も設置された。現在高滝ダム湖畔の市原市水と彫刻の丘のなかにある高さ28mの展望塔は、これを模したものである。

高滝神社 ⑫
0436-98-0472　〈M ▶ P.39〉市原市高滝1　P
小湊鉄道高滝駅 5分

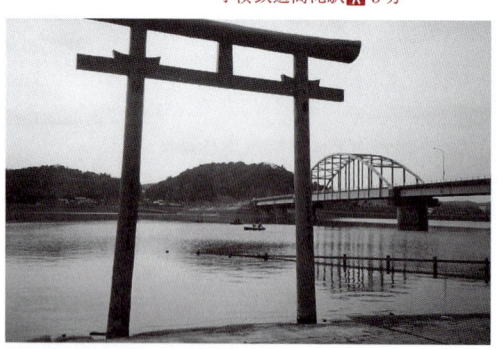

『日本三代実録』記載の古社　背後の森は県天然

高滝ダム湖からみた高滝神社の森

駅の東側の小高い山の中腹に、高滝神社(祭神邇邇芸命)がある。この神社は、『日本三代実録』の「貞観十(868)年」の条に記載がある古社である。創建当初は、養老川上流の粟又の滝(夷隅郡大多喜町)近くにあった社を中世に移したものとみられ、現在の社殿は1728(享保13)年に再建された権現造である。背後の山は高滝神社の森(県天然)とよばれ、暖帯林の特徴をもつ自然林が尾根伝いに形成されている。

駅から西に向かい、高滝郵便局の前をとおり、高滝湖に沿って10分ほどいくとダム湖の堰堤があり、その脇に高滝ダム記念館がある。高滝ダムは県内最大の流域面積をもつ多目的ダムである。記念館ではダムの役割やダム湖周辺の民俗資料などが展示されている。

高滝ダムから北へ15分ほどの山口地区には、木造地蔵菩薩坐像(県文化)がある。像高2.75mで、木造の坐像地蔵尊では全国最大であり、ヒノキの寄木造で、鎌倉時代末期の作とされる。

西願寺 ⑬
0436-89-3021　〈M ▶ P.39〉市原市平蔵1360　P
小湊鉄道上総牛久駅 大多喜行あみだ畑 2分

バス停から国道297号線を牛久方面へいくと、右側に西願寺(天台

宗）がある。寺伝によると，1492（明応元）年に，平蔵城主土橋平蔵平将経が鬼門（東北）守護のために七堂伽藍を建立したとされる。そのなかで唯一現存する阿弥陀堂（国重文）は，往時は上部が金箔，下部が朱塗りの壮麗な姿で，「平蔵の光堂」とよばれていた。堂は方3間の茅葺き，寄棟造であり，本格的な禅宗様式でたてられている。1927（昭和2）年の解体修理の際に発見された墨書から，1495（明応4）年に鎌倉の名工二郎三郎によって建立されたことが判明した。なお，堂内に安置されている厨子（国重文）も堂と同じ様式で，創建当初のものとみられている。また，寺の前の平蔵川対岸の丘陵上には，平将経の居城とされる平蔵城跡がある。

国重文の阿弥陀堂は室町時代の禅宗様建築

西願寺阿弥陀堂

　西願寺の西方約1.3km，吉沢バス停から10分の地に鳳来寺観音堂（国重文）がある。この堂は，もとは現在地の北約500mの地にあった善福寺の堂宇であったが，寺が衰退し，1883（明治16）年に鳳来寺（曹洞宗）に合併され，1966（昭和41）年に現在地に移されたものである。堂は方3間の茅葺き，寄棟造で，西願寺同様に室町時代後期の禅宗様建築である。平蔵城にとって西願寺は鬼門で，鳳来寺は裏鬼門（南西）にあたる。

鳳来寺観音堂

姉崎古墳群 ⓮　〈M ▶ P. 38, 54〉市原市姉崎
　　　　　　　　JR内房線姉ヶ崎駅🚶15分

　姉崎古墳群は養老川下流域の左岸に集中する古墳群で，上海上

養老川をさかのぼる

> 上海上国造の墳墓 石枕出土の二子塚古墳

　国造一族の墳墓と考えられている。そのなかで最大の姉崎天神山古墳（県史跡）は、県立姉崎高校の南西の丘陵上にある前方後円墳で、4世紀後半の築造と推定されている。全長約130mは前期の古墳としては千葉県内最大級である。

　そこから北に700mほどのところにある二子塚古墳（県史跡）は、全長約106mの前方後円墳で、5世紀中ごろの築造と推定されている。この古墳からは、滑石製で直弧文が線刻された石枕（国重文、国学院大学蔵）が発見され、その後の発掘調査でも、舶載品とみられる銀製垂飾付耳飾りや、蟠地文鏡とよばれる白銅製鏡など、多数の副葬品が出土した（いずれも市原市埋蔵文化財調査センター蔵）。

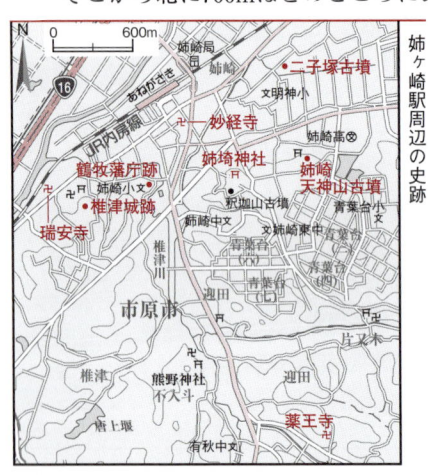

姉ヶ崎駅周辺の史跡

　そのほか、現存する大型の前方後円墳としては、駅の東方約4kmの正光院境内にある今富塚山古墳（全長約110m、4世紀）、姉埼神社南の釈迦山古墳（全長約91m、5世紀）などがある。

二子塚古墳

　姉崎天神山古墳から西に8分ほどのところには、『延喜式』式内社の姉埼神社がある。祭神の志那斗辨命は嶋穴神社の祭神志那津比古命と同じく風神で、両者は夫婦神とされる。同社は姉崎古墳群との関連から、上海上国造の氏神とみられている。

54　津で栄えた内房

駅の南の旧道沿いにある妙経寺(日蓮宗)には，戊辰戦争の際に旧幕府側の徳川義軍第3大隊の本陣がおかれたことから，ここで戦死した義軍兵16人の墓がある。なお，この地からは県内でも珍しい埴輪棺が出土している(市原市埋蔵文化財調査センター蔵)。

椎津城跡 ⓯

〈M▶P. 38, 54〉市原市椎津
JR内房線姉ヶ崎駅🚌袖ケ浦行椎津宮下🚶5分

戦国時代の激戦地 戦略上の要衝

　バス停から南東へ左折し，右側の台地の縁に沿って5分ほどのぼると椎津城跡(県史跡)へでる。この城は真里谷武田氏・里見氏・北条氏らが拠点とした城で，1590(天正18)年の北条氏滅亡までしばしば激戦が展開された，戦略上の要衝であった。

　バス停から県道を袖ケ浦方面へ5分ほどいくと，瑞安寺(浄土宗)がある。この寺には，藩命に反して徳川義軍に加わり自害した，鶴牧藩士5人の墓碑がある。鶴牧藩は1827(文政10)年に，安房北条1万5000石の譜代大名水野忠韶がこの地に転封されたことにはじまり，3代忠順の代に廃藩置県で鶴牧県がおかれるまで続いた。城跡の東側の姉崎小学校の辺りが鶴牧藩庁であった。

　また，瑞安寺を中心に，8月15日の夕方から葬列を模した椎津のカラダミ(県民俗)とよばれる行事が行われる。カラダミとは遺骸の入っていない棺のことで，戦国時代に善政を敷いた椎津城主の椎津昌義を偲んではじまったといわれている。

　姉ヶ崎駅から緑園都市行きのバスに乗って，有秋東小バス停で下車し，北へ2分ほどいくと薬王寺(真言宗)がある。この寺の木造薬師如来坐像は，平安時代後期の作と推定されており，毎年4月8日に開帳されている。また，寺に伝わる算額は，不入斗村(現，市原市不入斗)出身で，関流和算家の鈴木俊直が，1789(寛政元)年に幾何の難問を解いた記念に奉納したものであり，県内最古の算額である。

　薬王寺の北東3kmほどの海保地区に伝わる大塚ばやし(県民俗)は，出羽三山信仰に基づき，約20年に1度の梵天納めの日に，山車の上で演じられていたもので，1921(大正10)年を最後に途絶えていた。しかし，1966(昭和41)年に保存会が結成され，近年は，海保神社の祭礼日(3月の第2日曜日)などに演じられるようになった。

養老川をさかのぼる

③ 海運の町木更津と小櫃川流域

金鈴塚古墳のある木更津は、近世江戸湾舟運の中心として賑わった。小櫃川沿いには中世の激戦地、笹子・真里谷・久留里城跡がある。

選擇寺 ⓰
0438-22-2293
〈M▶P. 38, 57〉 木更津市中央1-5-6
JR内房線・久留里線木更津駅🚶5分

選擇寺本堂

本堂は国有形文化財「蝙蝠安」の墓もある

木更津地域は古代には、東海道の道筋にあたり、中世では「きさらす」や「木佐良津」と書かれていた。近世には大坂冬の陣の戦功で、江戸幕府領の年貢輸送権、上総への旅客乗船権、江戸の河岸場占有権が認められ、発展した。この繁栄をうけて、木更津は「切られ与三郎」「お富」の歌舞伎『与話情浮名横櫛』の舞台ともなった。駅西口をでてすぐ、海岸への通りにある光明寺（日蓮宗）には、与三郎の供養墓がある。

光明寺の北200mに選擇寺（浄土宗）がある。本堂（国登録）は、関東大震災で罹災後、1930（昭和5）年にコンクリート造りで再建したものであるが、木造建築の意匠を随所に取り入れており、近代和風建築の代表的な例である。選擇寺から海岸に向け300mほどのさかんだなと呼ばれた海産物を扱う通りに、江戸時代末に建てられたヤマニ綱島商店店舗（国登録）がある。前店蔵が店舗、中店蔵が仕事場になっている。

光明寺の南西にある八劔八幡神社（祭神誉田別命）の社は、権現造である。拝殿には狩野派による天井画があり、境内には幕末から明治時代初期の教育者嶺田楓江の記念碑がある。7月中旬に行われる祭礼では、江戸の神田囃子と浦安の踊りを起源とする木更津ばやし（県民俗）の奉納（仲片町公会堂で公演）や、大神輿の渡御がある。

神社前の通りを南に進むと、野口雨情の童謡「狸ばやし」で広

56　津で栄えた内房

く知られている證誠寺（浄土真宗）がある。「狸ばやし」は寺に伝わるタヌキの伝説が基になっており，境内には童謡にちなんだ狸塚や歌詞の碑がある。

　證誠寺から南へ10分ほどいくと，貝渕南バス停近くに木更津県庁跡がある。1871（明治4）年に廃藩置県で木更津県が設置されると，明治維新で駿河（現，静岡県）から転封されてきたばかりの旧桜井藩主の邸宅が庁舎として使用された。土手が一部残っており，権令柴原和らが1873（明治6）年の千葉県成立まで勤務した。

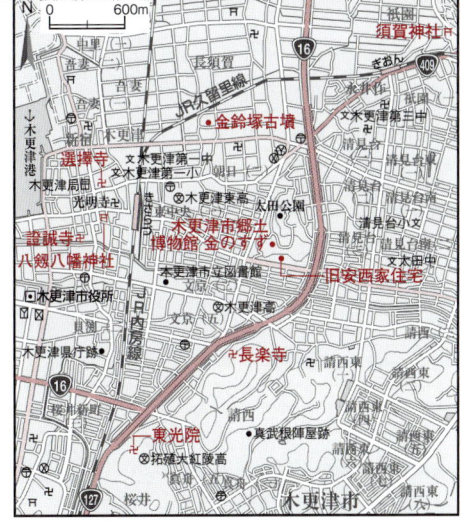

木更津駅周辺の史跡

長楽寺 ⑰　〈M ► P. 38, 57〉木更津市 請西982
0438-36-0081　JR内房線・久留里線木更津駅🚌真船団地行国道請西🚶5分

中世からの古刹
本尊は鎌倉時代の薬師像

　バス停から北東へ5分ほどいくと，長楽寺（真言宗）がある。本尊の木造薬師如来坐像（県文化）はヒノキの一木造で，平安時代前期の作と推定されており，県内で古い木像の1つである。また，寺には鎌倉時代につくられた密教法具の金銅五鈷鈴（県文化）が伝えられ，仏教法具の磬としては県内最古級である南北朝時代の金銅孔雀文磬（県文化）が保管されている。そのほか，豊臣秀吉が小田原攻めの際，長楽寺とその門前で乱暴を働くことを禁じた1590（天正18）年の「制札」（県文化）もある。

　国道16号線と127号線が分かれる交差点を東に進むと，陣屋下バス停の北方に，請西藩1万石の真武根陣屋跡がある。現在は土塁のみが残っている。最後の藩主林忠崇は，戊辰戦争では旧幕府側の遊撃隊と行動をともにし，箱根から会津へ転戦して仙台で降伏した。

　長楽寺から国道16号線を1kmほどを南にいくと，国道127号線沿いに「峯の薬師」とよばれる東光院（真言宗）がある。本堂には元禄

海運の町木更津と小櫃川流域　　57

年間(1688〜1704)の棟札があり、山門・鐘楼も江戸時代の建築である。本尊の木造薬師如来立像(県文化)は像高1.64mのヒノキの寄木造で、平安時代後期に東日本にみられる鑿の痕を残す「鉈彫」の技法でつくられている。

草敷行きのバスで県道23号線を久留里方面に進み、高倉観音下バス停でおり、北にいくと高倉観音として親しまれる高蔵寺(真言宗)がある。戦国時代にたてられたと伝えられる、正面9間(約16m)の大きな高床式の本堂は、元来茅葺き、2重の屋根であったが、1928(昭和3)年に2層部分が倒壊して現在の形になった。

金鈴塚古墳 ⑱ 〈M▶P. 38, 57〉木更津市長須賀430
JR内房線・久留里線木更津駅🚶15分

6世紀末の前方後円墳 出土品は重要文化財

金鈴

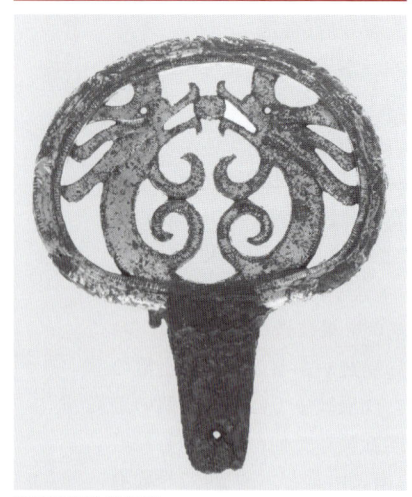

双竜環頭大刀柄頭

駅東口から北へ15分ほどいくと、金鈴塚古墳(県史跡)がある。横穴式石室がある後円部以外は削平されているが、墳丘長90m、2重の周溝を含めると140mの大型の前方後円墳であったと考えられている。1932(昭和7)年の村道工事の際、国内最大の45cmの金銅製飾履(東京国立博物館蔵)が発見された。さらに、1950年に石室が調査され、緑泥片岩の組合式箱形石棺の内外から3体の人骨のほか、名前の由来となった5個の金鈴が出土した。そのほか副葬品として、三神五獣鏡や四乳文鏡などの鏡、単鳳・単竜・双竜・獅嚙などの環頭大刀をはじめ、頭椎・鶏冠頭などさまざまな種類の飾り大

58　津で栄えた内房

刀17振や，衝角付冑などの武具，金銅製の轡や鐙などの馬具，着衣や腰佩の飾り金具や綴錦などが発見された。金鈴塚古墳の出土品(国重文)は，質，量において豪華な副葬品で話題となった同時代の奈良県藤ノ木古墳に匹敵する。郷土博物館金のすずに収蔵されている。

金鈴塚古墳がある祇園・長須賀古墳群は，5世紀から6世紀末に築かれた全長100mをこえる前方後円墳数基を含む大古墳群で，馬来田の国造との関連が指摘されている。しかし，みごとな装飾がほどこされた金銅製眉庇付冑(東京国立博物館蔵)を出土した祇園大塚山古墳をはじめ，大半の古墳が開発により消滅してしまった。

駅から東へ600mほどの太田山にある木更津市郷土博物館金のすず(2008年10月開館)には金鈴塚古墳出土品，弥生・古墳時代の住居跡・大溝・農具などが発見された菅生遺跡の遺物，上総掘りの用具(国民俗)などが展示されている。上総掘りは櫓に固定された跳ね木の弾力を利用して井戸を掘る技術で，2～3人が竹ひご，吸子など身近な素材を使って数百mの深さまで掘ることができたので全国に普及した。このほか金のすずでは，東京湾ののり生産用具(県民俗)や農具などの展示，下宮田木野根沢地区にあった「正和五(1316)年」の銘がある銅造阿弥陀如来立像(県文化)，永井作の善光寺にあった黄瀬戸灰釉木の葉文瓶(県文化)などが収蔵されている。

隣接する太田山公園内には，18世紀はじめに建てられた間口13間(約24m)・奥行5間(約9m)の平入り・寄棟造の茅葺き民家，旧安西家住宅がある。太田山公園の北にある長須賀日枝神社には「板絵著色富士の巻狩図絵馬」(県文化)がある。また，文京の木更津市立図書館には，郷学の至徳堂関係資料(県文化)や，金田庄嚢関係資料(県文化)，鈴木三郎家文書の天正検地帳(県文化)がある。

上総大寺廃寺跡 ⑲ 〈M ▶ P.38〉 木更津市大寺1029
JR久留里線上総清川駅 🚶 20分

上総清川駅隣の祇園駅から北東に10分ほどいくと，近世まで牛頭天王とよばれた須賀神社(祭神素戔嗚尊)がある。本殿(県文化)は覆堂内部にあり，三間社流造で，屋根は板葺き，和様出組を用い，鶏や水鳥など極彩色の彫刻の入った本蟇股をいれ，江戸時代前期

海運の町木更津と小櫃川流域

の様式を伝えている。

　上総清川駅から小櫃川を渡って、東へ1kmほどのところにある熊野神社は上総大寺廃寺跡である。本格的な発掘が行われておらず伽藍配置などは不明だが、飛鳥の川原寺と同じ文様の瓦が出土することや、神社境内に石製の上総大寺廃寺露盤（県文化）があることから、上総では最古の塔をもつ寺院と推定されている。露盤は塔の最上階の屋根におかれ、相輪の基礎となる部分である。

　東清川駅より南東へ1kmほどの館山自動車道の脇にある笹子城跡は、南北850m・東西400mで、県内では有数の規模の中世城郭である。15世紀後半に築城され、真里谷の武田氏一族の居城であった。戦国時代から近世初頭に書かれた『笹子落草子』には、1543（天文12）年ごろ2度落城したとある。最近の研究では、16世紀中ごろに1度廃城となり、その後南半分を里見氏が築いたのではないかと考えられている。

> もとは牛頭天王社殿は近世初期の作

飽富神社❷⓪　〈M▶P.38〉　袖ケ浦市飯富2863
JR内房線袖ケ浦駅🚌平川行政センター行飯富🚶3分

> 筒粥神事は1月14日に元禄築造の社殿

　袖ケ浦駅の西にある金田海岸の中島区では、毎年1月7日に若者が厳寒の海中に梵天をたて、五穀豊穣と浜の大漁を祈願する梵天立てを行っている。

　袖ケ浦駅南東700mほどにある坂戸神社の森（県天然）は、常緑広葉樹のスダジイを中心に、モミやツガなどが群生している。森のなかにある坂戸神社古墳は、全長62mの前方後円墳である。

　飯富バス停の北にある飽富神社は、『延喜式』式内社で倉稲魂命をまつる。権現造の社殿は、1691（元禄4）年に建立された。飽富神社では、1月14日の夜半、米・麦などの粥のなかに葭筒を吹き込んで、筒にはいった粥の量によって、その年の作物の豊凶を占う筒粥神事（県民俗）が行われている。

　神社から15分ほど東へいくと、袖ケ浦公園のなかに袖ケ浦市郷土博物館がある。縄文時代後期から晩期の馬蹄形貝塚である飯富山野貝塚の貝層断面、平岡公民館周辺の弥生時代の土壙墓から出土した、小銅鐸・水晶製棗玉・ガラス玉などの文脇遺跡14号土壙出土一括遺物（県文化）、現在東京ドイツ村となっている平安時代の集落

跡や，寺院跡が発見された永吉台遺跡の出土遺物を展示しているほか，善福寺の阿弥陀三尊像や袖ケ浦市高谷の延命寺（新義真言宗）の絹本著色両界曼荼羅（県文化）を収蔵している。南北朝時代の作と推定されるこの曼荼羅は，胎蔵界・金剛界とも3m四方で，高野山金剛峰寺の血曼荼羅に近い曼荼羅である。また，敷地内には上総掘りの装置が設置されている。

郷土博物館前の上池の北側の台地上には，南北110m，東西140mの山野貝塚（国史跡）がある。市川から東京湾沿岸に大型貝塚がみられるが，その南端の貝塚として貴重である。

郷土博物館から4.5kmほど東に進んだ，永地バス停の南約5分にある諏訪神社本殿（県文化）は，室町時代後期と推定される二間社流造の小規模な本殿で覆屋に覆われている。

隣の長浦駅から北方3.7kmの台宿にある旧藤谷家住宅（国登録）は，1955（昭和30）年に建てられ，細部に技巧を凝らした伝統的な民家建築である。

真里谷城跡 ㉑

〈M ▶ P.38〉 木更津市真里谷1760 P
JR久留里線馬来田駅🚌20分

真里谷武田氏の根城
千畳敷は領主の館跡地

木更津市少年自然の家の地が真里谷城跡である。ここは長南の武田氏から分かれた真里谷の武田氏の本拠地であった。真里谷の武田氏は，1456（康正2）年に武田信長がこの城にはいって以来，一族の分裂を経て，1552（天文21）年に信政が椎津城で敗死するころまで，この城を中心に西上総をおさめた。発掘調査により，丘陵の尾根に沿って多くの曲輪がつくりだされていたことがわかった。主郭は，千畳敷とよばれている土塁に囲まれた曲輪で，ここに城主が住んでいたと考えられている。

馬来田駅から木更津方面に向かって2つ目の久留里線横田駅周辺は，中世畔蒜

真里谷城主郭千畳敷

海運の町木更津と小櫃川流域

荘 横田郷とよばれた荘園であった。集落は小櫃川の自然堤防や松川に沿った微高地の上にあり，中央部に領主館の「小坪館跡」と妙見社(現，横田神社)が，その東に如来堂(現，善福寺)がある。水田は自然堤防北側の後背低地と小櫃川の氾濫原に広がっており，現在の景観から中世荘園の景観を推測できる。

　馬来田駅の東20分ほどにある妙泉寺(曹洞宗)は，武田信隆が帰依した寺で，「長禄三(1459)年」の銘がある鐘楼の梵鐘(県文化)は鎌倉円覚寺の梵鐘に似た様式を残している。

　馬来田駅のつぎの下郡駅から富岡小学校方面に県道166号線を15分歩くと，1935(昭和10)年に建てられた下郡郵便局旧局舎(国登録)がある。この建物は，外壁や窓に洋風建築の雰囲気をもたせつつ，和風デザインでまとめられている。

　下郡駅から上総亀山方面2つ目の俵田駅を囲むように，岩出古墳群・白山神社古墳群・上新田古墳群・戸崎古墳群などがある。小櫃川をはさんだ両岸の河岸段丘上に立地している，これらの古墳群をまとめて小櫃古墳群とよんでいる。この古墳群には，4世紀の大型前方後円墳が3基存在する。岩出の飯籠塚古墳(県史跡)は，1986(昭和61)年に遺跡の分布調査によって発見された。全長105mで，前方部が開かない手鏡状の形態をしており，3基のなかでもっとも古いと考えられている。

　上新田の浅間神社古墳は，浅間神社がたっているところが後円部で，全長は103mある。俵田の白山神社古墳(県史跡)は全長89mで，前方部がくびれ部から外に向かって広がっていることから，3基のなかではもっとも新しいと考えられている。古墳の裾部にある白山神社には，海獣葡萄鏡2面が伝わっている。

久留里城跡 ㉒
0439-27-3478(久留里城址資料館)

〈M ▶ P.38〉君津市久留里448-1　P
JR久留里線久留里駅 🚶 30分

激戦の里見の根城
新井白石も住んだ雨城

　国道410号線を亀山方面に向かうと，標高80～120mの急峻な丘陵上に久留里城がある。城は戦国時代前半に真里谷武田氏が築城したと伝えられ，その後，里見氏の上総支配の拠点となり，北条氏との激しい攻防戦の舞台となった。徳川家康の関東入国後は，譜代の大須賀氏(3万石)，土屋氏(2万石)，黒田氏(3万石)の居城となっ

久留里城模擬天守閣

た。近世の久留里城は，広大な戦国時代の城の南側を利用してつくられ，本丸に天守閣，二の丸に2層櫓，三の丸に邸宅や侍屋敷などが配置されていた。二の丸には君津市立久留里城址資料館があり，市内の常代遺跡出土の木製品(県有形)，建仁寺の木造菩薩面(県有形)，武具，新井白石の書簡などを展示している。白石は父正済が土屋利直につかえたため，18歳から21歳までを久留里で過ごしたといわれる。白石が住んだ屋敷跡は，久留里小学校前と推定されている。

小市部の円覚寺(曹洞宗)には，土屋忠直・利直の墓があり，安住原の真勝寺(曹洞宗)には，久留里藩最後の藩主黒田直養の墓がある。また，県立君津青葉高校前の森家では，藩士の内職からはじまったと伝えられている雨城楊枝を今もつくっている。城下の久留里市場仲町には旧河内屋店舗及び主屋(国登録)がある。1933(昭和8)年に建てられ，外壁は漆喰塗りと杉の下見張りである。

近世後半から幕末にかけて小櫃川の上流地域では，畑作から水田への転換をはかるために用水路が建設された。天保年間(1830〜44)につくられた平山用水は，総延長約20kmにおよんでいる。

久留里駅から2つ目の上総松丘駅南の稲荷神社に，8月3日に奉納される大戸見の神楽(県民俗)は，この地域の獅子舞神楽のなかでもとくに知られている。

国道465号線で亀山湖へいき，亀山大橋から林道を南へあがったところにある三石山観音寺(真言宗)の自然林(県自然)は，古くから保護されていた林である。国道をさらに2.5kmほど進んだ蔵玉地区にある円盛院(真言宗)には，胎内から「応仁三(1469)年」と記された紙片がみつかった木造虚空蔵菩薩立像(県文化)がある。

海運の町木更津と小櫃川流域

4 東京湾海防の要富津岬と小糸川周辺

小糸川周辺は須恵国造により飯野古墳群や弁天山古墳が築かれる。一方、富津岬周辺には海防施設がつくられた。

九十九坊廃寺跡 ㉓ 〈M▶P.38〉君津市内箕輪191
JR内房線君津駅🚌君津市内循環線B廻り八重原寮前🚶5分

5基の石は白鳳時代の塔の礎石

　バス停より八重原公民館前をとおると、左手に九十九坊廃寺跡(県史跡)がある。現在、三重塔と思われる塔の土壇と、その上に心礎と側柱礎石が残っている。出土した瓦の文様から7世紀末ごろの築造と考えられている。廃寺より南へ5分ほどの内みのわ運動公園に、九十九坊が里見氏と北条氏との合戦で焼けた際に、寺の梵鐘が飛来し、沈んだとの伝承をもつ鐘ヶ淵(県史跡)がある。この池は、江戸時代には灌漑に利用され、水利争論の話も伝わる。

　南へ15分ほどいった法木作バス停の近くには、道祖神裏古墳(県史跡)がある。56mの前方後円墳で、築造は4世紀代と推定されており、小糸川流域における最古の古墳として注目される。さらに国道にでて南へ約5分のところに、国道に後円部を3分の1ほど削られた八幡神社古墳(県史跡)がある。墳丘長77mの前方後円墳で、6世紀後半の築造と考えられている。これらの古墳がある小糸川中流域の北岸には、ほかにも5世紀の短甲2領を出土した八重原1号墳(消滅)など多くの古墳が確認されている。対岸には、弥生時代の方形周溝墓が多く確認された常代遺跡がある。常代遺跡出土の木製品(県有形)は、久留里城址資料館に収蔵されている。そのほか掘立柱建物跡が確認され、古墳群や九十九坊廃寺との関連が指摘されている郡遺跡もある。

　常代遺跡から南へ15分の建暦寺(真言宗)には、法会や供養会の際、読経しながら練り歩く行道の儀式に用いられる木造菩薩面4面(県文化)があり、久留里城址資料館に収蔵されている。いずれもヒノキの一木から彫りだしており、鎌倉時代の作と推定される。

　小糸川をさらにさかのぼった根本の大正寺(真言宗)にある木造不動明王坐像(県文化)は、10世紀後半の作である。身体がやや右に傾いているが、これは、ねじれた木にあわせて彫ったためである。

三島神社 ㉔ 〈M▶P.38〉君津市宿原844

JR内房線君津駅🚌周西線乗車中島乗換豊英線宿原🚶5分

雨乞い神事の羯鼓舞

バス停から5分のところに，大山祇命を祭神とする三島神社がある。三島神社の棒術と羯鼓舞(県民俗)は，毎年9月の最終日曜日に行われる祭礼の際，氏子たちによって演じられる。棒術は，六尺棒・刀・太刀・鎌・扇子などの武具をもって相対し，気合い鋭く技を展開する。一方，羯鼓舞は，雨乞いの故事にならい，獅子を竜にたとえて舞にしたものである。

宿原の東方10分ほどの三島ダム周辺は，清和県民の森として親しまれている。バス停豊英の南方約400mにはウラジロカシの巨木，三島の白樫(県文化)がある。

三島神社の羯鼓舞

富津陣屋跡と元洲堡塁砲台跡 ㉕

〈M▶P.38, 65〉富津市富津字陣屋前／富津市富津字元洲　🅿(富津公園)
JR内房線青堀駅🚌富津公園行仲町🚶3分

松平定信設置の陣屋砲台跡は明治の建設

富津公園の手前，仲町バス停から南へ3分ほどいった医光寺境内に，富津陣屋跡がある。江戸湾防備を命じられた陸奥白河藩が1810(文化7)年においたもので，化粧道具や玩具が出土し，家臣の多くが家族を伴って陣屋に駐留したことがあきらかとなっている。

富津陣屋跡より西へ1kmいった富津公園のなかに，1884(明治

東京湾海防の要富津岬と小糸川周辺

17)年に竣工した元洲堡塁砲台跡がある。扁平五角形をしたこの砲台には，水を張った周溝やレンガ造りの兵舎壕や，弾薬庫跡などが保存されている。この一帯は戦前立ち入りが禁止され，自然のまま植物が群生しており，海浜植物群落地(県天然)に指定された。

　富津公園より5分ほどいった富津岬には，明治百年記念展望台がある。ここからは，明治時代から大正時代にかけて海中に島を築きつくられた，第1から第3の海堡を眺めることができる。

　富津公園への途中新井バス停の北方に，富津沖埋立て事業の記念施設としてたてられた富津埋立記念館がある。この記念館では，漁に使用した船や機具を展示し，当時の暮らしを伝えている。

　1つ富津公園寄りの大乗寺前バス停の大乗寺(浄土宗)には，江戸時代後期の女流俳人織本花嬌の墓(県史跡)がある。花嬌は富津村名主の夫織本嘉右衛門とともに俳諧に親しみ，小林一茶らを招いては句会を開いていたことが一茶の『七番日記』に記されている。

内裏塚古墳群 ❷

〈M▶P. 38, 66〉富津市二間塚1980ほか
JR内房線青堀駅 🚶10分

須恵国造の奥津城
履中陵に似る内裏塚

内裏塚古墳群は富津岬北側，小糸川下流の砂州上に分布する古墳群で，約2km四方のなかに5～7世紀にかけての古墳が41基確認されている。大型の古墳が多く，当時，この地域をおさめていた須恵国造とその一族の墓域と考えられている。

青堀駅周辺の史跡

　この古墳群の中心が内裏塚古墳(国史跡)である。全長144mの前方後円墳で，南関東最大の規模である。この古墳群のなかでもっとも古く，5世紀中ごろの築造と推定されている。墳形が大阪府堺市の百舌鳥古墳群にある石津ヶ丘古墳(伝履中天皇陵)に似ており，これをモデルに設計されたのではないかと考えられている。葺石と埴輪列をもち，後円部の墳頂で竪穴式石室

房総のやぐら

コラム

山腹を利用した中世の武士の墓

　やぐらとは鎌倉時代から室町時代につくられた墓の一種である。崖面に人ひとりがはいれるほどの部屋状の横穴を掘り、床や奥壁に穴をあけて火葬骨をおさめた。

　やぐら内には、五輪塔や板碑などが安置されたり、壁にこれらが彫られたりすることもある。山に囲まれた鎌倉で、おもに武士の墓として発達した。

　千葉県でも、現在約500基のやぐらが確認されているが、とくに鎌倉と海をはさんで向かいあう西上総地区と安房地区に集中している。

　この地域には、7世紀ごろにつくられた横穴墓が多く、これを再利用したやぐらも多い。

　やぐらは、人が自由に出入りすることができ、また、近世になって火葬墓に転用された例もある。

　そのため、つくられた年代を特定するのはむずかしいが、千葉県内のやぐらについては、14～15世紀ごろと考えられている。

2基が確認されている。6世紀にはいると全長105mの九条塚古墳や122mの三条塚古墳など、同時期の大王陵級の規模をもつ前方後円墳が築かれるが、なかでも稲荷山古墳は、全長106m、2重の周溝を含めると202mに達し、面積では県内最大である。

　三条塚古墳を三の丸として取り込む形で、飯野陣屋・藩校明新館があった。1648(慶安元)年に保科正貞(2万石)が築造し、面積13万㎡は、陣屋としては大規模のものであった。幅約5m・全長約1440mある飯野陣屋濠跡(県史跡)と土塁が残っている。

　小糸川を渡った青蓮寺境内には、近江屋甚兵衛墓(県史跡)がある。甚兵衛は、1822(文政5)年、小糸川河口の海に「ひび木」を立て込む方法でノリ養殖に成功し、その後近在の村々に、ノリ養殖が普及して「上総海苔」が誕生した。この甚兵衛の業績は、青蓮寺の北10分の君津市漁業資料館に展示されている。

弁天山古墳 ㉗　〈M▶P.38〉富津市小久保3017ほか 🅿
　　　　　　　JR内房線大貫駅🚌上総湊 行岩瀬🚶3分

5世紀後半の前方後円墳　竪穴式石室を保存

　バス停近くの富津市中央公民館の敷地内にある弁天山古墳(国史跡)は、内裏塚古墳に続いて5世紀後半に築造された全長87mの前方後円墳である。復元整備が行われ、石室も保存されている。竪穴式石室の天井石に、縄掛突起をもつものは関東地方では類例がない。

東京湾海防の要富津岬と小糸川周辺

弁天山古墳

弁天山古墳から南へ7分ほどいった国道465号線沿いの小久保バス停近くの真福寺(真言宗)には,16世紀初頭作とされる絹本著色清涼殿八宗論図(県文化)があり,空海が他宗の僧と宗論をたたかわせている模様が描かれている。毎年4月21日は,「めいく」(御影供)の日として賑わう。

大貫駅に戻り,国道465号線を北西2kmほど進んだ篠部バス停近くに万福寺(真言宗)がある。この寺の銅造釈迦如来坐像及び両脇侍坐像(県文化)は,獅子に坐した文殊菩薩と,白象に坐した普賢菩薩を脇侍とした,珍しい釈迦三尊像である。白象像には「正慶元(1332)年」の銘があるが,中尊と文殊菩薩は鎌倉時代前期の作とみられている。

駅の東側約2kmの吉野小学校近くに,吾妻神社(祭神弟橘媛命)がある。毎年9月に五穀豊穣や大漁を祈願して行なわれる馬だし祭り(県民俗)は,神霊を馬の上に移し,若者2人が馬の手綱とたてがみをつかんで,岩瀬海岸を駆ける祭事である。

吉野小学校から県道を東に進むと,絹青年館の北側丘陵に絹横穴群(県史跡)がある。横穴墓は,丘陵の斜面に横穴式の石室を掘ったもので,上総では羨道より玄室が極端に高い高壇式のものが多くみられる。ここでは11基が確認されており,いずれも高壇式である。壁面に「許世」「木」「大同元(806)年」ときざまれたものがあり,古代の豪族の巨勢氏・紀氏との関連が指摘されているが,横穴墓の造営は7世紀代と考えられ,その年代差が問題となっている。

さらに東にいくと,上地区に道場寺(真言宗)がある。秘仏の木造阿弥陀如来坐像(県文化)はヒノキの一木割刻造で,「安貞元(1227)年」の銘がある。宝冠阿弥陀と俗称される阿弥陀如来の異形像であり,貴重なものである。

⑤ 鹿野山と鋸山の山並み

中世には、里見氏の拠点佐貫城や造海城が築かれ、北条氏との激戦が行われた。鹿野山頂には神野寺がある。

神野寺 ㉘
0439-37-2351
〈M ▶ P.38〉君津市鹿野山324-1　P
JR内房線佐貫町駅🚌鹿野山行神野寺前🚶1分

鹿野山頂の古刹　禅宗様式の表門は国重文

　鹿野山(海抜353m)の山頂近くに古刹神野寺(真言宗)がある。客殿の表門(国重文)は、切妻造・茅葺きの四脚門で、禅宗様式でつくられている。1710(宝永7)年に完成した本堂(県文化)は屋根が2階建てのようにみえる重層入母屋造で、内陣の格天井には狩野派の絵が描かれている。また宝物殿の裏手には大桑(県天然)がある。

　神野寺より東に15分ほどいくと、倭建命の伝承をもつ白鳥神社がある。毎年4月28日の祭礼の際、九十九谷を一望する神社前の広場において、鹿野山のはしご獅子舞(県民俗)が演じられる。さらに祭礼では、風光明媚な鹿野山の四季をうたいこんだ鹿野山さんちょこ節(県民俗)が、地元小学生により披露される。

神野寺本堂

佐貫城跡 ㉙
〈M ▶ P.38, 69〉富津市佐貫字小和田谷
JR内房線佐貫町駅🚌鹿野山行牛房谷🚶1分

　国道465号線と国道127号線との交差点脇には、1834(天保5)年創業の宮醬油店(国登録)がある。明治20年代前半につくられた店舗・主屋・脇蔵などの建物が、かつての醸造業の形態を伝えている。

　佐貫城は、真里谷の武田氏によって築かれ、その後久留里城と並び里見氏の拠点となって、北条氏と激しい攻防戦を繰り返した。1590(天正18)年の徳川家康の関東入国

佐貫町駅周辺の史跡

激戦地の里見氏の根城 阿部氏が整備した城下

に伴い，内藤家長が2万石をあたえられ城主となった。その後，松平・柳沢・阿部氏の居城となった。

牛房谷バス停付近が大手門跡であり，高さ40mの丘陵上に本丸，二の丸，三の丸がつくられ，城郭の下に武家屋敷と町人町が配置された。現在の佐貫の町並みはこの町人町にあたり，江戸時代は房州往還道の人馬の引継ぎ場でもあった。変電所付近は佐貫藩校誠道館跡，東佐貫の旧勝隆寺墓地には，佐貫藩初代藩主内藤家長をまつる宝篋印塔がある。また，大手門跡を流れる関山用水は，干害に苦しんだ農民たちが，1822(文政5)年に開削したものである。

佐貫町駅から県道256号線を新舞子海岸方面に1.8km行くと，県道沿に武家住宅風の構えをもつ，加藤家住宅(国登録)がある。

東明寺 ㉚
0439-67-1610

〈M ▶ P. 38, 70〉 富津市 湊 219
JR内房線上総湊駅 🚶 10分

一木造本尊は平安時代後期の薬師如来像

駅から南へいき国道465号線を東に進むと，上町バス停付近に東明寺(真言宗)がある。薬師堂の木造薬師如来立像(県文化)は，カヤを用いた一木造で，平安時代後期の作と推定されている。

寺から国道を1kmほど東に進み，湊小学校バス停近くの市立保育園脇を15分ほどのぼった岩坂地区のはずれの丘陵に，大満横穴群(県史跡)がある。4群58基からなる大規模な横穴墓群で，出土遺物は少ないが，7世紀の築造と考えられる。玄室全面に朱塗りがほどこされた痕跡があるものや，漆喰を塗られたものがあり，それらには，有力者が葬られたと思われる。船の絵がきざまれたものがあるが，船の構造から，のちに描かれたとも考えられている。

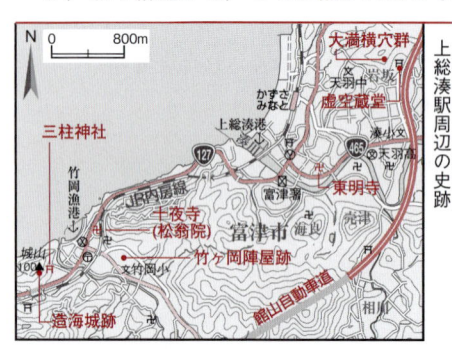

同じ岩坂地区の共有墓地入口にある虚空蔵堂には，木造虚空蔵菩薩坐像(県文化)がある。蓮華座を含め，すべてをカヤの一木から彫りだした素地仕上げである。宋風文化の影響をうけた関東彫刻に共通する特色をもち，

上総湊駅周辺の史跡

70　　津で栄えた内房

江戸湾海防

コラム

有力な藩が動員された江戸湾海防

　18世紀後半に、日本近海へ異国船が頻繁に来航するようになり、江戸幕府老中松平定信は、江戸湾の防備を計画し、房総3国の調査を行った。その後、1810（文化7）年、幕府は上総・安房の沿岸防備を、定信が藩主をつとめる福島の白河藩に命じた。

　これ以降、富津岬から房総半島南端に至る湾port地域は、海防を命じられた藩の領地とし、その藩の家臣が、上総富津陣屋・竹ヶ岡陣屋（富津市）、安房北条鶴ヶ谷陣屋（館山市）を拠点に、台場に交代でつめた。

　富津市や館山市の寺院の墓石や過去帳に、家臣にまじって、その妻子の名や戒名が確認できることから、家臣の多くは、家族を伴って陣屋に駐留していたことがわかっている。

　1823（文政6）年から1842（天保13）年までは、富津・竹ヶ岡両陣屋などを拠点として、幕府代官が防備を担当した。上総一宮藩・佐貫藩など房総の諸藩も、異国船来航時は領地の沿岸に出兵することになり、これらの藩でも大筒を建造し、台場を建設するようになった。

　江戸湾の防備には沿岸の村々の農民も動員された。その負担は、人足役（運搬などの雑用）、役船・水主役（船舶の徴発）、注進（報告）の義務、そのほか、陣屋・台場の建設・修復への人足動員、巡見の接待、助郷役（巡見・通行への人馬差出）などであった。

海防を担当した諸藩

1810〜23	白河藩（現，福島県）
1842〜53	忍藩（現，埼玉県）
1847〜53	会津藩（現，福島県）
1853〜58	岡山藩・柳川藩（現，福岡県）
1858〜67	二本松藩（現，福島県）
1867〜68	前橋藩（現，群馬県）

鎌倉時代末期の作と考えられている。

　バスで国道を東に進み、環で下車して少し戻ると、山静堂診療所がある。山静堂主屋（国登録）は1928（昭和3）年に建てられたもので、屋根妻部分の丸窓など、当時の様式を伝えている。国道を北東に約1kmいったところにある興源寺（真言宗）には、樹高14.5m・根回り13mの環ノ大樟（県天然）がある。また、湊川対岸の上後地区の丘陵には、真里谷武田氏が拠点とした峰上城跡がある。バスで湊川をさらにさかのぼり、関豊で下車すると、高宕山（標高325m）周辺に、サル生息地（国天然）として知られている高宕山自然動物公園がある。

鹿野山と鋸山の山並み

十夜寺 ㉛
0439-67-8354
〈M ▶ P. 38, 70〉 富津市竹岡349
JR内房線上総湊駅🚌東京湾フェリー行十夜寺前🚶2分

2月15日の開帳
釈迦涅槃図の作者は師宣の父

　バス停十宮下車，徒歩5分の薬王寺境内には，松平定信が植えたと伝えられる竹岡のオハツキイチョウ(イチョウの変種)(県天然)がある。バス停付近に十夜寺とよばれている松翁院(浄土宗)がある。毎年2月15日に開帳されている釈迦涅槃図(県文化)は，金糸銀糸などを使い縫箔されたものである。図のまわりの文字から，1658(万治元)年に菱川師宣の父菱川吉左衛門が62歳のときに縫いあげたことや，徳川家康以下3代の供養のため，檀家衆が寄進したことがわかる。境内には，「寛文十(1670)年」の銘がある四面石塔がある。これは，ハングル文字などで「南無阿弥陀仏」ときざまれた石塔で，館山の大巌院の影響をうけてつくられたと考えられる。

　この寺の俗称は十夜寺というが，お十夜とは浄土宗の法要で，陰暦10月6〜15日の10昼夜のあいだ修する念仏の法要のことである。1680(延宝8)年に処刑された義民岩野平左衛門を，岩平権現としてまつった際にお十夜法要を行い，これが現在に至るまで続いている。

　十夜寺から南東へ6分ほどいった竹岡小学校は，竹ヶ岡陣屋跡である。1811(文化8)年，白河藩主松平定信が安房・上総の海岸防備を江戸幕府から命じられ，この地に陣屋をおいた。

三柱神社 ㉜
〈M ▶ P. 38, 70〉 富津市竹岡4452
JR内房線竹岡駅🚶30分

造海城近くの古社
本殿は三間社流造

三柱神社

　駅より湊方面へ30分のところにある大師口バス停より北東へ10分いくと，中腹に天太玉命を祭神とする三柱神社がある。覆堂のなかに安置された本殿(県文化)は，三間社流造の柿葺きである。現存する社殿は近世初期の様式を随所に伝え，1670(寛文10)年とい

われる建築年代とも合致するものである。

　大師口バス停を南西へ10分ほどいくと城山隧道があり，左右の丘陵が造海城跡(百首城跡)である。もともと真里谷の武田氏が里見氏の北上を防ぐために築いたものだが，里見氏が奪うと対岸の北条氏に対するための里見水軍の有力な城となった。

　竹岡駅前の国道127号線を左折し3分ほど歩くと萩生の国道沿いの洞穴に，ヒカリモ発生地(国天然)として知られる黄金井戸がある。

金谷神社 ㉝
0439-52-1192
〈M ▶ P.38〉富津市金谷4020
JR内房線浜金谷駅 🚶10分

「鉄尊様」は海中から引きあげられた大鏡鉄

　駅前の国道127号線を南へ10分ほどいった鋸山ケーブル入口の脇に，豊宇気比売命を祭神とする金谷神社がある。社殿脇の小屋には，地元で「鉄尊様」とよばれる大鏡鉄(県文化)がある。社伝では，1469(文明元)年に本社西方の海中から引きあげられたといわれ，今は半分に割れているが，径160cm・厚さ11cm・重量1,571tで，たたらで精錬された銑鉄を槌打鍛造したものである。

　鋸山の石材は，土木・建築用として，江戸時代初期のころより産出し，「金谷石」「元名石」とよばれていたが，1907(明治40)年の房州石材業同業組合設立以降「房州石」とよばれるようになった。現在，房州石の石塀を多く残している集落が，富津市金谷荒戸地区である。

　フェリー乗場付近の国道127線号沿いに鈴木家住宅(国登録)がある。平家の主屋は1953(昭和28)年に建てられ，房州石を使った石蔵は現在内部が改装され金谷美術館になっている。

房州石の塀

鹿野山と鋸山の山並み

Tōkatsu 川にはぐくまれた東葛飾

奉納 昭和四十四年七月吉日

野田のばっぱか獅子舞

利根川と江戸川の分水

坂東市
常総市
つくば市
筑波大学
つくばみらい市
茨城県
野田市
春日部市
吉川市
越谷市
流山市
柏市
我孫子市
取手市
守谷市
三郷市
草加市
八潮市
松戸市
白井市
印西市
鎌ヶ谷市
千葉県
八千代市
船橋市
習志野市
市川市
足立区
葛飾区
江戸川区
台東区
墨田区
東京都
花見川区
埼玉県
松伏町
岩井
国王神社
八坂公園
下総利根大橋
水海道有料道路
日枝神社
きぬ総合公園
首都圏新都市鉄道
谷田部IC
谷和原IC
守谷SA
柏IC
流山IC
外環三郷西IC
三郷IC
三郷南IC
東京外環自動車道
常磐自動車道
JR武蔵野線
JR常磐線
JR成田線
関東鉄道常総線
北総線
東葉高速鉄道
京成本線
新京成電鉄
西光院
東福寺
普門寺
手賀沼
手賀の丘公園
宝珠院
宝泉院
21世紀の森と広場
曽谷貝塚
姥山貝塚
星影神社
鎌ヶ谷大仏
正延寺
高津観音寺
捕虜収容所
旧鴇田住宅
市川IC
原木IC
船橋IC
湾岸市川IC
湾岸習志野IC
幕張IC
武石IC
千葉北IC
1:300,000
0
3
6km

◎東葛飾地区散歩モデルコース

市川コース　　JR総武線市川駅_3_大門通り_10_真間の継橋・弘法寺・手児奈霊堂・亀井院_15_下総国分寺跡・下総国分尼寺跡_10_法皇塚古墳_5_里見公園_30_堀之内貝塚・市立市川歴史博物館・市立市川考古博物館_10_京成本線国府台駅_8_京成本線京成中山駅_5_中山法華経寺総門_5_中山法華経寺山門_5_中山法華経寺(祖師堂・五重塔・四足門・法華堂)_15_京成中山駅

松戸市コース　　JR常磐線・新京成電鉄松戸駅_10_戸定が丘歴史公園(戸定邸庭園)_10_松戸駅_6_新京成電鉄八柱駅_20_松戸市立博物館_20_八柱駅_15_JR常磐線・流山電鉄馬橋駅_5_萬満寺_5_馬橋駅_5_JR常磐線北小金駅_10_本土寺_15_東漸寺_10_JR北小金駅

野田市の醬油関係コース　　東武野田線野田市駅_8_野田市立郷土博物館_20_旧茂木佐平治家住宅_15_上花輪歴史館・髙梨氏庭園_2_レンガ造り醬油醸造蔵_7_御用蔵(内部見学不可)_20_キッコーマンもの知りしょうゆ館_3_野田市駅

①飛ノ台貝塚	⑯葛飾八幡宮	㉜萬福寺
②船橋大神宮	⑰手児奈霊堂	㉝志賀直哉邸跡
③西福寺	⑱下総国分寺跡	㉞鳥の博物館
④谷津干潟	⑲里見公園	㉟日秀西遺跡
⑤鷲沼城址公園	⑳堀之内貝塚	㊱竹内神社
⑥藤崎堀込貝塚	㉑本行徳の常夜灯	㊲弘誓院
⑦二宮神社	㉒徳願寺	㊳実相寺
⑧陸軍演習用囲壁	㉓旧大塚家住宅	㊴宗英寺
⑨住宅団地発祥の碑	㉔戸定が丘歴史公園	㊵関宿城跡
⑩大和田排水機場	㉕萬満寺	㊶常敬寺
⑪正覚院	㉖本土寺	㊷旧花野井家住宅
⑫小金牧野馬土手	㉗善光寺	㊸旧茂木佐平治邸
⑬鎌ヶ谷宿	㉘近藤勇陣屋跡	㊹髙梨氏庭園
⑭関東大震災犠牲同胞慰霊碑	㉙一茶双樹記念館	㊺山崎貝塚
⑮中山法華経寺	㉚覚王寺	
	㉛布施弁財天	

千葉・成田・木下の三街道

① 東京湾原風景と各地に残る貝塚・遺跡。近世の牧と，維新後の軍演習地・開墾地。

飛ノ台貝塚 ❶   〈M ▶ P. 76, 79〉 船橋市海神4
京成本線海神駅・東武野田線新船橋駅 🚶10分

海神駅から北へ少し歩くと，海神中学校の西隣に船橋市飛ノ台史跡公園がある。この地が飛ノ台貝塚で，公園内の船橋市飛ノ台史跡公園博物館には，飛ノ台や市内の貝塚から出土した遺物が展示されている。また，野外には竪穴住居の発掘作業の過程が復元されている。

縄文時代早期の飛ノ台貝塚は，1938 (昭和13) 年の発掘調査で，考古学史上はじめて，調理のための炉穴が発見された遺跡として有名である。また，1993 (平成5) 年の調査では，男女2体の人骨が抱き合う形で埋葬されているのが発見され，これが博物館建設のきっかけとなった。

京成西船駅を下車し，東に向かってすぐの正延寺 (真言宗) には，10～11世紀の造立と推定される5体の木造五智如来坐像 (県文化，元日のみ開帳) がある。

海神駅隣の京成船橋駅南口の御殿通りを東へ行くと，東照宮がある。徳川家康が東金で鷹狩りをする際に宿舎とした船橋御殿がこの地にあり，その廃絶後に建立されたものである。

史跡公園内の博物館はじめて炉穴を発見

京成船橋駅から南に7分ほどの市役所の近くにある玉川旅館 (国登録) は，昭和時代初期に建てられた純和風の旅館で，この辺りが海岸線であったことを思いおこさせてくれる。

船橋市飛ノ台史跡公園博物館

川にはぐくまれた東葛飾

船橋大神宮 ❷
047-424-2333

〈M ▶ P. 76, 79〉船橋市宮本5-2-1
京成本線大神宮下駅 🚶 3分

『日本三代実録』にも登場 灯明台と東照宮

駅から北へ進むと，ほどなく船橋大神宮（意富比神社）に至る。天照大神を祭神とするこの神宮は創建年代は不明であるが，『日本三代実録』に「下総国意富比神」として登場する。明治時代以前は，船橋神明と称された。

1138（保延4）年ごろ，当地には伊勢神宮領である夏見御厨がおかれ，上総・下総国府を結ぶ中間地点として，また水陸交通の要衝である湊として繁栄した。近世になると徳川家康より50石の寄進をうけ，江戸からは千葉街道や成田街道の合流点に位置したことから，いっそうの発展をみた。その後，幕末の戊辰戦争の災禍により焼失し，1880（明治13）年前後に再建された。

境内にある灯明台（県民俗）は，1880年に地元の有志が設置したもので，現存する民間灯台では国内最大級である。木造3階建ての3階部分は，西洋式デザインを採用した六角形の造りで，石油ランプによる光の到達距離は11kmに達した。常夜灯が近代建築としてうまれかわった。また1872（明治5）年に建設された桃山時代の意匠を残す唐破風をつけた小学校の校舎が現在も参集殿として残る。

船橋駅周辺の史跡

西福寺 ❸
047-422-4837

〈M ▶ P. 76, 79〉船橋市宮本6-16-1
京成本線大神宮下駅 🚶 5分

五輪塔と宝篋印塔 蜀山人も聞いた鐘の音

船橋大神宮側の坂をのぼると西福寺（真言宗）があり，西福寺石造宝篋印塔・石造五輪塔（ともに県文化）がある。鎌倉時代後期の製作とされ，五輪塔は高さ2.95mあり，同時期のものとしては大型の部類にはいる。両塔ともに銘文はないが，宝篋印塔下より火葬した人骨がおさめられた骨壺と，小型の五輪塔の一部が出土している。

大神宮の東側，了源寺（浄土真宗）の本堂右後方の小高い丘には，

千葉・成田・木下の三街道

享保年間(1716〜36)に鉄砲台がおかれ、幕府による大砲射撃の訓練が行われていたという。鉄砲台廃止後には鐘楼堂がたてられ、船橋一帯に時を知らせた。文政年間(1818〜30)に訪れた大田蜀山人は、「煩悩の眠りをさます時のかねきくやわたりに船橋の寺」と詠んでいる。時の鐘は、1871(明治4)年まで現役であったという。

谷津干潟 ❹　〈M ▶ P. 76〉習志野市谷津 P
京成本線谷津駅 徒歩10分

JR津田沼駅南口の一帯は旧鉄道第二連隊跡地で、千葉工業大学通用門(国登録)は同連隊の正門であった。また、京成津田沼駅より一つさきの大久保駅を下車した市民プラザ大久保に隣接する八幡公園内には、日露戦争(1904〜05年)の秋山好古でも有名な騎兵連隊の記念碑が残る。

谷津干潟(2003年12月撮影、人工スキー場がみえる)

旧鉄道連隊の正門
近くに東京湾干潟の名残り

京成本線谷津駅から南へ少し歩くと、谷津干潟に至る。ここには、1960年代なかばごろまで存在していた、習志野から千葉に至る全長約15kmにおよんだ海岸風景の一部が今も残されている。

1970年代以降、市民による干潟の保護運動が粘り強く展開され、その結果、1988(昭和63)年に国設鳥獣保護区特別地域となった。さらに、1993(平成5)年6月にはラムサール条約登録湿地となり、翌年には習志野市によって、谷津干潟自然観察センターが開設された。

約40haの干潟には、ゴカイ・貝・カニ・魚が生息し、また、子育てや渡りの中継地として、シギ・チドリ類など60種におよぶ水鳥が飛来する。

鷺沼城址公園 ❺　〈M ▶ P. 76, 81〉習志野市鷺沼1-9
京成本線京成津田沼駅 徒歩5分

駅南口から京成津田沼駅前交差点を東へと進み、市役所前交差点

を右に入って菊田遊歩道を行くと鷺沼城址公園がある。公園には「鷺沼源太満義諸武士之碑」がたっている。鷺沼源太は、1564（永禄7）年の第2次国府台合戦に参戦したと伝えられている。
　また、公園内には鷺沼古墳群がある。発掘調査で人骨の一部や埴輪の破片、太刀の残片などが出土し、6世紀末ごろの古墳群と考えられている。竪穴式石室1基が施設のなかに保存されている。

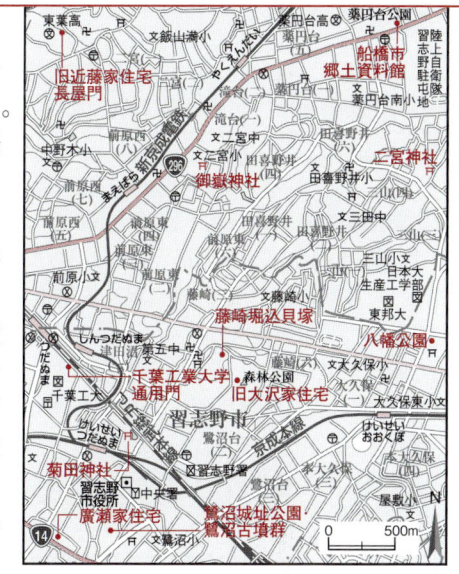

　また、江戸時代鷺沼の名主であった家には、徳川吉宗ら、歴代の将軍たちがこの地でしし狩りを行った際に使用した村小旗である小金原のしし狩り資料（県文化）が伝えられており、現在は市で保管している。市役所からJR高架下の遊歩道を北へ進むと、大国主命と藤原時平を祭神とする菊田神社に至る。

　国道14号線沿いの津田沼には、雑穀問屋であった廣瀬家住宅（国登録、非公開）がある。主屋は江戸時代の建築である。

藤崎堀込貝塚 ❻　〈M▶P.76, 81〉習志野市藤崎1-13
京成本線京成津田沼駅🚶15分

　京成津田沼駅北口から、習志野市企業局前を県道69号線へと直進した藤崎交番手前の台地上に、藤崎堀込貝塚（県史跡）がある。標高22mの台地上に、馬蹄形に展開するこの貝塚からは、堀之内式や加曽利B式などの縄文時代後期の土器が多数出土した。土器以外にも、石器類や魚骨、獣骨が出土している。

　隣接する森林公園には、旧大沢家住宅（県文化）がある。1664（寛文4）年の建造で、1976（昭和51）年に長生郡長生村より移設・復元された。木造平屋で、茅葺き・寄棟造の構造をもつ。格子窓と壁

からなる居間や，寝間の入口が引込み式であることなどから，上総地方の特色を備えた古民家として知られている。

二宮神社 ❼
047-472-1213

〈M ▶ P. 76, 81〉 船橋市三山5-20-1
JR総武線津田沼駅🚌二宮神社行終点🚶すぐ

新京成電鉄前原駅から北へ約20分進むと，東葉高校がある。その正門は，明治時代中ごろに建てられた旧近藤家住宅長屋門（国登録）である。近藤家は，上飯山満村（現，船橋市）で名主総代・江戸幕府が直営した馬牧の牧士もつとめた旧家である。

前原駅に戻り，国道296号線を薬円台方向に向かうと，二宮小学校の隣に御嶽神社（祭神速須佐之男命）がある。ここには木造蔵王権現三尊立像（県文化，非公開）が安置されている。中尊の蔵王権現は平安時代後期，脇侍の2体の童子像は鎌倉時代の作と推定されている。

さらに国道を成田方面に進むと，薬円台公園の一角に船橋市の歴史を展示している船橋市郷土資料館がある。その向かい側は，わが国唯一の空挺団がある陸上自衛隊習志野駐屯地である。地内にある空挺館（非公開）は，1911（明治44）年，東京駒場（現，東京都目黒区）の騎兵学校に，天皇・皇族が馬術などをみる御馬見所として建てられ，騎兵学校の習志野移転に伴い，1917（大正6）年にこの地に移築された。1873（明治6）年，ここで近衛兵の大演習が行われたとき，これを観覧した明治天皇が「習志野原」と命名したといわれ，天皇直筆の命名書もここに保管されている。

郷土資料館から国道を戻り，二宮神社入口交差点を左折して20分ほど歩くと二宮神社（祭神大国主命・素戔嗚命・櫛稲田比売命）がある。社伝では，弘仁年間（810〜824）の創建とされている。現在の権現造の社殿は，安永年間（1772〜81）に建てられ

御嶽神社木造蔵王権現立像（中尊）

82　川にはぐくまれた東葛飾

た。神社は下総三山の七年祭り(県民俗)の名で，周辺市内の合計9社から神輿が集結する神揃の祭で知られ，丑年と未年の7年(実際は6年)ごとの11月に大祭が行われる。二宮神社が父，千葉市の子安神社が妻，三代王神社が乳母，子守神社が子守，船橋市の八王子神社，習志野市の大原神社・菊田神社，八千代市の高津比咩神社・時平神社が親族とされ，8社の神輿が二宮神社に練り込んで安産を祝う。その後，二宮・子安・三代王・子守の4社は幕張(千葉市花見川区)で行われる磯出式にのぞみ，産屋の祭を行う。

陸軍演習用囲壁 ❽

〈M▶P.76〉習志野市東習志野4-15-6
京成本線実籾駅 🚶15分

旧陸軍の演習地大陸侵攻を物語る

　駅から習志野第四中学校をこえて北にいくと，鉄道連隊演習線であった東習志野ハミングロード沿いの一角に，旧陸軍演習場内囲壁(国登録)がある。1934(昭和9)年の建設で，鉄筋コンクリートの壁と木造2階建ての望楼がある。当時の中国大陸にあった建造物を模してつくられたとされており，さまざまな演習に用いられたという。戦後はこの地が農業開拓地として払い下げられ，現在は民家の一部となっている。

　また東習志野コミュニティーセンターの一帯は，日露戦争でのロシア兵捕虜および第一次世界大戦でのドイツ兵捕虜を収容した捕虜収容所跡であり，両国の捕虜兵の墓が船橋市営習志野霊園にある。東習志野図書館前には，江戸時代小金牧であったころの野馬土手が残る。実籾駅南西の実籾本郷公園内には，1728(享保13)年に建てられた旧実籾村の名主の家である旧鴇田家住宅(県文化)がある。

住宅団地発祥の碑 ❾

〈M▶P.76〉八千代市八千代台西6
京成本線八千代台駅 🚶1分

住宅団地発祥の地震災の教訓を伝える

　京成本線八千代台駅西口前に住宅団地発祥の碑がある。近世の馬牧，近代の陸軍演習場であったこの一帯に住宅団地が建設され，その分譲を開始したのは1955年のことであり，日本住宅公団(現在の都市再生機構)の発足と同時期にあたる。駅前ロータリーの碑は，1960年代以降，東京の郊外住宅地として開発が進められた歩みを現在に伝えている。

　また，同じ八千代台駅西口から徒歩20分ほどの高津観音寺には，

千葉・成田・木下の三街道

関東大震災朝鮮人犠牲者
慰霊の碑

関東大震災朝鮮人犠牲者慰霊の碑がある。震災時にこの地区で虐殺された朝鮮人を供養するため、1999(平成11)年に区民が建立した。そばにはソウル市(大韓民国)でつくられた慰霊の鐘と、韓国済州島出身僧侶の書による慰霊詩塔が、寄りそうようにたっている。

京成大和田駅周辺の史跡

大和田排水機場 ❿

〈M ▶ P. 76, 84〉八千代市萱田町948
京成本線京成大和田駅🚶10分

戦後の印旛沼干拓を象徴する施設

　駅の北東、新川のほとりには大和田排水機場がある。第二次世界大戦後すぐに着手された国営印旛沼手賀沼干拓事業によって、治水・水資源開発・干拓を推進するため、1966(昭和41)年に誕生した施設である。これにより、周辺地域への洪水防止に加えて、農業・工業用水の供給を目的とした印旛沼水管理施設の整備が実現した。

　縄文時代から豊かな自然資源の供給源であった印旛沼も、江戸時代には、いく度かの洪水に見舞われ、享保(1716～36)・天明(1781～89)・天保(1830～44)年間の3度にわたり、疎水路開削が試みられてきた。明治・大正時代にも、地元有志から印旛沼開削計画の実現が切望されていた。八千代市立郷土博物館所蔵の「下総国印旛沼御普請堀割絵図」は、天明年間の印旛沼の様子を伝える貴重な資料である。郷土博物館では、

84　川にはぐくまれた東葛飾

印旛沼と手賀沼の干拓

コラム

江戸時代から現在まで継続する治水と干拓

　印旛沼・手賀沼は香取の海の名残りで，下総のなかで大きな面積を占めていた。17世紀中ごろに，江戸幕府によって利根川が現在の流路に変更されると，両沼には大雨のたびに利根川の水が逆流し，周辺の水田に大きな被害をもたらした。そのため，治水と新田開発の両面から，この両沼の干拓が大きな課題となった。

　印旛沼の干拓は，検見川（現，千葉市）まで約17kmの掘割をつくり，沼の水を東京湾へおとそうとするものであった。本格的な干拓は，1724（享保9）年に享保の改革の新田開発政策をうけ，平戸村（現，八千代市）の染谷源右衛門が江戸幕府から6000両の資金を借り，村請負して起工したのが始まりである。しかし資金が続かず挫折した。

　1783（天明3）年の干拓は，幕府直営事業で開始し，工程の約3分の2まで進捗したが，1786年の利根川洪水と計画推進者の老中田沼意次の罷免で中絶している。

　1843（天保14）年の干拓は，天保の改革の一環として老中水野忠邦によって推進された。水野は，外国船が江戸湾を封鎖することを考え，利根川から印旛沼をぬけ，江戸湾への物資輸送ルートの確保も重要な目的とし，掘割を高瀬船がすれ違える10間（約18m）として計画した。工事は沼津藩（現，静岡県）など5藩の手伝普請で行われたが，水野の失脚により中止された。その後，明治時代に数度計画されたが，いずれも着工されなかった。

　手賀沼の干拓は1671（寛文11）年，江戸の海野屋作兵衛ら16人による開発請負人の手で，手賀沼から印旛沼への水路の開削と圦樋が新設された。

　1726（享保11）年には，享保の改革の一環として干拓が計画された。この工事では，沼を二分する締切堤（千間堤・高田堤）を築き，堤の東を下沼，西を上沼と区分して，水深の浅い下沼が干拓されたが，洪水により失敗した。

　1785（天明5）年の干拓は印旛沼干拓の進行中に着手され，翌年6月に手賀沼悪水落堀が完成した。しかし，翌月の利根川大洪水で圦樋などの諸施設が全壊してしまった。このように両沼の干拓は，難航をきわめた。

　1945（昭和20）年，第二次世界大戦後の食糧不足と引揚者対策から，印旛沼・手賀沼の緊急開拓事業が閣議決定され，翌年に農林省の直轄で着工された。

　印旛沼については，京葉工業地帯の工業用水の水源確保も計画に加えられ，水資源開発公団に事業が引きつがれたのち，1969（昭和44）年に完成した。手賀沼は，1968（昭和43）年に干拓が完成し，約500haの農地がうまれた。

千葉・成田・木下の三街道

印旛沼と人びととの関わりを知ることができる。

　駅の北から10分ほど歩いた国道296号線の野村住宅バス停近くには、藤原時平をまつる時平神社がある。時平は、菅原道真を大宰府に左遷した人物として知られているが、時平の女の高津姫がこの地に移り住んだという伝承もある。

正覚院 ⓫
047-482-7435
〈M ▶ P. 76, 84〉 八千代市村上1530-1 P
京成本線八千代台駅🚌米本団地行村上橋🚶2分、または東葉高速鉄道村上駅🚶10分

優美な姿の釈迦如来立像 村上遺跡を紹介する博物館

　バス停から坂道をのぼると、正覚院(真言宗)がある。釈迦堂内陣の厨子の内扉には、「延宝二(1674)年」の銘があり、木造釈迦如来立像(県文化)が安置されている。像高は166cm、カヤの寄木造で水晶の玉眼、衣文が左右対称に細かく波状にきざまれている。

　坂をのぼりきると八千代市立郷土博物館に至る。博物館では、村上団地の造成に伴って発掘調査された村上込の内遺跡や、ゆりのき台にあった萱田遺跡群など、新川流域で調査された奈良・平安時代の集落の資料が展示されている。この地域では竪穴住居が800軒以上、掘立柱建物が400棟以上みつかっていて、さらに全国的にも屈指の量の墨書土器や刻書土器が出土した。なかには、「村神郷」と記されたものがあり、新川流域が『和名類聚抄』にある印旛郡村神郷であることが確定された。また、疫病神の顔が描かれた甕など祭祀に使われた土器などもあり、奈良・平安時代の社会を考える重要な資料となっている。

　郷土博物館から北へ10分ほど進むと、煮えたぎる大釜の前で白衣の神主が祝詞を奏上する「湯立ての神事」で知られる七百余所神社がある。国道16号線の米本信号沿いには、妙見をまつる米本神社があり、国道から県道に少しはいると戦国時代末期の米本城跡がある。近くの城橋で新川を渡り少し進むと飯綱神社がある。境内にある鐘楼は神仏習合の名残で、神社の先にある長福寺がかつては別当を務めていた。

小金牧野馬土手 ⓬
〈M ▶ P. 76〉 船橋市二和東1
新京成電鉄滝不動駅🚶5分

　駅から西にしばらく歩くと御滝公園がある。隣接する金蔵寺、通

房総の牧と開墾

コラム

下総台地に広がる江戸幕府の牧と近代の開発

　房総の地には，古代から近世まで牧の歴史があった。『延喜式』によると，房総3国の地に7馬牧と2牛牧が記され，毎年左・右馬寮への進上をはじめ，軍団や駅馬・伝馬用として送られていた。

　また，平安時代には房総を中心として平将門の乱（939〜940年）や平忠常の乱（1028年）という武士の反乱がおきるが，その戦闘力の背景には，馬牧があったと考えられている。

　鎌倉時代から戦国時代は，軍馬供給の馬牧を背景に，千葉氏一族が房総の地を支配した。一方，安房の里見氏は嶺岡牧を再興した。これらの牧は，徳川家康の関東入国以降に整備された。江戸幕府は，小金5牧・佐倉7牧・嶺岡5牧を支配下におくとともに，野馬の養育や訓練を仕事とする牧士制を導入した。

　明治維新後，政府は窮民授産事業として，小金・佐倉牧の開墾を計画した。その指導者が北島時之助（秀朝）である。1869（明治2）年，民部省に上申した「下総牧々開墾大意」を契機として，下総国開墾局が設置され，北島は同局知事に就任した。

　開墾は，開墾局と三井八郎右衛門を総頭取とした開墾会社をつうじて行われ，開墾入植順に，旧小金牧には，初富・二和・三咲・豊四季・五香・六実，旧佐倉牧には，七栄・八街・九美上・十倉までの新村名がつけられ，その後，十余一・十余二・十余三が加えられた。

　越馬を防ぐため牧を囲っていた野馬土手は，開墾の障害として，また，近年の開発でその破壊が進んだ。しかし，野馬土手は村と牧との関わりを示す資料であり，歴史の遺産として保存をしていく必要がある。

御滝不動，江戸時代の野馬土手維新後開墾地

称御滝不動（天台宗）は寺伝によれば，1423（応永30）年，この地から不動尊が出土して疫病を消滅させたとの由来をもつ。

　御滝不動の東隣に位置する二和小学校脇には，小金牧野馬土手が残る。船橋市内には金杉に中世の牧跡も存在するが，ここに残るのは江戸時代の小金牧（小金5牧）の1つ，下野牧である。高さ約2m・幅約5mの土手は，約500mにわたって滝不動駅そばから御滝公園の裏手近くにまでのびている。牧への出入口には木戸番が常駐しており，高根木戸・新木戸などの地名が残っている。馬牧は，明治政府により窮民授産のための開墾地とされた。

　御滝不動から5分ほど北西に歩いたところにある星影神社には，

千葉・成田・木下の三街道　　87

開墾に従事した人びとの苦難がきざまれた，二和開墾百年記念碑がある。二和の地名にはこの地を和合富民の郷土にしようとした，当時の人びとの願いがこめられている。

鎌ヶ谷宿 ⓭ 〈M▶P.76〉鎌ヶ谷市鎌ヶ谷
新京成電鉄鎌ヶ谷大仏駅 🚉

江戸時代の画家渡辺崋山が，1825（文政8）年に描いた絵図「釜原」が物語るように，当時，この地は木下街道の宿場町の1つで，周囲に幕府が整備した牧が広がっていた。現在も，馬が逃げるのを防ぐ野馬土手や放し飼いにされていた馬を捕まえるための捕込とよばれる施設が残っており下総小金中野牧跡として，牧跡としてははじめて国の史跡に指定された。

また鎌ヶ谷大仏駅をでて木下街道を印西方面に向かうと，すぐ左手に鎌ヶ谷大仏がある。像高1.8mの銅製の釈迦如来像は，江戸時代後期に，鎌ヶ谷村の名主などをつとめた福田文右衛門による造立とされる。

鎌ヶ谷宿は，現在の鎌ヶ谷大仏駅から木下街道を市川方面に進んだところにある延命寺（日蓮宗）付近を中心としていた。

同じ墓地内には戊辰戦争の際，この地一帯における旧幕府軍との戦闘で戦死した薩摩藩の支藩佐土原藩士の墓がある。墓は明治時代に，千葉県によって墓石がたてられ，1945（昭和20）年までは県により維持管理されていた。

戊辰戦争に関しては，東武野田線六実駅から徒歩3分の宝泉院（真言宗）にも，佐津間村（現，鎌ヶ谷市）出身で「にせ官軍」とされ，1868（明治元）年下諏訪で処刑された赤報隊幹部渋谷総司の墓がある。

木下街道の宿場
大仏と鉄道連隊演習の跡地

釜原（渡辺崋山画「四州真景」）

鉄道連隊建設の橋脚

鎌ヶ谷大仏駅から木下街道を市川方面に進んだ東道野辺の十字路を右折すると、アカシア児童遊園の一角に、鉄道連隊建設の橋脚がある。昭和初年に、津田沼の鉄道第２連隊が訓練用として津田沼・松戸間に鉄道を敷設した際、建設したものである。戦後、現在の新京成電鉄が同路線を引きついだ結果、その橋脚のみが残されることとなった。

関東大震災犠牲同胞慰霊碑 ⓮

〈M ► P.76〉船橋市馬込町　P（市営馬込霊園）
東武野田線馬込沢駅 🚶 20分

日本近代史の負の遺産
９月１日に慰霊祭

駅東口をでて木下街道を東へ進み、馬込十字路交差点を南にまがると、船橋市営馬込霊園に着く。園内のⅠブロックにたっているひときわ大きく目を引く碑が、関東大震災犠牲同胞慰霊碑である。

船橋においても、震災時に多くの朝鮮人虐殺事件が発生したことに由来しており、碑文にみえる1919（大正８）年の三・一独立運動の「革命記念日」にあたる、1947（昭和22）年３月１日の建立である。

碑文には、「西紀一九二三年九月、日本、関東地方大震災時に軍閥官僚は、混乱中、罹災呻吟する人民大衆の暴動化を憂慮し、自己の階級に対する憎悪の感情を進歩的人民解放の指導者と少数異民族に転嫁させ、これを抑圧、抹殺することによって、軍部独裁を確立しようと陰謀した」ときざまれている。

同胞慰霊碑の左手には、高さ約80cmほどの法界無縁塔がある。これは震災の翌年、船橋仏教会によってたてられ、毎年９月１日には慰霊祭が実施されている。

千葉・成田・木下の三街道

市川に古代のかおりを求めて ②

台地上には貝塚や国分寺跡など,多くの史跡が存在。舟運で発展した行徳や,漁師町だった浦安は昔の面影がただよう。

中山法華経寺 ⓯
047-334-3433

⟨M ▶ P.76, 92⟩ 市川市中山2-10-1 Ｐ
JR総武線下総中山駅🚶10分,または京成本線京成中山駅🚶5分

『立正安国論』を所蔵 五重塔など国重文も多数

　JR下総中山駅から北東に進み,京成中山駅横の踏切を渡ると,黒門とよばれる中山法華経寺の総門に達する。門は高麗門という形式で,屋根は切妻銅板葺き,門扉のない吹き通しの門である。参道をのぼりつめると赤門とよばれる山門に着く。正面には,本阿弥光悦筆の「正中山」の扁額がかかり,光悦の扁額は祖師堂にもある。このさき,参道はゆるやかにくだり,両側には法華経寺ゆかりの寺が並ぶ。

　鎌倉時代,この地には千葉氏の家臣富木常忍や太田乗明の館があった。1260(文応元)年,日蓮は幕府に『立正安国論』を提出したため迫害をうけることになった。これをさけるため,日蓮に帰依していた常忍のもとに身を寄せたという。このとき,常忍は館に持仏堂をたて,のちにこれを法華寺とした。太田氏の館は本妙寺となり,両寺が合体して法華経寺を名乗った。現在の寺地は本妙寺跡にあり,法華寺跡は奥之院となっている。

　境内には文化財が数多くある。まず,山門をすぎると五重塔(国重文)がみえてくる。この塔は1622(元和8)年,本阿弥光室が両親の菩提をとむらうために,加賀藩の援助をうけて建立したものであり,内部には,木造釈迦如来・多宝如来坐像(ともに県文化,非公開)をまつっている。左方の日蓮をまつる祖師堂(国重文)は,1678(延宝6)年にたて

中山法華経寺五重塔

90　　川にはぐくまれた東葛飾

られたもので、比翼入母屋造を特徴とする。その裏手には、柿葺きの四足門(国重文)がある。禅宗様式の四脚門で、鎌倉時代に鎌倉の愛染堂から移築したとされるが、室町時代後期の特徴が色濃い。この門の背後が法華堂(国重文)であり、常忍が若宮の館に建立したものが移されたと伝えられるが、その様式から室町時代後期の再建と考えられる。

荒行堂に隣接して、『立正安国論』『観心本尊抄』(ともに国宝)や日蓮自筆遺文(国重文)を保存している聖教殿がある。毎年11月3日の聖教殿お風入れの儀の際、拝観することができる。また、南宋系の仏画の流れをくむ絹本著色十六羅漢像(国重文、非公開)もある。

法華経寺の隣にある浄光院には、絹本著色日蓮聖人像(国重文)がある。日蓮が床にすわり、両手で経巻を開いて読誦している姿を描いた鎌倉時代後期の肖像で、信者の間では「水鏡の御影」とよばれている。また、絹本著色十羅刹女像(県文化)もあり、ほとんど類例がない貴重なものである。

葛飾八幡宮 ⓰

047-332-4488

〈M▶P.76, 92〉市川市八幡4-2-1
JR総武線・地下鉄新宿線本八幡駅 🚶 7分

伝説が残る千本公孫樹
掘りだされた梵鐘

駅を北に進み、国道14号線を東へ200mほどいくと、市川市役所北側に葛飾八幡宮(祭神息長帯姫命・誉田別命・玉依姫命)の鳥居がみえる。寛平年間(889〜898)に宇多天皇の勅願によって京都石清水八幡宮から分霊して建立したとされ、源頼朝・太田道灌・徳川家康らに信仰された。

参道途中の随神門と社殿前の鐘楼は、神仏習合の名残りである。社務所内には、1793(寛政5)年に社殿西側から掘りだされた「元亨元(1321)年」在銘の梵鐘(県文化)がある。何を意味するのかは不明だが、梵鐘上部には異なる書体

葛飾八幡宮と千本公孫樹

市川に古代のかおりを求めて

中山から八幡の史跡

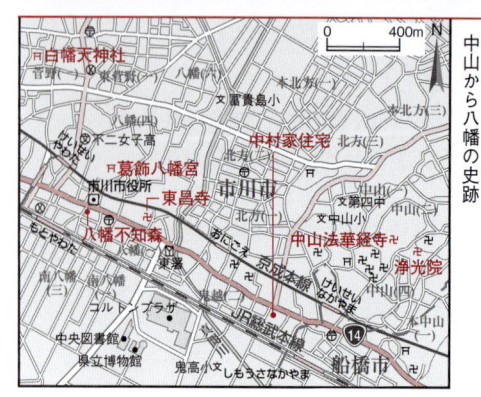

の刻書があり，「応永二十八(1421)年三月廿一日」とある。社殿の右側にそびえる千本公孫樹(国天然)は，『江戸名所図会』にも記載がある。

県道51号線をこえて北西に少し歩くと，柴田是真画連句額(県文化)で知られる白幡天神社(祭神 武内宿禰)がある。幕末から明治時代中期にかけて活躍した日本画家が，1880(明治13)年に奉納したものである。少し先の昭和学院の敷地内には，昭和学院創立記念館(国登録)がある。葛飾八幡宮から南，国道沿いの八幡不知森は「八幡の藪知らず」として，なかに入ると出られなくなるとか，祟りがあると言い伝えられてきた場所である。『広辞苑』にも「転じて，出口のわからないこと，迷うことなどにたとえる」とある。

市役所前をとおり，国道を東に300mほどいくと東昌寺(曹洞宗)に着く。境内の墓地内には，戊辰戦争末期の戦いの1つである市川・船橋戦争で戦死した，新政府軍の兵士3人の墓碑がある。国道をさらに進むと，明治中後期に建てられた中村家住宅(国登録)がある。中村家は馬糧商を営んでいた。

手児奈霊堂 ❶ 〈M ▶ P. 76, 93〉 市川市真間4-5-21
JR総武線市川駅🚶13分，または京成本線市川真間駅🚶10分

『万葉集』にも詠まれた伝説の乙女ゆかりの地

駅から北上し，国道14号線を左にしばらく進み右折すると，弘法寺(日蓮宗)の参道である大門通りにはいる。その昔，下総国府への入口だったこの付近には，真間の入江があり，いくつかの洲が形成されていた。ここに渡されたとされるのが真間の継橋であり，推定地には赤い欄干の小さな橋がある。周辺には，高橋虫麻呂や山部赤人らによって『万葉集』に詠まれた旧跡が多い。

継橋のすぐさきを右にいくと手児奈霊堂がある。多くの男たちか

西洋館倶楽部

らの求婚に悩み,ここで身投げをしたという伝説の乙女手児奈の奥津城処(墓所)と伝えられる場所である。現在は安産や子育ての神として賑わっている。北隣には亀井院(日蓮宗)があり,裏庭には手児奈が水をくんだ「真間の井」と伝えられる井戸がある。また,継橋近くの真間川沿いには,ヴォーリス建築事務所の設計により1955(昭和30)年に建てられた日本福音ルーテル市川教会会堂(国登録)がある。大門通りを直進すると,真間山弘法寺に着く。境内の伏姫桜は樹齢400年の古木である。

霊堂を東へ100mほど進み,左折して坂道をのぼると須和田公園に着く。この辺り一帯が,須和田遺跡(県史跡)である。弥生時代中期から平安時代初期の集落遺跡で発掘された弥生土器や土師器は,土器研究の基準的資料として重要な位置を占めている。

公園内には中華人民共和国副総理であった郭沫若の詩碑がある。1928(昭和3)年から10年間,須和田で亡命生活を送ったのち,抗日戦に参加した。碑に記された詩文は,1955年に来日した際の感慨を詠んだものである。また,北に位置する真間5丁目公園には,郭沫若の旧宅を移築・復元した郭沫若記念館がある。

京成本線市川真間駅の南側にはツタにおおわれた西洋館倶楽部(国登録)がある。大正時代の株の

市川駅周辺の史跡

市川に古代のかおりを求めて

仲買人である渡辺善十郎が1927(昭和2)年に建てたもので、当時は黒松林に点在していた洋館のひとつである。玄関上のバルコニーや窓のステンドグラスも建築当時のままである。国道14号線を東へ行くと1926(大正15)年に建てられた後藤家住宅(国登録)がある。

下総国分寺跡 ⑱

〈M ► P. 76, 93〉 市川市国分3-20-1
JR総武線市川駅🚍松戸駅行, または国分高校行国分🚶 5分

金堂・塔・講堂跡 瓦の文様は宝相華文

バス停脇の細い坂道を進むと国分寺(真言宗)に着く。境内を中心とした付近一帯が、下総国分寺跡(国史跡)であり、国府に近い台地の先端部に位置している。

聖武天皇の詔により、諸国に建立された国分寺の1つであるが、今の建物は江戸・明治時代以降に建てられたものである。発掘調査で、本堂下から金堂跡、その並びに塔跡、北側に講堂跡が確認された。さらに営繕や下働きの人がいた施設や、寺地を区画する溝なども確認されている。

出土した創建期の瓦の文様は、全国的にも珍しい宝相華文である。なお、国分台の東西の斜面に瓦窯跡があり、東瓦窯跡の発掘では2基の登窯が確認され、創建期と補修期の瓦が出土している。

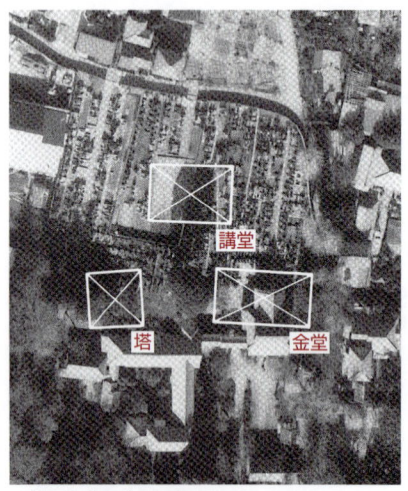

下総国分寺の堂塔配置

国分寺跡から北西に5分余り歩くと、下総国分尼寺跡(国史跡)に着く。1933(昭和8)年に「尼寺」と墨書された土器が発見され、国分尼寺跡であることが確認された。これまでの調査で、南北に並ぶ金堂跡と講堂跡のほか、寺院の諸施設や寺地の範囲の解明が進んでいる。現在、中心部のみ公園となっている。

国分台の西方の谷津を蓴菜池に沿って横切り、さらに進むと国府台公園に着く。こ

94　川にはぐくまれた東葛飾

国府と郡家

コラム

房総3国の国府と郡家
比定地はどこか

　古代の律令制下においては、全国を国・郡・里の行政組織に編成して地方の支配を行った。

　このうち、国ごとにおかれた役所を国府（国衙）といい、中央から派遣された国司が政務をとる国庁を中心に、正倉・国学（教育機関）・祠・馬屋などがおかれていた。周辺には国分僧寺・国分尼寺が建立され、市も開かれ、地方行政の中心地として整備されていた。

　所在地は、国のなかで京に近い地域や中央部の平地におかれる場合が多かった。しかし、実際に国府の一部が発掘調査によってあきらかになったのは、全国でも10カ所程度にすぎない。

　房総3国においても、上総国府の所在地については、旧市原郡内の市原市惣社・郡本・村上地区などが有力視され調査も行われたが、具体的な遺構は発見されていない。同様に安房国では、旧平群郡内の安房郡三芳村（現、南房総市）府中が、下総国では、旧葛飾郡内の市川市国府台が比定地とされている。

　一方、郡家（郡衙）とよばれる郡役所は、税の徴収をはじめ、国司の視察の接待、行政行為に伴う祭り、法令の伝達などを行っていた。全国で約590の郡がおかれていたと考えられるが、そのうち発掘調査によってその所在が確認されたのは50カ所余りにすぎない。

　郡家は、郡の政治を行う中心施設である郡庁と稲などの税の収納施設である正倉などから構成されていたことがわかっている。

　房総3国では、掘立柱建物群などもっとも明確な遺構が発見されたのは、我孫子市の日秀西遺跡（現、県立湖北高校）で、下総国相馬郡家と考えられている。ほかには、印旛郡栄町龍角寺の大畑Ⅰ遺跡が埴生郡家、市原市の西野遺跡が上総国の海上郡家ではないかと考えられている。

　また近年の発掘調査で、山武市成東の嶋戸東遺跡からは、大型の建物跡などが発見され、武射郡家ではないかと考えられている。

の辺りは、かつて六所の森とよばれ、下総国内の神々を合祀した六所神社（下総総社）があった。六所神社が各国の国府の中心付近におかれた神社であることや、字名が「府中」であったことからこの付近が下総国府跡であると推定されている。なお神社跡東の運動場からは、8〜9世紀の掘立柱建物跡や竪穴住居跡が発掘されている。

　国府台公園のはす向かいに和洋女子大学文化資料館があり、国府・国分寺関係の出土資料が展示されている。

市川に古代のかおりを求めて　　95

里見公園 ⑲

〈M ▶ P. 76, 93〉 市川市国府台3-67-5 P
JR総武線市川駅🚌松戸駅行国立病院🚶5分

国府台合戦の古戦場
明戸古墳の石棺2基

バス停前の東京医科歯科大学横の道を江戸川に向かっていくと、里見公園に着く。一帯は1538(天文7)年と1564(永禄7)年の国府台合戦の古戦場で、園内には土塁や空堀の跡とされる場所がある。前方の土塁上には、北条氏とたたかって戦死した里見軍の霊を慰めるため、1829(文政12)年にたてられた里見諸将群霊墓などがある。江戸川寄りの土塁上には、明戸古墳の石棺が2基露出している。黒雲母片麻岩を使った古墳時代後期(6世紀後半)の箱式石棺であり、1479(文明11)年の太田道灌築城の際に盛土が失われたという。国府台の台地には、ほかに法皇塚古墳や弘法寺古墳、弘法寺境内の真間山古墳がある。また、園内には北原白秋の小岩の旧宅である紫烟草舎も、移築・復元されている。

公園のそばには木々におおわれた茶室があり、古田織部正重然によって創始された、茶道式正織部流(県文化)を織部桔梗会が継承している。重然は、織田信長や豊臣秀吉につかえた武将で、千利休に茶の湯を学んだが、大坂夏の陣で豊臣内通の嫌疑をかけられ、自害した。門下には、小堀遠州や本阿弥光悦がいる。

堀之内貝塚 ⑳

〈M ▶ P. 76, 93〉 市川市堀之内2-15 P
JR総武線市川駅🚌松戸駅行博物館入口🚶10分

堀之内式土器標式遺跡
200mこす馬蹄形貝塚

バス停から西にしばらく歩くと、市川市立市川考古博物館があり、そばには、堀之内貝塚(国史跡)がある。貝塚は、縄文時代後期から晩期にかけて形成され、後期の堀之内式土器の標式遺跡としても知られる。貝層の分布は、東西約225m・南北約120mの馬蹄形である。東京近郊の大規模貝塚のため、発掘が繰り返されてきたが、原

堀之内貝塚

96 川にはぐくまれた東葛飾

国府台合戦

コラム

戦国時代の房総を代表する合戦

　国府台合戦は、戦国時代の房総でおきた有名な合戦の1つである。じつは、この国府台合戦は2回行われている。

　1538（天文7）年の北条氏綱と足利義明の激突を、第1次国府台合戦とよんでいる。この戦いは、古河公方足利高基と小弓公方足利義明との兄弟間の対立を背景におきたもので、高基側の北条氏綱に敗れた義明は、子息らとともに討死にし、小弓公方家は滅亡した。

　第2次国府台合戦は1564（永禄7）年におきた。武蔵への進出をねらう里見義堯と子の義弘と、関東平定をねらう北条氏康がたたかい、これも北条氏の勝利となった。

　なお、第2次国府台合戦については、時期をめぐって論争がある。近年の研究では、1563年から64年にかけて、北条氏と市川近辺に出陣した里見氏との間に複数回の戦闘があり、1564年正月におきた大規模な戦闘が、第2次国府台合戦として後世に伝わったと考えられている。

　2度にわたって国府台で合戦がおきたのは、ここが、交通の要衝であったからだといえる。下総から武蔵へ渡る道は、太日川（現、江戸川）を松戸の相模台で渡河する通常の経路（コラム137頁参照）のほかに、市川の国府台付近で渡る経路があった。また、江戸湾の内海と岩槻（現、埼玉県）などの内陸とを結ぶ水運の要地としての性格もあった。

　このため、戦国時代後期、里見氏がたびたび安房・上総から国府台へ出陣しており、江戸城から葛西城（現、東京都葛飾区青戸）を奪取した北条氏にとっては、太日川一帯が勢力の境目となっていたのである。

形は比較的よく残されている。見学コースを歩くと、貝塚の形状やハマグリ・アサリ・イボキサゴなどの貝殻が露出している様子を確認することができる。

　市川考古博物館には、堀之内貝塚・須和田遺跡・法皇塚古墳・下総国分寺跡などの出土品が展示され、房総半島の誕生から律令制が崩壊するまでの歴史を時代別に学ぶことができる。隣接する市川市立市川歴史博物館では中世以降の展示が行われ、製塩やノリ養殖、ナシ栽培など地域の人びとの生業も紹介されている。

　堀之内貝塚から南東方向におよそ2.5km進むと、春日神社北側に曽谷貝塚（国史跡）がある。東西210m・南北240mの縄文時代後期を中心とする馬蹄形貝塚で、中央部のくぼ地を囲む土手状の高まり

市川に古代のかおりを求めて

に不連続に貝層が分布しており、45軒の竪穴住居跡や20体の人骨などが出土している。

JR武蔵野線船橋法典駅から北へ15分ほど歩くと、姥山貝塚（国史跡）がある。東西約130m・南北約120mの縄文時代中期から後期にかけて形成された馬蹄形貝塚である。1893(明治26)年以降、数多くの発掘が行われた、考古学史上重要な遺跡である。

1926(大正15)年の東京帝国大学人類学教室の発掘では、竪穴住居跡がはじめて完全な形で確認、報告された。また、1軒の住居跡から5体の人骨が発見され、1軒の人員構成を考えるうえで重要な資料となった。人骨は累計で120体以上が発見され、縄文人の形質や埋葬の研究に役立った。出土した炭化材はシカゴ大学に送られ、日本初の放射性炭素年代測定も行われた。

現在、各地点ごとに説明板が設置され、史跡公園として整備されている。

本行徳の常夜灯 ㉑

〈M ▶ P. 76, 99〉 市川市本行徳34地先
地下鉄東西線行徳駅 🚶 15分

日本橋との間に行徳船航路の安全祈願で奉納

駅から北西に進み、旧江戸川堤防にでて北上すると、高さ約4.5mの常夜灯がみえてくる。

1590(天正18)年、江戸に入府した徳川家康は、行徳の塩業を保護するとともに、塩を江戸に運ぶために小名木川（隅田川・中川間）と新川（中川・江戸川間）を開削させた。水路は、あわせて行徳川とよばれ、旅客・物資の輸送にも役立っていった。

1632(寛永9)年、この航路の独占権を獲得した旧本行徳村は、船着場を設置して、日本橋小網町との間で行徳船とよばれた船を往来させた。この航路が、成田山参詣客で賑わっていた1812(文化9)年、日本橋西河岸と蔵屋敷の講中が、航路安全を祈

本行徳の常夜灯

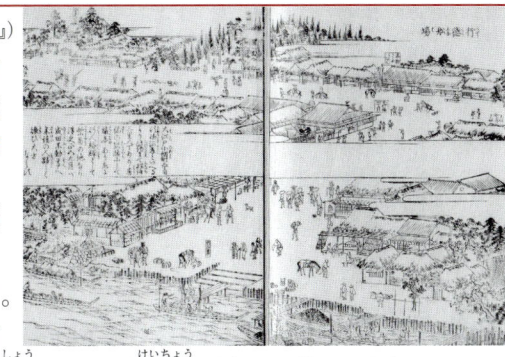

行徳舩場(『江戸名所図会』)

願して成田山にこの常夜灯を奉納した。近くの旧街道沿いには，旧浅子神輿店店舗兼主屋(国登録)がある。

常夜灯から東西線妙典駅方向へ10分ほど歩くと，法善寺(浄土真宗)に着く。この寺は，製塩の方法を村人に教えたとされる宗玄和尚が，1600(慶長5)年に開基したと伝えられ，塩場寺ともよばれている。

行徳駅から行徳街道を浦安方向へ進み，行徳郵便局前の信号のさきを江戸川方向におれると源心寺(浄土宗)がある。境内には狩野浄天夫妻の墓石や供養塔，狩野の六地蔵とよばれる高さ2mほどの座形の地蔵尊が並んでいる。浄天は当代島を開発した田中内匠と協力して，大柏川から八幡東部・行徳を経て浦安に至る用水路を開削し，新田開発に貢献した。鐘楼の手前には，関東大震災の際に朝鮮人と間違えられて殺された3人の日本人の慰霊碑がたっている。東西線浦安駅から北へ5分ほどの善福寺(真言宗)に田中内匠の墓がある。

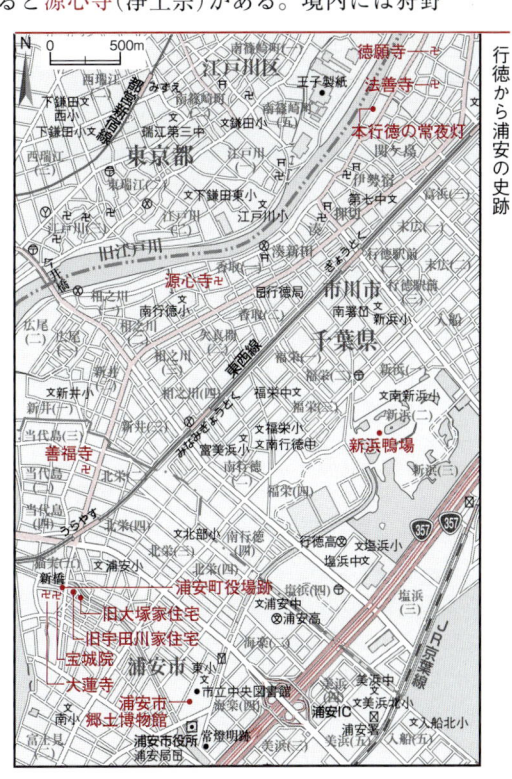

行徳駅から南へ海方

行徳から浦安の史跡

市川に古代のかおりを求めて

向に歩いていくと、宮内庁新浜鴨場がある。一帯は1960年代後半に埋立てがはじまったが、千葉県は干潟の一部を残して1974(昭和49)年、新浜鴨場と周辺83haを行徳近郊緑地特別保全区に指定、のちに行徳鳥獣保護区を設置した。1976年に設置された行徳野鳥観察舎は、友の会とともに野鳥保護や湿地・干潟の復元に取り組んでいる。

徳願寺 ㉒
047-357-2372　〈M ► P. 76, 99〉市川市本行徳5-22　P
地下鉄東西線 妙典駅 徒5分

永代橋墜落死者供養塔
印旛県庁の仮庁舎設置

駅から旧江戸川に向かうと、寺院が連なる寺町通りにでる。

行徳は「行徳千軒寺百軒」といわれたほど寺院が多いが、寺町通りにある徳願寺(浄土宗)は、1610(慶長15)年、徳川家康の帰依により、徳

徳願寺山門と鐘楼

願寺の名で開山された。通りに面して、1807(文化4)年、江戸深川の永代橋の橋桁落下による溺死者の供養塔もある。参道にはいると、1775(安永4)年建造の山門と鐘楼が目につく。徳願寺には1871(明治4)年末から翌年初頭まで、印旛県庁仮庁舎がおかれ、2年後、行徳小学校の仮校舎ともなった。近くにある加藤家住宅主屋(国登録)は、明治後期の近代和風住宅である。

旧大塚家住宅 ㉓
〈M ► P. 76, 99〉浦安市堀江3-3-1
地下鉄東西線浦安駅 徒7分

江戸時代末期の家屋
「漁師町」がテーマの博物館

駅から浦安駅前交差点をこえて宮前通りを南に進むと、境川に達する。浦安の漁師たちは、この川に船を係留した。作家山本周五郎は、昭和初期の1年余りを浦安ですごし、このときの見聞をもとに戦後、小説『青べか物語』を完成した。旧江戸川にでる西水門近くには、作品に登場する「千本」のモデルの船宿が現在も残る。

境川を渡って左折し、かつていちばんの繁華街だったフラワー通りを進むと、1869(明治2)年に建てられ、江戸近郊の商家の形を今

川にはぐくまれた東葛飾

浦安市郷土博物館屋外展示場のベカ舟乗船体験

に伝える旧宇田川家住宅がある。路地をはいって，川沿いにでると江戸時代末期に建てられたという旧大塚家住宅(県文化)がある。農業と漁業を営んでいた家で，海につながる川側に作業空間の土間があり，屋根裏2階は洪水の際の避難場所ともなっていた。

　フラワー通り入口近くの橋のたもとには，浦安町役場跡の史跡表示板があり，そばの宝城院(真言宗)には，1736(元文元)年建立の庚申塔(県文化)がある。隣接する大蓮寺(浄土宗)の黒門は，筑前黒田藩江戸屋敷の門を移築したものである。フラワー通りを突き当りまで進むと境橋にでる。付近は川幅が狭く，「おっぱらみ」とよばれている。江戸時代，塩分濃度の低下を防ぐため，川をせきとめようとした行徳の製塩業者を，漁師が追い払ったことが由来であると伝えられている。

　境橋から川沿いを進み，江戸川橋をこえ，遊歩道を歩くと，市役所第2庁舎の隣に「漁師町の頃の浦安」をテーマにした浦安市郷土博物館がある。「船の展示室」では，浦安の船大工道具(県民俗)が展示され，船大工の技術を直接みることができる。また，念仏踊りに起源があるという浦安のお洒落踊り(県民俗)の保存会の練習や，実演の見学もできる。屋外展示場の建物群のなかには，江戸時代後期の建築であり，庶民の生活を伝える浦安の三軒長屋(県文化)も移築されている。

市川に古代のかおりを求めて

3 水戸街道の宿場と手賀沼

今に残る中世史料と城郭，近世交通の要所は，東京のベッドタウンとして変貌をとげる。

戸定が丘歴史公園 ㉔
047-362-2050
〈M▶P.76〉 松戸市松戸642-1 P
JR常磐線・新京成電鉄松戸駅↟10分

徳川昭武と戸定邸
21世紀の森と広場

戸定邸

駅西口をでて，旧水戸街道の松戸駅入口交差点を左にまがると，右手に西蓮寺（浄土真宗）・善照寺（真言宗）・宝光院（真言宗）がある。この町並みが，松戸宿の昔の姿を彷彿とさせている。

駅東口から南に10分ほど歩くと，旧徳川家松戸戸定邸（国重文）とその庭園（県名勝）を中心とした戸定が丘歴史公園がある。戸定邸は，1884（明治17）年に15代将軍徳川慶喜の実弟で，水戸藩11代藩主の徳川昭武が建てた屋敷であり，建物全体がよく保存されている。

隣接する資料館には，昭武が将軍の名代として参加した1867（慶応3）年の第2回パリ万国博覧会関係の資料や，明治時代に慶喜が撮影した写真などが展示されている。

松戸駅から新京成電鉄に乗り，八柱駅から北へ徒歩約20分で総合公園21世紀の森と広場に到着する。千駄堀の谷や湿地を活用した公園であり，一角にある松戸市立博物館では，原始時代から現代の常磐平団地の様子まで，幅広い展示をしている。南の東松戸駅に近い紙敷には，旧齋藤家住宅主屋（国登録）があり，かつての農村の光景を偲ばせている。日暮・千駄堀・上本郷地区には，松戸の万作踊り（県民俗）が伝えられている。万作芝居，小念仏，手踊り，中山節ともよばれ，収穫の豊穣を祝う踊りであるが，もとは時宗の遊行僧たちが中世のころにはじめた念仏踊りが原型だといわれている。北総線矢切駅の西側に栗山浄水場がある。1937（昭和12）年に完

102　川にはぐくまれた東葛飾

成した千葉県水道局栗山配水塔(国登録)が一際目立つ。

萬満寺 ㉕
047-341-3009
〈M ▶ P. 76〉松戸市馬橋2547 P
JR常磐線・流山電鉄馬橋駅 🚶 5分

金剛力士像・魚藍観音像などの文化財、厄除けの唐椀供養

　駅から水戸街道にでて左折すると，萬満寺(臨済宗)がある。1256(建長8)年に小金城主千葉頼胤が創建した真言宗の大日寺が前身であり，1312(正和元)年に足利尊氏をまつるため臨済宗寺院となり萬満寺と改称した。天文年間(1532〜55)に，小金城主高城胤辰が京都大徳寺の僧讃甫を招き，その後大徳寺派の拠点として隆盛した。

　仁王門のなかには，木造金剛力士立像(国重文)がおさめられている。右が阿形像，左が吽形像で，玉眼入りの表情には迫力がある。胎内に「平朝臣　再興　文明六(1474)年」の墨書があり，千葉県内の室町時代を代表する文化財として評価されている。また，中国渡来の魚藍観音像(像高20cm)が珍しい。唐椀供養という厄除け行事が，3月と10月に行われている。

萬満寺仁王門

本土寺 ㉖
047-346-2121
〈M ▶ P. 76, 103〉松戸市平賀63 P
JR常磐線北小金駅 🚶 10分

北小金駅周辺の史跡

　駅北口から北の方角に少し歩くと石門がみえる。マツやスギの古木がしげる参道をとおって，本土寺(日蓮宗)に至る。日蓮が長谷山本土寺と命名し，高弟日朗が開堂建立したのが1277(建治3)年であったという。東京池上の長栄山本門寺・鎌倉の長興山妙本寺とともに「朗門の三長三山」とよばれた。

　文化財も多く，日蓮が庇護者の比企大学三郎能本にあてた書状である

水戸街道の宿場と手賀沼　　103

本土寺

東漸寺

大学三郎御書・諸人御返事・過去帳など中世資料の宝庫

大学三郎御書(国重文)をはじめ、諸人御返事(国重文)、高さ130cm・径70cmで「建治四(1278)年」および「文明十四(1482)年」銘の梵鐘(国重文)がある。

また、富城殿御返事(県文化)のほか、室町時代から江戸時代中期までの本土寺過去帳(県文化)もあり、千葉氏一族や東葛飾地方の中世史料として貴重である。近年は「あじさい寺」の名で親しまれている。

本土寺の裏手には、幸田貝塚という南北250m・東西180mという縄文時代前期の環状貝塚があったが、現在は破壊されている。縄文土器などの幸田貝塚出土品(国重文)は、松戸市立博物館に保存されている。本土寺参道脇に殿平賀小学校があるが、その南側には高城氏の居城であった小金城跡がある。

北小金駅に戻り、南口から5分ほど歩くと東漸寺(浄土宗)がある。1602(慶長7)年、徳川家康が関東十八檀林を定めた際に、その1つに選ばれている。

善光寺 ㉗
047-387-0618

〈M ▶ P.76〉 松戸市五香1-3-2
新京成電鉄五香駅 ⊼ 1分

駅東口をでて、すぐのところに善光寺(浄土宗)がある。かつてこの一帯は小金牧であった。明治時代に開墾地となり、1891(明治24)年にこの寺が建立された。境内には、寺の前身ともいえる五香説教

所で活躍した辨榮聖人の墓碑や，辨榮に師事し至誠会という塾を開いて子弟の教育につくした伊藤信如の頌徳碑がある。

　善光寺から我孫子方面に向かって10分ほど歩き，高木第二小学校をすぎると左側に高龗神社がある。境内には，下総開墾会社の社員がつめていた香実会所跡の石碑と，開墾百年記念碑がある。

　五香駅に戻って南に5分ほど歩くと，新京成電鉄の踏切をこえたところに五香公園がある。ここには江戸時代の将軍の鹿狩りに際して，将軍の観覧席が設置されたことを記す記念碑があり，付近には御立場という地名も残っている。

<small>明治時代開墾地の小金牧　入植者の祈願寺</small>

近藤勇陣屋跡 ㉘

〈M ▶ P. 76, 106〉　流山市流山2-108
流山電鉄流山駅 🚶 10分

　馬橋・流山間の営業キロ5.7kmの鉄道が流山電鉄である。駅から江戸川の土手に向かって5分ほど歩くと，秋元家住宅土蔵（国登録）の前に近藤勇陣屋跡の碑がある。

　1868（慶応4）年4月3日，香川敬三の指揮する官軍が流山に先遣隊を派遣したときに，大久保大和と名乗る男があらわれた。官軍のなかにその顔を知る者があり，男がもと新撰組局長近藤勇であることがわかって，捕縛された。新撰組の陣営がおかれたのが酒屋を営んでいた長岡屋であった。秋元家はその長岡屋跡にあり，土蔵は明治後期にここに移築された。

　陣屋近くの旧街道沿いには，呉服新川屋

<small>新撰組ゆかりの地　市立博物館にみりん醸造用具</small>

呉服新川屋店舗　　　　　　　　　　　　　　　　　　　　　近藤勇陣屋跡

水戸街道の宿場と手賀沼

流山駅周辺の史跡

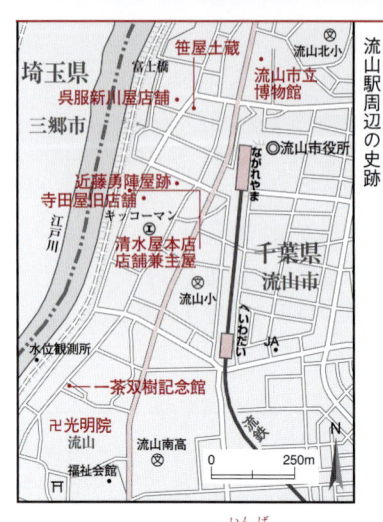

店舗・寺田屋旧店舗・笹屋土蔵・清水屋本店店舗兼主屋（いずれも国登録）など，歴史的な建物が残り，往時の賑わいを今に伝えている。

　駅から県道松戸野田線を北に向かうと，流山市立博物館がある。2階の展示室には特産物である流山のみりん醸造用具（県文化）展示などを中心に，古代から近代までの流山の歴史を知ることができる。博物館の入口付近には，葛飾県印旛県史跡の碑がたっている。ここにあった駿河国（現，静岡県）田中藩本多家下屋敷に，1869（明治2）年から葛飾県の庁舎がおかれ，廃藩置県後に印旛県の県庁もおかれた。政治経済の中心地となったこの地には，1872年に小学校も開校した。旧県道沿いの常与寺には，印旛県官員共立学舎跡の碑がある。

一茶双樹記念館 ㉙
04-7150-5750　〈M▶P.76, 106〉流山市流山6-670-1　P
流山電鉄平和台駅 🚶 5分

一茶の庇護者双樹と記念館　雷神社のオビシャ行事

　駅をでて西に向かい，流山5丁目交差点から流山街道を南へ向かうとメルシャン流山工場西側に，光明院（真言宗）がある。境内には，小林一茶と親交の深かった秋元双樹の連句碑がある。双樹とは，天晴味醂で有名な，秋元家の5代目秋元三左衛門の俳号である。現在のメルシャン流山工場が秋元家の味醂工場の跡地である。1803（享和3）年以降，一茶は俳諧の仲間をたより，下総を頻繁に訪れたが，必ず双樹のもとに立ち寄っている。光明院のすぐ北には一茶双樹記念館があり，天晴味醂の資料などを展示している。

　平和台駅の隣鰭ケ崎駅の北西方向の高台には，東福寺（真言宗）がある。藤原秀郷（俵藤太）が，平将門の乱（939～940年）をしずめるときに戦勝を祈願したという伝承があり，本堂正面には「俵藤太百足退治」の大絵馬が掲げられている。

　鰭ケ崎の雷神社では，毎年1月にオビシャが行われている。

川にはぐくまれた東葛飾

「御歩射」とも書き，関東地方に伝わる正月の農村行事で，弓で的を射てその年の収穫の豊凶を占う神事である。田吾作踊と，七福神の舞という芸能が付随している点に特徴がある。南柏駅西口から国道6号線を渡った陽廣院に松ヶ丘一号街路灯（国登録）がある。

覚王寺 ㉚
04-7132-2016　〈M▶P.76〉柏市松ヶ崎1112　P
JR常磐線・東武野田線柏駅🚌若柴循環香取台🚶10分

大日如来坐像と芳野金陵の墓
篠籠田の獅子舞

バス停から国道16号線を東へ横断し，閑静な住宅街をいくと左手の高台に覚王寺（真言宗）がある。本堂には木造大日如来坐像（県文化）がある。像高58cm・台座高42.5cmのヒノキの寄木造の像で，平安時代後期の様式をうけついだ作品といわれる。墓地内には，松ヶ崎出身で幕末の昌平坂学問所（昌平黌）儒官芳野金陵の墓もある。

また，国道6号線と国道16号線が交差する呼塚交差点（呼塚バス停）の一角には，砂川工芸美術館があった。染織で有名な芹沢銈介や版画家棟方志功の作品などが約700点収蔵されていたが，閉館されたため，柏市沼南庁舎内の郷土資料展示室（2008年8月開館）に引き継がれ，「砂川コレクション」として展示される。

駅に戻り，柏の葉公園方面または松ヶ崎循環のバスに乗り，三間バス停で下車すると，近くに西光院（真言宗）がある。毎年8月16日には，元禄年間（1688〜1704）から伝承される，雨乞いに由来する篠籠田の獅子舞（県民俗）が施餓鬼行事として行われる。竜神をかたどる獅子頭をつけ，獅子役は長男，ひょっとこ（猿・狐）は2男，花笠と金棒引きは婿と決められて，五穀豊穣と家内安全を祈願している。

布施弁財天 ㉛
04-7131-7317　〈M▶P.76〉柏市布施1738　P
JR常磐線・東武野田線柏駅🚌布施行終点🚶すぐ

楼門と多宝塔型鐘楼
松ヶ崎城跡

バスをおりると楼門（県文化）と石段がみえるが，これが布施弁財天とよばれている東海寺（真言宗）である。江戸時代，布施村（現，柏市）は河岸があり，利根川対岸の戸頭村（現，茨城県取手市）と結ぶ七里ヶ渡しもある交通の要所として栄えた。享保年間（1716〜36）には水戸藩主も参詣，上野不忍（現，東京都台東区），江ノ島（現，神奈川県藤沢市）とあわせて，関東の三弁天にも数えられた。本堂（県文化）は1717（享保2）年の完成で，内陣の格天井には，寄進をした大名の家紋，拝殿の天井には大絵馬がある。

水戸街道の宿場と手賀沼

布施弁財天鐘楼

　本殿に向かって右側にある1818(文化15)年建立の鐘楼(県文化)は、全国でも珍しい多宝塔型である。八角形の基壇の上に、12本の円柱に囲まれた円形の塔身があり、円柱の上部には十二支の彫刻を配して方位を示している。設計者は「からくり伊賀」とよばれた谷田部村(現、茨城県つくば市)の飯塚伊賀七と伝えられている。楼門は1810(文化7)年の建立で、東海寺が勅願寺のため、勅使がとおったといわれている。

　1992(平成4)年、東海寺の南で5世紀ごろの前方後円墳である、弁天古墳が発掘され、埋葬施設から石枕と立花などが出土した。

　布施からつくばエクスプレス柏たなか駅へ向かう途中の花野井にある旧吉田家住宅(国重文)は、江戸時代末期に建てられた大型の民家である。吉田家は元名主で、江戸時代には金融や醬油醸造業などを営み、小金牧の目付牧士もつとめていた。その旧吉田氏庭園(国登録)は、形式の違う複数の庭園で構成されており、豪農の庭園様式として貴重である。

　柏駅隣の北柏駅北口から5分ほどの高台に、戦国時代の松ヶ崎城跡がある。葛飾郡・相馬郡・印旛郡の境に位置する要所であり、市街地化が進んだこの地域では、土塁や堀・腰曲輪などの遺構が比較的よく残っている。増尾城とともに高城氏の支配下にあったと考えられている。北柏駅南口から5分ほどの、我孫子市根戸の手賀沼を臨む台地上にある金塚古墳は、埴輪をともなう5世紀後半の直径約20mの円墳である。金塚古墳出土遺物(県文化)は、石枕、立花、ほぼ完形の短甲など副葬品の構成を復元するための貴重な資料である。

萬福寺 ㉜
04-7173-7353
〈M ▶ P.76〉柏市増尾1344-1 P
東武野田線増尾駅 🚶 20分

　駅から県道市川柏線を北に向かうと、土小学校のすぐ近くに萬福寺(真言宗)がある。本尊の木造阿弥陀如来坐像(県文化)は、平安時

代後期の作と推定されている。像高約88 cmで、よく整えられたなだらかな姿態、彫りの浅い衣文、丸顔で優しい表情が特徴である。春と秋の彼岸に開帳される。

寺の北側にある芝浦工業大学柏高等学校の隣には、戦国時代に築城されたとみられる増尾城跡が公園として保存され、曲輪や土塁・堀などがよく残っている。

阿弥陀如来坐像が本尊 鎌倉時代の増尾城跡

木造阿弥陀如来坐像(萬福寺)

志賀直哉邸跡 ㉝

〈M ▶ P. 76, 110〉我孫子市 緑 2-7
JR常磐線・成田線我孫子駅🚶15分

駅から南へ坂をくだっていくと手賀沼公園がある。周辺には志賀直哉邸跡(当時の書斎を復元)をはじめ、柳 宗悦居宅跡(三樹荘)、そして沼の西端の船戸地区にある武者小路実篤邸跡など、白樺派の文化人らゆかりの場所が点在している。また、志賀邸跡の前には我孫子市白樺文学館があり、直哉の小林多喜二宛の書簡や、宗悦、実篤の草稿・画帖など数多くの品を収蔵している。

水戸街道の宿場 白樺派ゆかりの文学館

我孫子宿は、元禄年間(1688～1704)になって水戸街道の宿場、成田道の起点として栄え、我孫子市内3カ所に一里塚が残っている。また、旧水戸街道を取手方面におよそ5分、白壁の土塀に囲まれてたつ、1831(天保2)年建築の大きな茅葺き屋根の母屋が、宿場の名主であり脇本陣もつとめた小熊家(非公

志賀直哉邸跡

水戸街道の宿場と手賀沼

我孫子駅周辺の史跡

鳥の博物館 ㉞
04-7185-2212

鳥の総合博物館と巨大な前方後円墳

〈M ► P. 76, 109〉我孫子市高野山234-3 P
JR常磐線・成田線我孫子駅🚌東我孫子車庫行・JR成田線
湖北駅南口行市役所🚶5分

　志賀邸跡前のかつての手賀沼沿いの旧道を東へ20分ほどいくと，我孫子市役所前の通りにつきあたる。近くの親水広場にたつ通称「水の館」をめざして歩いていくと，我孫子市鳥の博物館がある。日本で唯一の鳥の総合博物館であり，「人と鳥の共存をめざして」をテーマに，手賀沼に生息する野鳥の生態をはじめ，世界の鳥の剥製標本などの多彩な展示を行っている。

　同じ道をさらに東に数分歩くと，左手に香取神社の長い石段がある。これをのぼって，少し東にいくと，家並みに囲まれて水神山古墳（県史跡）がある。古墳時代前期の築造とされ，長さ63mのこの地を代表する前方後円墳である。

旧手賀教会堂

日秀西遺跡 ㉟

相馬郡衙正倉跡血盆経信仰資料の正泉寺

〈M ► P. 76〉我孫子市日秀70 P
JR成田線湖北駅🚶15分

　駅南口をでて線路沿いを東に進むと県立湖北特別支援学校がある。日秀西遺跡は，以前ここにあった県立湖北高校の建

川にはぐくまれた東葛飾

設工事に伴い，1978(昭和53)年に発掘調査が行われた。この調査で，古墳時代に集落が営まれた同じ場所に，8世紀に入ると54棟の倉庫などの建物が建てられたことが確認された。倉庫は役所の正倉と考えられ，相馬郡衙正倉跡(県史跡)として，一部が埋め戻し保存されている。

　湖北駅西側の住宅地のなかには，女人成仏・正泉寺の血盆経信仰資料(県民俗)で知られる正泉寺(曹洞宗)がある。ここは江戸時代末期にはじまり，この地域一帯に大きく広がった，女性による安産子育て祈願や懇親などを目的とした待道講の発祥地である。

　駅から南へ約3km，手賀川を渡った先の台地上の集落に日本ハリストス正教会旧手賀教会堂(県文化)がある。1881(明治14)年に民家を改築して作られた茅葺きの教会である。現在，近くに移った教会には，山下りん作の聖画3面(県文化)が保存されている。(非公開)

竹内神社 ㊱　〈M ▶ P.76〉我孫子市布佐1218 P
04-7189-2314　　JR成田線布佐駅 🚶10分

近世河岸の町布佐
柳田民俗学の原点

駅から北に向かうと，布佐中学校の隣に竹内神社(祭神天之迦具土命)がある。参道の急階段をのぼると，左手に，英文による日露戦争の日露戦争英文記念碑があり，地元の名士と並んで民俗学者の柳田国男の名もきざまれている。1893(明治26)年に長兄が布佐に住んだことから，ときには田山花袋や島崎藤村らの友人を伴って訪れるなど，柳田はこの土地と関係が深く，また，少年時代の2年余りを，利根川対岸の布川

日露戦争英文記念碑

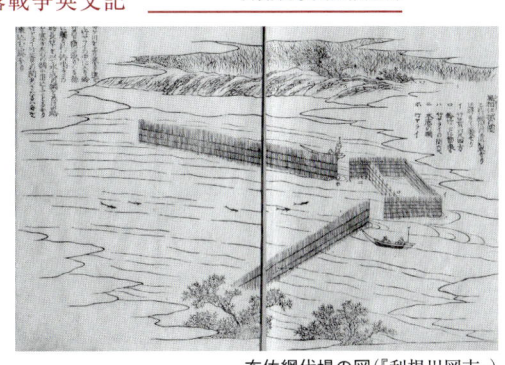

布佐網代場の図(『利根川図志』)

水戸街道の宿場と手賀沼　111

(現,茨城県北相馬郡利根町)ですごした。現地の徳満寺の間引き絵馬をみるなどの体験が学問に影響をあたえたと,のちに語っている。

布佐地区は近世河岸の発達で,文化年間(1804～18)には500戸の集落があったといわれ,高瀬船の行き交う繁栄した地域であった。1687(貞享4)年,網代場から鹿島に旅立った松尾芭蕉をはじめ,文人墨客の来遊も多く,対岸の布川に生まれた,江戸時代後期の医師赤松宗旦があらわした『利根川図志』(1855年刊)には,かつて布川鮭の網場があった場所として,布佐が紹介されている。

駅の北西側の相島新田にある井上家住宅(国登録)の主屋は,江戸時代末期の建造である。井上家は享保年間(1716～36)に手賀沼干拓を行い,相島新田を開いて新田名主となった家である。

弘誓院 ㊲
04-7191-2268
〈M ▶ P.76〉柏市柳戸612 P
JR常磐線・東武野田線柏駅 🚌 手賀の丘公園行柳戸 🚶 5分

間引き絵馬と聖観世音菩薩坐像 森のなかに北ノ作古墳

バスを下車して細い道を北へ5分ほど歩くと,弘誓院(真言宗)がある。本尊の木造聖観世音菩薩坐像(県文化,非公開)は鎌倉時代の作で,「柳戸の観音様」とよばれ,この寺にも間引き絵馬がある。1847(弘化4)年に近隣の村人が奉納したもので,生まれたばかりのわが子を手にかけようとする母親が,鬼と並んで描かれている。

バス通りに戻り,停留所から県道を東へ進み,手賀の丘公園入口の信号を左におれると,手賀の丘公園がある。公園の管理施設の2階にある資料室には,第二次世界大戦前まで手賀沼畔で行われていた鴨猟の歴史や網などの道具の展示があり,興味深い。

近くの手賀沼湖畔霊園隣の森のなかに古墳が2基ある。北ノ作古墳(県史跡)である。古墳時代前期のものと考えられ,長さ17mの方墳が1号墳,30mの前方後円墳が2号墳である。

弘誓院の間引き絵馬

❹ 関宿藩と醸造都市野田

近世利根川舟運の要として栄えた関宿。江戸地廻り経済をささえた醤油の町野田。

実相寺 ❸⓼
04-7196-0403
〈M ▶ P. 76, 115〉野田市関宿台町2140 P
東武野田線川間駅🚌境 車庫行 局前🚶1分

久世広周と累代位牌
鈴木貫太郎・孝雄の墓

バス停のそばに**実相寺**(日蓮宗)がある。創建は1409(応永16)年といわれる。1455(康正元)年、鎌倉公方足利成氏が古河公方となったとき、その家臣の簗田成助は水海村(現、茨城県古河市)から関宿に本拠を移した。そのころに寺も移転したと伝承されている。

本堂は江戸時代の関宿城主久世家の位牌所で、香華院と称し、累代藩主と正室の位牌がまつられている。本堂隣の庫裏は、江戸幕府老中安藤信正と公武合体策を進めた幕末の関宿藩主**久世広周**が、坂下門外の変後の1862(文久2)年12月、「朝命に対し、因循姑息の手段を講じた」などの理由で、永蟄居を命ぜられたときにたてた新御殿を移築したものである。

墓地内には、終戦時の内閣総理大臣**鈴木貫太郎**と**弟孝雄**(陸軍大将)の墓がある。

実相寺の向かいには、**大龍寺**(浄土宗)がある。境内には、藩の家老職をつとめ、藩主久世広周が安藤信正と皇女和宮の降嫁を実現させるときに奔走した、杉山対軒の碑と墓がある。広周の失脚時に、対軒も隠居を命じられた。1868(明治元)年、戊辰戦争の際に藩は佐幕派と勤王派が対立し、対軒はその最中に暗殺された。

鈴木貫太郎墓(実相寺)

宗英寺 ❸⓽
04-7196-0303
〈M ▶ P. 76, 115〉野田市関宿台町57 P
東武野田線川間駅🚌境車庫行中学校入口🚶3分

実相寺から歩いて5分ほどで**宗英寺**(曹洞宗)に着く。関宿城主で徳川家康の異父弟の**松平康元**が、1596(慶長元)年に建立したといわれ、墓地内にその墓がある。

山門をはいった左側に2基の墓碑がある。古河公方足利晴氏の五輪塔と、関宿藩中老船橋随庵のものである。随庵は幕末期の治水家で、業績の1つに関宿悪水落堀(関宿城下の湛水害を防ぐ堀。通称、関宿落とし)の治水事業がある。

　台町の十字路手前左には昌福寺(真言宗)がある。境内の不動堂は、久世家の祈禱所である。境内外別院の薬師堂の西側には、船橋随庵の記念碑がある。

　十字路を境大橋方面にいくと左手に光岳寺(浄土宗)があり、参道正面に「於大方御守佛地蔵菩薩」と称する、高さ2m余りの銅造の仏像がある。この寺は、家康と松平康元の母親である於大方が、1602(慶長7)年に死去したとき、菩提所弘経寺として建立され、のちに光岳寺と改称された。本堂の丸瓦の紋が三葉葵の紋である。山門をはいった左側には、1644(正保元)年に関宿城に入城した牧野信成の父親康成の供養塔がある。

関宿城跡 ❹

〈M ▶ P.76, 115〉野田市三軒家
東武野田線川間駅🚍境車庫行台町🚶20分

　バス停の裏側が鈴木貫太郎記念館で、第二次世界大戦終戦時の第42代内閣総理大臣の業績を顕彰している。館入口の右側には、「為萬世開太平」(終戦詔書にある文言「万世のために太平を開かん」)の大きな塔があり、館内には日清戦争(1894〜95年)・日露戦争(1904〜05年)、二・二六事件(1936年)、終戦決定の御前会議などの絵画資料を中心に遺品などが展示されている。

関宿城博物館

　鈴木貫太郎は終戦後に、内閣を総辞職して関宿に帰り、1948(昭和23)年に82歳で死去している。

　館をでて500mぐらい江戸川へ向かうと、土手入口に川を航行する船を改めた関宿関所跡の石碑が

ある。関所は，1616（元和2）年に「定船場」（渡船場）に指定されてから1869（明治2）年まで存続した。

碑から土手を北上すると，関宿城址碑がある。この辺りが本丸の一部と伝えられ，その南東部に武家屋敷があったという。松平康元ののち，小笠原・北条・牧野・板倉氏らが4〜5万石で封ぜられたが，1705（宝永2）年，久世氏がこの地で5万石を領して，以後廃藩置県まで統治した。

城址碑の右手土手上にそびえているのが，城郭を模した千葉県立関宿城博物館であり近世から現代までの利根川・江戸川の治水・干拓・舟運・改修，関宿藩などの歴史が展示されている。

関宿城跡周辺の史跡

近くには，利根川と江戸川の分岐点で水量調整をして，通船と治水を目的としたコンクリート造りの関宿水閘門がある。水量調節事業は，1870（明治3）年にオランダ技師の設計からはじまり，1926（大正15）年に完成した。この水門は，低水路水量調節用・通船用・高水路の洪水用という閘門機能を有した画期的な近代の建造物である。

常敬寺 ㊶
04-7196-1310
〈M▶P. 76, 115〉野田市中戸379　🅿
東武野田線川間駅🚌境車庫行諏訪橋🚶10分

バス停左手に諏訪神社があり，その西側を江戸川方面にいくと右側に常敬寺（浄土真宗）がある。創建は親鸞の孫唯善で，真宗関東七大寺の1つと伝えられ，本堂と御影堂が分離した真宗造寺形式である。木造阿弥陀如来坐像（県文化）は，像高52.8cm，ヒノキの寄木

関宿藩と醸造都市野田

造で，両手の甲を胸元で対向させる印相（両手は後補）が印象的である。木造伝親鸞聖人坐像（県文化）は像高70cm，ヒノキの寄木造であり，ともに製作年代は鎌倉時代末期ごろと推定されている。

常敬寺より北東へ2kmほど戻ると東高野バス停がある。ここから県道を南へいくと左側に旧道があり，すぐにY字路がある。ここに「享保二(1717)年」銘の後背型丸彫りの路分け六地蔵があり，今なお地蔵信仰をみることができる。

六地蔵の裏手にある小林家の門は，旧関宿内11門の１つで，「関宿城埋門」といわれ，数少ない関宿城の遺構である。

南に約5km，日枝神社前バス停の反対側に共同墓地があり，そのなかに将棋の駒形をした記念碑と墓石がある。第13世将棋名人関根金次郎のもので，大阪の棋士坂田三吉の宿敵として知られる。関根は，従来の終世名人制を廃し，実力名人制を創始するという棋界の革新を断行した人物である。

平将門終焉の地岩井に近い日枝神社の周辺には，将門に関する伝説が多く残されている。将門が植えたという七本桜，若餅の残りがはいった湯で斃死した愛馬を埋葬した駒形大明神，地名伝説には武者土，高倉，木戸前，飯塚，檀築，梵天州などがある。

境車庫行きで天王前バス停で降り，国道16号線沿いに東へ1kmほど進んで北側に入った所にある清泰寺（真言宗）には，刺繡釈迦涅槃図（県文化）がある。1665（寛文5）年に製作されたもので，絵だけではなく2500人余りの寄進者の名も刺繡されている。

旧花野井家住宅 ❷
04-7124-4663

⟨M ▶ P. 76, 118⟩ 野田市清水902 P
東武野田線清水公園 🚶 10分

駅をでて信号を渡ると清水公園入口で，桜並木に沿って3分ほどいくと右側に野田貝塚（県史跡）の標柱がある。この貝塚は清水貝塚ともよばれ，明治時代から注目され，1936（昭和11）年に千葉県指定の史跡となった。縄文時代後期に形成された，直径約80mの大型馬蹄形の貝塚である。

清水公園内にある旧花野井家住宅（国重文）は，もともと流山市前ヶ崎にあった江戸幕府直轄小金牧の牧士の家である。1969（昭和44）年に野田市に寄贈されて移築・復元された。築造年代は不詳だ

平将門の乱

コラム

地方政治の乱れと東国武士団の動向

平将門は、桓武平氏の祖となった平高望の孫にあたる。下総国猿島・豊田郡(現、茨城県岩井市)を本拠地とし、若いときには、官位・官職を得るために都にでて、藤原忠平につかえていた。

将門の乱は、2つの段階に分けられる。1つめは父良将(持)の死に伴う所領相続と、将門の女性関係をめぐる伯父の平国香や、その女婿で常陸大掾(国司)の源護らとの一族内の争いであった。

結果は「激勝の人」といわれた将門が、国香らを破って勝利した。この事件を知った坂東の豪族たちが、国司などとの紛争解決を求め、将門をたよるようになった。

10世紀以降中央政治の腐敗により、官職の売買が横行した。中下級の貴族は、国司の職を得て地方にくだることが多く、なかには地方豪族と結びついて土着化する者もいた。地方においても、国司による徴税請負体制が成立すると、国司らはその権限を背景に収奪を強化したため、地方豪族との争いが頻発するようになっていた。

将門が一族との内紛を続けていたころ、武蔵国で国司と地方豪族の紛争がおこり、将門はその仲裁に乗りだした。しかし、これは成功せず、武蔵介源経基によって謀反の疑いをかけられ、都に訴えられてしまった。さらに常陸国でも常陸介藤原維幾と戦いとなり、939(天慶2)年11月国府を占領した。さらに下野(現、栃木県)・上野(現、群馬県)の国府も襲撃し、やがて関東一帯を支配し、国家に反旗をひるがえすことになった。これが2つめの段階であり、同年12月には、将門は「新皇」と称し、一族の者を関東の国司に任命し、独立政権を築こうとした。

都の貴族たちは大きな衝撃をうけ、将門討伐に恩賞をかけ、諸国に命令をくだした。この命令に応じたのが、下野の豪族藤原秀郷と平国香の子貞盛であった。940年2月、秀郷・貞盛連合軍は、将門を猿島郡に追いつめ、あっけなく敗死させた。

乱を鎮圧した秀郷・貞盛らは、高い位階と官職を得た。乱の首謀者も鎮定者も地方に基盤をもつ武士団であり、政府の無力化が暴露され、武士の台頭を促す結果となった。ちなみに貞盛は、伊勢平氏の祖となり、子孫の清盛は政権を担当し、将門を訴えた経基は清和源氏の祖となり、子孫の頼朝は鎌倉幕府を開いた。

が、全体の構造から17世紀をくだらないと推定され、東関東古民家の典型とされている。室内には古い形式の床の間や神棚がみられる。

清水公園は1894(明治27)年、醬油醸造家の茂木一族の無尽講千

関宿藩と醸造都市野田

秋社が金乗院(真言宗)から土地を借りうけて開園した千葉県内でも古い公園で、園内には金乗院の算額・不動堂・山門などがある。

旧花野井家住宅前の道を南へ約10分ほどいくと、八幡神社がある。この神社に伝承されているのが、野田のばっぱか獅子舞(県民俗)である。1693(元禄6)年に下間久里村(現、埼玉県越谷市)からうけつがれ、名称の「ばっぱか」は、腰につけた太鼓の音に由来する。

八幡神社からしばらくいくと、野田の総鎮守社愛宕神社がある。社殿は1824(文政7)年の再建と伝えられ、本殿(県文化)の精巧な彫刻は2代目石原常八の作である。隣には西光院があり、神仏習合の雰囲気を味わうことができる。

また、愛宕駅の西側には、1937(昭和12)年に建てられた、醬油醸造家の1つである旧茂木房五郎家住宅(国登録)があり、現在は料亭となっている。

旧茂木佐平治邸 ㊹

〈M ▶ P. 76, 118〉野田市野田370 P
東武野田線野田市駅🚶8分

県内初の市立郷土博物館
昭和初年築の興風会館

今日キッコーマンの名で知られる野田の醬油は、江戸時代の前期から醸造が開始され、江戸庶民が消費する地回り醬油の代表格として発展した。とくに地元で「造家(様)」とよばれた髙梨と茂木一族は、三百余年にわたって醸造家の中心的な存在として続いてきた。

駅から北西に少しいくと、野田市市民会館として利用され

興風会館

ている旧茂木左平治家住宅(国登録)がある。入母屋造りの屋根がのる車寄せを持つ主屋は1924(大正13)年の完成で、茶室は明治初期のものである。近隣には、茂木七郎右衛門家住宅(国登録)、茂木本家住宅(国登録)もあり、当時の富豪層である醸造家の生活ぶりをうかがい知ることができる。

同じ敷地内で、表門を入って左側にある野田市立郷土博物館は、1959(昭和34)年、今上天皇の成婚記念として開館した千葉県内初の博物館である。館内には、醤油醸造・考古・民俗資料などが展示されている。博物館から県道結城野田線へでると洋風石造りの建物があり、これが旧野田商誘銀行(現、千秋社)である。1926(大正15)年に建てられ、野田周辺の金融の中心として重要な役割をはたした。

さらに南へいくとキッコーマンの本社ビルがあり、国際食文化センターが付属している。醸造食品を中心とした食文化の研究拠点で、映像や文献資料の一般利用も可能である。隣には1929(昭和4)年に竣工した、ロマネスク風建築の興風会館(国登録)がある。1927年におきた野田醤油の大規模な労働争議の結果、県内初の社会教育機関として建てられた。興風会は育英事業や、図書館・学校への援助事業などを行っている。

野田地区の芸能野田のつく舞(県民俗)は、7月第3週の金～日曜日に行われている。その起源は1802(享和2)年とされ、旱魃時の雨乞いを祈願した儀式で、1818(文政元)年から年中行事化された。

高梨氏庭園 ㊹
04-7122-2070

〈M ▶ P. 76, 118〉 野田市上花輪507 P
東武野田線野田市駅 🚶 20分

醤油醸造資料を展示する上花輪歴史館

駅から県道越ケ谷野田線を野田橋方面へいき、香取神社手前の信号を左折して道なりにいくと、髙梨氏庭園(国名勝)と上花輪歴史館がある。髙梨氏は、茂木一族同様に江戸時代からの醤油醸造家である。冠木門をくぐると、1766(明和3)年建築の長屋門があり、その左奥に歴史館がある。近世から近代までの醤油関係資料が、諸道具

上花輪歴史館

とともに展示されている。庭園は江戸時代後期の下総地方の豪農庭園の趣がよく伝えられる。

冠木門の向かい側にはレンガ造りの醬油醸造蔵があり，大桶とよばれる仕込桶による仕込み状況をみることができる。また，近くには舟運時代の旧河岸問屋住宅で，上河岸の戸邉五右衛門家住宅主屋（土蔵・倉庫を含む）と下河岸の桝田家住宅主屋（ともに国登録）が江戸川堤防に沿ってあり，近くの醬油工場とともに往事を偲ぶことができる。

歴史館から野田市駅に戻り，県道結城野田線の交差点にでる。これを右折すると左側に安心坊という共同墓地がある。このなかには天保の飢饉(1833〜36年)のおり，醬油醸造家の救小屋を求めて全国から集まり，この地で亡くなった人たちの歉年賑給 中死亡五百有餘人墓がある。隣には，醬油造り蔵人の霊をまつる倉働人群霊墓がある。墓地から駅に向かっていくと，キッコーマンもの知りしょうゆ館があり，現在の醬油醸造工程を学ぶことができる。

山崎貝塚 ㊺

〈M▶P.76〉野田市山崎字南新田
東武野田線運河駅🚶15分

運河水辺公園に利根運河碑
近くに山崎貝塚

駅前で右折して運河橋を渡って左折すると運河水辺公園がある。ここに運河開削を物語る利根運河碑がある。碑の裏側に国土交通省運河出張所があり，このなかに運河に関する資料が展示されている。

山崎貝塚

利根運河

コラム

近代日本の土木技術を今に伝える利根運河

　江戸時代、利根川は東北諸藩の年貢米や特産品などを江戸に運ぶ舟運の大動脈であった。しかし、鬼怒川口と関宿間に浅瀬が出現し、冬の渇水期には舟の運行がほとんど不可能な状態となった。

　そのため、積荷は鬼怒川口手前の河岸で駄馬に積み替えられて、江戸川沿いの諸河岸へと送られていた。このような状況を解決するため、1886(明治19)年に東京・千葉・茨城の3県県知事が、利根川と江戸川を結ぶ利根運河の開削を内務大臣山県有朋に上申した。しかし、政府の財政難などから民間の事業で行われることになり、翌年、利根運河会社が設立された。

　1888年、御雇い外国人技師ムルデルの設計・監督のもとに開削工事が開始され、総工費57万円と延べ220万人の人員を使い、全長約8km・幅18m・平均水位1.6mの運河が2年後に完成した。工事は、交差する川を暗渠にして運河の下をとおしたり、軟弱な地盤に悩まされるなど、むずかしいものであった。

　利根運河の開通により、銚子・東京間は関宿を経由するより約38km短縮され、1893年からは蒸気船が東京・銚子間を18時間で結んだ。運河を通過した物資としては、利根川から江戸川へは、米穀がもっとも多く、そのほかには薪炭、材木、醬油がめだつ。逆に江戸川から利根川へは雑貨や空樽・肥料などが運ばれた。

　年間でもっとも多くの船が通過したのは、運河が完成した翌年で、約3万7600艘(1日平均103艘)が利用している。しかし、1894〜1901年に現在のJR総武本線・常磐線・成田線が開通すると、河川輸送はしだいに衰退していった。運河の通舟数も1908年からは大きく減少するようになり、会社の経営は悪化した。また、運河には洪水のたびに大量の土砂が堆積し、その浚渫や堤防の補修なども会社の経営を圧迫した。

　1941(昭和16)年の台風では、水堰橋が決壊するなど大きな被害がでた。しかし、会社には修復する力がなかったことから、政府が洪水対策用に買収し、完成から約100万艘がとおった運河の機能は停止した。現在は、洪水対策の役割もおえ、人びとの憩いの場となっている。

「ムルデルの碑」の肖像

関宿藩と醸造都市野田

運河から野田方面へ県道結城野田線を15分ほどいき，温泉施設手前を左折すると，左手奥に山崎貝塚(国史跡)がある。縄文時代後期を中心に，中期から晩期の土器が出土する直径約130mの馬蹄形貝塚で，貝塚全体が史跡公園として保存されている。現在でも地表面に貝片が多く散在しており，貝塚の形を観察することができる。

　国道16号線が利根運河をこえる柏大橋付近の野田市下三ヶ尾に普門寺(曹洞宗)がある。所蔵する絹本著色釈迦涅槃図(県文化)は，日本で涅槃図形式が整った段階の作で，表具裏の「天文六(1537)年」の紀年銘からこの時期の作と推定されている。

　運河駅から県道を1kmぐらい南へ向かうと，西深井小学校がある。学校の北側に安蒜家板石塔婆(県文化)2基がある。通称武蔵型板碑とよばれる供養塔で，2基とも高さが1.24mもある大型のものである。紀年銘は「正和四(1315)年」と，「元亨二(1322)年」とあり，それぞれに阿弥陀・観音・勢至の三尊を意味する種子と光明真言が梵字できざまれている。

内海に開かれた印旛

Imba

浦部の十二座神楽

印旛沼

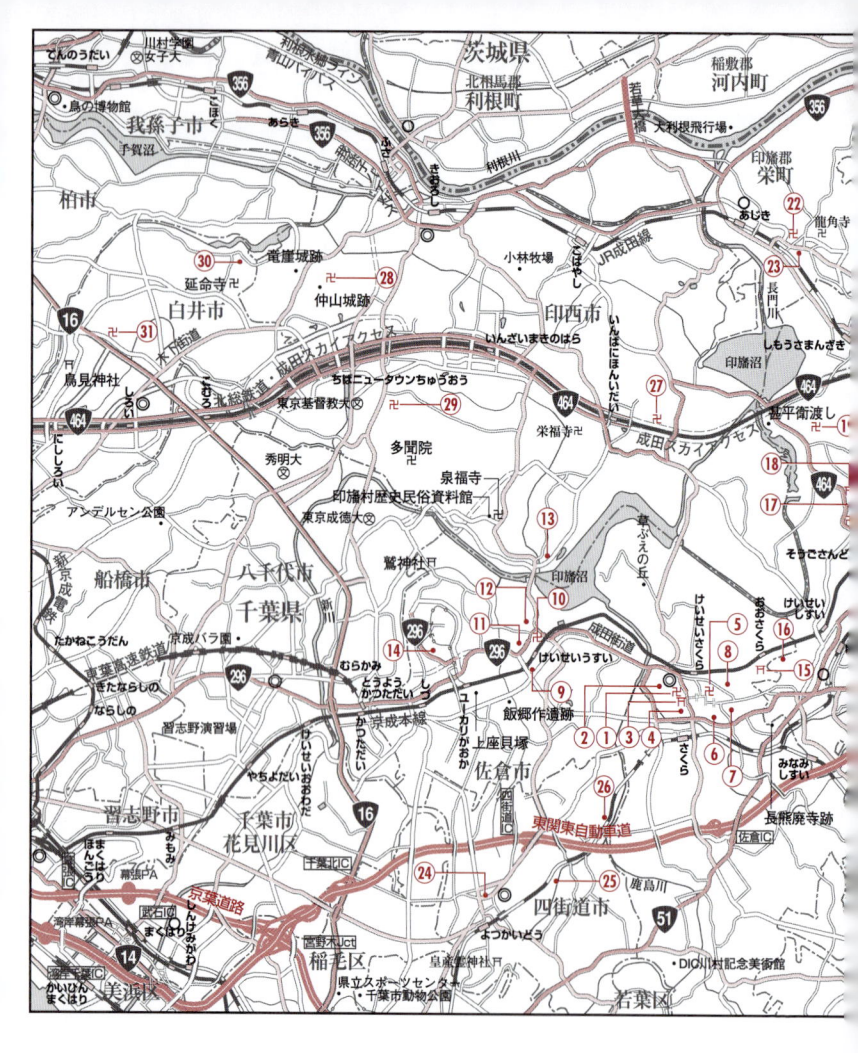

◎印旛散歩モデルコース

佐倉城下町散策コース　京成本線京成佐倉駅_10_海隣寺_8_佐倉城跡(国立歴史民俗博物館)_8_麻賀多神社_5_武家屋敷_15_甚大寺_10_旧堀田正倫邸・庭園_15_旧佐倉順天堂_10_佐倉高校(鹿山文庫・記念館)_8_京成佐倉駅

成田山と白鳳の里コース　JR成田線成田駅_13_成田山新勝寺_13_JR成田駅_20_龍角寺古墳群_5_千葉県立房総のむら_15_龍角寺_5_JR成田線安食駅

① 海隣寺
② 佐倉城跡
③ 麻賀多神社
④ 佐倉武家屋敷
⑤ 甚大寺
⑥ 旧堀田正倫邸・庭園
⑦ 旧佐倉順天堂
⑧ 佐倉高校鹿山文庫・記念館
⑨ 謙信一夜城跡
⑩ 長源寺
⑪ 雷電の墓
⑫ 臼井城跡
⑬ 師戸城跡
⑭ 井野長割遺跡
⑮ 将門神社
⑯ 本佐倉城跡
⑰ 宗吾霊堂
⑱ 麻賀多神社
⑲ 薬師寺
⑳ 成田山新勝寺
㉑ 三里塚御料牧場記念館
㉒ 龍角寺
㉓ 龍角寺古墳群
㉔ ルボン山
㉕ 鹿渡城跡
㉖ 物井古屋城跡
㉗ 松虫寺
㉘ 宝珠院観音堂
㉙ 結縁寺
㉚ 滝田家住宅
㉛ 来迎寺

四街道コース　JR総武本線四街道駅_10_ルボン山_8_愛国学園大学正門_7_四街道十字路_18_千葉県教育振興財団_25_鹿渡城跡_7_JR四街道駅

印旛沼北岸コース　北総鉄道印旛日本医大駅_10_松虫寺_8_松虫陣屋_40_栄福寺_20_印旛日本医大駅

蘭学で知られる城下町佐倉

近世初頭に築かれた佐倉城は，老中クラスの譜代大名の城であった。城跡や武家屋敷や寺社群は，今も往時の面影を残す。

海隣寺（かいりんじ）❶　〈M▶P. 124, 128〉佐倉市海隣寺町78　P
043-485-6043
京成本線京成佐倉駅🚶10分

本拠の移動につれて移転　千葉氏歴代当主の供養塔

千葉氏歴代当主らの石塔（海隣寺）

京成佐倉駅南口をでて，佐倉郵便局前をとおって三差路を左に坂をのぼると，佐倉市役所に隣接して千葉氏の菩提寺である千葉山海隣寺（時宗）がある。馬加（現，千葉市花見川区幕張）に創建され，戦国時代に千葉氏の庶家馬加氏が本宗家を継承すると，本佐倉城下（現，印旛郡酒々井町）に移され，さらに現在地に移ったとされる。1514（永正11）年に編纂された『雲玉和歌集』には，海隣寺が建立されたことや同寺での歌合の記事がみえる。

かつて境内は広大であったが，明治時代になり陸軍墓地が設けられ，今も戦没者慰霊塔が残る。市役所本庁舎西側墓地に，宝篋印塔や五輪塔である千葉氏歴代当主らの石塔が並んでいる。

佐倉市役所北側の旧成田街道の急坂が海隣寺坂である。坂をくだると佐倉城の水堀につきあたる。両町橋の手前を南におれて進むと，重願寺（浄土真宗）に着く。本堂右側の台地中腹に，佐倉藩士の家に生まれた洋画家浅井忠一族の墓がある。浅井は工部美術学校でイタリア人教師フォンタネージに学び，明治美術会を結成。のち，フランスに留学して印象派やアール・ヌーヴォーにふれた。帰国後は京都高等工芸学校（現，京都工芸繊維大学）の教授となる一方，関西美術院の院長として後進の指導に尽力した。本堂前には，浅井の師で佐倉藩の画家黒沼槐山の歌碑もある。

内海に開かれた印旛

佐倉城跡 ❷

043-484-0679（城址公園管理センター）

〈M ▶ P. 124, 128〉 佐倉市 城内町117ほか ℗
京成本線京成佐倉駅🚶15分

江戸城東方の防衛拠点 土でできた近世城郭

　重願寺から外堀に戻り、堀沿いに臼井方面へいくと、すぐにコンクリートアーチがみえる。ここに佐倉城の搦手である田町門があった。坂をのぼりきると、右側に国立歴史民俗博物館がある。椎木曲輪の跡で、明治時代以後は陸軍の連隊司令部や、兵営がおかれた場所である。

　同館の南側に空堀があるが、これが馬出である。椎木門跡をとおり空堀に沿って西に進み、茶室三逕亭の前を北におれ、二ノ門跡・正岡子規の歌碑をすぎると、両側を深い空堀にはさまれた一ノ門跡となる。そのさきの芝生広場が本丸跡で、屋形があった。周囲は土塁で囲まれ、その上にはかつて銅櫓や角櫓があり、西端には3層4階の天守閣があった。その隣には、庭木であった夫婦モッコク（県天然）が残る。

　佐倉城は、中世の本佐倉城にかわる城郭として、土井利勝が1616（元和2）年ごろまでに築いた。利勝は老中・大老をつとめた江戸幕府の実力者で、以後、当城は、有力譜代大名の居城となり、歴代の城主には老中となる者も多かった。城主は土井氏以降、松平（大給）氏まで延べ9氏が交替したが、堀田正亮が1746（延享3）年に出羽山形（現、山形県）から入封してからは、廃藩置県を迎えるまで堀田氏が城主であった。現在は佐倉城址公園となっている。

　大手門跡へ進む途中、右手に広場がある。老中をつとめた堀田正睦が、蟄居中に没した三ノ丸（松山）御殿の跡である。西端の木立のなかに「佐倉兵営跡」の碑がある。裏には歴代連隊長の氏名がきざまれ、のちの首相林銑十郎の名もみることができる。

　佐倉城跡は1873（明治6）年に歩兵第2連隊の営所となり、1909年には歩兵第57

佐倉城本丸跡

蘭学で知られる城下町佐倉

佐倉周辺の史跡

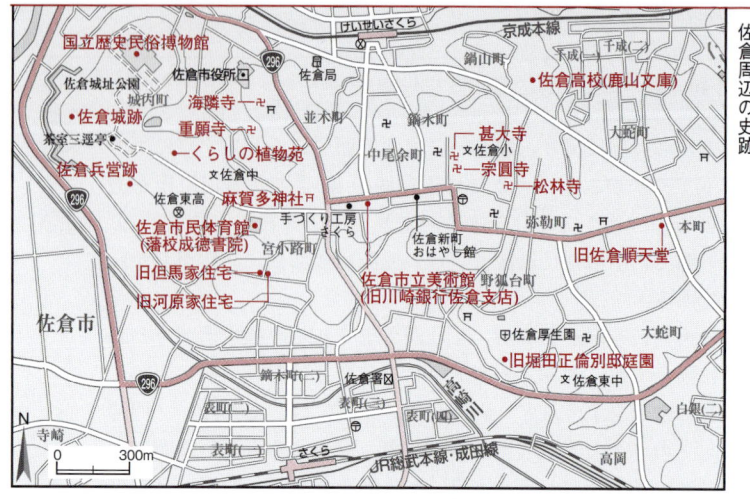

連隊にかわったが、同連隊は千葉県内を徴兵区とする郷土部隊で、佐倉連隊とよばれた。1936(昭和11)年には満州(中国東北地方)に移り、太平洋戦争末期にはフィリピン・レイテ島で米軍とたたかって多くの犠牲者をだした。城址公園内の姥が池近くには、兵士が訓練に使ったコンクリート製の大きな階段も残る。

<u>国立歴史民俗博物館</u>は、歴史学・考古学・民俗学の研究と、協業をとおして、日本の歴史・文化の調査・研究を進める目的で設置された。その研究成果を公開するため、重要なテーマを選定し構成した常設展に加えて、特別展・企画展も開催される。

三ノ丸御殿の広場の北側には、同館の施設であるくらしの植物苑がある。日本の生活や文化をささえてきた植物を、「食べる」「織る・漉く」「染める」などのテーマ別に植栽し、紹介している。伝統植物の特別企画も開催される。

植物苑前の通りは広小路とよばれ、両

藩校成徳書院跡の碑

128　内海に開かれた印旛

側に武家屋敷が広がり，佐倉中学校の正門付近には追手門(大手門)があった。同校のグラウンド付近は天神曲輪の跡で，津田梅子の父で農学者の津田仙の生家小島家もここにあった。その東にある佐倉市民体育館が，藩校成徳書院の跡である。広小路に面したところには，孔子をまつる先聖殿・温故堂・文庫などがあり，低い部分には武芸を教授した演武場があった。佐倉藩の剣術としては，実戦的で戦国時代の武道の姿を残す武術立身流(県文化)が今に伝わる。

藩校は明治時代になると私立学校を経て県立中学となり(現，県立佐倉高校)，鍋山町に移転したが，集成学校という私立時代の校名と校舎の様子を描いた銅板画を付した碑がある。佐倉市民体育館の前には，明六社同人の西村茂樹の弟で，産業資本家の西村勝三の銅像がある。

麻賀多神社 ❸
043-484-0392

〈M ▶ P. 124, 128〉佐倉市鏑木町933
京成本線京成佐倉駅 🚶 15分

たくさんの祭礼の山車で賑わう秋祭は有名

佐倉市民体育館の東に，稚産霊命を祭神とする麻賀多神社がある。城下の総鎮守であり，本殿は1843(天保14)年に堀田正睦によって造営されたものである。毎年10月の祭礼では，1721(享保6)年につくられた神輿が巡行するのをはじめ，町内ごとに山車が繰りだされ，佐倉囃子の音色とともに賑わう。

同神社は，佐倉藩主堀田正愛所用の甲冑「紫裾濃胴丸」(県文化，非公開)などの文化財を所蔵する。拝殿に掲げられている絵馬「藤戸の渡し」は，黒沼槐山の筆で，1859(安政6)年に奉納されたものである。文化勲章を受章した鋳金家・歌人の香取秀真は，宮司の養子となって少年期をこの地ですごした。

神社の石段の向かいには，1867(慶応3)年に順天堂の佐藤尚中が長崎養生所をモデルに設立した，藩営の洋式病院佐倉養生所があった。また近くには，薪炭や酒を商っていた旧平井家住宅店舗兼主屋(国登録)がある。

佐倉武家屋敷 ❹
043-486-2947

〈M ▶ P. 124, 128〉佐倉市宮小路町57ほか ℗
京成本線京成佐倉駅 🚶 20分，またはJR総武本線佐倉駅 🚶 15分

麻賀多神社南方の鏑木小路には，3棟の質素な武家屋敷が並ん

蘭学で知られる城下町佐倉

旧但馬家住宅

中・下級武士の屋敷を復元
城下町の情緒が味わえる

でいる。旧河原家住宅(県文化)は、300石取り以上の藩士が居住した大屋敷に相当する。接客空間と居住空間が分離された、武家屋敷に特徴的な間取りである。

旧但馬家は中級藩士の住まいで、屋敷地の様子や植栽が当時の雰囲気をよく残している。旧武居家(国登録)は100石未満の藩士が住んだ小屋敷に相当し、資料が展示されている。旧但馬家・武居家は室内にはいることができる。

旧武居家の西には、西村茂樹の住居があったことを示す修静居跡の石碑がたっている。茂樹は佐倉藩士出身で、啓蒙思想家として福沢諭吉らと明六社を結成し、国民道徳の確立を唱えて東京修身学舎(のちの日本弘道会)を設立した。

修静居跡付近から東の方向をみると、土塁の上にマキの生垣が植えられた、武家屋敷通り特有の景観を感じることができる。

甚大寺 ❺

043-484-0003
〈M ▶ P. 124, 128〉 佐倉市新町78
京成本線京成佐倉駅 15分

堀田氏歴代の墓
城下町特有の寺院群

麻賀多神社前まで戻って少し東へ歩き、交差点を渡ると、城下町の中心で成田街道に面した新町の商店街である。

近くの佐倉小学校の手前に、佐倉藩主堀田家の菩提寺で、堀田氏の転封に伴って山形から移された甚大寺(天台宗)がある。佐倉藩士の家に生まれた鋳金家津田信夫の作品で、最後の藩主堀田正倫の持仏であった銅造十一面観音菩薩立像がある。堀田正順によって勧請された金比羅大権現もまつられ、縁日である毎月10日には参詣の人びとで賑わう。客殿玄関の脇には、佐倉城の門の屋根のものと伝えられる瓦製の鯱がおかれている。

境内の奥には、堀田正俊・正睦・正倫墓(県史跡)があり、入口には堀田正睦の偉業を顕彰した「追遠の碑」がそびえる。正俊は徳川綱吉のもとで大老をつとめた。付近には、鳳凰蒔絵鞍や天球儀(と

佐倉藩の洋学

コラム

開国へ導いた堀田正睦によって興隆した洋学

長崎から遠く離れた佐倉藩で、蘭学をはじめとする洋学が興隆したのは、老中首座・外国事務取扱として、アメリカ総領事ハリスと日米修好通商条約の締結交渉を行った藩主堀田正睦による。

正睦は藩においては、1836（天保7）年に藩校を大幅に拡充して成徳書院と改め、蘭学を取り入れた。成徳書院医学所に蘭医学を導入し、藩医鏑木仙安らは江原刑場で人体解剖を行った。

さらに江戸の蘭方医佐藤泰然を招き、泰然が開いた順天堂（順天堂大学の前身）を中心に、佐倉では領民に対する種痘が行われ、地域から天然痘を根絶したことも特筆される。

佐倉藩士木村軍太郎は、杉田成卿（玄白の子）、佐久間象山らに学び、藩の兵制を歩兵・砲兵・騎兵からなる西洋式に改めた。

また、長州出身の洋学者手塚律蔵は、成徳書院洋学所を中心に設立された佐倉軍事調所の頭取となった。律蔵は福沢諭吉と並ぶ初期の英学者で、木戸孝允・西周も律蔵の門人であるが、佐倉での門人に、明六社の同人で思想家の西村茂樹、砲術家の大築尚志、洋学者の佐波銀次郎、農学者の津田仙らがいる。

律蔵は門人にも英学をすすめ、尚志は藩から「英学修業」を命じられた。佐倉藩は早くから蘭学から英学への転換をはかっていたのである。

佐倉藩の洋学は、「蘭癖」といわれ、開国をとなえた正睦の開明的な考えによって発展したのである。

もに県文化、非公開）も残されている。

甚大寺の周辺は寺町である。南隣は宗圓寺（臨済宗）で、順天堂を創始した蘭医佐藤泰然・舜海（尚中）らの佐藤一族や、堀田正睦をささえて藩政改革を成功させた城代渡辺弥一兵衛の墓が残る。

新町商店街には、明治時代の商家を利用し、機織りなどの体験もできる手づくり工房さくらと佐倉市立美術館がある。美術館のレンガ造りのエントランスホールは旧川崎銀行佐倉支店（県文化）で、1918（大正7）年に建てられた。美術館の右脇には、浅井忠の銅像がある。通りを東へ進むと、山車人形を展示して、郷土文化としての麻賀多神社の祭礼を紹介する佐倉新町おはやし館がある。また、商店街の北の中尾余には、江戸時代後期の武家屋敷である佐藤家住宅（県文化、非公開）が残る。

蘭学で知られる城下町佐倉　131

旧堀田正倫邸・庭園 ❻
きゅうほったまさともてい・ていえん
043-483-2390

〈M ▶ P. 124, 128〉 佐倉市鏑木町274　P
京成本線京成佐倉駅 🚶 20分

明治時代の華族屋敷として貴重な建築物と庭園

旧堀田正倫邸

　城下町特有の折りまがられた通りを進み，成田街道から南へはいると，高齢者福祉施設がある。さらに進むと，1890（明治23）年につくられた旧堀田家住宅（国重文）に着く。近世の武家住宅様式を引きついだ，大規模な近代和風建築であり，旧大名家（華族）の暮らしをしのぶことができる。藩政文書として有名な「厚生園文書」がおさめられている土蔵なども残っている。旧堀田正倫別邸庭園（県名勝）は，芝生が美しく開放的である。

　約3万坪（9万9000㎡）にのぼる敷地には，正倫によって1897（明治30）年に堀田家農事試験場が開設され，農業の技術改良や普及活動が行われた。しかし，大正時代末には試験場は閉鎖され，のちに病院が開設された。庭園と邸宅は一般公開されている。

旧佐倉順天堂 ❼
きゅうさくらじゅんてんどう
043-385-5017

〈M ▶ P. 124, 128〉 佐倉市本町81
京成本線京成佐倉駅 🚶 20分

順天堂大学発祥の地 幕末の西洋医学をリード

　成田街道に戻り，さらに東へ進み，本町交差点手前の冠木門をはいると，蘭医佐藤泰然の開いた医学塾旧佐倉順天堂（佐倉順天堂記念館，県史跡）がある。1858（安政5）年にたてられた建物などが公開され，資料が展示されている。

　泰然は，1843（天保14）年に堀田正睦によって佐倉に招かれ，種痘や高度な外科手術などの先進的な医療を行う一方で，すぐれた門人を育てた。子の松本良順は明治政府の初代陸軍軍医総監となり，養子の佐藤尚中は大学東校（現，東京大学医学部）を主宰した。尚中が東京湯島（現，東京都文京区）に開いたのが現在の順天堂医院・順天堂大学である。泰然の銅像をはじめ，順天堂一門のレリーフが庭

土井利勝父母・夫人の供養塔（松林寺）

に並ぶ。記念館の裏の本町公園には，泰然の顕彰碑と佐倉順天堂をうけついだ舜海の頌徳碑がある。その南東約1kmには，奈良時代の寺院であった長熊廃寺跡（県史跡）がある。

　佐倉市は歴史的な建造物を保存するため，市独自の登録文化財制度をもつが，成田街道沿いの酒屋石渡家住宅も市登録文化財である。蔵造りの商家で，地下には麹をつくった室も残る。その東には，蔵造りの薬局や，重厚な店舗と袖蔵をもつ三谷家住宅がある。

　石渡家住宅そばの交差点を北に100mほどいくと，裁判所の向かいに松林寺（浄土宗）がある。土井利勝によって寛永年間（1624～44）に創建され，現在の本堂は観音堂であった。利勝の父母と夫人の供養塔である大きな宝篋印塔が3基，道路に面してたっている。境内には，兵学者木村軍太郎の墓がある。

佐倉高校鹿山文庫・記念館 ❽
043-484-1021

〈M ▶ P. 124, 128〉佐倉市鍋山町18　P
京成本線京成佐倉駅🚶10分

　千葉県立佐倉高校は，佐倉藩主堀田正順により1792（寛政4）年に創設され，堀田正睦によって成徳書院として拡充された藩校の後身であり，藩校時代の書籍群を中心とする鹿山文庫関係資料（県文化）が，正門脇の地域交流施設サクラ・カルテュレール・セントルムに収蔵・展示されている。儒学を基本にした教育が行われていたことを示す木造孔子坐像や，扁額類が目を引く。正睦は藩校にも，蘭学や英学などの洋学を取り入れた。これを反映して，多くのオランダ

『ハルマ和解』

蘭学で知られる城下町佐倉

佐倉高校記念館(旧本館)

語の書籍が残っており、『ハルマ和
解』『ドゥーフハルマ』『和蘭字彙』
『訳鍵』という、四大蘭和辞書をみ
ることができる。

　藩校は明治時代にはいって県立の
中学校(旧制)となり、その後追手門
前から現在地に移転した。堀田正倫
の援助によって、1910(明治43)年に
建設された佐倉高校記念館(旧本館,
国登録)が残る。塔やドームをもつ
木造洋風建築であり、明治建築の校
舎として貴重である。

佐倉藩藩校の後身蔵書数1万余点をそろえる

　近代洋風の学校建築としては、JR佐倉駅から総武本線で銚子方面へ2つ目の八街駅から約10分のところにある千葉黎明学園生徒館(国登録)も残されている。1924(大正13)年の学園創設時に講堂兼武道場として建てられた木造平屋建の建物である。

❷ 上杉謙信もおとせなかった臼井城

下総国の水陸交通の交点となる臼井城は、戦国時代に太田道灌ら有名な武将によって攻められた歴史をもつ。

謙信一夜城跡 ❾ 〈M▶P.124, 136〉佐倉市王子台3-12
京成本線京成臼井駅🚶5分

今は消滅するも発掘成果は陣城の伝承と合致

臼井駅南口の広場をでて最初の信号を左折し、50mほど進んで南にまがると、「上杉謙信公一夜城史跡」ときざまれた石碑がたつ一夜城公園に着く。1566(永禄9)年に、上杉謙信が臼井城による原氏を攻撃した際に築いた陣城と伝えられ、住宅地造成前の発掘調査で、空堀や土塁に囲まれた方形の城郭が検出された。しかし、建物の跡や日常生活にかかわる遺物はまったく出土せず、臨時的な築城によるものと考えられる。謙信側の陣城という伝承もうなずけよう。

駅から京成本線の線路に沿って佐倉方向へ進むと、国道296号線(成田街道)の踏切近くの三差路に成田道の道標がある。1806(文化3)年に江戸の町人によって建立され、「西江戸道」「東成田道」ときざまれている。成田山新勝寺への参詣のため、多くの旅人が往来したことがうかがえる。

成田道の道標

長源寺 ❿ 〈M▶P.124, 136〉佐倉市臼井田818-2
京成本線京成臼井駅🚶15分

小弓大巌寺の僧道誉の開基になる

成田道の道標からさらに佐倉方向に進み、国道右側の坂をのぼると、台地の中腹に光勝寺(時宗)がある。臼井城主であった臼井氏の初期の菩提寺であったが、遊行寺(清浄光寺、神奈川県藤沢市)の2世真教上人によって、真言宗から時宗に改宗されたという。臼井氏の供養塔が本堂前に並び、印旛沼に流れ着いたと伝えられる首にあわせて、1848(嘉永元)年に体をつくり完成した閻魔大王像も

京成臼井駅周辺の史跡

ある。

　国道に戻って西へ進み、踏切を渡って臼井小学校前の小道を西にはいると、長源寺（浄土宗）に着く。本尊は鎌倉時代末期の善光寺式阿弥陀三尊立像である。15世紀後半に臼井氏から臼井城を奪取した原氏は、本拠地であった小弓（現、千葉市中央区生実町）に近い大巌寺を保護していたため、原胤栄は大巌寺の道誉上人を招いて当寺を開いた。道誉は芝増上寺（東京都港区）の9世貫主にもなっている。

　本堂左側の道をいくと、墓地に道誉上人の墓があり、戦国時代末期の巨大な五輪塔と、江戸時代末期に造立された無縫塔（卵塔）が並ぶ。その背後の台地が臼井田宿内砦跡である。現在は宿内公園となっており、土塁・空堀などの遺構が唯一現存する臼井城の支城（砦）として価値が高い。

雷電の墓 ⓫　〈M ▶ P.124, 136〉佐倉市臼井台125
京成本線京成臼井駅🚶15分

江戸時代後期の名力士妻の実家近くに葬られる

　臼井田宿内砦跡の北側周辺が、成田街道の臼井宿であった。中宿の交差点を西へ100mほどいくと、街道の右手に江戸時代後期の名力士雷電為右衛門の妻八重の実家である甘酒茶屋天狗があった。そのさきの信号を西へいく道が本来の成田街道である。坂の手前を左にはいると、台地の裾に浄行寺（日蓮宗）の跡がある。ここに雷電の墓があり、雷電の妻・娘の法名などがきざまれ、西方の妙覚寺（日蓮宗）には、雷電の顕彰碑がたてられている。

136　内海に開かれた印旛

中世の街道「下総道」

コラム

中世から近世に発達した下総を横断する道

　近世初頭，江戸に入部した徳川家康は，殖産興業の目的で，北総の小見川の地一帯に柑子ミカンを植えさせた。そのため毎年，人びとは江戸城の家康のもとにこれを献上した。森山城下の岡飯田（現，香取市）から，はるばる江戸まで下総を横断して運搬している。

　この間の宿継ぎ（人馬を交替した宿場）の地名をたどると，当時の街道がうかびあがってくる（「谷本家文書」）。

　この道は，近世でいう成田街道，現代の国道296号線と一部重なり，中世前期ころまでさかのぼることが考えられる。

　なかでも船橋から大和田（八千代市）・臼井（佐倉市）・佐倉（印旛郡酒々井町本佐倉）と宿継ぎされる区間は，戦国時代において，江戸方面から千葉氏が本拠とした本佐倉城（酒々井町）に至る軍事・政治・経済面での重要な街道となった。

　また，佐倉より東に至る街道は，千葉氏家臣の多くが存在した東総とを結び，登城や出陣のための軍用道としての性格が強かった。

　臼井城下を通過した下総道は，印旛沼水運（中世では香取内海水運）の拠点の１つである臼井船戸に接し，東京湾水運の拠点港船橋とを結んだ。船橋からは，八幡・市川を経て，松戸から葛西へと太日川（現，江戸川）を渡った。

　このように下総を東西に横断する街道を下総道とよびたい。小見川から葛西までの宿は，ほとんどが水運とも関わりが深い。その意味では，下総道こそ下総国内を東西に多面的に結ぶ，陸の大動脈であったといえよう。

　妙覚寺から東へ進んで成田街道に戻り，妙伝寺（日蓮宗）の門前をすぎ，しばらくいくと街道が南におれる。その角に「右成田ミち」「左江戸みち」ときざまれた道標がたっている。その北に実蔵院（真言宗）がある。住職であった山口永隆は，ここに1903（明治36）年私立明倫中学校を開いた。学校は第二次世界大戦中に閉鎖されたが，本堂前に碑があり，香取秀真作の学校本尊も残る。

　また成田街道を戻ると，妙伝寺の西側で細い道が直交し，交差点には臼井台青年館の看板がある。この道は臼井城の大手道とされ，南にいくと大きな交差点にでる。発掘調査によって，枡形状の土塁や空堀が検出された。その北には，城主原氏の菩提寺であった宗徳寺（曹洞宗）がある。原氏の本拠地であった小弓に創建されたが，臼井に移転してきた。国道の反対側には，徳川家康が賞味したと伝え

上杉謙信もおとせなかった臼井城　　　137

られる「権現水」という湧水がある。

臼井城跡 ⑫

〈M ▶ P. 124, 136〉佐倉市臼井田619ほか　🅿
京成本線京成臼井駅 🚶 20分

水陸交通の要衝を占め戦国時代に原氏の本拠となる

　妙伝寺西側の交差点から大手道を北にいくと，千葉一族が信仰した妙見をまつる星神社に着く。付近は臼井城のⅢ郭で，太田図書の墓碑がたっている。図書助資忠は太田道灌の弟で，道灌の軍が1479（文明11）年に臼井城を攻略した際に討死した。墓碑前は谷のように深くなっているが，Ⅲ郭とⅡ郭を分ける空堀である。空堀に沿って南に進むとⅡ郭である。そのさきにある空堀には土橋があり，両側を土塁で防御された虎口が設けられている。これをはいると，本丸にあたる主郭となる。

　上杉謙信は1566（永禄9）年，北条氏の攻撃をうけていた安房の里見氏を救援するため，房総における北条方の中心であった臼井城を攻撃したが，敗退した。1590（天正18）年に，北条氏とともに原氏が滅ぶと，徳川家康は臼井城と臼井領3万石を酒井家次にあたえた。しかし，1604（慶長9）年に高崎（群馬県）に転封され，廃城となった。主郭とⅡ郭は臼井城址公園となっている。

　城跡の北側直下には円応寺（臨済宗）がある。臼井氏中興の祖とされる臼井興胤によって1338（暦応元）年に創建されたと伝えられ，臼井氏の墓がある。1698（元禄11）年に住職宗的らが，中国洞庭湖の南にある「瀟湘八景」にならって選定した「臼井八景」は，今でも景勝の地として親しまれている。門前の県道を北にいくと，千葉水産総合研究センター内水面水産研究所がある。その前が対岸の印旛村岩戸と結ぶ舟戸の渡跡で，その碑がたつ。

　その西側の台地上が，臼井城の支城であった洲崎砦跡で，その西に臼井八幡社

臼井城跡

がある。臼井興胤が足利尊氏にしたがって多々良浜(福岡県)で合戦をした際に、宇佐八幡を祈念して大勝したので、当地に勧請したと伝えられる。境内にあったクスの大木の偉容は『利根川図志』に描かれているが、現在は枯死して幹の一部が残るのみである。

師戸城跡 ⓭

〈M▶P.124〉印西市師戸字竜ヶ谷　P
京成本線京成臼井駅🚗10分

> 県立公園として整備され中世城郭の見学に好適

舟戸の渡跡にかかる船戸大橋を渡り、案内板にしたがって東に進み、坂をのぼると師戸城跡である。印旛沼に面した台地の先端に位置し、千葉県立印旛沼公園として人びとに親しまれている。

曲輪や大規模な土塁、空堀なども保存され、戦国時代の城郭の姿を容易に知ることができる。Ⅱ郭に設けられた展望台にたつと、眼下に舟戸の渡跡をのぞみ、印旛沼の対岸に洲崎砦跡や臼井城跡をみることができる。

師戸城跡の北西約1km、岩戸集落の岩戸三ツ角バス停から宗像小学校に向かうと、その東に泉福寺(真言宗)の薬師堂(国重文)が残る。室町時代末期に建立された、和様と禅宗様からなる3間四方の茅葺き・寄棟造である。小学校西側には印西市立印旛歴史民俗資料館があり、師戸城跡出土の15世紀の常滑焼大甕や、印旛沼の漁業関係資料などが展示されている。

印西市平賀の来福寺の木造薬師如来坐像(県文化)もここに保管されている。胎内に、鎌倉時代後期の弘安8(1285)年に仏師賢光が作成したことが墨書されている。毎年7月7日に来福寺で開帳される。

師戸城跡の空堀

井野長割遺跡 ⓮

〈M▶P.124〉佐倉市井野字長割835-1ほか
京成本線ユーカリが丘駅乗換え山万ユーカリが丘線井野駅🚶5分

井野駅の南約1kmにある井野小学校とその周辺には、縄文時代

上杉謙信もおとせなかった臼井城

井野長割遺跡出土の異形台付土器

縄文時代後・晩期の遺跡　土器や祭祀用具が大量出土

　後期から晩期にかけての井野長割遺跡(国史跡)が広がっている。中央の窪地の周囲を盛土が取り巻く環状盛土遺構が残り、校内の「井野っ子山」とよばれる自然観察園もその一部である。発掘調査によって縄文土器の破片が集積されたマウンド(土器塚)・竪穴住居跡・土壙墓などがみつかっている。祭祀用遺物が多く出土し、祭りの場であったことがわかる。

　ユーカリが丘駅南口から成田方面に100mほど進むと、縄文時代早期の上座貝塚(県史跡)があり、壱番原児童公園となっている。貝層は海水産の貝類によって構成されている。北東約1kmの県立佐倉西高校内には飯郷作遺跡(県史跡)があり、校内に古墳時代前期の前方後方墳や方墳が保存されている。弥生時代の墓制として知られる方形周溝墓と古墳が関連をもって築造されており、墓制の変遷を考察するうえで重要な遺跡である。

　ユーカリが丘駅の北3.5kmには鷲神社がある。ケヤキの大樹などの樹木に囲まれて本殿があり、昇り竜と下り竜、大江山の酒呑童子退治や中国の故事を題材とした、みごとな彫刻がほどこされている。「天保十五(1844)年三月」の墨書をもつ棟札から、本殿が1844(弘化元)年に建立されたことがわかる。北側の台地続きは、戦国時代の先崎城跡である。

　京成本線志津駅北口をでて、成田街道(国道296号線)を八千代方面に約500m進むと、7代目市川団十郎が、1831(天保2)年に造立した道標があり、成田山と加賀清水への道を示している。西にはいると加賀清水公園があり、今も湧水が豊かである。この名は佐倉城主大久保加賀守忠朝が、参勤交代の際に賞味したことによると伝えられる。

内海に開かれた印旛

③ 戦国の城下町本佐倉

佐倉の地名は，戦国時代に千葉氏がよる本佐倉城のあったこの地から発祥した。佐倉惣五郎にかかわる旧蹟も多い。

将門神社 ⑮ 〈M▶P.124, 142〉佐倉市大佐倉1929
京成本線大佐倉駅🚶10分

平将門が祭神　佐倉惣五郎もまつられるという

　駅の南東約300mに将門（口之宮）神社があり，佐倉藩主堀田正信が1654（承応3）年に寄進した石造鳥居がたつ。この神社は将門山大明神ともよばれ，平将門を祭神とするが，義民佐倉惣五郎もまつられているとされる。南側には奥宮といわれた妙見社の跡があり，その西側の畑のなかに，将門の愛妾の墓と伝えられる桔梗塚がある。

　将門神社から東へいくと，戦国時代に本佐倉城主千葉氏の崇敬をうけた八幡神社の朱塗りの鳥居がある。その南西約400mの台地端に画家浅井忠の住居跡があり，階段の左側に碑がたつ。佐倉藩は幕末に国許に引きあげた江戸詰めの藩士のために，郊外を開墾して武家屋敷を設けたが，浅井家もその1つであった。

　将門神社から南へ1kmほどいった成田街道沿いに，清光寺（浄土宗）がある。松平広忠（徳川家康の父）の歯骨墓があり，本堂の屋根には三つ葉葵の紋がみえる。周辺には，家康の5男で近世初頭に本佐倉城をあたえられて4万石を領した武田信吉の館（大堀館）があった。

将門神社

本佐倉城跡 ⑯ 〈M▶P.124,142〉印旛郡酒々井町本佐倉字根古屋ほか Ｐ
京成本線大佐倉駅🚶20分

　成田街道から案内板にしたがって左折し坂をくだると，右手の山裾に双体道祖神や庚申塔がある。男女の神が寄りそう姿は，千葉県内では珍しい。突き当りの台地が本佐倉城跡（国史跡）の中心部であ

大佐倉駅周辺の史跡

戦国時代の千葉氏の本城　県唯一の国史跡の中世城郭

る。本佐倉城は、1455（康正元）年に千葉本宗家を滅ぼし、千葉家を継承した庶家馬加氏の系統が、千葉城（現、千葉市中央区）にかわる本拠地として文明年間（1469〜87）に築城したとされる。10カ所ほどの曲輪からなり、遺構が良好に残る守護クラスの大名の居城として、県内でははじめて中世城郭として国指定史跡となった。

　城跡案内図の脇をはいると、千葉氏が軍神として信仰した妙見神社がある。細い道をのぼりきると、左手の土塁のなかが奥の山であり、案内板と碑がある。麓の妙見社は元来この場所にあった。

　その東端の小道をくだると、空堀の底にでるが、坂をのぼると城山とよばれる主郭にでる。奥の山の西にある倉跡とよばれる曲輪からは、発掘調査によって大規模な掘立柱建物の跡がみつかった。その西側に位置するセッテイ山との間の空堀は、深さも幅も規模が大きく壮観である。

　荒上地区は、土塁や空堀に囲まれた平坦で広大な曲輪で、中心部を守るためのちに拡張され、家臣団の屋敷があったと考えられている。この西側は谷のように低くなっているが、空堀跡である。

　堀底にある道を北に進み、京成本線の線路をくぐると、すぐ左が勝胤寺（曹洞宗）である。本佐倉城主千葉勝胤によって1528（享禄元）年に建立され、本堂裏には勝胤のものをはじめ、五輪塔・宝

本佐倉城跡遠景

義民

コラム

「国民」形成に利用された義民伝承

宗吾霊堂(東勝寺，真言宗)の境内は，佐倉惣五郎親子の墓をはじめとして，明治時代以降に整備されたものである。

現実の惣五郎については，不明なことが多い。しかし，伝承によって創作されたイメージが，後世に大きな影響をあたえたことは確かである。

その1つが明治の自由民権運動であり，運動の「国民」形成という目的に連動して，国民の理想像として「佐倉惣五郎」の物語が広められていった。

1952(昭和27)年，民主主義の主体としての「国民」形成をめざした「国民的歴史学運動」のもと，宗吾三百年忌記念第1回義民祭なるものが開催された。本堂裏の宗吾一代記念館にみられる「民主主義の先駆けとしての惣五郎」という語りは，その名残りである。

戦後もなお，宗吾霊堂は国民形成と統合の役割をはたしてきたし，「伝統」をつくりだしてきた。

今，歴史の事実とともに，その語られ方，解釈の仕方が注目されている。宗吾霊堂は，こうしたことを考えさせてくれる場である。

篋印塔が残る。戦国時代の作である「伝千葉勝胤画像」や，1590(天正18)年に豊臣勢が来攻した際に，豊臣方が発給した禁制添状などの文化財が残る(いずれも非公開)。勝胤寺から線路脇の坂をあがると，宝珠院(真言宗)である。千葉胤富書状などの中世文書(非公開)も残る。

勝胤寺の東は浜宿の集落である。1950年代に干拓されるまで印旛沼が迫っていたが，ここにあった浜宿河岸は本佐倉城の表玄関であり，近代まで使われていた。本佐倉城が，印旛沼・利根川水系(中世には，香取の海とよばれた広大な内海)を舞台とする水運を掌握する城郭であったことが実感できる。

宗吾霊堂 ⑰
0476-27-3131(東勝寺)

⟨M ▶ P. 124, 144⟩ 成田市宗吾1-558
京成本線宗吾参道駅 🚶10分

真言宗東勝寺 惣五郎や子どもらの墓

宗吾参道駅の北に，東勝寺(真言宗)がある．佐倉藩主堀田正信の重税に苦しむ農民を救うため，江戸幕府4代将軍徳川家綱に直訴して，1653(承応2)年に処刑されたと伝えられる，佐倉惣五郎とその子どもの墓があり，宗吾霊堂として知られている。義民惣五郎の伝承は，幕末期に瀬川如皐作の歌舞伎「東山桜荘子」に取り上

戦国の城下町本佐倉

宗吾の墓(東勝寺)

宗吾霊堂周辺の史跡

げられ，おおいに広まった。惣五郎の百回忌にあたる1752(宝暦2)年に堀田正亮は，「宗吾道閑居士」の法号を諡り，惣五郎は宗吾ともよばれるようになった。

　本堂左手の霊宝殿には，「惣五郎」という有力農民がいたことを示す「公津村名寄帳」や，「応長元(1311)年」の銘文を有する梵鐘(県文化)などが展示され，霊宝殿の前には1342(康永元)・1391(明徳2)年の下総型板碑がある。本堂裏の宗吾御一代記館では，等身大の人形とパノラマで惣五郎の物語を紹介している。そのほか，旧印旛郡本埜村生まれの歌人で政治家の吉植庄亮の歌碑もある。

　宗吾霊堂の北西約1kmに公津城(鷲山城)跡がある。戦国時代の城郭で，印旛沼の水運を掌握するための千葉氏の城と考えられ，曲輪や土塁・空堀などの遺構がよく残る。その北西約500mに鳥居河岸の跡がある。

麻賀多神社 ⑱　〈M ▶ P.124, 144〉成田市台方字稷山1
京成本線京成成田駅🚌甚兵衛渡行麻賀多神社🚶1分

うっそうとした麻賀多神社の森　樹齢1000年をこす大スギ

　麻賀多神社は『延喜式』神名帳に記載された古社で，船形の手黒社(奥宮)と台方の稷山社(本社)があるが，この稷山社は稚産霊命を祭神とする。境内は麻賀多神社の森(県天然)として知られ，樹齢1000年といわれる公津の大スギをはじめ，カシ・シイなどの大樹が多い。麻賀多神社は，印波国造が創始したと伝えられ，末社は印旛沼の周辺に分布する。

　鳥居前の小道を南にくだると，超林寺(曹洞宗)がある。本佐倉

144　内海に開かれた印旛

城主千葉輔胤が開いたと伝えられ、1351(観応2)年に没した千葉貞胤を供養するために造立された千葉貞胤供養碑(下総型板碑)や、「応永十五(1408)年」銘の鋳銅雲版(県文化)などがある。

神社の西、旧宅入口バス停を北にいくと、宗吾旧宅がある。1806(文化3)年に、佐倉藩主堀田正時によって、惣五郎の子孫と認められた木内家である。

薬師寺 ⑲

〈M▶P.124〉成田市船形219
京成本線京成成田駅🚌甚兵衛渡行終点🚶10分

印旛沼に面した船形や北須賀は、古くから水運の要地であった。甚兵衛渡バス停の東約1kmには薬師寺(真言宗)がある。宗吾霊堂霊宝殿に展示されている「応長元(1311)年」銘の梵鐘はこの寺のもので、「下州印東庄八代郷船方薬師寺」ときざまれている。鎌倉時代の木造薬師如来坐像(県文化)を本尊とする。

甚兵衛渡は印旛沼対岸の吉高(現、印西市)とを結ぶ河岸で、水神宮があるので「水神の渡」ともよばれた。渡守甚兵衛が禁を犯して惣五郎を渡したのち沼に身を投げるという、歌舞伎「東山桜荘子」の筋書きが広まり、甚兵衛渡といわれるようになった。マツの大木の下に甚兵衛供養堂がある。

その東側が北須賀の集落である。佐倉藩が利根川・江戸川を利用して、年貢米を江戸に運ぶための北須賀蔵が設けられ、河岸は「殿様河岸」とも称された。

印旛沼水運の要地船形と甚兵衛渡

甚兵衛渡遠景

❹ 空の玄関成田と白鳳の里

新勝寺に,白鳳時代のかおりただよう龍角寺や風土記の丘と古墳群,そして成田空港,古代から近・現代まで見どころがそろう。

成田山新勝寺 ⑳
0476-22-2111
〈M ▶ P.125〉成田市成田1-1 🅿
JR成田線成田駅・京成本線京成成田駅🚶10分

将門調伏の縁起をもつ全国的に有名な寺院

　駅から表参道をしばらくいくと,成田山新勝寺(真言宗)入口に着く。階段をのぼると,1830(文政13)年に建立された仁王門(国重文)が出迎える。さらに階段をのぼると,本尊の木造不動明王及び二童子像(国重文)を安置する大本堂が大きく目にとび込んでくる。

　縁起によると,平将門の乱の調伏という朱雀天皇の命をうけた寛朝僧正が,空海の開眼した不動明王像とともに,京よりこの成田の地にきたとされ,不動明王像を前に将門調伏の護摩修行をし,満願の日に藤原秀郷・平貞盛らが平定をはたしたとされる。その後,帰京しようとしたとき,不動明王像は動かず,寛朝は不動明王が夢にあらわれたことにより,成田の地に天皇が新勝寺と名づけた一堂を構えたという。なお,現在地は,江戸時代に移されてきたものである。

　この本堂に向かって右側にそびえるのが,三重塔(国重文)である。1712(正徳2)年につくられ,軒下の垂木が1枚の板からなる珍しい構造をとっている。三重塔の奥,鐘楼の脇には一切経堂がたつ。なかに一切経をおさめた,八角形の回転式の一切経蔵があって,その回転基部には10匹の鬼神が経蔵の重さに苦悶する様子が彫られている。

　大本堂の左手奥には,1858(安政5)年建立の前本堂であった釈迦堂(国重文)が,大本堂奥には旧本堂の光明堂(国重文)が,それぞれたっている。光明堂は1701(元禄14)年につくられた入母屋造・瓦葺きで,

新勝寺三重塔

内海に開かれた印旛

江戸時代中期の建築物として価値が高い。なかには、密教の根本仏である大日如来が安置されている。また、光明堂の手前には、額堂(国重文)がたつ。これは信徒から奉納された額や絵馬をかける建物で、幕末の1861(文久元)年の建立である。また、境内には、鎌倉時代後期の写本『住吉物語』(国重文)や伊能忠敬の「伊能忠敬実測中図写本」を有する成田山仏教図書館や、新勝寺に伝わる仏具・法具や、下総の歴史資料をおさめた成田山霊光館などがある。

駅から新勝寺までの道には、さまざまな店舗が並び、門前町を形成している。なかでも表参道の大野屋旅館(国登録)は、楼閣をもつひときわめだつ建物である。1935(昭和10)年に建設され、114畳敷きの大広間には能舞台もある。一粒丸三橋薬局店舗(国登録)は明治前期の建築である。

三里塚御料牧場記念館 ㉑

0476-35-0442

〈M▶P.125〉成田市三里塚御料1-34 P
JR成田線成田駅🚌八日市場行三里塚駅🚶3分

下総御料牧場跡周辺は今も馬匹の育成地

軽便鉄道の駅名に由来する三里塚駅バス停でおりて成田方面に戻ると、左手にみごとなマロニエ並木がみえてくる。これが、宮内庁下総御料牧場事務所を使った三里塚御料牧場記念館の入口である。明治時代初期、大久保利通は欧米視察によって、日本に畜産技術とそれをささえる獣医学の導入をはかる必要を感じ、1875(明治8)年、内務省勧業局の管轄のもとに、下総牧羊場と取香種畜場を設置した。1885年には両者が合併して、宮内省下総御料牧場となり、以後1969(昭和44)年まで機能していた。

しかし、成田市に新東京国際空港(現、成田国際空港)がつくられることになり、御料牧場は当時の栃木県塩谷郡高根沢町に移された。旧御料牧場の広大な敷地は、空港用地や土地を提供した農家の代替地などに

三里塚御料牧場記念館

空の玄関成田と白鳳の里

使われ、記念館の一画だけが残ることになった。記念館には当牧場における牧畜と農耕の歴史、三里塚と文人、皇室との関わりなどの資料が展示されている。

　下総牧羊場は、明治時代になって洋服の生産に必要な羊毛と、羊肉を生産するため開設されたものである。責任者として明治政府に雇われたアメリカ人牧羊技師アップジョーンズの官舎は、記念館敷地内に貴賓館として移築・保存されている。なお、十倉地区の両国四ツ角(現、富里市十倉)に近い神武神社の一帯は牧羊場跡地(県史跡)で、事務所がおかれていた場所である。ここには、1893(明治26)年にたてられた、重野安繹撰文になる大久保利通の遺徳を顕彰する石碑、下総種畜場大久保公蹟徳碑がある。

龍角寺 ㉒

〈M ▶ P. 124, 150〉 印旛郡 栄町龍角寺239
JR成田線安食駅🚌 竜角寺台行風土記の丘北口🚶15分

白鳳仏薬師如来坐像が本尊

バス停手前の、北へのびる白鳳道とよばれる小道をしばらく進むと、龍角寺(天台宗)がある。龍角寺の境内に遺構が確認された。龍角廃寺は、7世紀後半の古墳時代終末期に、豪族の氏寺としてたてられた地方寺院である。近くには龍角寺古墳群があり、古墳築造から寺院建立へと移りかわった当時の様相がうかがい知れる。

　龍角廃寺の伽藍配置は法起寺式で、広大な面積をほこった。塔の心礎(国史跡)は、直径2mほどの花崗岩でつくられ、『龍角寺略縁起』などから三重塔がたっていたと推定されている。龍角寺に伝わる本尊は銅造薬師如来坐像(国重文)で、白鳳仏の特徴をよくあらわすが、頭部より下は、火災で焼失し、江戸時代に補修されたものである。

　また、龍角寺の軒丸瓦は畿内系文様(山田寺式)を示し、中央との関係をうかがうことができる。これらの瓦は、竜角

龍角廃寺の塔の心礎(龍角寺)

内海に開かれた印旛

房総の古墳

コラム

主要古墳の変遷と古墳からみた地域性

　房総で最古期の古墳は、市原市の神門3・4・5号墳、木更津市の高部30・32号墳で、3世紀半ば以降に築造されたものと考えられている。

　神門古墳群でもっとも古い5号墳は、全長約38m、円形の主丘に前方部状の突出部があり、周囲に溝がめぐらされている。弥生時代の墳丘墓にくらべ、墳丘規模などからも前方後円墳の特徴を備える。神門古墳群の3基が前方後円墳なのに対し、高部古墳群の2基は前方後方墳である。この2つの古墳群がある東京湾岸は、古墳文化波及の地であり、拠点地域でもある。

　前期大型古墳は、房総の主要河川流域にみられる。近畿地方を中心に前期古墳から多数出土する三角縁神獣鏡は、中央からの下賜品で、木更津市手古塚古墳、香取市城山1号墳から出土している。城山1号墳のある香取の海南岸も東京湾岸とともに、中央から重視されていたことがわかる。

　中期になると、房総最大級の富津市内裏塚古墳をはじめ、100mをこえる大型古墳が東京湾岸に築かれる。また、香取市三之分目大塚山古墳が、下総最大の古墳として出現する。両地域とも、3段築成・盾形周溝・長持形木棺・埴輪といった、畿内の有力古墳と同じ特徴を備えた古墳を築いていることから、引き続き両地に中央との関係をもった有力豪族の存在がうかがえる。

　これら中期大型古墳はいずれも低地に立地しており、水上交通を重視していたことがわかる。下総北部から常陸南部にかけて、香取の海周辺の中期古墳に集中してみられる滑石製石枕は、葬送儀礼を共有する文化圏を示す。石材の異なる石枕は、市原市二子塚古墳にもあり、香取の海が他地域とゆるやかに結びついていたことを想像させる。

　一方、安房には海食洞穴を利用した墓がある。館山市大寺山洞穴は、舟形木棺を伴い、海人の集団を推測させる。

　後期には、両地に加え、殿塚・姫塚に代表される山武など、それまで顕著な古墳が築かれなかった地域で、新興勢力が大型古墳を築造するようになる。印旛もその1つで、龍角寺古墳群の浅間山古墳は、最末期の前方後円墳である。横穴式石室には筑波山系産の大きな片岩を用いている。近くの岩屋古墳は一辺80mの終末期方墳であるが、推古天皇陵と推定されている大阪府太子町山田高塚古墳（東西約61m・南北約55m）をしのぐ規模である。被葬者は印波国造と考えられ、その子孫は、龍角寺や埴生郡家と推定されている大畑Ⅰ遺跡の造営にもかかわったとみられている。

空の玄関成田と白鳳の里

龍角寺周辺の史跡

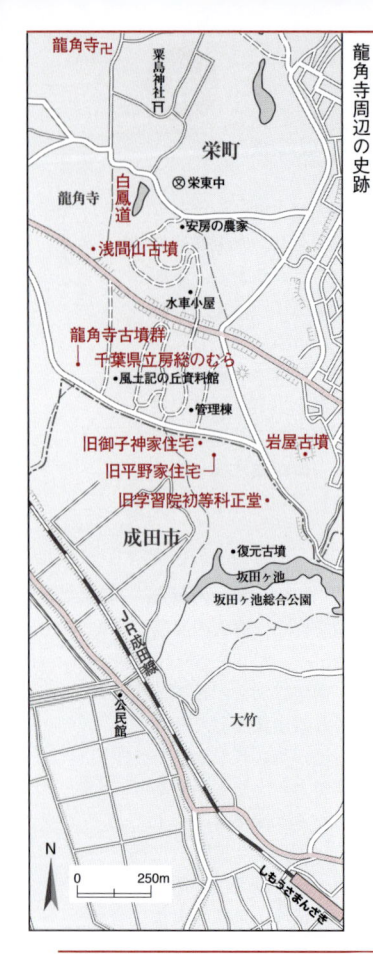

寺瓦窯跡や大量の文字瓦を出土した五斗蒔瓦窯跡など，周辺の台地斜面を利用して焼成されたことが判明している。

また，龍角寺の南西にあたる酒直地区では，「厨」と墨書された土器が出土し，埴生郡家（コラム95頁参照）と推定される大畑Ⅰ遺跡や，隣接する酒直遺跡などが発掘調査され，多数の掘立柱建物跡や竪穴住居跡が検出されている。

鎌倉時代にはいると龍角寺のある埴生荘は，北条氏の一族金沢氏の所領となった。水運と関わりの深い金沢氏にとって，香取内海に面した水上交通の利便さは，大きな意味をもっていた。龍角寺と金沢氏の氏寺称名寺（現，横浜市金沢区）や他寺との交流が盛んであったこと，当時は「談義処」として，他宗派の僧らも集まり，賑わったことが，称名寺に残る記録から知られる。

龍角寺古墳群 ㉓ 古代寺院と終末期古墳群の組み合わせ

〈M ▶ P. 124, 150〉印旛郡栄町龍角寺97ほか
JR成田線安食駅 🚌 竜角寺台行風土記の丘北口 🚶 3分

龍角寺から白鳳道をまっすぐ南にくだった，印旛沼をみおろす標高30mほどの台地上に，113基の古墳が集中する龍角寺古墳群（国史跡）がある。

6世紀から7世紀にかけて築造されたこの古墳群の中で，終末期の古墳として特に有名なのが浅間山古墳と岩屋古墳である。浅間山古墳は，龍角寺古墳群の中では最大かつ最後の全長約78mの前方後円墳で，前室と後室の2室からなる全長6.6mの県内で最大級の石

室を持っている。この石室からは，金銅製冠飾や銀製冠飾，金銅製飾馬具，銀製飾金具などが出土し，浅間山古墳石室出土遺物(県文化)として千葉県立中央博物館に保管されている。これらの副葬品には飛鳥時代の仏教美術に影響を受けたとみられる文様を持つものがあり，龍角寺に近い立地とともに注目されている。岩屋古墳は，一辺79mの方墳で，高さは12.4mあり，3段に築造されている。方墳としては，わが国最大級である。南面に，貝化石を大量に含む切石でつくられた石室が2基，開口している。

　龍角寺古墳群のうち，78基は千葉県立房総のむらの風土記の丘エリアの中にあり，古墳の間を散策できる。101号墳は，発掘調査の成果をもとに埴輪が並べられ，築造された当時の様子が復元されている。また，房総風土記の丘資料館では，県内の発掘調査の成果をみることができる。そのほか，風土記の丘エリアには，旧学習院初等科正堂(国重文)，旧御子神家住宅(国重文)，旧平野家住宅(国重文)が移築されている。旧学習院初等科正堂は1899(明治32)年に建築されたもので，その後，1937(昭和12)年に下総御料牧場のあった印旛郡遠山村(現，成田市)の遠山尋常小学校の講堂として利用された。旧御子神家住宅は，旧安房郡丸山町(現，南房総市)に1780(安永9)年に建てられた中規模農家で，旧平野家住宅は富津市に1751(寛延4)年に建てられた名主の住宅である。

　県立房総のむらのふるさとの技体験エリアでは，佐倉藩の武家屋敷や下総・上総・安房の農家，古い商家の町並みが再現されており，伝統芸能や伝統技術の実演が行われている。また，紙漉や機織り・蕎麦打ち・太巻き寿司づくりなどの体験もできる(要問合せ)。

⑤ 軍靴の響きから文化の町へ

明治時代より軍郷となった当地は、戦後、学園街にうまれかわったが、古代や中世の城跡・寺社、集落遺跡もみられる。

ルボン山 ㉔
〈M ▶ P. 124, 153〉四街道市大日396
JR総武本線四街道駅 🚶 7分

野戦砲射撃の的となった土手の名残り

愛国学園大学正門

四街道駅から北東方向へ700m、四街道市役所前の四街道市文化センターの西側にある人工の小山は、通称ルボン山（大土手山とも）とよばれる。かつての砲兵射的学校の射垜（射撃の標的）が取り払われた残りの部分である。砲術の指導者フランス人のジョルジュ・ルボン大尉の名がつけられ、こうよばれている。また、レンガ造りの現愛国学園大学正門は、野戦重砲第4連隊の正門の名残りである。そして県立四街道高校・四街道中央小学校・四街道市役所周辺の敷地一帯は、かつての陸軍野砲兵18連隊の施設跡である。このように駅北口一帯は、広大な軍事施設の跡地を、戦後、行政および文教地区として再利用されている。

また、四街道駅の西方500mの四街道十字路交差点は、四街道の名のおこりとなった交差点である。千葉道・船橋道・佐倉道・東金道の四つ角が「四街道」に転訛したとされる。一里塚の名残りであるエノキの古木の側に「明治十四(1881)年」銘の道標があり、かつては井戸があって旅人の喉をうるおしたという。

鹿渡城跡 ㉕
〈M ▶ P. 124, 153〉四街道市鹿渡140 🅿
JR総武本線四街道駅 🚗 7分

本佐倉城に至る交通の要衝に築かれた城

四街道駅南口から南へ8分ほどいくと、四街道郵便局方向に向かう交差点そばの高台の公園に、和良比堀込城跡の土塁と堀の一部が残る。小弓公方足利義明の命をうけた里見義通が、本佐倉城の千葉

152　内海に開かれた印旛

四街道駅周辺の史跡

氏を攻める拠点とした城という説もある。出入口前面に馬出をもち、戦国時代後期まで使われた城郭と考えられる。同城跡は道路整備の際にほぼこわされたが、全面発掘をうけ、遺構の一部が公園として残された。

千葉市街より和良比堀込城跡を経て、鹿島川を渡り本佐倉城へとつうじる古道がかつては存在した。これに該当すると思われるのが、四街道駅南口から東へのびる旧道である。

四街道駅南口から左折し、さつき保育園前を進んで、めいわ通りを横切る。さらに東方面へ進むと畑が急にふえ、鹿渡の古い集落へとはいる。中世の記録「千学集抜粋」に記されている「しいわたしのミや山」と想定される香取神社をすぎると、道は複雑にまがりくねって、やがて善光寺(真言宗)の入口がみえてくる。谷奥にたつ善光寺は、鎌倉時代ほかの板碑を所蔵する古刹である。

さらに進み、右へまがる角にあるエノキの根元には、「弘化四(1847)年」銘の石造馬頭観音がある。もとの位置から少し移動されてはいるが、鹿渡の集落が交通の要衝を占めていたことがわかる。

この鹿渡集落の台地先端に、鹿渡城跡がある。馬頭観音のある角からはいり、そこからしばらく歩くと、同城跡に至る。戦国時代後期の、発達した縄張構造をもつ鹿渡城は、鹿島川にそそぐ小名木川とその支流が開析した台地の先端に位置し、交通の要衝を押さえる役割をはたしたと考えられる。

小名木川をはさんだ南側

鹿渡城跡遠景

軍靴の響きから文化の町へ

台地には、交通に関連する宿地名をもつ山梨の集落がある。妙見神社の一帯には堀と土塁が一部残り、臼井氏の一族山梨氏のよった山梨城跡(月見里城跡)と考えられている。

物井古屋城跡 ❷⓪

〈M ▶ P.124〉 四街道市物井1071 P
JR総武本線物井駅 🚶15分

> 古井戸から白磁の碗が発見される

　土気を水源地とし、ほぼ北向して印旛沼に注ぐ鹿島川の左岸に位置する物井は、長い歴史を有する集落である。物井の地名は、古代の千葉郡七郷の1つ、物部郷に因むとされる。

　物井駅北口から東へ700mほどの所に物井古屋城跡があり、土塁・空堀などの遺構を明瞭に残している。そのほか、宅地開発などで消滅してしまったが、北ノ作城跡と館山城跡もあった。古屋城跡からは、白磁の碗が井戸より出土している。「千学集抜粋」によれば物井には「物井殿」とよばれる臼井氏一族の有力な武士がいたとされる。

　東関東自動車道四街道ICから佐倉に向かう県道沿いにあった物井古墳群では、6世紀末の円墳から金銅装環頭太刀などが出土した。この太刀は千葉県教育庁文化財課森宮分室(大多喜町)に展示されている。

　また、四街道ICの北側では約2万5000年前の旧石器時代の石器や剥片が直径約30mほどの環状に出土し、石器の加工場と考えられている。この池花南遺跡環状ユニット出土遺物(県文化)は、房総のむら風土記の丘資料館で展示されている。池花南遺跡の北にある内黒田の熊野神社では、3月15日に裸祭りが行われる。裸祭りは四街道駅から南へ800mほどの和良比の皇産霊神社でも2月25日に行われ、こちらはどろんこ祭りとして有名である。

内海に開かれた印旛

⑥ 印旛沼西域の仏と御堂

古代から香取内海に開けた印旛沼西岸には古刹が多く、国指定重要文化財の堂宇や仏像が数多くある。

松虫寺 ㉗　〈M▶P.124, 155〉印西市松虫7　P
0476-98-0096　北総鉄道印旛日本医大駅🚶10分

国重文の七仏薬師如来像が本尊

駅から東へ進むと、現代的な千葉ニュータウンの町並みからはずれた松虫の集落のなかに、ひっそりと松虫寺(真言宗)がある。珍しい寺号は、聖武天皇の皇女松虫姫(不破内親王)の名にちなむ。縁起によれば、松虫姫が重病になり、霊夢によって下総国萩原(現、印西市萩原)までくだり、まつられていた薬師仏に祈ったところ、平癒した。そこで聖武天皇は行基に命じ、薬師仏をまつる一寺をたてさせ、姫の名をつけたとされる。

本尊は1体の坐像と6体の立像からなる七仏薬師如来像(国重文)で、平安時代後期の作とされる。そのほか、「天正十三(1585)年」の銘をもつ鋳銅鰐口や南北朝時代の作と推定される孔雀文磬(県文化)がある。薬師堂と山門は享保年間(1716～36)の建立である。

また、松虫寺と支谷を隔てた南方の細長い台地上に、松虫陣屋とよばれる中世城郭跡がある。堀や土塁に屈曲(折り)があることから、戦国時代後期の遺構とみられ、臼井原氏との関連が推定されている。

印旛日本医大駅まで戻り、鎌倉北交差点東の道を西へはいり、旧本埜村角田の集落方面に畑のなかをしばらくいくと、栄福寺(天台宗)の薬師堂(国重文)に至る。寄棟造・茅葺きの3間四方の単層の造りで、棟札から1472(文明4)年の建立ということがわかり、年代の明確な県内最古の建築物として、貴重である。

竜腹寺(天台宗)は、日本医大交差点から木下方面に車で5分ほどのところにある。すぐ北隣には仁王尊という現在別寺となる寺もある。竜腹寺の銅製多宝塔棟札には、千葉胤直が大檀那となり、

印旛日本医大駅周辺の史跡

155　印旛沼西域の仏と御堂

栄福寺薬師堂

円城寺胤定や周東孫九郎・渡辺広豪らの家臣と合力して，1451（宝徳3）年に建立したことが記される。また，梵鐘（県文化）は南北朝時代の作と推定されている。

そのほか，「元応二（1320）年」の銘をもつもののほか，紀年銘があるだけでも，南北朝時代・室町時代から戦国時代の「永正十一（1514）年」までとおして70基余りの武蔵板碑が，1970年代初めに発見されている。

宝珠院観音堂 ㉘

〈M ► P.124〉印西市小倉1138
JR成田線木下駅🚌白井駅行亀成 🚶 30分

> 戦国時代の禅宗様式を伝える国重文の観音堂

バス停から松山下公園に向かい，公園をぬけて，向かいの台地方向に歩く。台地の麓から左手の台地ぎわを巻く農道をはいっていくと，高台にある宝珠院（天台宗）にのぼる階段がみえてくる。光堂と通称される観音堂（国重文）は，方3間の単層茅葺き・寄棟造の禅宗様式である。観世音菩薩像をおさめる厨子内壁に「永禄六季癸亥林鐘下旬」と墨書銘があり，堂も1563（永禄6）年ころの建立と推定されている。

宝珠院観音堂

観音堂から台地上の民家の間をぬける細い通路を2分ほど歩くと，通りにでる。正面下にみえる建物が泉倉寺（天台宗）である。鎌倉時代の作とされる木造延命地蔵菩薩坐像（県文化）が本尊である。

内海に開かれた印旛

宝珠院に戻り，松山下公園に向かう。つきでた左手奥の山が中世の仲山城跡である。木下街道を浦部方面に歩き，永治小学校をすぎたら道を右へおれる。しばらくいくと道路に面して，日本三井の1つであったとされる月影の井がある。竜崖城の城主であった大菅豊後守正氏の産湯，そして行水の井戸として使われたという。西へ200mほどのところにある竜崖城跡は現在畑地となっているが，横堀が西・南側にまわり，台地と隔絶する空堀跡と土塁の大きさ，さらに根古屋という地名から判断して，戦国時代後期の城とみられる。

　木下駅から2kmほど東にいった平岡自然公園の建設に先立つ発掘調査で，高さ約106cmの七重の瓦塔2基が発掘された。瓦塔は寺院の塔のミニチュアで，土器と同じ方法で焼かれている。この馬込遺跡出土瓦塔（県文化）は，房総のむら風土記の丘資料館で展示されている。

結縁寺㉙　〈M▶P.124〉印西市結縁寺516
JR成田線木下駅🚌津田沼駅行船尾車庫🚶10分

鎌倉時代後期の銅造不動明王立像

　船尾車庫でバスをおり，進行方向にしばらくいくと，左手に台地をくだる道がある。これをしばらくいき，くだりきったところに結縁寺（真言宗）がある。ここには，鎌倉時代後期につくられた銅造不動明王立像（国重文）が安置されている。「嘉元元(1303)年癸卯九月十五日　願主権律師瀧尊」の銘が正面の裳に陰刻されている。失われた部分や後世の補修になるところもあるが，鎌倉時代後期の造像として価値が高い。毎年9月28日が開帳の日となっている。

　バスを津田沼方面にさらに乗り，船尾小学校で下車する。多聞院（天台宗）のある松崎の集落までは，山のなかの道を15分ほど歩かなければ

銅造不動明王立像（結縁寺）

印旛沼西域の仏と御堂

ならない。多聞院木造毘沙門天及び吉祥天立像・善膩師童子立像（県文化）は，仏師賢光により1289（正応2）年に製作されたことがわかっている。吉祥天像はカヤの一木造，本尊と善膩師童子はカヤの寄木造である。毎年8月2日に開帳される。

　賢光は，鎌倉時代後期に下総を中心に活動した仏師である。JR成田線小林駅から県道印西印旛線を東へ約10分行って南へ入ったところにある西福寺本堂に安置されている木造不動明王立像・木造毘沙門天立像（県文化）も，胎内の墨書に仏師賢光の名がある。

滝田家住宅 ㉚

〈M▶P.124〉白井市平塚503
北総鉄道白井駅🚌白井市役所発白井市内循環バスBコース外回り滝田家住宅🚶1分

現存の江戸時代初期の古民家

手賀沼に面した平塚字船戸に，滝田家住宅（国重文）がある。桁行9間（約17.3m）で梁間5間（約10.4m）の茅葺きの寄棟造である。初代とされる当主の位牌から，築造は今から300年以上前の17世紀後半

滝田家住宅

から末期と考えられている。18世紀後半に式台玄関を増設し，全体に小改造がなされた。なお，県内にある国指定重要文化財の古民家で，現在も居住しているのは，滝田家のみである（見学には，事前に市教育委員会文化課に連絡が必要）。

　滝田家から南へ20分ほどいくと，延命寺（真言宗）がある。観音堂（県文化）は，江戸時代初期の元和年間（1615〜24）におきた平塚村の大火ののち，1668（寛文8）年に金沢の大工によって建立されたことが，火伏せの棟札からわかる。方3間の禅宗様式をとるが，同時期の県内の方3間堂とは違った特徴がみられ，他国の大工の制作であることが裏づけられる。現在は銅板葺き・入母屋造であるが，もとは茅葺きであった。

158　　内海に開かれた印旛

白井市役所発の循環バス(日曜日運休)の順路では、はじめに延命寺(平塚分校前下車)を見学するのがよいが、本数が少ないので、徒歩で滝田家住宅への移動を考えた方がよいかもしれない。

来迎寺 ㉛　〈M ▶ P. 124〉白井市折立266　P
047-492-0877
北総鉄道白井駅白井市役所発白井市内循環バスBコース外回り折立入口 🚶 3分

鎌倉時代後期の阿弥陀如来像ほか

　バス停より北へ100mほどいくと、神崎川支流の谷頭に開けた集落のなかに、承久年間(1219～22)開基の伝承をもつ古刹来迎寺(天台宗)がある。ここには、鎌倉時代後期の作と推定される木造阿弥陀如来立像・木造不動明王立像・木造毘沙門天立像の3体と、江戸時代前期の作とされる木造閻魔王坐像・木造奪衣婆坐像の2体が安置されている。阿弥陀如来像はヒノキの寄木造で、不動明王像と毘沙門天像はヒノキの一木造である。これら5体は、もともと、葛飾八幡宮(現、市川市)境内の法漸寺にあった。しかし、明治時代初期の廃仏毀釈によって破壊されることになり、当時の来迎寺の住職によって引き取られたものである。

　来迎寺の南西、富塚地区にある鳥見神社(祭神饒速日命)には、十二座神楽(県民俗)が伝来されている。これは江戸時代に、浦部(印西市)の鳥見神社で演じられていたものが伝習し、はじまったとされる。毎年、11月3日に行われてきたが、現在は中断している。

　これを伝習したとされる川上右伸は、野馬奉行綿貫夏右衛門より小金牧(現、野田市・柏市・松戸市・船橋市・鎌ヶ谷市)の牧士に任じられた富塚村の名主であった。明治初年まで牧士と村役人をつとめた川上家には、小金牧の牧資料(県文化)が残されている。

印旛沼西域の仏と御堂

Katori

香取の海と北総台地

佐原の祭り

犬吠埼

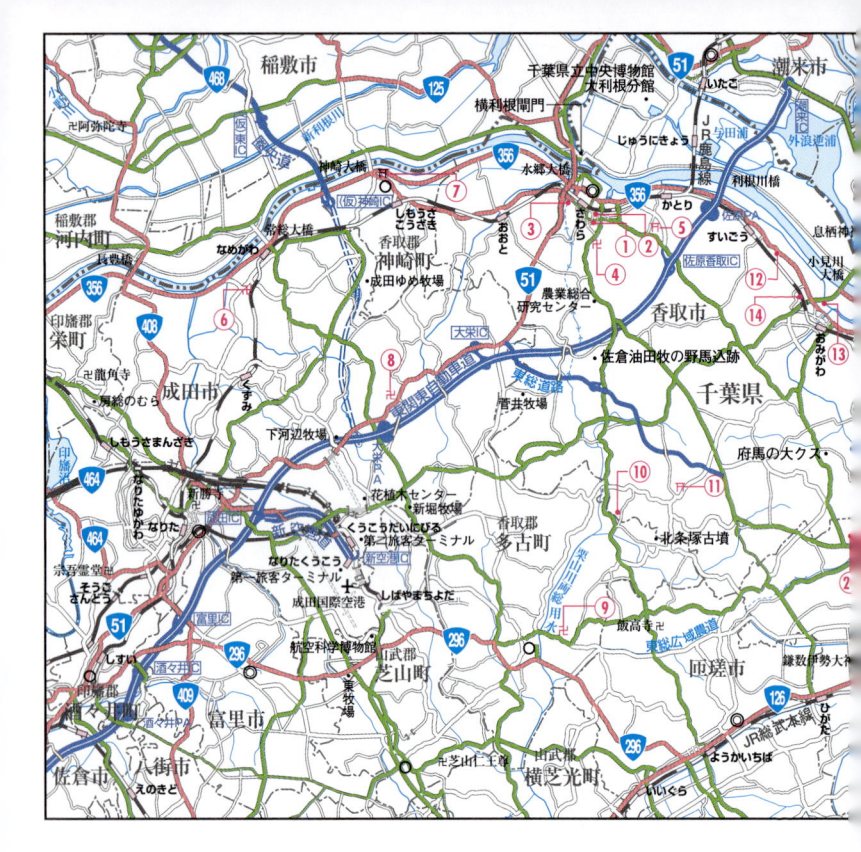

◎北総台地・利根川周辺散歩モデルコース

1. JR成田線佐原駅 _10_ 諏訪上の展望台 _10_ 東薫酒造 _5_ 清宮秀堅旧宅 _5_ 伊能忠敬記念館・伊能忠敬旧宅 _5_ 町並み交流館 _5_ 山車会館 _10_ 香取神宮 _30_ 津宮河岸の鳥居 _10_ JR成田線香取駅

2. 東関東自動車道成田IC _20_ 龍正院 _10_ 成田市下総歴史民俗資料館 _10_ 小御門神社 _15_ 神崎神社 _15_ 大慈恩寺 _5_ 東関東自動車道大栄IC

3. 東関東自動車道新空港IC _15_ 日本寺 _10_ 東禅寺 _5_ しゃくし塚古墳 _10_ 山倉大神 _10_ (東総有料道路経由) 東関東自動車道大栄IC

4. 東関東自動車道佐原香取IC _10_ 三之分目大塚山古墳 _10_ 城山公園 _5_ 佐藤尚中誕生地 _10_ 良文貝塚 _10_ 東大社 _10_ 福聚寺 _10_ 大原幽学遺跡 _5_ 宮負定雄旧宅 _10_ (東総有料道路経由) 東関東自動車道大栄IC

162　香取の海と北総台地

①伊能忠敬旧宅
②佐原の町並み
③両総用水第1揚水機場
④観福寺
⑤香取神宮
⑥龍正院
⑦神崎神社
⑧大慈恩寺
⑨日本寺
⑩しゃくし塚古墳
⑪山倉大神
⑫三之分目大塚山古墳
⑬佐藤尚中誕生地
⑭城山公園
⑮良文貝塚
⑯諏訪神社
⑰東大社
⑱福聚寺
⑲大原幽学遺跡
⑳宮負定雄旧宅
㉑猿田神社
㉒中島城跡
㉓海上八幡宮
㉔妙福寺
㉕圓福寺
㉖銚子漁港
㉗犬吠埼灯台
㉘常灯寺

5. JR総武本線猿田駅 _5_ 猿田神社 _30_ 中島城跡 _10_ 等覚寺 _15_ 余山貝塚 _10_ 海上八幡宮 _10_ 銚子縮製造販売店 _5_ JR総武本線・成田線松岸駅

6. JR総武本線銚子駅 _15_ ヒゲタ史料館 _20_ 妙福寺 _10_ 白幡神社 _15_ 飯沼観音 _5_ 圓福寺 _10_ 銚子市青少年文化会館 _5_ 銚子電鉄観音駅 _10_ 銚子電鉄犬吠駅 _5_ 犬吠埼灯台 _20_ 外川集落 _5_ 銚子電鉄外川駅

小江戸佐原と香取神宮

①

佐原の町並みは，江戸・明治にタイムスリップさせる。江戸時代から三社巡りで有名な香取神宮は，今も参詣客で賑わう。

伊能忠敬旧宅 ❶　〈M ▶ P. 162, 166〉香取市佐原イ1899　P
0478-54-1118　　　JR成田線佐原駅🚶15分

正確な日本地図の作製者 旧宅跡は国史跡

　駅の南東を小野川沿いに上流へ向かうと，忠敬橋の南東側一角に，伊能忠敬旧宅（国史跡）がある。忠敬は，19世紀の初めに，日本全国の沿岸を実地踏査して測量を行い，正確な日本全図（「大日本沿海輿地全図」，国宝）を作製したことで著名である。忠敬は，1745（延享 2）年上総国山辺郡小関村（現，山武郡九十九里町）の小関家に生まれた。母の亡きのち，婿養子の父の実家であった武射郡小堤村（現，山武郡横芝光町）の神保家に移った。その後1762（宝暦12）年18歳のとき，下総国佐原村（現，香取市）の伊能三郎右衛門家にはいって婿となり，忠敬と名乗った。伊能家は地主，酒造，米穀など商い物取引，舟運などの経営を行い，代々名主などの村役人をつとめる佐原村屈指の商家であった。忠敬は，50歳で隠居するまでの32年間を伊能家の当主としてすごした。

　母屋は，江戸時代の平屋の商家造りで，格子戸をもつ広い土間の店先や背後にある釜場，その裏に書院がある。さらに敷地内に扉門，氏神，文庫蔵のほか，元禄年間（1688〜1704）に佐原村を貫通した用水路の跡もみられる。この用水の樋をとおしたため樋橋と名づけられた橋が小野川にかかっている。旧宅対岸には新しく開館した伊能忠敬記念館がある。これは，忠敬より一世代前の同族で，賀茂真淵の高弟であった国学者楫取魚彦の旧宅地にたてられた。同館には，「大日本沿海輿地全図」（伊能図）の大図・中図・小図のほか，測

伊能忠敬旧宅

164　香取の海と北総台地

コラム

伊能図の基盤

正確な伊能図の背後には町場の文化があった

伊能忠敬は，1794(寛政6)年家督をゆずり，通称を勘解由と改めた。翌年江戸深川黒江町(現，東京都)に居を移し，大坂の民間塾，懐徳堂で学んで幕府天文方となった高橋至時に師事した。忠敬は最先端の天文学を学び，自宅に施設を整えて天体観測を継続していた。

そして1800年幕府の認可をうけて蝦夷地(現，北海道)の測量にはいり，以後17年間10次にわたって日本全国の沿岸を実地測量した。その測量距離は4万km以上におよび，3種の方位盤によって約6万回の方位測定が行われた。

忠敬が作製した伊能図の精密さは，諸地点での天体観測による緯度測定のほかに，精巧な器具を作成し，在来の測地技術を用いて驚異的な頻度で実測したことにもあった。伊能図の創出は，民間で発達してきた洋学と，佐原の町のなかではぐくまれた，文化的素養との接合によってうみだされた成果であったといえよう。

量器機・測量日記・洋学書籍・書簡などの伊能忠敬関係資料(国宝)が収蔵・展示されている。

佐原の町並み ❷

0478-54-7766(町並み交流館) 〈M ▶ P. 162, 166〉 香取市佐原イ P
JR成田線佐原駅🚶15分

伝統的建造物群保存地区 佐原の山車行事はユネスコ無形文化遺産

小野川と県道55号線(香取道)が交差する忠敬橋を中心に，佐原には，江戸時代から明治時代の古い町並みが現存しており，1996(平成8)年には，国の重要伝統的建造物群保存地区の指定をうけた。また，商人町として佐倉・成田・銚子とともに「北総四都江戸紀行・江戸を感じる北総の街並み」として日本遺産に登録されている。

香取文書によると，「佐原村」は鎌倉時代初期に初出する。そして南北朝内乱期には「宿」の表記があらわれたり，定期市や座も確認され，湊の側面も認められる。戦国時代には，香取の海に発達した新島の新田開発が進み，その資材調達を背景に新宿が開かれた。近世の佐原村は，旧来の本宿に新宿が合体し，また河岸として発達した下総国内で最大級の在町で，多くの文化をうみだした。

忠敬橋を中心に，伊能忠敬旧宅をはじめ小堀屋本店店舗・正文堂書店店舗・福新呉服店・中村屋乾物店・正上醬油店・旧油惣商店・中村屋商店(いずれも県文化)などが，江戸時代から明治時代の商家建築が並ぶ。三菱銀行佐原支店旧本館(県文化)は大正時代の

小江戸佐原と香取神宮

清宮秀堅旧宅

洋風建築で，現在町並み交流館として町並み案内の拠点となっている。さらに南西方に『下総国旧事考』(1845年序)をあらわした清宮秀堅の旧宅があり，「北総詩誌」の一節をきざむ石碑がある。

　佐原では夏7月に本宿，秋10月に新宿の祭礼が江戸時代後期から伝えられ，各町内からだされる山車は毎回10台をこえ，大人形をかざり佐原囃子をかなでる盛大な佐原の山車行事(国民俗・ユネスコ無形文化遺産)が行われる。町並み東方の，本宿の鎮守社である八坂神社(祭神素戔嗚命)の境内には山車会館があり，半年ごとに山車を入れ替えて展示し，祭礼の様子をビデオ上映している。

　町並みの西方に，新宿の鎮守である諏訪神社(祭神建御名方神)があるが，その上の台地に佐原の町並みを鳥瞰できる展望台がある。隣接した荘厳寺(真言宗)には，木造十一面観音立像(国重文)がある。香取神宮の本地仏であったが，明治初年の神仏分離により，ここに移されたという。一木造で平安時代中期の作と推定され，木彫仏としては千葉県最古のものとみられている。

佐原駅周辺の史跡

東薫酒造・馬場酒造と小堀屋本店

コラム 食

江戸のかおりがただよう酒と蕎麦

佐原の酒造の開始は、寛文年間(1661〜73)伊能家が酒造株を得て開始したと伝えられ、1726(享保11)年には、9人で酒造仲間を結成していた。田沼時代の在方株の拡大政策により、1787(天明7)年、実情にあわせた酒造米株高が設定された。このときの酒造人は35人で、計1万3000石余の株高となっていた。

しかし、周辺村々の年貢米を取り扱い、古来から続く醸造家が文政年間(1818〜30)ごろから後退し、天保年間(1830〜44)には新興の醸造家が台頭してきた。その販売先は利根川水系の地元売りが中心で、江戸への出荷は少なかった。

明治時代ごろまで佐原の酒造業は発展をとげるが、その後は後退を続け、現在では近世後期の創業と伝えられる東薫酒造・馬場酒造の2軒が醸造を行っている。両所とも酒蔵見学をうけつけている。

また忠敬橋の近くにある小堀屋本店は、創業1782(天明2)年と伝えられ、明治時代の蕎麦屋の店舗建築の様式を残している。1803(享和3)年の秘伝書を今に伝え、江戸時代の製法でつくられた昆布を混ぜた黒切り蕎麦や、季節物の柚切り蕎麦など、特色あるメニューもそろえている。

両総用水第1揚水機場 ❸
0478-54-4637

〈M ▶ P.162, 166〉香取市岩ヶ崎地先
JR成田線佐原駅 🚶 10分

昭和の灌漑揚水施設九十九里までうるおす

JR佐原駅から国道356号線を西へ800mほどいくと、両総用水第1揚水機場に着く。利根川通りに面した北総地域は排水不良の水害に見舞われ、逆に九十九里平野一帯は水不足に悩まされていた。この2つの問題を解決するため、利根川で取水した水資源を上総へつないだのが両総用水の建設である。国営事業として、1943(昭和18)年に着工し、1965年に完成した総延長78kmにおよぶ、日本でも有数の農業用水路である。

佐原駅北側の利根川河川敷に面して、国土交通省利根川下流工事事務所がある。そのなかに、利根川第1期

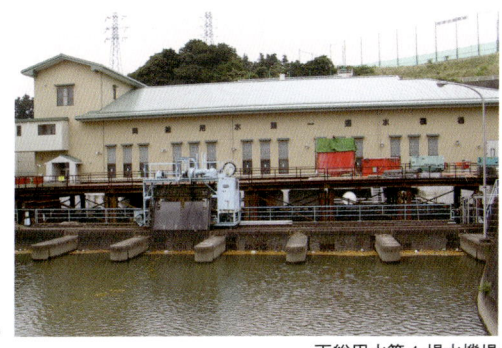

両総用水第1揚水機場

小江戸佐原と香取神宮

横利根閘門

改修工事100周年を記念して、利根川下流史料室が設置されている。改修工事の変遷を示す写真パネルや、器具類などの資料が展示されている。

　さらに水郷大橋を渡って対岸には、1921(大正10)年に建設された横利根閘門を中心にしたふれあい公園がある。閘門とは、水位の異なる川と川の間に設置し、船が航行できるように水位の調節をし、また川が増水したときに洪水が逆流するのを防ぐ機能をはたした。横利根閘門は、現在も稼動している。

　さらに北方へいくと、「利根川の自然と歴史」「千葉県の農業」を主要テーマとした千葉県立中央博物館大利根分館(4月から9月末まで開館)がある。この周辺は香取の海に形成された堆積洲島で、近世初頭に新田開発が行われ、16の新田村が成立したことから十六島新田とも称された。新島開発のほか、高瀬船の模型や佐原の商家など、興味深い展示物も配置されている。

観福寺 ❹　〈M ▶ P. 162, 166〉香取市牧野1752　P
0478-52-2804　JR成田線佐原駅🚌多古行観福寺🚶1分

将門伝説の寺　蒙古調伏の懸仏は国重文

バス停から南へ少し戻ると観福寺(真言宗)がある。890(寛平2)年の開基と伝えられ、本堂・講堂のほか、観音堂・大師堂など多数の伽藍がある。江戸時代には35の末寺をかかえるとともに、地方の檀林として僧侶の養成も行っていた。平将門の守護仏と伝えられ、

観福寺

香取の海の水運

コラム

中世から発達していた遠隔地との交易

香取の海は、現在の霞ヶ浦・北浦から印旛沼・手賀沼までをひと続きとする大きな内海で、香取神宮はここにさまざまな権益を広げていた。海夫と称された漁民の支配もその1つであった。海夫は魚介類を神宮に祭物として献納するかわりに、漁撈と舟運を保障された人びとで、内海の津(港)に広がっていた。室町時代の「香取文書」には、下総で24津・常陸に53津が記されている。

また、今日の東京湾の内海にそそぐ古利根川に関所を設け、往来する諸船から通行税を徴収した。このように単なる供祭料・神役の徴収権をこえ、香取の海や周辺の河川の支配権を広げていった。室町時代、千葉宗家が本佐倉城に移るのは、今日の利根川水系が東北地方を結ぶ遠隔地流通路として重要であったことを示している。

江戸時代にはいると利根川水系は、江戸と結びついた物流の交通路として整備され、多くの河岸が広がった。河岸は、江戸などの都市と村々とを結ぶ窓口として、重要な役割をはたした。

さらに近世後期には流通ばかりでなく、民衆の行楽をかねた参詣路としても、その往来が盛んになっていった。『利根川図志』には、香取・鹿島・息栖の三社参詣の旅人を乗せる木下茶船の繁栄ぶりが伝えられている。津宮河岸から降船すると参道が社まで続くが、香取神宮の鳥居前には講中札を並べた旅籠が昭和時代まであった。

平安時代後期の作と推定されている聖観音立像が本尊である。そのほか、地蔵菩薩坐像・薬師如来坐像・十一面観音坐像・釈迦如来坐像(いずれも国重文)の銅造の懸仏4体は、香取神宮の本地仏で、明治初年の神仏分離により当寺に安置されるようになった。十一面観音坐像と釈迦如来坐像は、元寇に際し戦勝を祈願して造仏されたもので、光背に「弘安五(1282)年」の銘をもつ。墓地には、伊能忠敬の墓や国学者の楫取魚彦・伊能穎則らの墓がある。

観福寺の東方、多田地区には多田源氏との所縁を伝える光明院(真言宗)の阿弥陀堂(県文化)がある。また、その南方の下小野地区には下小野貝塚(県史跡)が、また九美上地区には、佐倉油田牧の野馬込跡(県史跡)がある。

香取神宮 ❺
0478-57-3211
〈M▶P.162〉香取市香取1697 P
JR成田線佐原駅🚌香取行終点🚶1分

香取神宮は下総一宮として、古くから人びとの信仰を集めてい

小江戸佐原と香取神宮

香取神宮本殿(手前)・拝殿

古代東国の武徳神 国宝や国重文の宝庫

る。主祭神として伊波比主命(経津主神)をまつり、東国の武徳の神として鹿島神宮と並び称される。香取・鹿島の神は、藤原氏の氏神として創建された平城京の春日社の祭神としてもまつられ、藤原摂関家との関係を深めてその地位は向上した。中世も繁栄を続けたが、徳川家康の関東入部の際に行われた検地により、社領は香取郷内に1000石となった。

香取神宮本殿(国重文)は、1700(元禄13)年江戸幕府によって造営された。三間社流造としては最大級のものである。本殿とともに造営された朱塗りの楼門(国重文)は入母屋造である。現在は祈禱殿として使用されている旧拝殿(県文化)は、このときに造営されたものである。宝物館には、中国唐代に盛んであった白銅製の海獣葡萄鏡(国宝)のほか、「久安五(1149)年」の銘のある双竜鏡(国重文)、鎌倉時代後期から室町時代初期とみられる古瀬戸黄釉狛犬(国重文)などが収蔵されている。また、巡洋艦香取の艦首につけられた菊の紋章も陳列されている。北参道をでると、右手に集会などに使われた香雲閣(国登録)が立つ。

境内は香取神宮の森(県天然)のなかにある。旧参道沿いには、武術天眞正伝香取神道流(県文化)の始祖飯篠長威斎墓(県史跡)があり、その業は今も継承されている。参道をはさんで祖霊社があるが、そこにある手水石は、香取神宮の本地仏をまつった金剛宝寺の名残りをとどめている。なお西方の惣持院(真言宗)には

津宮河岸の常夜灯

香取の海と北総台地

「正元元(1259)年九月三日」銘の板碑(県文化)があり，下総でもっとも早い時期のものである。旧神官であった香取家には，香取大禰宜文書(国重文，非公開)が，同じく伊藤家には，分飯司文書(県文化，非公開)が保存されている。香取神宮の祭事でもっとも注目されるのは，午年ごとに行われる式年神幸祭で，神輿の渡御に伴って新島扇島地区のおらんだ楽隊(県民俗)など，香取郡域から大勢が参加し，壮麗な行列が組まれる。

江戸時代，香取神宮の参詣者は津宮河岸から降船していた。ここにたつ「明和六(1769)年」と刻印されている石造の常夜灯や，鳥居がその名残りを伝えている。なお付近には，伊能忠敬の「大日本沿海輿地全図」の完成に尽力した漢学者久保木竹窓の旧宅と墓(県史跡)があり，その遺品(県文化，非公開)も保存されている。

さらに利根川をくだると，香取神宮の摂社の側高神社がある。本殿(県文化)のほか，毎年1月10日に行われる髭撫で祭りが，奇祭として注目される。また利根川上流へさかのぼると，摂社の大戸神社(祭神天手力雄命)があり，和鏡，羅龍王面・納曽利面(いずれも県文化)などの社宝を収蔵する。近くの地福寺(臨済宗)の板碑(県文化)，浄土寺(浄土宗)の梵鐘(県文化)も注目される。さらに西方には西坂神社(祭神少彦名命)があり，本殿(県文化)は江戸時代前期の建築である。

② 中世文化のかおる北総

台地周辺の下総・神崎・大栄・多古・山田には、大須賀氏の大慈恩寺、千葉本宗家滅亡の東禅寺など中世の名刹がある。

龍正院 ❻
りゅうしょういん
0476-96-0219

〈M▶P.162, 172〉 成田市滑川1093 P
JR成田線滑河駅 京成成田行観音前 徒歩1分

→滑河観音として知られる仁王門は国重文

龍正院仁王門

滑河駅から県道103号線を南西へ進み徒歩でも15分ほどいくと、滑河観音として知られる龍正院（天台宗）がある。坂東三十三所霊場第28番札所として、古くから参詣者を集めている。仁王門（国重文）は、室町時代の文亀年間（1501〜04）の再建である。この門は、和様を主体として禅宗様が加わった折衷様で、16角柱が特徴的である。本尊十一面観音立像を安置する本堂（県文化）は、1698（元禄11）年の建立で、入母屋造の5間四方におよぶ勇壮な建物である。

また本堂左手には、高さ約5mにおよぶ銅造の宝篋印塔（県文化）がある。1718（享保3）年江戸の職人による鋳造で、塔の基壇には、これを寄進した人びとの名が記されており、信仰圏を知る資料ともなる。そのほか、室町時代の「永正十三（1516）年」の銘がある鋳銅鰐口（県文化）は、成田市下総歴史民俗資料館に収蔵されている。同館は、JR滑河駅から県道79号線を東方に1kmほど歩いたフレンドパーク下総内にある。また同館には、猫作・栗山古墳群第16号墳の副葬品（県文化）をはじめ、高岡（現、成田市高岡）藩主井上氏の資料なども収蔵・展示されている。

滑河駅周辺の史跡

滑河駅から県道63号線を東方へ3kmほどいき，さらに3kmほど南方の冬父地区にある迎接寺(浄土宗)は，寺宝として木造阿弥陀如来坐像及び両脇侍坐像(県文化)や鬼舞面(県民俗，非公開)を保存している。

龍正院から県道63号線を2kmほど東方にいくと，県道の北側と鉄道線路に囲まれた付近が高岡藩の陣屋跡である。JAかとり高岡支所を囲む土手の一角にその名残りがある。高岡藩は，大目付井上政重が，1640(寛永17)年加増されて1万石の大名となり，成立した。観音バス停北側の信号を東におれ，南東2kmほどいったところに小御門神社がある。後醍醐天皇の側近で，元弘の変(1331年)でこの地に配流された藤原師賢をまつる神社で，1882(明治15)年に別格官幣社として創建された。社殿の後ろに，師賢の墓とされる塚がある。なお社叢の小御門神社の森(県天然)には，千葉県内では希少なシラカシ林もある。

神崎神社 ❼
こうざきじんじゃ
0478-72-3161

〈M ▶ P.162〉香取郡神崎町神崎本宿 1994
JR成田線下総神崎駅 🚶25分

中・近世の水運の拠点
社殿脇の大クスは国天然

駅から国道356号線を利根川方面に進むと，神崎大橋の手前に神崎神社がある。神崎は，中世には津，近世には河岸が発達した交通の要所であった。海上交通を守護する天鳥船命をまつるこの神社からは，直下に利根川河畔をのぞむことができる。社宝の「神崎神社文書」(県文化，非公開)は，中世の当社や神崎荘の様相を示す。神社は神崎の森(県天然)のなかに位置し，社殿の脇に神崎の大クス(国天然)がある。根元からでた蘖たちが親木を取り巻き，根回り13mにもおよんで，異彩を放っている。

神崎神社の南方，神崎駅から西へ700mほどいくと神宮寺(真言宗)がある。神宮寺は，神崎神社のかつての別当寺であった。平安時代後期の作とみられる木造

神崎神社本殿

中世文化のかおる北総

十一面観音立像や大般若波羅蜜多経の写経を中心とした「神宮寺文書」(いずれも県文化,非公開)を伝えている。

　神宮寺の南西には神崎青年の家がある。その敷地にある縄文時代早期初頭の西の城貝塚(県史跡)は,出土した貝殻の90％以上がヤマトシジミで,もっとも古い時期の淡水性貝塚として有名である。貝層下の竪穴住居跡は,発掘時には日本最古のものと注目を集めた。遺跡は覆屋で保護され,ガラス越しに見学できる。

大慈恩寺 ❽　〈M ▶ P.162〉成田市吉岡183　P
0478-73-5634　JR成田線佐原駅🚌京成成田行大慈恩寺前🚶1分

千葉氏一族大須賀氏の祈願寺
南北朝時代の利生塔跡

バス停から北西側の道路下に,大慈恩寺(真言宗)の寺域が広がる。鎌倉時代中期から,千葉氏一族の大須賀氏の祈願寺として栄えた。「延慶三(1310)年」在銘の梵鐘(県文化)がある。南北朝内乱

大慈恩寺

期に夢窓疎石のすすめで,国ごとに利生塔がたてられたが,境内にはその礎石が残っている。そのほか寺宝類(県文化)のなかには,鎌倉時代末期からの古文書50点などがあり,千葉県立中央博物館大利根分館に寄託されている。

　なお東方の伊能地区には長興院山門(国登録),北方の久井崎地区には石橋家住宅の家門のほか,土蔵・東の蔵・南の蔵(いずれも国登録)がある。

日本寺 ❾　〈M ▶ P.162, 176〉香取郡多古町南中1820　P
0479-76-3745　JR成田線佐原駅🚌多古行多古仲町乗換え八日市場行南中🚶3分

中村檀林ともいう
日蓮宗の教学所

　南中バス停から500mほど北へいくと,中村檀林ともいわれた正東山日本寺がある。寺伝では開祖を,中山法華経寺を創設した鎌倉時代後期の富木日常としている。1599(慶長4)年15世日円が檀林を開き,全国から学僧が集まり,往時には80棟もの堂宇があった

寺田屋本家

> コラム
>
> 国登録の醸造蔵　文人の醸造家
>
> 　神崎神社の東方の町並みには，かつて7軒もの酒造家があったが，今日では2軒だけとなった。寺田屋本家は家伝によれば，延宝年間（1673～81）の創業で，現在人工乳酸を加えない自然仕込みの醸造法をとり，「五人娘」「香取」の銘柄で売りだしている。
>
> 　醸造蔵（国登録）などの施設も，明治時代の醸造場の姿をとどめており，事前に申し込めば見学も可能である。なお明治時代の当主であった寺田憲は，伊藤左千夫・長塚節らをささえながら，みずからも短歌をつくった文人でもあった。

という。山号の扁額は本阿弥光悦の筆によるものである。

　なお北側の北中地区には，明治時代後期のものと伝わるレンガ造りの渋谷嘉助旧宅正門（国登録）がある。また，多古町役場から南西方向300mにある妙光寺（日蓮宗）には，甲冑を身につけている木造伝妙見菩薩倚像（県文化）がある。この周辺は，近世に禁教とされた日蓮宗不受不施派の信仰が強い。町役場から南へ向かって国道296号線を横断し，1.5kmほどいくと，栗山川と借当川・多古橋川が合流する広い低地に，島のように残された台地上にある島集落に至る。ここは江戸時代にたび重なる弾圧を

本阿弥光悦筆の扁額（日本寺）

うけた集落である。道路は迷路のようになっており，正覚寺（旧妙光寺）は信仰の拠点となっていた。この台地の東側からは，埋葬した遺体が白骨化してから壺に入れて埋め直した，弥生時代中期の再葬墓が64基が出土し，塙台遺跡弥生再葬墓出土遺物（県文化）として町に保管されている。塙台遺跡は志摩城跡ともよばれ，千葉宗家最後の16代胤直が立てこもったと伝えられている。

　さらに多古町の市街地の西側にある7世紀末の方墳からは，役人の服の帯飾りが12本分以上出土しており，多古台遺跡群No.3地点5号墳出土遺物として県の文化財に指定されている。

中世文化のかおる北総

また多古の市街地は、久松松平氏の多古藩（1万石余）の陣屋元町で、藩の陣屋は現在の多古第一小学校の敷地にあった。当時の石垣などが今も残っている。そこから700mほど北東へいくと、木内家住宅主屋・旧蔵・旧店舗（国登録）がある。これらは昭和時代初期の商屋建築である。近くにある八坂神社では、祇園祭が毎年7月25・26日にもよおされ、しいかご舞（県民俗）で最高潮となる。また県立多古高校では、農村生活用具（県民俗）を保存している。

しゃくし塚古墳 ❿

〈M ▶ P. 162, 176〉香取郡多古町南玉造字台3761
JR成田線佐原駅🚌多古行小三倉🚶25分

前期古墳の典型を残す

　バス停から左におれて栗山川を渡る。つきあたった台地の左手先端部にしゃくし塚古墳（県史跡）がある。全長82mの前方後円墳で、大きく高い後円部の上に広い平坦面をもち、前方部は小さく低い。保存がよく、典型的な前期古墳の形態をみるのに最適である。採集された壺形埴輪は、前期後半の年代を示す。支谷をはさんで南側の台地先端に、おけ塚古墳がある。前方部は崩落しているが、本来は80m級の前方後円墳とみられ、しゃくし塚古墳に先行する古墳と考えられる。栗山川と常盤川の合流点に、続けて築かれた大型前方後円墳は、太平洋から利根川流域にぬける交通路をおさえた豪族の墳墓である。

　しゃくし塚古墳下の柏熊バス停から多古循環バスに乗り、松崎神社バス停で下車すると、松崎神社境内に北条塚古墳（県史跡）がある。全長70mの前方後円墳で、後円部の径と前方部の幅がほぼ等しく、また同じくらいの高さがある。6世紀中ごろないし後半の古墳とみられる。

　さらにJRバス佐原・多古線の台作バス停で下車し、西方の坂をのぼると東禅寺（真言宗）に着く。この寺は、千葉氏の所領であった千田荘（現、香取郡多古町周辺）の中心にあり、背後に

多古周辺の史跡

千葉胤直の墓（東禅寺）

は栗山川が流れ、舟運を使った交通の要地であったとみられる。享徳の乱(1454年)で千葉氏の内紛から，1455（康正元）年宗家16代の胤直がこの寺で自害したとされ，墓所には胤直父子らのものと伝えられる7基の墓塔が残る。また南北朝時代には，神奈川県横浜市金沢区の称名寺（真言宗）と密接に交流していた。

山倉大神 ⓫
やまくらだいじん
0478-79-2706

〈M ▶ P.162〉香取市山倉2347 P
JR成田線佐原駅🚌山倉行山倉大神🚶1分

鮭祭りは今も盛況講は関東・東北にまで

バス停の前が山倉大神である。社伝によれば，811（弘仁2）年，疫病退散を祈願して高皇産霊大神を勧請したのが始まりという。かつて栗山川ではサケが遡上しており，12月第1日曜日の初卯祭には鮭祭りが行われ，参詣者にサケが分けられる。明治時代，関東各地からの参詣者で賑わった門前町の面影はないが，関東・東北に多くの講があり，民衆の信仰を集めている。

県道旭小見川線沿いの府馬郵便局から東へ1kmほどいくと宇賀神社があり，その脇に府馬の大クス（国天然）と称されるタブノキの巨木がある。また府馬郵便局から南へ500mほどいくと，修徳院（天台宗）に至る。寺には鎌倉時代後期の作である銅造阿弥陀如来及び両脇侍立像（県文化）がある。

山倉大神

中世文化のかおる北総

3 農村文化の華開く東総

東総の小見川・東庄・干潟には、有名な貝塚や古墳ばかりでなく、草莽の国学者宮負定雄や大原幽学らの史跡もある。

三之分目大塚山古墳 ⑫

〈M▶P.162〉香取市三之分目大塚
JR成田線水郷駅🚌小見川行大塚山🚶1分

下総最大の古墳 有力首長の長持形石棺

バス停前、自然堤防上の大塚山古墳（全長123m）は、下総最大の前方後円墳である。墳丘は3段に築かれ、盾形の周溝をもつ。後円部上にたてられた筑波山系産の板石3枚は、最有力者の埋葬に使用された長持形石棺の一部である。埴輪は、窖窯が用いられる以前のもので、5世紀前半の年代を示す。その製作技法は、茨城県石岡市の舟塚山古墳（全長186m、常陸最大の前方後円墳）と共通する特徴をもち、両地域の交流関係がうかがえる。香取の海の南岸に位置し、水上交通の要衝を占める大塚山古墳は、北岸の舟塚山古墳とともに水運を支配した大豪族の墳墓である。なお出土した埴輪は、小見川の香取市小見川プラザ内に展示されている。

大塚山古墳長持形石棺の底石

大塚山古墳から国道沿いに西へ1kmほどの一之分目地区にある善雄寺（浄土宗）には、寄木造の木造阿弥陀如来坐像（県文化）があり、また同じく、東方2kmほどの下小堀地区の浄福寺（浄土宗）には、鬼舞面（県民俗、非公開）の用具一式が保存されている。また上小堀地区の長泉院墓地から出土した板碑（県文化）は、香取市小見川プラザ内に収蔵されている。

佐藤尚中誕生地 ⑬

〈M▶P.162, 179〉香取市小見川450-1
JR成田線小見川駅🚶10分

駅から北へ10分の内浜公園が佐藤尚中誕生地（県史跡）で、産湯の井戸などが残る。小見川藩侍医の2男として生まれた尚中は、1843

（天保14）年佐倉藩主堀田正睦の招きで佐倉に移り，養父佐藤泰然と順天堂の経営にあたった。明治時代になって東京順天堂（現，順天堂大学）を設立するなど，医学界に功績を残した。

佐藤尚中誕生地から西に徒歩3分の善光寺（天台宗）に，歌舞伎役者初代松本幸四郎の墓（県史跡）がある。初代幸四郎は立役を得意とし，初代市川団十郎と人気を二分した花形役者であった。なお，東京都文京区向丘の栄松院（浄土宗）にも墓がある。駅近くの中央小学校は，小見川藩の陣屋跡である。堀があったが埋められ，今はクスノキと鯱だけが残っている。そこから東へ向かい国道356号線を横断して進むと，明治時代初期商家建築の染織処谷屋土蔵（国登録）がある。

城山公園 ⑭　〈M ▶ P. 162, 179〉香取市 分郷
JR成田線小見川駅 🚶 20分

駅から北西方向へ2kmほど歩くと，県道44号線に至り，そこから台地の先端をのぼると城山公園に着く。ここは，戦国時代に千葉氏一族粟飯原氏が居城とした小見川城であった。忠霊塔のある広場が主郭で，土塁・空堀の一部が残る。粟飯原氏は，1590（天正18）年の小田原攻めの際に，北条方に加わったため，小見川城も陥落した。

公園周辺には城山古墳群が展開し，浄水場内の4号墳（前方後円墳）など数基が現存する。小見川高校敷地内にあった1号墳は古墳群中最大の前方後円墳（全長68m）で，6世紀後半の有力な首長墓である。墳丘には，利根川下流域に特徴的な形態の円筒・形象埴輪がたてられ，舶載三角縁神獣鏡，環頭大刀などの飾大刀，金銅装馬具などすぐれた副葬品が多数出土した。前期古墳に特徴的な三角縁神獣鏡が，後期古墳に副葬されている事例は珍しい。横穴式石室は公園の一角に復元され，出土遺物（県文化）は香取市小見川プラザ

農村文化の華開く東総

内に展示されている。

　公園から南東へ2kmほどいくと，木内廃寺がある。発掘調査で建物の基壇1基は確認されたが，損壊が激しく伽藍配置は不明である。軒先に葺かれた鐙瓦は栄町龍角寺の系統を引くものがあり，8世紀前半の創建と考えられる。さらに県道佐原山田線を進み，香取カントリークラブの南にある花見寺(真言宗)には，平安時代後期の様式をもつ一木造の十一面観世音菩薩立像や，鎌倉時代の作である銅造薬師如来・阿弥陀如来・観世音菩薩・十一面観世音菩薩の立像4体(いずれも県文化)がある。

良文貝塚 ⑮　〈M ▶ P. 163, 181〉香取市貝塚字羽ノ内2004
JR成田線笹川駅🚗15分

縄文時代中期から晩期の国史跡の貝塚

　駅から県道旭笹川線を3kmほど南へ進み，丁字路を右折して800mいくと，豊玉姫神社の鳥居がある。その手前を右にはいったところに良文貝塚(国史跡)がある。これは，千葉県で最初に国の史跡に指定された貝塚である。縄文時代中期から晩期初頭の貝塚が斜面に点在し，貝層断面を観察できる施設もある。後期の香炉形顔面付土器(県文化)は毎年5月5日，11月3日に豊玉姫神社で公開される。そのほかの出土品は豊玉姫神社前の貝塚区民センターに展示しているが，見学の際は香取市教育委員会に連絡が必要である。

　良文貝塚から県道小見川海上線を西へ10分，小見川南小学校の西に，縄文時代中期の阿玉台貝塚(国史跡)がある。東関東における縄文時代中期前半の標式土器となっている阿玉台式土器は，この貝塚から出土した土器が基準になっている。ハマグリ主体の貝塚は斜面に5カ所，谷を囲むように点在している。歩道が敷設され，貝の散布を間近にみることができる。

　良文貝塚から県道旭笹川線を北に

阿玉台貝塚

笹川駅周辺の史跡

20分ほどいくと、右手に旧桁沼が広がる。左手は小見川方向にのびる台地で、その小見川寄りが森山城跡、旧桁沼に面する側が須賀山城跡である。森山城は千葉胤富が、1557（弘治3）年本佐倉城に移るまで拠城とした。土塁と空堀で防御された3つの郭が連続して配され、さらに須賀山城とも一体化して機能していたとみられる。

諏訪神社 ⓰
0478-86-0657

〈M ▶ P. 163, 181〉香取郡東庄町笹川い-677　P
JR成田線笹川駅 🚶 3分

「天保水滸伝」笹川繁蔵の所縁地　境内には遺品館も

　駅から北東へ3分ほどいくと、諏訪神社（祭神建御名方命）がある。春季大祭（4月5日）は、笹川の神楽（県民俗）が演じられる。社伝では、1191（建久2）年鎌倉鶴岡八幡宮の造営に際し、千葉成胤が源頼朝の武運長久を祈願して千座神楽を奉納したのを始まりとする。鷲宮神社（埼玉県北葛飾郡鷲宮町）の土師一流催馬楽神楽の流れをくむ十六座神楽である。また7月27日には笹川の相撲が行われる。1842（天保13）年の同日、「天保水滸伝」で有名な笹川繁蔵が国定忠次・清水次郎長ら関東周辺の侠客たちを招き、繁蔵が奉納した野見宿禰命の碑の前で行われた奉納相撲がその始まりともいう。

　笹川は、中世では津として、近世にはいると河岸場として、年貢米や酒・醤油の積出で賑わった。ここに荷揚げ人足や博徒・無宿人も集まったが、それをたばねたのが笹川繁蔵だった。諏訪神社境内の天保水滸伝遺品館には、繁蔵らの関連資料がおさめられている。1844年の飯岡助五郎との出入りは大筋で史実である。遺品館の北100mの延命寺（真言宗）には、繁蔵の碑な

笹川繁蔵碑

農村文化の華開く東総

どがある。

諏訪神社から県道旭笹川線を南へ戻り、踏切手前で左折して、10分ほどいくと多田庄兵衛家がある。「入正」の屋号で知られる醤油醸造家で、醸造開始は1724（享保9）年と伝える。また同家は笹川河岸組合に名を連ね、河岸問屋でもあった。

東大社 ⑰
0478-86-4405　〈M ▶ P. 163〉香取郡東庄町宮本434
JR成田線下総橘駅🚗10分

千葉氏一族東氏が崇敬した社　中世の世界がひろがる

駅から県道下総橘停車場東城線を南西へ3kmほどいくと、東大社（祭神玉依姫命）がある。千葉氏一族の東氏の崇敬をうけ、東荘33カ郷（現、東庄町）の総鎮守であった。1102（康和4）年、海上郡高見（現、銚子市外川）が大地震と津波にあったとき神輿を渡御させると災害がおさまり、海中から霊玉を得たためこれを神璽としたという。この伝承により20年ごとに外川浦高見磯への神幸祭を行うほか、隔年で利根川沿いの銚子市桜井浜へも神幸する。どちらも海との関わりを示す神事である。

また、歌人としても名高い東氏本宗家の東常縁以来の伝統か、境内には和歌奉納の碑が多くあり、常縁筆と伝えられる詠草断簡（県文化、非公開）を収蔵する。また東氏伝来という木造妙見菩薩立像（県文化）が、笹川の東庄町公民館に展示されている。

福聚寺 ⑱
0478-87-0057　〈M ▶ P. 163〉香取郡東庄町小南690　P
JR成田線下総豊里駅🚗15分

椿海開拓に活躍した鉄牛が開いた寺

町の南端部にある東庄県民の森の城山は、戦国時代東氏の沼闕城跡で、その城域内に鉄牛開基の福聚寺（黄檗宗）がある。いずれも県指定文化財の紙本著色隠元和尚像・木庵和尚像・鉄牛和尚像（三幅対）、紙本著色鉄牛和尚像、隠元・木庵・即非墨蹟（一幅）（い

大原幽学

コラム 人

東総農村を改革する指導者

　大原幽学については，尾張藩家老大道寺家の出身といわれるが，定かではない。幽学の日記である『口まめ草』によれば，1826(文政9)年にはすでに漂泊の身となっている。幽学は諸国を流浪しながら，旅先で修得した易や人相，あるいは和歌などで生活の糧を得ていたものと考えられる。

　東総に活動の拠点を移すころには，諸国で得た知見をもとに，性学といわれる独自の農業改良運動を説きはじめるようになる。性学は質素・倹約を旨とし，身分相応の生活を農民に奨励した精神修養的実践と，農作業の計画化，さらに耕地の交換分合や先祖株組合の結成など，経済技術的実践の両面をもっていた。

　これらの実践は，天保年間(1830〜44)の疲弊した東総地域の村落において，すぐれて効果ある実践として評価され，とくに長部村(現，旭市)の遠藤良左衛門や諸徳寺村(現，旭市)の菅谷又左衛門ら高弟たちの熱心な支援のもとに，門人の数は増加していった。しかし，1850(嘉永3)年に「改心楼」という教導所の建設をめぐって江戸幕府の嫌疑がかかり，翌年に関東取締出役による牛渡村一件がおこった。

　幽学は江戸で6年にわたる吟味の結果，押込め100日の判決をうけ，その刑期をおえて長部村に戻ったあと，1858(安政5)年3月自刃した。現在，自筆の遺書や著作が大原幽学記念館に残されている。主要著作として『微味幽玄考』がある。

ずれも非公開)を収蔵し，本堂左手奥には鉄牛和尚の墓(県史跡)もある。なお，椿海の干拓は，鉄牛の仲介で1668(寛文8)年に江戸幕府の許可を得て行われた。

　県民の森の近くにある蔵福寺(真言宗)には，幕末の絹本著色十六羅漢像図(県文化，非公開)4巻が収蔵されている。

大原幽学遺跡 ⓳　〈M ▶ P.162〉　旭市長部341　P
0479-68-4933　JR総武本線旭駅🚌小見川行中和🚶20分

旧宅などは国史跡 国重文の関係資料は記念館に

　バス停からJA中和脇の道を北に20分歩くと，左手に大原幽学遺跡(国史跡)があり，史跡公園となっている。幽学は江戸時代後期の農民指導者である。公園前面の水田は1842(天保13)年，幽学の指導で短冊状に区画されたもので，史跡の一部である。せまい石段をのぼった旧宅は幽学自身の設計で，間口5間(約9m)・奥行3間(約6m)，8畳2間に台所を付した簡素なものである。公園内の大原

農村文化の華開く東総

大原幽学旧宅

幽学記念館には、幽学の遺品(国重文)をはじめ関連資料が収蔵され、その足跡がわかりやすく展示されている。また、椿海干拓などの郷土資料も展示されている。

公園の一角には、幽学の指導でたてられた十日市場村(現、旭市)の名主の家、旧林家住宅(県文化)が移築されている。

記念館南東2kmにある溝原地区の東栄寺観音堂には、木造伝聖観音立像(県文化)が安置され、平安時代末期の様式を伝えている。

宮負定雄旧宅 ⑳

〈M ▶ P.162〉旭市清和乙701
JR総武本線旭駅🚌小見川行熊野神社🚶1分

農村復興に苦悩した草莽の国学者 平田篤胤の高弟

熊野神社の鳥居の右手が宮負定雄旧宅である。宮負は松沢村(現、旭市)の名主宮負定賢の長子として生まれた。1826(文政9)年、『農業要集』の草稿をたずさえて国学者平田篤胤に入門、同書を出版した。そこでは商品作物を特産品とすることを説いている。土地を失って没落する農民が多い実状から、農村の復興をめざした方策を書いたものだが、実現は困難だった。宮負には『下総名所図会』など多くの著作がある。

熊野神社(祭神速玉男命)は社伝によれば、海上郡三川(現、旭市三川)の寄り石を神体とし、835(承和2)年に紀伊熊野(和歌山県)から神霊を勧請したのが始まりという。12年ごとの卯年には、三川浦へ神輿の渡御がある。毎年3月21日には神楽(県民俗)が行われる。

熊野神社から県道多古笹本線で南西へ4kmほど進んだ鏑木地区には鏑木古墳群がある。古墳群のうち御前鬼塚古墳(県史跡)は、古墳時代後期の前方後円墳で、瀧台古墳は典型的な前期古墳である。

旭駅から南西約20分のところにある太田八坂神社で、毎年7月26・27日の祇園祭で演じられる太田のエンヤーホー(県民俗)は、動物などの仮面をかぶった無言劇と、高さ16mの柱の上で演じられるつく舞からなっている。エンヤーホーは観客からの掛け声である。

❹ 海運と舟運で栄えた銚子

利根川水系の河口に位置し、黒潮洗う銚子には、遥か奥羽や紀州をはじめとした上方との間に、生産文化や人の交流が広がる。

猿田神社 ㉑
0479-33-0362
〈M▶P. 163, 185〉 銚子市猿田町1677-1 **P**
JR総武本線猿田駅🚶5分

猿田彦をまつる戦国時代の俳諧の銅額を所蔵

　駅の西方300mにある猿田神社(祭神猿田彦大神)は、網戸村(現、旭市)と野尻を結ぶところに位置している。本殿(県文化)は1680(延宝8)年の建立で、正面3間(約6m)・側面2間(約4m)の三間社流造である。「永正六(1509)年」銘の連歌を記す銅額や猿田村の天正検地帳(県文化)を所蔵する。11月15日の例祭(七五三祝)には多くの人で賑わう。庚申の年には銚子市外川の浜まで神幸祭が行われる。社殿を囲んで猿田神社の森(県天然)がある。なお3km北方の長山町に、大正時代初期に建築された内野家住宅洋館(国登録)がある。

　JR成田線椎柴駅近くには、野尻河岸の河岸問屋であった滑川家住宅・長屋門(国登録)がある。野尻河岸は年貢米をはじめ、江戸時代中期には、干鰯や醬油も加わって、北部九十九里と江戸・土浦(茨城県)を結ぶ利根川舟運の重要な拠点として栄えた。

猿田神社本殿

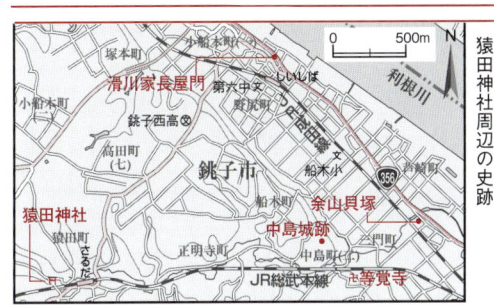

猿田神社周辺の史跡

中島城跡 ㉒
〈M▶P. 163, 185〉銚子市中島町・三門町
JR成田線椎柴駅🚌銚子陣屋町 行芦崎新田🚶10分

　バス停から南に10分歩くと、南を高田川に画された台地に中島城跡がある。室町時代この地域は、三崎荘(現、銚子市と旭市の一

海運と舟運で栄えた銚子　185

部)といわれたが，中島城はここを本拠とした海上氏の本城とされる。東西500m・南北400mの大規模な山城跡で，通称「御城」部分を中心に，郭が複数広がっている。

　中島城の南東500mにある等覚寺(曹洞宗)は，1390(明徳元)年に中島城主海上公胤が仏像を安置したのが始まりとされる。海上氏にかわって，1590(天正18)年に銚子にはいった松平氏の菩提所となり，五輪塔の墓石が20余基ある。明治初年廃寺になった東隣の引摂寺から移された木造釈迦如来立像と薬師如来立像の立像2体は，鎌倉時代中期の作とみられ，鎌倉時代後期の作とみられる木造菩薩立像(いずれも県文化)も，この寺に安置される。これらの仏像は5年ごとの7月11日に開帳される。また，等覚寺境内の高見倉から出土した金銅経筒(県文化，等覚寺蔵，非公開)は，その銘文から，1252(建長4)年に，海上胤方が母の追善供養のため埋納したものである。

　等覚寺から北に台地をくだった踏切の西側に，縄文時代後期から晩期の余山貝塚がある。形成当時は茨城県側の砂州が未発達で，直接太平洋に面していたと考えられている。縄文人をアイヌ以前のコロポックルだと考える明治時代の学説を背景として，線路南側に「コロポックル喰ひ遺したり四千年」の碑がたつ。一部に貝層が残るが，明治時代からの乱掘で破壊が進んでしまった。これまでに骨角器・貝輪やその未完成品と，その加工用の石器が多数出土しており，装飾品などの生産の中心地であったと考えられている。出土品の一部は，銚子市青少年文化会館で展示しているが，みみずく形の土偶(国重文)は兵庫県西宮市の辰馬考古資料館に収蔵されている。

海上八幡宮 ㉓　〈M▶P.163〉 銚子市柴崎町1-7　P
0479-24-1607　　JR成田線・JR総武本線松岸駅🚶10分

　余山貝塚から東1kmの国道356号線沿いに海上八幡宮(祭神誉田別尊)がある。807(大同2)年，豊前の宇佐八幡(大分県宇佐市)を勧請したことにはじまると伝わる。中世には海上氏の崇敬をうけていた。江戸時代は社領30石を有し，海上郡60余郷の総鎮守として栄えた。本殿(県文化)は正面3間(約5m)・側面2間(約4m)の三間社流造で，墨書銘から1683(天和3)年の建立とされる。

海上八幡宮本殿

松岸駅の近くに、銚子縮(県文化)の製造販売店がある。銚子縮は、江戸時代、漁師の妻女が内職としてはじめたといわれ、江戸時代後期に産業化した。昭和初期に途絶えたが、戦後再興された。強い撚りをかけた左撚り・右撚りの2種類の横糸を交互にとおすことで、細かな凹凸ができる。丈夫で肌触りのよい生地は、広く親しまれている。

妙福寺 ㉔　〈M ▶ P. 163, 187〉銚子市妙見町1465　Ｐ
0479-22-0650　　JR総武本線・銚子電鉄銚子駅 🚶 5分

境内に木国会がたてた紀国人移住碑

　駅から跨線橋を渡り、東へ5分ほど歩くと妙福寺(通称妙見様、日蓮宗)がある。もとは香取郡入山崎(現、匝瑳市)にあったが、1715(正徳5)年に現在地に移転した。境内には紀国人移住碑があり、祖先が紀州出身であるとする木国会が、1903(明治36)年にたてたものである。

銚子駅周辺の史跡

　銚子駅から線路沿いに西へ15分ほど歩くと、ヒゲタ醬油工場内にヒゲタ史料館があり、近世・近代の醬油醸造関係の資料が展示されているヒゲタ醬油の創業者で、飯沼村(現、銚子市)の豪農田中玄蕃は、1616(元和2)年、摂津国西宮(現兵庫県)の人に製法をならって醬油造りをはじめたといわれ

海運と舟運で栄えた銚子

白幡神社の庚申塔

る。また、紀州湯浅醬油の製法をもたらしたヤマサ醬油の濱口家なども17世紀の創業と伝わり、銚子は関東の醬油醸造の先駆とされる。1753(宝暦3)年には11軒で醬油仲間を結成し、1840(天保11)年の造醬油屋番付には、前頭筆頭の田中玄蕃をはじめ、銚子の醸造業者15軒が名を連ねている。末広町の濱口家は、与謝蕪村作の紙本淡彩野ざらし紀行図、池大雅作の紙本淡彩瀟湘八景図(ともに国重文、非公開)を所蔵する。

銚子駅から北へ10分の白幡神社(祭神味耜高彦根命)に、1765(明和2)年、奥州石巻(現、宮城県石巻市)の船頭らが寄進した庚申塔がある。江戸時代、白幡神社の北には荒野河岸があり銚子湊の中心だった。中世には飯沼・荒野の津が認められるが、江戸時代になって江戸を中心とする流通経路が整備されると、銚子湊は東廻り海運と利根川舟運を結ぶ拠点となった。正保年間(1644〜48)に仙台藩の廻米船が多数入港し、のちには仙台藩をはじめ東北諸藩が蔵をおいた。廻米以外にも干鰯や東北地方などの物産もあつかい、「関東第一の湊」といわれるほどの繁盛ぶりであった。

鉄道の開通で、利根川舟運はやがて主役の座をゆずることになるが、駅と出荷地を結ぶ水運網が形成された。しかしそれもトラック輸送に取ってかわられることになる。1962(昭和37)年の銚子大橋の開通は、輸送手段の変化を如実に物語っている。

圓福寺 ㉕　〈M ▶ P. 163, 187〉銚子市馬場町293-1　P
0479-22-1741　銚子電鉄観音駅 ㊤ 3分

駅前の通りを北へ200mほどいくと、西側に、本堂が飯沼観音として有名な圓福寺(真言宗)がある。坂東三十三所観音霊場第27番札所である。寺伝では、728(神亀5)年、網にかかった十一面観音像(本尊)を草堂に安置したのを始まりとする。中世には海上氏の帰依をうけ、江戸時代には多くの参詣者が、飯沼河岸や松岸河岸から、

釈迦涅槃図（圓福寺）

または銚子道で訪れ，おおいに賑わった。門前町として形成されたのが，銚子の町並みである。

　圓福寺境内には，「ほととぎす　銚子は国の　とっぱずれ」の古帳庵の句碑がある。寺に伝わる鐃（国重文，奈良国立博物館保管，非公開）は密教系の法具で，平安時代初期の作である。「享徳十一（1462）年」の銘をもつ梵鐘（県文化）は，銘文から袖ケ浦市の飽富神社にあったことが知られる。縦3.5m余りの釈迦涅槃図（県文化）は細かな刺繍によるもので，1669（寛文9）年，京都の次郎左衛門らによって縫いあげられた。涅槃図の各所に，田中玄蕃をはじめ寄進者の名前が刺繍されており，紀州・仙台など広範囲から寄進がおよんでいたことがわかる。釈迦涅槃図は，毎年2月15日の釈迦涅槃会で一般公開されている。境内の大仏は1711（正徳元）年の鋳造で，体軀から台座まで寄進者の名がきざまれ，そのほとんどは銚子の人である。また太平洋戦争時の機銃掃射の痕も残っており，銚子空襲の一端を今に伝えている。大仏の近くに水準原標がある。1872（明治5）年，オランダ人測量技師リンドが設置したもので，日本の水準測量の原点である。

本堂は飯沼観音　銚子市街はこの門前町からはじまる

　飯沼観音から東の田中町には石上酒造米蔵（国登録）があり，清水町と弥生町の境には，飯沼基地の特攻艇震洋格納庫跡がある。香取航空隊の兵士や朝鮮人労働者によって掘られた横穴で，崖の斜面に2基残っているが，柵がたてられていて入れない。

　圓福寺から西へ徒歩5分の陣屋町公園は，高崎藩の陣屋跡である。銚子は，1709（宝永6）年に上州高崎藩領となり，陣屋には郡奉行1人・代官2人が駐在し，役所と役宅など10余棟があったが，今は「旧陣屋跡」の碑がたつだけである。

　観音駅から南東へ徒歩5分の銚子市青少年文化会館には，粟島台遺跡・余山貝塚出土品や，幕末の幕府軍の軍艦で，黒生海岸で座礁した美加保丸の資料が展示されている。縄文時代前期から後期初頭

の粟島台遺跡は銚子駅から南東に20分，滑川東岸に張りだす台地先端部と周囲の低湿地からなる。出土した多量の漆塗り土器は，漆の原液を採取し，赤漆で文様をほどこす縄文時代中期の高度な漆文化を示す。また，琥珀玉を製作したことも知られ，安定した狩猟・採集生活を背景として，生産・交易の中核をになった拠点的な集落と考えられる。なお，漆塗り土器などは文化会館裏の文化財収蔵庫で見学できる（要事前連絡）。

銚子漁港 ㉖

〈M ▶ P. 163, 187〉銚子市新生町
銚子電鉄観音駅🚶10分

> 内港から外港へ
> 今も全国屈指の漁業基地

　圓福寺から北へ500mいくと，利根川沿いに銚子漁港の内港がある。利根川河口は「阿波の鳴門か銚子の川口，伊良湖渡合が恐ろしや」といわれた難所であり，また，天然の港は遠浅で，大型船は接岸できなかった。そこで1925（大正14）年から大修築が進められ，1971（昭和46）年に利根川に沿った運河が完成して危険は小さくなった。江戸時代の漁村は，内港から北東2kmの川口神社の北，飯貝根に成立した。正保年間（1644～48）から紀州の漁師が出張し，やがて定住し漁村として発展をとげた。彼らの伝えた任せ網，のちには八手網により水揚げされたイワシは，干鰯に加工され流通した。

　1864（元治元）年，イワシの大漁を川口神社で祝い，飯貝根の網元網代久三郎・文人松本旭光・俳諧師石毛利兵衛らにより大漁節がつくられたという。川口神社は海の守り神として漁師の信仰が篤く，「この浦守る川口の明神ご利益現せる」と大漁節にうたわれる。また，近くにある旧西廣家住宅（国登録）は元船主の家で，公開されている。

　川口神社の北500mの千人塚は，利根川河口で遭難した人びとの霊をまつった場所である。今は太平洋に面する外港

美加保丸遭難供養碑

香取の海と北総台地

(川口町)が整備され、大規模な魚市場と水産物流通加工施設をもつ、全国屈指の漁業基地となっている。

　外港から南に2kmの黒生海岸に美加保丸遭難供養碑がたつ。1868(慶応4)年8月、榎本武揚率いる江戸幕府軍艦8隻が箱館へ向かう途中、暴風雨のため美加保丸が黒生海岸で座礁沈没、乗組員13人が死亡した。その翌月、播磨龍野藩御用の龍野丸が座礁。乗船していた国木田専八と、当地の淡路まんとの間の子が国木田独歩である。独歩は1871(明治4)年に銚子で生まれ、4歳までここですごした。

犬吠埼灯台 ㉗　〈M▶P.163, 187〉銚子市犬吠埼9576
銚子電鉄犬吠駅 🚶 5分

洋式灯台の魁　1874年の完成

　駅から5分の犬吠埼灯台(国登録)は、日本でもっとも早い時期に設置された洋式灯台である。1866(慶応2)年、英国公使パークスが建言したことが計画の始まりという。明治維新後、イギリス人技師リチャード・ヘンリー・ブラントンの設計により、香取郡高岡村(現、成田市高岡)のレンガを用いて1872(明治5)年に着工、74年に完成した。総高27.3m、レンガ造りの建築物としては国内第2の高さを誇る。犬吠埼灯台資料展示館には、初代のレンズが展示されている。米軍の射撃の跡が残るレンズは、太平洋戦争の遺物でもある。

　1913(大正2)年、観光目的に銚子・犬吠間を結ぶ、銚子遊覧鉄道(現、銚子電鉄)が開業した。さらに同鉄道会社は、犬吠の旅館暁鶏館を経営統合し、1897年に開通した総武鉄道(現、JR総武本線)で銚子にきた観光客を犬吠に運び、宿泊させる態勢を整えた。江戸時代の銚子観光は寺社参詣と磯浜巡りで、犬吠は磯浜の1つにすぎなかった。しかし、近代施設の灯台を中心に観光拠点に成長していった。

　灯台下の海岸には白亜紀浅海堆積物(国天然)がある。また、周辺の君ヶ浜・酉明浦海岸などは、日本では数少ない琥珀の産出地で、縄文時代中期の粟島台遺跡で玉などの装飾品に加工していたことが知られている。

　また灯台から15分ほど南に歩くと、長崎砲台の跡地がある。幕末、銚子に4カ所築かれた台場の1つだが、今はその跡をほとんどとど

海運と舟運で栄えた銚子

めていない。さらに海岸沿いに進んだ外川集落の東端、大杉神社境内には、崎山治郎右衛門の碑がたっている。崎山は紀州から移住、1658(万治元)年から6年をついやして外川湊を開き、町割を行った。『利根川図志』(1855年刊)には、長崎から外川まで舟の出入りが頻繁で、浜辺では昼夜を分かたず、老若男女が魚油・干鰯づくりにはげんでいるとある。外川港先の海中にある岩礁の千騎ヶ岩(県天然)もまた、そのころから磯巡りの名勝であった。なお高神西町にある渡海神社の極相林(県天然)は、タブ林の典型的な海岸林である。

常灯寺 ㉘

〈M ▶ P. 163〉銚子市常世田町53-1
JR総武本線・銚子電鉄銚子駅🚌飯岡行常世田薬師前🚶5分

行基の創建と伝わる古刹
薬師如来坐像は国重文

バス停から西に坂をくだったところに常灯寺(真言宗)がある。本寺は行基の創建と伝えられ、常世田薬師の名で親しまれる。1673(寛文13)年建立の本堂(県文化)は、正面5間(約9m)・側面6間(約11m)の寄棟造で、江戸時代前期の密教系仏堂の代表例とされる。木造薬師如来坐像(国重文)は、平安時代後期の定朝様式を伝える、鎌倉時代初期の代表的な作例である。胎内に記されている墨書には、1243(仁治4)年、海上胤方をはじめ多くの人びとの寄進により、仏師豪慶によって修理されたとある。胤方は等覚寺(岡野台町)

木造薬師如来坐像

の金銅経筒の施主でもある。毎年1月8日、薬師如来の開帳が行われる。

Kujūkuri

九十九里の海辺

九十九里町須賀神社の真亀天王祭

九十九里浜

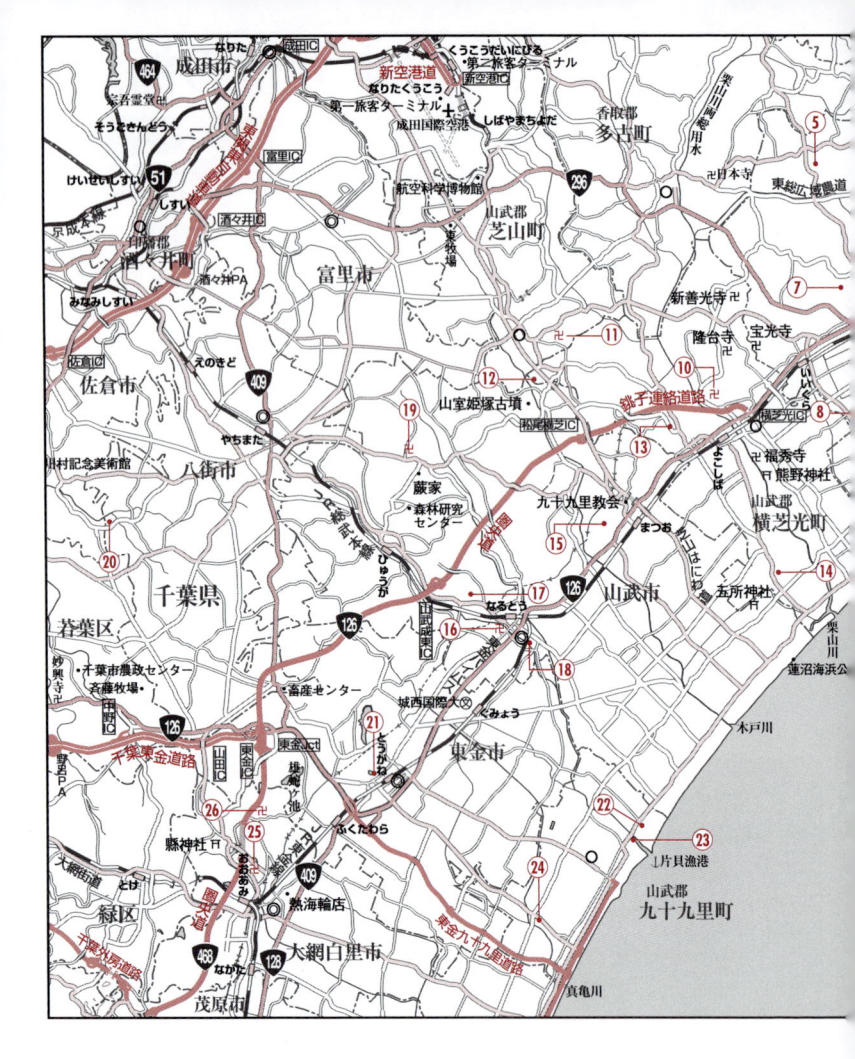

◎九十九里地区散歩モデルコース

八日市場コース　　JR総武本線八日市場駅 10 福善寺 3 八日市場城跡 15 老尾神社 10 熊野神社 25 JR八日市場駅 20 飯高檀林 20 JR八日市場駅

松尾・芝山・横芝コース　　JR総武本線松尾駅 10 九十九里教会 20 大塚権現塚古墳 15 JR松尾駅 10 殿塚古墳・姫塚古墳 10 観音教寺(芝山仁王尊) 10 芝山町立芝山古墳・はにわ博物館 10 坂田城跡 10 JR総武本線横芝駅

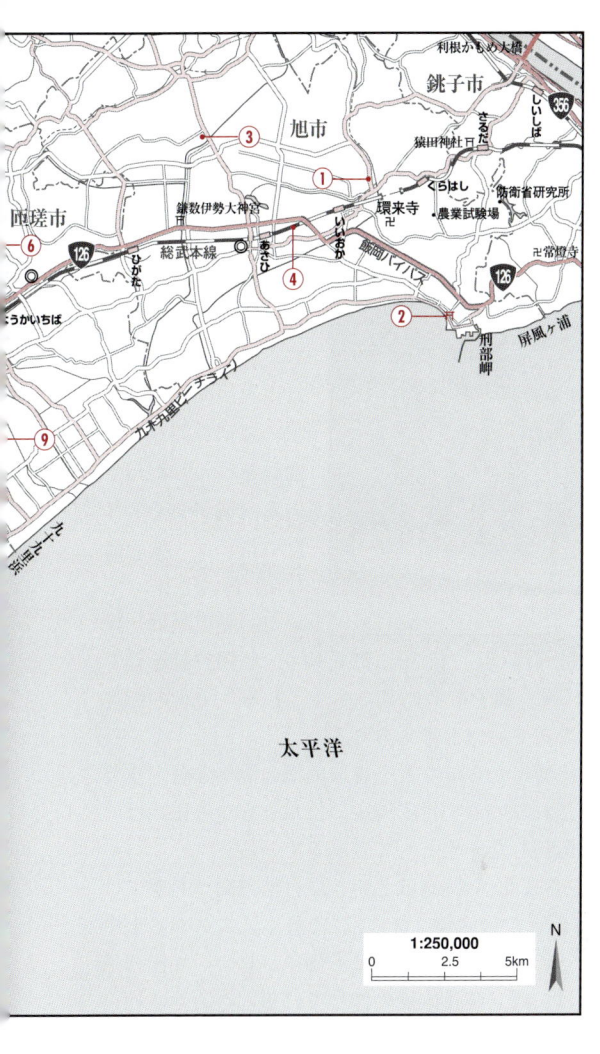

①見広城跡
②玉崎神社
③椿海干拓地
④網戸城跡
⑤飯高檀林
⑥福善寺
⑦脱走塚
⑧須賀正教会
⑨薬師寺
⑩広済寺
⑪観音教寺
⑫殿塚古墳・姫塚古墳
⑬坂田城跡
⑭海保漁村生誕地
⑮大堤権現塚古墳
⑯浪切不動
⑰板附古墳群
⑱伊藤左千夫生家
⑲妙宣寺
⑳根古谷城跡
㉑東金城跡
㉒いわし資料館
㉓真忠組関連遺跡
㉔青木昆陽不動堂甘藷試作地
㉕本国寺
㉖正法寺

成東・山武コース　　JR総武本線・東金線成東駅 6 浪切不動 10 成東城跡公園 16 JR成東駅 5 伊藤左千夫生家 10 成東・東金食虫植物群落 7 JR成東駅 7 JR総武本線日向駅 8 妙宣寺 8 JR日向駅

東金・九十九里コース　　JR東金線東金駅 8 東金城跡 5 本漸寺 10 東金市役所(鉢ヶ谷遺跡出土品) 2 JR東金駅 30 いわし資料館 7 真忠組関連遺跡 15 新開バス停 30 JR東金駅

椿海干拓地の周辺 ①

近世はじめに干拓された椿海は、今は広大な水田にかわり、周辺台地上に古墳や城郭が点在する。

見広城跡 ❶

〈M ▶ P. 195〉 旭市見広
JR総武本線飯岡駅🚌7分

龍福寺

中世の塩の道を押さえた城

　駅から猿田方面に向かった台地の上に、見広城跡がある。城は南へつきでた半島状の地形を掘って、曲輪をつくりだしている。城がつくられた中世には、城の前に椿海が広がっていた。見広城は、網戸(現、旭市)から野尻河岸(現、銚子市野尻町)、猿田神社を経て海上氏の本城中島城(現、銚子市中島町)へつうじる、中世の街道を押さえる役割をになっていたと考えられる。

　これらの道は、太平洋岸から塩などを香取内海の津へと運ぶ重要な道であったと推定されている。見広城主の伝承をもつ嶋田氏は、古文書にも伝馬制に関係した一族として登場している。

　見広城跡の麓をさらに北へ2kmほどいき、台地方向へ右手にはいっていくと、7～8分で龍福寺(真言宗)に着く。スダジイを中心とする龍福寺の森(県天然)は、学術的にも価値が高い。蛇園の還来寺(真言宗)の本尊は、鎌倉時代中期の作とされる木造阿弥陀如来立像(県文化)である。

　後草の水神社永代大御神楽(県民俗)は、豊年満作を祈念する岩戸神楽で、倉橋の弥勒三番叟(県民俗)は、香取郡東庄町東大社の20年ごとの祭礼に演じられる。

玉崎神社 ❷

〈M ▶ P. 195, 197〉 旭市飯岡2126 🅿
JR総武本線旭駅🚌銚子観音行玉崎神社前🚶すぐ

　バス停からすぐのところに玉崎神社(祭神玉依毘売命・日本武

196　九十九里の海辺

玉崎神社拝殿の彫刻

尊)がある。玉崎神社は，九十九里浜玉之浦の東端玉ヶ崎にあったところからこの名がついたといわれる。1533(天文2)年，現在地に移された。江戸時代には上総一ノ宮の玉前神社(長生郡一宮町)と相対し，九十九里浜鎮座の神として知られた。

九十九里浜鎮護の神 本殿は元禄時代の建立

本殿(県文化)は一間社流造で，社殿の擬宝珠に「元禄十(1697)年」の銘があるが，建物の一部には中世末期の様式がみられる。拝殿(県文化)は1852(嘉永5)年の再建で，向拝周りがみごとな彫刻でかざられている。当社の古瀬戸狛犬一対(県文化)は，陶製で室町時代の作とされる。この地域は平田篤胤の国学が広く浸透し，門人の参詣が多く，本殿裏の林に，平田篤胤の歌碑がたつ。拝殿右手には「天保水滸伝」で名高い飯岡助五郎の碑や，画家・詩人の竹久夢二文学碑などがある。

玉崎神社の北側に定慶寺(真言宗)がある。寺の前の広い墓地には，飯岡助五郎と勢力を争った笹川繁蔵の首塚がある。境内には寺号の由来となった，1870(明治3)年建立の「定慶上人塚」の碑がたつ。

寺の東300mには飯岡台地を背景に，光台寺(浄土真宗)の本堂がみえる。光台寺はもと江戸桜田(現，東京都千代田区)にあった天台宗の寺院だったが，江戸城拡張のため飯岡に移転し，浄土真宗に改宗した。本堂は1700(元禄13)年の建立で，千姫(江戸幕府2代将軍徳川秀忠の女)の御殿の一部を使用している。同寺は江戸時代の創建であるが，鎌倉時代の作とされる善光寺式木造阿

玉崎神社周辺の史跡

椿海干拓地の周辺

弥陀如来像が安置されている。

　境内墓地には，飯岡助五郎の墓がある。助五郎と笹川繁蔵の勢力争いを題材にした講談の「天保水滸伝」で，助五郎は遊侠渡世の悪役とされているが，その一方で，土地の網元として漁業経営を行い，港の護岸工事に尽力している。

　下永井(しもながい)地区などに伝わる「飯岡の芋念仏(いもねんぶつ)」(県民俗)は，旧暦の10月10日に行われ，サトイモの収穫期にあたることからその名がある。この念仏講は銚子・海上でも行われている。

椿 海干拓地(つばきのうみかんたくち) ❸

〈M ▶ P.195〉旭市新町(しんまち)319
JR総武本線旭駅🚌小見川行橋際(おみがわはしぎわ)🚶10分

干潟8万石生まれかわった美田

干潟干拓地遠景

JR旭駅より北へバス通りを進み，国道126号線を渡り，西溜池(ためいけ)・東溜池をみてさらに進むと，道の東側に海宝寺(かいほうじ)(真言宗)がある。椿海干拓ゆかりの寺院で，開山(かいさん)である慶範(けいはん)が所持したという宝物，絹本著色釈迦涅槃図(けんぽんちゃくしょくしゃかねはん)(県文化)がある。

旭駅周辺の史跡

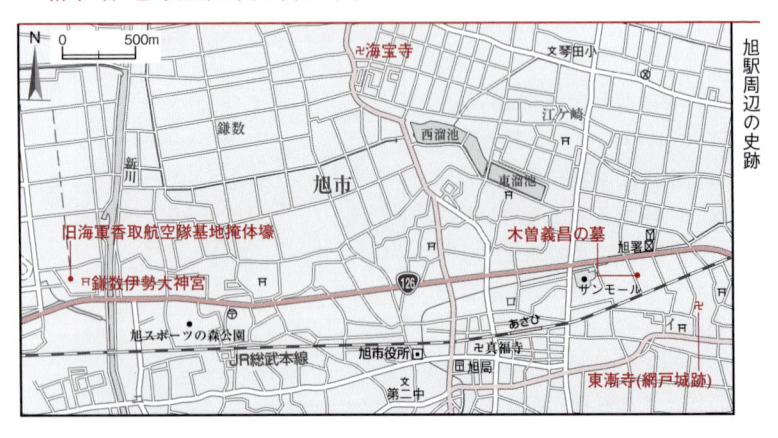

九十九里の海辺

海宝寺山門

　寺より700mいくと，新川にかかる元禄橋・刑部橋にでる。この新川と刑部橋が，干潟8万石と称される椿海の干拓を物語っている。江戸時代初期，旭・八日市場・海上・干潟の旧4市町村にまたがる広大な「椿の海」があった。1669(寛文9)年，江戸の町人で幕府大工頭の辻内刑部左衛門らが，鉄牛禅師を介して椿海干拓を許可された。難工事の末，翌年完了した。そのときに掘削した排水路が，旭市内を貫流し八日市場市(現，匝瑳市)の吉崎浜へそそぐ新川である。

　干拓地に出現した新田18カ村の豊年満作祈願のために，3社5寺が造営された。その1つが海宝寺である。また，新川をまたぐ国道126号線の干潟大橋側に鎮座する鎌数伊勢大神宮(祭神天照皇大神)もその1つである。毎年3月27・28日の祭礼には，境内の神楽殿で鎌数神楽(県民俗)が奉納される。

　拝殿の隣には，落花生の形に似せた金谷惣蔵の落花生の碑(山岡鉄舟題額，日下部鳴鶴書)がたつ。惣蔵は，1878(明治11)年から落花生の試作をはじめ，村人への普及につとめた。その結果，大正時代初期までにはこの地域におおいに広まり，のちに惣蔵の功績を顕彰してこの碑がたてられた。

　神社の裏手の駐車場をでると，旧海軍香取航空隊基地の掩体壕(格納庫)がある。第二次世界大戦中，空襲から飛行機をまもるため基地周辺に25基築造された。戦後，その多くは取りこわされたが，旭市にはこの1基が残存し，匝瑳市には2基が残った。

　掩体壕の隣は，あさひ鎌数工業団地である。ここにかつて海軍香取航空隊基地があった。1938(昭和13)年，海軍より共和村鎌数(現，旭市)に一方的に基地造成の通達があり，1375mの滑走路2本をもつ海軍基地がつくられた。現在基地跡には，戦没者慰霊碑がたっている。

椿海干拓地の周辺　　199

網戸城跡 ❹

沖積低地の城跡／木曽氏終焉の地

〈M ▶ P. 195, 198〉 旭市イ2337 P
JR総武本線旭駅🚌銚子陣屋町 行網戸上宿🚶2分

網戸城跡

バス停から県道を東へ250m進み、左へまがると東漸寺（真言宗）がある。この寺の境内は網戸城跡の一部となっている。近世初頭まで存在した椿海を北にのぞむ低地の城であったが、中心部は西にやや離れた字城の内地区にあり、現在は畑地となっている。朝日将軍とよばれた木曽義仲の子孫とされる木曽義昌が、1590（天正18）年に1万石でこの地に転封され、応永年間（1394～1428）に築城したという網戸城を取り立てた。1600（慶長5）年その子義利が改易となり、同城は廃され木曽家は断絶した。

　義昌は椿海に水葬されたと伝わるが、東漸寺境内には、義昌と夫人および木曽家の供養塔3基がたつ。江戸時代末期、義昌没後250回忌に京都の国学者野々口隆正が詠んだ和歌「信濃より　いずるあさひを　したひきて　東の国に　あととどめけむ」から、現在の市名がとられている。

❷ 檀林と鬼来迎の里

匝瑳郡域には、中世城郭と古刹が多く、飯高城跡には飯高檀林がつくられる。広済寺に伝わる鬼来迎は、国指定の仮面劇。

飯高檀林 ❺
0479-74-0446

〈M ▶ P.194〉匝瑳市飯高1789 P
JR総武本線八日市場駅🚌市内循環豊和・飯高線飯高檀林🚶6分

水戸黄門の寄進をうけた日蓮宗根本道場

　バス停から北東へ500mいくと飯高寺(日蓮宗)がある。飯高寺は、江戸時代に僧の学問所として栄えた飯高檀林(県史跡)の跡である。1580(天正8)年、土豪平山刑部少輔常時が日蓮宗の僧日生を招き、城内に寺をつくり檀林としたのが始まりと伝えられる。江戸時代初期には徳川家康や側室お万の方、紀伊・水戸両徳川家からの寄進で規模を拡大し、整備された。以後、日蓮宗の根本道場として発展し、各地からの修行僧で隆盛をきわめた。

　境内には盛時をしのばせる建物が残っている。境内入口の石段をのぼり総門(国重文)をくぐって、老杉のおいしげる参道をいくと、講堂・鐘楼・鼓楼(いずれも国重文)がある。檀林の制は1874(明治7)年に廃止されたが、学統は東京の立正大学へとうけつがれ、境内に「立正大学発祥之地」の石碑がたっている。

　寺域は、鎌倉時代中期から南北朝時代までは千葉氏の同族飯高氏、戦国時代は平山氏の居城となった飯高城跡でもある。また、南へ500mほどのところにある妙福寺の近くに飯高神社がある。本殿(県文化)は1758(宝暦8)年の建築で、壁面などに中国の説話に基づく彫刻がほどこされている。

　檀林より南の匝瑳大浦地区特産の大浦ゴボウは、藤原秀郷が平将門征討を成田山新勝寺に祈願した際、この地でとれた「大浦ゴボウ」の精進料理で酒宴をはり、のちに戦に勝ったという故事から、毎年新勝寺へ奉納されている。

飯高檀林講堂

檀林と鬼来迎の里　201

八日市場駅周辺の史跡

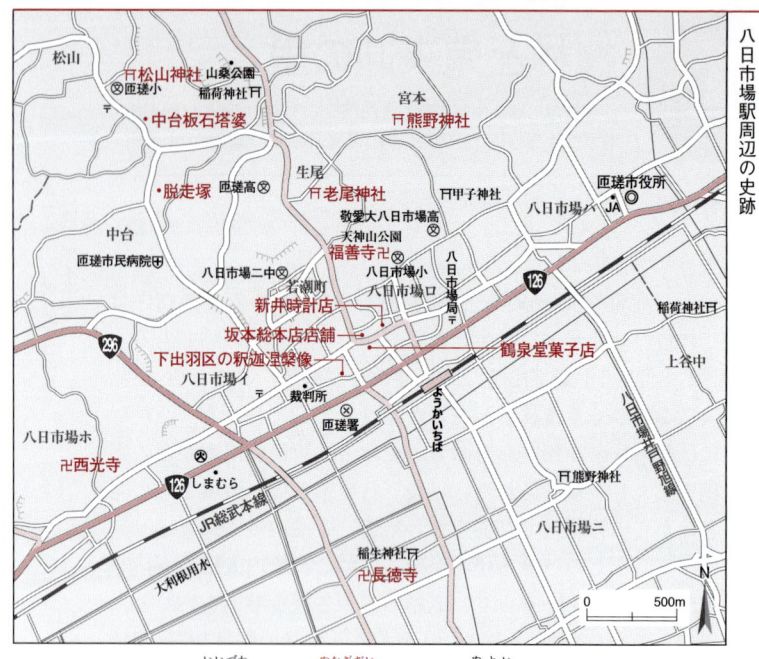

　大浦の東隣，飯塚地区の柳台遺跡は，弥生時代後期から平安時代にかけての遺跡である。また，借当川流域や須賀地区から多く出土した縄文時代の丸木舟（県文化）が，匝瑳市立公民館に展示されている。

福善寺 ❻　〈M ▶ P.195, 202〉匝瑳市八日市場イ2326　P
0479-72-0831　JR総武本線八日市場駅 🚶 10分

中世の仏画を伝える寺　幕末の真忠組の拠点

　JR八日市場駅から国道126号線をこえて，八日市場小学校方面へ500mいくと福善寺（真言宗）がある。同寺には絹本著色十二天像（12幅，県文化）があり，そのうち梵天ほか6幅は，鎌倉時代末期から南北朝時代にかけての作である。そのほか，室町時代の作である絹本著色真言八祖像（8幅）・絹本著色高野四社明神図（1幅，いずれも県文化）がある。

　1862（文久2）年，九十九里浜小関（現，山武郡九十九里町）でおきた，貧民救済騒動である真忠組事件の余波は，この寺院にまでおよび，同寺が浪士・農漁民一党の拠点となった。

　寺よりバス通りを北西へ約900m進むと，県立匝瑳高校にでる。

九十九里の海辺

真言八祖像のうち金剛智像（福善寺）

高校の東100mほどに、『延喜式』式内社の老尾神社（祭神阿佐比古之命）がある。神社隣の共同墓地には「観応三(1352)年」銘の下総板碑がある。これより東へ600m、宮本の熊野神社には「文和二(1353)年」銘の梵鐘（県文化）が保管されている。

神社から西へ1.5km、中台地区の共同墓地にある板石塔婆（県文化）は、1253(建長5)年のもので、表に地蔵菩薩立像が線刻してあり、「爪書き地蔵」とよばれ、土地の人びとに親しまれている。このさき200mには松山神社があり、同社には「天正検地帳」（下総国匝瑳松山御神領帳、県文化）が残されている。毎年1月15日には、粥と小豆を煮た鍋に竹筒をいれて、その竹筒のなかにはいった粥または小豆の数によってその年の作物の豊凶を占う、筒粥神事が行われる。

脱走塚 ❼ 〈M ▶ P. 194, 202〉匝瑳市中台304
JR総武本線八日市場駅■市内循環豊和・飯高線JA支所🚶6分

バス停から南へ500m、市民総合病院の手前に脱走塚がある。ここには、水戸藩士佐幕派諸生党の25人が葬られている。幕末の動乱期、水戸藩では天狗党（討幕派）と諸生党（佐幕派）の争乱があり、1868(明治元)年天狗党が諸生党をこの地松山で壊滅させた。この争乱を松山戦争という。諸生党員の遺体のほとんどに首がなかったといわれ、村人が手厚く葬り碑をたてた。

ここより南へ1.4km、米倉の西光寺（真言宗）には、絹本著色十王図（県文化）や下総板碑、石塔がある。西光寺の西2.2km、貝塚地区の宝光寺（真言宗）には絹本著色阿字観像（県文化）、外壁に植物文様をほどこした阿弥

愛染明王像（長徳寺）

檀林と鬼来迎の里　203

木造釈迦涅槃像（下出羽区）

陀堂がある。

市内循環バス須賀線横須賀バス停より西500mには、長徳寺（真言宗）がある。同寺には鎌倉時代後期ごろの密教画普賢延命像・愛染明王像（ともに国重文）があり、篤く信仰されてきた。下出羽区にはヒノキの寄木造である木造釈迦涅槃像（県文化）がある。

また、米倉・砂原地区の八日市場の盆踊り（県民俗）は、旧暦の七夕から盂蘭盆にかけて行われ、8月4・5日の八重垣神社祇園祭は、二十数基の御輿で賑わう。古くから商業町の八日市場には、明治時代後期に建てられた坂本総本店店舗、昭和時代初期に建てられた新井時計店と鶴泉堂菓子店店舗兼主屋（いずれも国登録）がある。

八日市場駅から多古方面行きバスで県道106号線を4kmほどいった木積地区には、木積の藤箕製作技術（国民俗）が伝えられている。江戸時代後期には藤箕作りが行われていたと伝えられ、大正時代には特に盛んに出荷された。

討幕派に討たれた水戸藩士の墓

須賀正教会 ❽

0479-73-0097
（匝瑳市教育委員会）

〈M ▶ P. 194, 206〉匝瑳市蕪里2742
JR総武本線八日市場駅🚌市内循環須賀線ハリストス正教会前🚶3分

バス停から北へ500mいくと、田園に囲まれた集落の一角に、白い清楚な建物がみえる。日本ハリストス正教会（ロシア正教会）須賀正教会である。教会の聖堂内には、イコン画家山下りん制作の聖画（イコン、県文化）10面がかざられている。いずれも油絵で、「機密の晩餐（最後の晩餐）」「聖母子」「ハリストス」（キリスト）などである。

須賀正教会は、蕪里村の名主の家に生まれ、上京して神田駿河台のニコライ神学校に学んだ鵜澤修が、1890（明治23）年屋敷内に塾を開いたのが始まりである。聖画は、1899年信徒の協力で聖堂が設立されたときに、ニコライ堂（東京都千代田区）の主教より贈られた。

山下りんのイコンで知られる正教会

204　九十九里の海辺

須賀正教会

山下りんは，1857(安政4)年笠間(茨城県)藩士の家に生まれた。工部美術学校に学び，聖画習得のためにロシアに留学した。帰国後，ニコライ神学校で聖画を制作し，晩年は故郷ですごし，1939(昭和14)年に没した。

教会は鵜澤の人望から信者が多く，1919(大正8)年には484人を数えた。現在の建物は，1999(平成11)年にたてられた。

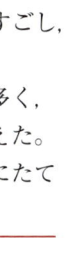

薬師寺 ❾
0479-67-3158

〈M ▶ P. 194, 206〉匝瑳市川辺2877-2 P
JR総武本線八日市場駅🚗10分

道路脇より続く参道をいくと，薬師寺(真言宗)の朱塗りの山門がみえてくる。この寺は，1300年前行基により安置されたという大日如来・薬師如来を本尊としている。境内には，昭和時代初期の農民詩人伊藤和の墓がある。

旧光町と旧野栄町との境の大布川沿い，西栢田地区の稲荷神社は，栢田仁組獅子舞(県民俗)で知られる。天明年間(1781～89)，上総国作田村(現，山武郡九十九里町)の住人が獅子舞を各地に普及したおり，仁組集落の人びとが習い覚えたのが始まりとされる。

旧野栄町野手地区に内裏塚がある。壬申の乱(672年)に敗れた大友皇子の妃耳面刀自がこの地にのがれて没し，手厚く葬られたと伝えられている。

県道飯岡片貝線を西へ，横芝光町にはいり1.4km進むと，左側に木戸辻の観音院(浄土宗)がある。1562(永禄5)年観随の開基とされ，本尊の木造阿弥陀如来坐像(県文化)は，平安時代末期から鎌倉時代初期の作とされる。観音院より東南へ1.5km，大布川河口尾垂ヶ浜の生魚屋橋付近の松林に，成田山本尊上陸記念碑がたつ。本尊の不動明王は，平将門の乱(939～940年)のとき，平将門を調伏するために，寛朝により京都から船で尾垂ヶ浜に運ばれたと伝え

行基ゆかりの大日如来と薬師如来

檀林と鬼来迎の里　205

須賀正教会周辺の史跡

られている。また，寛朝遠忌1000年を記念して，銅造不動明王立像が1998（平成10）年に造立された。

広済寺 ⑩
0479-85-1010　〈M▶P.194〉山武郡横芝光町虫生483　P

JR総武本線横芝駅🚌八日市場行虫生入口 🚶8分

地獄からの衆生救済を演ずる鬼来迎

　虫生バス停より南へ500mほどのところに，広済寺（真言宗）がある。この寺では毎年8月16日，一大仏教衆生救済劇鬼来迎（国民俗）が上演される。その起源は鎌倉時代にさかのぼり，因果応報と勧善懲悪を説く，全国唯一の地獄を演ずる仮面劇である。内容は，地獄におちて苦しむ亡者を，観音菩薩が浄土の世界へ導く話である。

　出演者・衣装・舞台設定は，すべて虫生の人びとの手で行われている。劇中の鬼婆に赤ん坊をだいてもらうと，すこやかに育つと伝えられている。使用する面（県民俗）は13面で，香取市小見川の浄福寺（浄土宗）や成田市冬父の迎接寺（浄土宗）にも同様の面が残されている。

　広済寺の北2km，小川台の隆台寺（真言宗）には，銅造阿弥陀如来及び両脇侍立像（県文化）がある。像は善光寺式三尊で，室町時代の作とされる。門前には「明徳

広済寺山門

206　九十九里の海辺

五(1394)年」銘のある板碑がある。この時期，善光寺式の阿弥陀如来が全国各地にみられ，浄土教が広まったことがわかる。隆台寺はもと新善光寺と称したが，明治時代初期に村内の3寺を吸収して現在の寺号となった。

　隆台寺より北へ1kmの五差路の交差点へ進み，ひかり工業団地をぬけ右折し，500mのところに篠本の新善光寺(真言宗)がある。当寺には，銅造阿弥陀如来及び両脇侍立像(県文化)がある。像の型・衣文より鎌倉時代の作とされる。

　JR横芝駅の東南2km，栗山川沿岸の東陽病院の前，古屋の福秀寺(真言宗)は，1214(建保2)年の建立と伝えられ，鎌倉時代の作である木造薬師如来立像(県文化)と両脇侍立像がある。ここより東陽小学校をすぎ，南へ進むと，熊野神社(祭神伊弉冉尊・速玉男命・事解男命)がある。876(貞観18)年，熊野新宮大権現を勧請したと伝えられる。両総の国境にあるところから，古くは境の宮とよばれた。『吾妻鏡』1186(文治2)年の記事によると，当地の属する匝瑳南条荘は，紀州熊野山領であったことがわかる。

❸ はにわ道に古墳文化のかおりを求めて

古代武射郡を縦断するはにわ道は，新東京国際空港へ通じている。周辺には，古代文化の開花を示す古墳が密集する。

観音教寺 ⓫
0479-77-0004

〈M ▶ P. 194, 208〉山武郡芝山町芝山298 Ｐ
JR総武本線松尾駅🚌芝山ふれあいバス芝山千代田駅行仁王尊前🚶2分

芝山の仁王尊で知られる天台宗の古刹

芝山仁王尊山門

観音教寺駐車場前のバス停より続く参道をのぼっていくと，観音教寺(天台宗)の山門がある。この山門は堂宇形式になっており，その部屋に安置されている仁王尊から，寺は芝山仁王尊の名で親しまれ，江戸時代以来多くの人びとの信仰を集めてきた。

観音教寺は，781(天応元)年，征東大使中納言藤原継縄の創建と伝えられる古刹である。中世には千葉氏の祈願所として繁栄し，近隣に80余りの子院を擁する大寺院となったが，戦乱のためことごとく消失した。境内には江戸時代末期の再建で，県内では数少ない塔婆建築の三重塔(県文化)がある。石碑も多く，松尾芭蕉の句碑，窪田空穂の歌碑「百済仏師　いまだこぬ日を　東なる　総に住みける　この埴師はよ」などがある。

また，本堂に隣接する芝

観音教寺周辺の史跡

208　九十九里の海辺

山ミューゼアムには、殿塚・姫塚古墳から出土した埴輪(県文化)9点を含む、150余点の埴輪が展示されている。

1988(昭和63)年には、境内に隣接して芝山町立芝山古墳・はにわ博物館が開館した。この博物館は、古墳時代だけに限って展示しているのが特徴である。

博物館より北へ200m、地方道八日市場八街線にでて左折し600mいき右折し、芝山町役場の方向へ600mいくと桜井静の旧宅跡と墓所がある。千葉県の自由民権運動を代表する桜井は、武射郡小池村(現、芝山町)の豪農で、1879(明治12)年各府県会議長に「国会開設懇請決議案」を寄せ、多くの反響を巻きおこした。これが翌年の第3回愛国社大会での「国会開設請願書」の採択につながった。

殿塚古墳・姫塚古墳 ⑫

〈M▶P. 194, 208〉山武郡横芝光町中台1472-1
JR総武本線松尾駅🚌芝山ふれあいバス芝山千代田駅行横芝中台入口🚶5分

武射国造の古墳か葬列埴輪で有名

観音教寺から松尾駅方面へ、はにわ道をいき、横芝光町にはいるとすぐに「殿塚・姫塚」の標識がある。そこから畑のなかの小道を5分ほど歩くと、大小2つの前方後円墳がある。これが17基からなる芝山古墳群(中台古墳群)を代表する殿塚古墳・姫塚古墳(国史跡)である。1956(昭和31)年に発掘調査が行われ、両古墳から全国でもまれな形象埴輪列が出土し、有名になった。とくに殿塚古墳のものは、男性や女性、馬・水鳥など70体以上の形象埴輪で構成されていた。

山武地方には、1000基近い古墳があるが、なかでも殿塚古墳は大型の古墳で、墳丘長88m・高さ13mである。姫塚古墳は、墳丘長58m・高さ6mで、いずれも2重の周溝をもっている。2基の古墳の築造は6世紀末であるが、この地域に大型古墳が出現するのは6世

殿塚古墳

はにわ道に古墳文化のかおりを求めて

紀になってからで、市原地域や利根川流域など千葉県内のほかの地域とは違う特色を示している。

　殿塚古墳・姫塚古墳の周囲をかざっていた形象埴輪や、石室から出土した大刀・金環などの装飾品、馬具などは芝山ミューゼアム、芝山町立芝山古墳・はにわ博物館に展示されている。また芝山町では、毎年11月の第2日曜日に、殿塚古墳・姫塚古墳などを中心として、「はにわ祭り」が開かれている。

坂田城跡 ⑬

〈M▶P.194〉山武郡横芝光町坂田655-1　P
JR総武本線横芝駅🚌町内循環バス坂田🚶1分

舌状台地を占める大規模な戦国時代後期の城郭

　バス停前の小高い山が、戦国時代後期の遺構をよく残す坂田城跡である。栗山川に沿う形で九十九里平野につきだす舌状台地を、長軸700m・短軸250mにわたって造成し、築造されている。

坂田城跡

　城跡にはいるには、バス停から舗装道路をのぼるか、ふれあい坂田池総合公園の駐車場から階段でのぼるとよい。坂田城跡は、土塁や空堀の大きさ、出入口（虎口）をにらむ櫓台の存在、主郭から土橋をわたってでた第2郭が馬出（虎口の前面を防御する空間）の役割をはたすなど、戦国時代後期の特徴をよく残している。城主は当地の領主で、北条氏にしたがった井田氏である。栗山川上流の高谷川流域にある大台城跡（芝山町大台）を本拠としていたが、1570年代に坂田城を築いたか、修築したものと考えられる。

海保漁村生誕地 ⑭

〈M▶P.194〉山武郡横芝光町北清水167-1
JR総武本線横芝駅🚌循環上境小学校🚶すぐ

渋沢栄一らの門弟を輩出した儒者の生地

　バス停の道路向かいの空き地の奥に、幕末の儒学者海保漁村の生誕地（県史跡）がある。

　漁村は、1798（寛政10）年上総国武射郡北清水村（現、横芝光町）に

五所神社本殿内部

生まれた。青年時代江戸にでて学び、江戸下谷(現,東京都台東区)に家塾を開き、さらに佐倉藩でも講義をするほどになった。1857(安政4)年には、江戸幕府医学館の教授となり、多くの門弟のなかからは、依田学海・箕作麟祥・信夫恕軒らの学者や、渋沢栄一・鳩山和夫といった政財界にも著名な人物を輩出した。海保は『漁村文話』など多数の著作を残し、1866(慶応2)年江戸で没した。

　横芝駅発の循環バスで蓮沼にはいると、殿台の五所神社バス停がある。五所神社は、1171(承安元)年の創建で、上総国山辺荘の総社とされた。本殿(県文化)は桃山時代の遺構を残す江戸時代中期の建造物で、唐破風・千鳥破風、入母屋造で、多くの彫り物で装飾されている。

大堤権現塚古墳 ⑮

〈M ▶ P.194〉山武市松尾町大堤479
JR総武本線松尾駅 徒 15分

山武地方最大規模の前方後円墳

　松尾駅から国道126号線にでて右折し、300mほどいった松尾小学校と反対の道路沿いに九十九里教会(国登録)がある。九十九里教会は東上総でもっとも古い教会で、1882(明治15)年大平村下野郷(現,山武市松尾町)に創立された。

　当時九十九里教会には、ヘボン式ローマ字で有名なヘボンや、明治政府の御雇い外国人で法律顧問のフルベッキら多くの外国人宣教師が訪れ、盛んに伝道説教が行われた。

　教会より成東方面へ1kmのところに、箱根神社入口の案内板がある。その

九十九里教会

はにわ道に古墳文化のかおりを求めて

細道を約300mいくと神社があり、そこが山武地方で最大規模の大堤権現塚古墳(県史跡)である。この古墳は全国で6基しかない3重の周溝をもつ前方後円墳の1つで、墳丘長115m・高さ12m、周溝を含めた全長は174mにもなる。木戸川中流域にあり、9基の古墳からなる大堤古墳群の主墳で、築造は6世紀後半〜7世紀初頭とされている。

大堤権現塚古墳より北西へ4.5km、松尾町の西北端の山室地区にある高野神社には、大堤権現塚古墳と同時期に築造されたと考えられる山室姫塚古墳(県史跡)がある。木戸川中流域の標高31mの台地上にある、17基からなる大塚古墳群の主墳で、墳丘径66m・高さ9mの県内最大の円墳である。発掘調査は行われていないが、7世紀後半の築造とされている。

大堤権現塚古墳の北側の台地には県立松尾高等学校が所在しているが、この一角は松尾城跡である。ここから北の方角に松尾中学校が見える。ここが藩主太田備中守資美の屋敷跡である。この屋敷の表門は、現在松尾城御住居表門として近くの宝積寺隣の民家に移築され、当時の藩主の長屋門として威容を誇っている。

松尾藩主太田氏は、江戸城を築いた道灌(資長)を祖とする大名である。1869(明治2)年上総の武射・山辺郡に移封され、城郭・藩庁・城下町がつくられた。城は箱館の五稜郭と同様の陵堡式である。藩名の「松尾」は、掛川城にあった大手門の名称をとったものである。総武本線松尾駅から大手門跡まで約500mの直線道路が続く。駅の東約200mの松尾図書館には、山武市歴史民俗資料館別館松尾藩資料館が付設され、松尾藩主関係文書・武具等が展示されている。

松尾城御住居表門

④ 野菊の墓とアララギ派の里

成東では古代武射郡の役所跡と寺院跡が発見されており、八街や山武の谷戸には城跡や寺院がみられる。

浪切不動 ⑯ 〈M▶P.194, 213〉山武市成東2551 Ⓟ
0475-82-2176　JR総武本線・東金線成東駅🚶6分

海難除けで知られる懸崖造の不動尊

　成東駅から南東のバス通りを200mいき右折し、五郎神社を右折してすぐ左折し300m、東金方面へ向かい、作田川をこえると、浪切不動として有名な成東山不動院長勝寺（真言宗）がある。天平年間（729〜749）、僧行基が海難除けとして不動尊像を彫り、一寺を建立してまつったのが始まりとされる。元禄年間（1688〜1704）、漁船が嵐にあったが、不動尊の常夜灯のおかげで無事だったことから、いつしか「浪切不動」とよばれるようになった。

　本堂は、石塚の森（県天然）の中腹にたてられている朱塗りの懸崖造で上総の清水寺とも称される。境内には尾崎紅葉・泉鏡花らの文人が滞在した鉱泉旅館「成東館」の記念碑がたつ。

　浪切不動の南西には成東城跡公園がある。この標高45mの独立台地全域には、かつて成東城があった。広大な外郭部をもつ戦国時代の山城で、1415（応永22）年印東氏の築城と伝えられ、千葉一族成東氏が城主となり、

成東駅周辺の史跡

野菊の墓とアララギ派の里

浪切不動

1602(慶長7)年ごろ破却された。公園内には、童謡作家斎藤信夫作詞「里の秋」の自筆歌碑がたつ。

公園よりくだって道なりに南西へ約400mいくと成東小学校隣の元倡寺(曹洞宗)に着く。山門をくぐると、左に1649(慶安2)年建立の九重石塔がある。本堂裏の墓域には、崎門学派の朱子学を継承した上総道学の祖稲葉黙斎の墓(県史跡)がある。黙斎は崎門学派の稲葉迂斎の2男に生まれ、父の後をうけ、清名幸谷村(現、大網白里市)に住み、道学をこの地に広めた。また、成東町を流れる作田川の成東大橋の橋畔には、「上総道学発祥の地」の記念碑がたつ。

成東駅に戻ってその北西2kmの川崎地区には、宝聚寺(天台宗)があり、鎌倉時代末期または室町時代初期の木造釈迦如来坐像(県文化)がある。

駅から県道成東鳴浜線を南東へ3.6km、白幡地区に白幡八幡神社八幡宮がある。当社の祭礼は、竹に旗をつるした幟を使うが、この旗は、元禄年間につくられたいざりばた(県民俗)で織られている。

板附古墳群 ⑰　〈M▶P.194〉山武市板附541

JR総武本線・東金線成東駅🚌八街 行板附🚶10分

古代の寺院跡と隣接する終末期の大型方墳

バス停から北の八幡神社方面へいくと板附古墳群がある。この古墳群は、6世紀末〜7世紀初めの前方後円墳である西ノ台古墳(全長90m)・不動塚古墳(全長63m)と、2重周溝をもつ大型方墳の駄ノ塚古墳(一辺60m)などからなり、終末期古墳の貴重な遺跡である。

板附古墳群の周辺には、7世紀末〜8世紀前半に古墳がつくられなくなった直後に創建された寺院の跡がある。古墳群の南1kmにある湯坂廃寺、北4kmにある埴谷横宿廃寺、西2kmにある「武射寺」と墨書された土器が出土した真行寺廃寺は、いずれもそのころ創建された寺院で、駄ノ塚古墳の被葬者との関連が考えられて

「武射寺」銘墨書土器(真行寺廃寺出土)

いる。

　これら3寺の中心であったとみられる真行寺廃寺に隣接する嶋戸東遺跡は、武射郡衙(郡の役所)跡に比定されている。

　発掘調査で、米をおさめた正倉とされる桁行18mの大型建物跡や、政庁とみられた回廊跡が出土し、2期にわたって郡衙が営まれたことが判明した。後期の正倉の区域は、東西250mはあったとされ、区域内には古墳が破壊されないまま取り込まれており、古墳の被葬者と郡の役人との血縁的なつながりが推測される。

　郡衙全体の広さは真行寺廃寺を取り込んだ方6町(約600m四方)と推定されており、類例のない規模の大きさである。これらのことからこの台地上の一帯は、奈良時代以降の武射郡の中心地であったことがわかった。

　なお、寺院跡と嶋戸東遺跡は、現在は畑や宅地となっていて、遺構などをみることはできない。

伊藤左千夫生家 ⑱

〈M▶P.194, 213〉 山武市殿台393　P
JR総武本線・東金線成東駅　循環バス殿台 1分

『野菊の墓』で有名なアララギ派歌人の生家

　成東駅から県道成東鳴浜線を南東へ1kmいくと、殿台地区にアララギ派の歌人伊藤左千夫の生家(県史跡)がある。左千夫は、政治家を志し明治法律学校(現、明治大学)に学ぶが、眼病のため帰郷した。再度上京のときには、本所茅場町(現、東京都墨田区江東橋)で牛乳業を営むかたわら正岡子規に入門し、短歌の革新に大きな役割をはたした。また、自伝的小説『野菊の墓』は何度も映画化され、生家前には映画化の際の記念樹が植えられている。生家は当時のまま保存され、見学者に開放されている。入口には左千夫の代表作「牛飼が　うたよむ時に　世の中の　あたらしき歌　おほひに起る」の自筆歌碑がたつ。

　なお、成東駅構内(改札口の右側)には、歌碑「久々に　家帰りみて　故さとの　今見る目には　岡も何も良し」と門人土屋文明撰文

伊藤左千夫生家

の「伊藤左千夫略伝碑」がある。奥の茶室唯真閣は,「埴谷のお代官」こと蕨真一郎が提供した山武杉でつくられ,茅場町の自宅から移築された。現在も茶室として使用されている。

　生家に隣接して山武市歴史民俗資料館がある。ここは,左千夫記念館もかねており,2階に左千夫の遺品・書籍・文房具などの関係資料が展示されている。そのほか,真行寺廃寺にあった鎌倉時代の銅造阿弥陀如来及び両脇侍立像(県文化)など,旧成東町内の考古出土品や民俗関係資料の収集・展示を行っている。

　資料館より南500mの水田地帯には,モウセンゴケ・ミミカキグサなどが群生する成東・東金食虫植物群落(国天然)がある。また,成東地区内にはクマガイソウ(県天然)の群生地があり,自然の豊かさを示している。

　さらに左千夫生家より南東へ8kmいった松ヶ谷地区に,「四天さま」の名で親しまれている勝覚寺(真言宗)がある。ここには,像高2mをこす木造四天王立像(県文化)や木造阿難・迦葉立像の2像(ともに県文化)が安置されており,すべて鎌倉時代末期の作である。

妙宣寺 ⑲　〈M ▶ P.194〉山武市埴谷1396　P
0475-89-1282　JR総武本線日向駅 🚌 循環バス妙宣寺 🚶 すぐ

鍋かぶり日親修行の寺

　バス停をおりると目の前が妙宣寺(日蓮宗)の入口である。妙宣寺は,「鍋かぶり日親」として知られる日親が,幼少時代に修行した寺である。日親は,この地の土豪埴谷左近将監の子として生まれ,のちに,京都や九州を中心とする西国への布教に大きな役割をはたした。

　京都での布教で,室町幕府6代将軍足利義教の厳しい弾圧にも屈せず教義をとおしたため,焼けた鍋を頭にかぶせられた。境内墓地

妙宣寺

には「長享二(1488)年日親聖人」ときざまれた江戸時代中期建立の墓石がたつ。また，この寺は「埴谷のお代官」と称された蕨家の菩提寺であり，蕨真一郎(蕨眞)・直次郎(橿堂)兄弟の歌がきざまれた墓石がある。本堂前にも日親を詠じた鋳金家で歌人の香取秀真と蕨真一郎の歌碑がたつ。

　埴谷バス停から東へ600m，睦岡郵便局のY字路を左に進むと蕨家がある。1909(明治42)年，近代短歌の先駆けとなる『阿羅々木』第1号がここより発行された。アララギの誌名は，蕨家の庭木アララギ(イチイ)からとったものである。真一郎は伊藤左千夫との交流が深く，左千夫の活動を金銭的にささえた。また，真一郎は家業の林業経営に尽力し，山武杉の育成につとめた。山武農林学校の創設は，そのあらわれである。

　蕨家より地方道千葉八街横芝線を東へ2km，境川流域麻生新田にある円墳の島戸境1号墳から，鏡・玉類(県文化)が出土した。4世紀後期から末期の築造で，旧山武郡域では希少な前期古墳である。出土遺物は，大網白里市の山武郡市文化財センターに保管されている。

根古谷城跡 ⑳

〈M ► P.194〉八街市根古谷675
JR総武本線八街駅🚌八街市内ふれあいバス「中コース」
根古谷🚶5分

中世の面影を残す塩古郷の城古跡

　バス停から天神社方面に歩いていくと，右手にうっそうとした森がみえてくる。根古谷城跡である。鹿島川の支流弥富川に面する北につきでた舌状台地の先端を占め，台場を土塁と空堀によってへだてて曲輪をつくりだした戦国時代の小規模な城である。天神社の社殿の場所が主郭であり，土塁で囲まれた数軒の家のあるところが第2郭である。このなかの1軒が「ユーゲ(要害)の家」と通称され，城主の館跡と推定されている。

野菊の墓とアララギ派の里　　217

根古谷城跡遠景

　根古谷（根小屋）とは、城郭のある山や台地の麓などにつくられた、城主や家臣の居住区をさす。その名称がそのまま地域名となり、根古谷城とよばれるようになった。

　鹿島川支流をはさんで根古谷城の北西対岸にある法宣寺（日蓮宗）は、根古谷城と深い関連をもつ。古来、根古谷周辺は塩古郷とよばれていた。関東を二分した享徳の乱（1455〜82年）の一連で、千葉氏内乱の際、千葉宗家・上杉方についた根古谷城の円城寺氏は、馬加氏・古河公方に味方する原氏によって滅ぼされた。その原氏の一族で、岩富城（現、佐倉市岩富）によった弥富原氏は日蓮宗朗門派に帰依し、1457（長禄元）年、本土寺（現、松戸市）の末寺法宣寺を建立した。塩古郷には千葉氏一族の粟飯原氏がはいり、以後、根古谷城主、または法宣寺の檀越として戦国時代末期まで塩古郷を領有した。

⑤ いわし文化の九十九里浜

白砂青松の九十九里は、かつていわし漁で栄え、網元を中心にいわし文化がおこる。東金から大網にかけては、古代の山辺郡の比定地であった。

東金城跡 ㉑　〈M ▶ P.194, 220〉 東金市東金1410-1
JR東東金線東金駅 🚶 8分

東金酒井氏の本城
本土決戦の名残りも

　幕末に、梁川星巌・遠山雲如など多くの文人墨客が来遊し、漢詩を残した八鶴湖をのぞむ丘陵に東金城跡がある。駅から北西へ200m進み、左折して200m、八鶴湖バス停を右折していくと八鶴湖と県立東金高校がみえる。1521(大永元)年に酒井定隆が土気城からこの城に移ったと伝えられ、1590(天正18)年まで5代にわたって居城とした。丘陵の尾根伝いに曲輪を連ね、斜面には腰曲輪がめぐっている。土塁・空堀・堀切もよく残っている。第二次世界大戦時には陸軍の陣地となり、今も南西側の一番広い曲輪の先端には、敵艦への砲撃の着弾を観測するコンクリート製の施設が残っている。また、兵士が隠れる蛸壺も掘られ、そのうちの1つには石碑がたっている。城跡の麓の一段高いところにある本漸寺(日蓮宗)には、酒井氏一族の供養塔と1583(天正11)年の北条氏伝馬手形がある。

　東金城跡の一部を削ってたつ県立東金高校の敷地内には、1613(慶長18)年に徳川家康が、鷹狩りの宿泊所としてたてた東金御殿があった。建物は1671(寛文11)年に取りこわされたが、その後もこの地の御鷹場・御捉飼場の指定はとかれず、人びとはタカの餌として小鳥を献上する義務や、農作業上の制約に幕末まで苦しんだ。

　桜の名所である八鶴湖畔にたつ八鶴亭(国登録)は、大正から昭和時代前期の建築である。また、八鶴湖を挟んで県立東金高校の対岸にある最福寺には、鎌倉時代後期の製作と考えられる絹本著色天台大師像(県文化)がある。

　東金駅の周辺には、古い商店の建物が残

東金城址碑

東金駅周辺の史跡

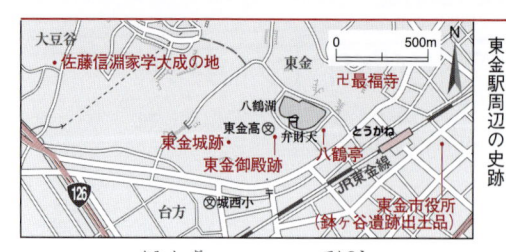

る。多田屋書店本社社屋と店舗(国登録)は，明治時代末期と昭和時代初期の建築である。

駅から上布田行きバスで天王様前で下車すると，八坂神社がある。1691(元禄4)年建立の本殿内殿(県文化)は，装飾性豊かである。

東金駅から千葉行きバスに乗り台方1丁目で下車し，バス停から北に進むと「佐藤信淵家学大成の地」ときざまれた碑がたっている。信淵は出羽国(現，秋田県)出身の農政学者で，『経済要録』『農政本論』など多くの著作がある。1797(寛政9)年以来30年間この地に住み，著述に専念した。

台方1丁目バス停から国道126号線を北西へ1kmいき，丘山公民館前の細道を南へ800m進み六所神社をすぎていくと，鉢ヶ谷遺跡である。旧石器時代から平安時代までの生活跡が多数発見された。鉢ヶ谷遺跡第1号縄文坑出土遺物一括(県文化)は，東金市役所のロビーに展示されている。また，台方1丁目バス停から4km北西の八街市滝台では，1967(昭和42)年に畑から山辺郡印(国重文)が発見された。これは古代の郡家(郡役所)の正式な印で，全国でも4例しかみつかっていない貴重なものである。郡印は，佐倉市の国立歴史民俗博物館に保管されている。山辺郡は，現在の山武郡南部一帯であったと考えられている。

また東金市には民俗芸能が多数あるが，なかでも駅から八鶴湖をこえた北西1.2kmにある日吉神社(祭神大山咋命)で，隔年の旧暦6月14・15日に行われる例祭で演奏される岩崎・押堀地区の東金ばやし(県民俗)や，北之幸谷の稲荷神社で10月に行われる例祭などで演じられる，「はしご昇り」で有名な北之幸谷の獅子舞(県民俗)が知られている。

いわし資料館 ❷

〈M ▶ P.194,222〉山武郡九十九里町小関2347-98
JR東金線東金駅🚌本須賀行海の駅九十九里新開🚶10分

片貝漁港に面した海の駅九十九里の建物に，いわし資料館が設置

いわし漁と万祝

コラム

九十九里浜いわし漁の盛況を物語る万祝

1555(弘治元)年、紀州(現、和歌山県)漁民西宮久助により、九十九里浜に地曳網漁法が伝えられたという。この漁法は17世紀中ごろに普及したが、漁の大半は、旅網とよばれる紀州漁民の季節的な出稼ぎで行われていた。

延宝年間(1673〜81)には、近畿地方の綿花・藍・ミカン栽培の肥料の需要にこたえるため、盛んに干鰯が生産された。しかし、1703(元禄16)年の大津波により、旅網は打撃をうけて衰退した。これにかわって九十九里の有力漁民が大地曳網の経営を行っていった。

なかでも粟生村(現、山武郡九十九里町)の飯高家は大規模な経営を行い、さらに文化年間(1804〜18)には、東浦賀(現、神奈川県横須賀市)に干鰯問屋を開業して九十九里浜のいわし漁の名声を不動のものにした。

漁師の晴着である万祝は、地曳網漁や揚繰網漁で一定の漁期(「職」)内に大漁であったとき、網主が船方などに反物や仕立物にして配った祝着である。「万祝」をマンイワイとよぶこともあるが、本来は「マイワイ」で、縁起や運を示す「間」のことである。

万祝は袷の長着であり、素材は木綿が用いられたが、網主用として羽二重もあった。

図柄は藍地で、背中には◯やNなどの家印・船印を、裾には吉祥模様のツル・カメや「大漁」「いわし」などの文字を配し、朱・黄・青で色づけをした。文化年間にはすでにつくられており、江戸時代末期の漁師の子弟の教科書である『船方往来』には、万祝の記述がみえる。

万祝の作成は九十九里ではじまり、房総半島、太平洋沿岸の東北地域へと広まった。現在、館山市立博物館分館で展示をしている。

その後豊漁が続いた天保年間(1830〜44)には、「九十九里大漁節」(県民俗)が成立した。「万祝」や「大漁節」は、九十九里浜のいわし漁の繁栄ぶりを今に伝えている。

全国唯一のイワシに関する資料館

されている。九十九里浜のいわし漁は、関西における綿花・藍・ミカンなどの商品作物栽培のための、金肥(〆粕・干鰯)の需要からはじまった。漁法は旅網という近世初頭の関西の漁民による出稼ぎ漁で伝えられ、元禄大地震(1703年)以降は地元漁民による操業、地網が中心となって大地曳網漁が展開された。その代表的な網主として粟生村(現、九十九里町)の飯高家が知られている。

館内は江戸時代中期以降の大地曳網漁や明治時代中期以降の揚繰網漁を示す史料、〆粕・干鰯の生産用具・万祝(大漁の祝着、

きどうみち

P.221コラム参照)などの民俗資料，九十九里に伝わる伝統的な加工食品や地域の郷土料理がパネル展示されている。また，館の入口の水槽には，3,000匹のイワシが回遊している。

九十九里町役場近くには，漁業従事者の信仰が篤い八坂神社(祭神須佐之男命)がある。旧暦2月7日に行われる例祭では，1819(文政2)年から続くと伝わる西ノ下の獅子舞(県民俗)が演じられる。

九十九里町役場周辺の史跡

さらに進むと左側に，旧中西薬局であった洋風木造2階建ての建物がある。薬剤師中西月華は，地元の文化団体向上会の主宰者で，当時の文化人と親交があり，内村鑑三・志賀重昂らを招いて講演会を開いた。また，1910(明治43)年の片貝海水浴場開設にも尽力した。

かつて，東金駅からこの片貝海岸に海水浴客を運んでいたのが，九十九里軌道である。1926(大正15)年に敷設された

海水浴場

コラム

海水浴場として脚光をあびた九十九里浜

日本には古来「潮湯治」と呼ばれた海水浴療法があった。明治初期に西洋医学療法の「海水浴」が導入され、房総半島に伝播した。

1885(明治18)年陸軍軍医総監松本順が、神奈川県大磯(現、中郡大磯町)に海水浴場を開設したのが日本の海水浴のはじまりである。以後海水浴は、関東各地・関西に普及していくと同時に、療養型から行楽型へと変化していった。

房総半島でも、1888年に稲毛(現、千葉市稲毛区)の海岸に療養所がつくられ、その後、明治時代末期から大正時代前期には、東京近郊の行楽地として各地に海水浴場が開かれた。

九十九里浜の片貝(現、山武郡九十九里町)には、1910年、地元の薬剤師中西月華らの文化事業団体向上会によって、慈善事業として海水浴場が開かれた。これは月華が、友人原安民の生家である大磯の海水浴旅館宮代屋に遊んで、構想を得たものである。

向上会は、無料休憩所を設立し、麦湯の接待をした。さらに絵はがきや写真帳、案内冊子『九十九里』を作成・配布したので、一躍東京の人びとの知るところとなった。とくに1917(大正6)年の徳冨蘆花の来遊は大きく、蘆花の小説『新春』により、九十九里浜の片貝や豊海は、全国に知られた。

軽便鉄道で、ボンネットのついたガソリンを燃料とする自動車鉄道が走っていた。1961(昭和36)年に廃止され、現在線路跡の一部は、「きどうみち」と名づけられた遊歩道になっている。

旧中西薬局から東へ400mの西ノ下交差点を北へ500m進むと、北の下バス停の手前に「溺鬼供養塔」の碑がある。海難の死者を供養するために、1842(天保13)年に建立された。九十九里浜が、いわし漁で栄えた様子を伝えるのが「九十九里大漁節」(県民俗)である。干鰯生産最盛期の1838(天保10)年ごろ成立したという。九十九里大漁節保存会により伝承されている。

真忠組関連遺跡 ㉓

幕末期浪士騒擾の旧跡

〈M ▶ P. 194, 222〉山武郡九十九里町小関新開
JR東金線東金駅 🚌 本須賀行新開 🚶 5分

バス停より作田川へ向かって5分ほどいくと、河畔に小関新開地区の共同墓地がある。その一角に「楠音次郎、三浦帯刀　墓」ときざまれた小さな墓石と記念碑がある。真忠組の首領の供養碑である。

いわし文化の九十九里浜

真忠組墓碑

　世情騒然としていた幕末の1863(文久3)年,攘夷と貧民救済の旗印を掲げて,楠・三浦の2人が約100人の隊員を集めて九十九里浜の旅籠大村屋を中心として蜂起し,近隣の村役人ら豪農層から金品を略奪した事件である。世に真忠組事件とか大村屋騒動と称されている。隊員には,浪人・農民・商人・医師・無宿人とさまざまな階層が存在し,北は八日市場(現,匝瑳市)の福善寺,南は茂原の藻原寺に支隊をおくほどの規模だった。しかし,翌年1月,江戸幕府の命をうけた板倉藩・加納藩・関東取締出役により鎮圧された。指導者の楠は討死,三浦は斬首となった。

　共同墓地より河畔を港へ向かうと松林の一隅に,1973(昭和48)年建立の真忠組鎮魂碑と,「待てど暮らせど来ぬ人の」と歌われた竹久夢二の「宵待草」詩碑がある。夢二は,1907(明治40)年,読売新聞社の記者として紀行文「涼しき土地」の取材に来遊した。碑は詩人白鳥省吾の書である。

　新開バス停より道を北西に300mの道路脇には,大村屋跡の案内柱がある。さらに2kmいき,案内板を左折していくと,測量家伊能忠敬の生家跡(県史跡)に着く。忠敬は,佐原の伊能家に入婿をして隠居後,測量(天文学)をおさめた。1936(昭和11)年徳富蘇峰揮毫の記念碑が建立された。ついで1994(平成6)年には忠敬生誕250年を記念し,隣接して公園がつくられた。

　その南300mには妙覚寺(日蓮宗)がある。ここ旧小関村は幕末まで東金から片貝村へ通じる要所であった。そのため他地域から学者・文人墨客が多く移り住んだ。それを示す墓碑が境内の墓域に数基建立されている。対馬(現,長崎県)出身の儒学者西山翰海・幕府医官目黒自琢・陸奥三春藩(現,福島県)の侍医出身の長沼祐達等である。特に長沼祐達の墓碑は,江戸の儒者朝川善庵の撰文,幕末三

長沼祐達の墓碑

筆の一人巻菱湖の書で、刻字は江戸の名人石工窪世昌である。また、地元の医家藤代昌琢の墓碑の篆額は勝海舟の書である。いわし漁で繁栄した九十九里に、地曳網主が招いた文人墨客が滞在した当時を彷彿とさせる。山門をくぐると右前方に鐘楼がある。梵鐘は戦時供出された後、戦後、鋳金家で歌人の香取秀眞・正彦父子の手によって平和祈願の鐘として作られたものである。

青木昆陽不動堂甘藷試作地 ㉔

〈M ▶ P. 194, 222〉山武郡九十九里町不動堂301-6 [P]
JR東金線東金駅🚌豊海小学校前🚶すぐ

幕張とならぶ甘藷試作地

バス停の後方に、JA山武郡市豊海支所の建物がみえる。その手前に「関東地方甘藷栽培発祥の地」の碑がある。青木昆陽不動堂甘藷試作地（県史跡）である。

甘藷先生と称された青木昆陽は、飢饉備荒食物として甘藷（サツマイモ）の栽培法を示した『蕃藷考』をあらわした。昆陽は1735（享保20）年、薩摩芋御用掛を命ぜられ、下総の馬加村（現、千葉市幕張）と上総の不動堂村（現、九十九里町）を試作地とした。その後、土地の代官赤松源之進典村の指導で、この地方のサツマイモ栽培がはじまった。

ここより南東へ100mの豊海小学校は、粟生村の飯高惣兵衛と並び称された地曳網主佐久間覚兵衛の屋敷跡である。さらに250mさきには、1486（文明18）年開基の浄泰寺（日蓮宗）があ

甘藷試作地

いわし文化の九十九里浜　225

る。境内には元禄地震津波供養碑，幕末の大老井伊直弼撰文・書とされる浄泰寺住職慈伯大徳碑がある。

ここより南東へ2.5km，真亀川河口の国民宿舎サンライズ九十九里の隣接地には，地元青年達の文化運動の成果である高村光太郎作「智恵子抄」の詩碑がたつ。また，国民宿舎前の県道飯岡―一宮線を片貝方面へ2.5kmの粟生海岸には，徳冨蘆花の文学碑がたっている。

本国寺 ㉕
0475-72-3532
〈M ▶ P. 194〉大網白里市宮谷2996　P
JR外房線大網駅 🚌 みどりが丘行宮谷 🚶 1分

日蓮宗の学問所
明治時代初期の県庁所在地

大網駅より北へ1.5km，宮谷バス停から徒歩1分で宮谷檀林として知られる本国寺（日蓮宗）がある。山門前の駐車場には，巨石の題目碑があり，その台石には日蓮宗の学問寺であったことを示す「本国寺檀林」の文字がきざまれている。本国寺は，811（弘仁2）年空海により真言宗寺院として創建されたと伝えられる。1471（文明3）年，日肝により日蓮宗に改宗され，本国寺と改めた。1622（元和8）年，日純が江戸幕府2代将軍徳川秀忠より許可をうけ，学問所を開設した。土地の名から「宮谷檀林」と称され，以後隆盛をきわめ，江戸時代を通じて400〜800人の僧が修行した。

また，通路をはさんで「宮谷県庁跡」（県史跡）の石碑がたつ。1869（明治2）年，新政府により宮谷県庁が設置された際，庁舎として本国寺を使用した。県域は旧安房・上総および，下総・常陸国の一部の広範囲にわたり，初代知県事柴山典（文平）が管轄した。1871年の廃藩置県まで県庁として存続した，県政揺籃期の記念史跡である。同寺には「雨乞祖師」と称された木造日蓮聖人坐像（県文化）があり，これは1546（天文15）年，土気城主酒井氏を大檀那として，仏

宮谷県庁跡碑と本国寺山門・本堂

226　九十九里の海辺

師葛岡蓮宋の子甚五郎により製作されたという。

正法寺 ㉖
0475-72-1783

〈M ▶ P. 194〉大網白里市小西755　P

JR外房線大網駅🚌みどりが丘行みどりが丘第二🚶10分

東金御殿が移築された上総七里法華の小西檀林

　本国寺から北に2kmには，小西檀林と称された正法寺（日蓮宗）がある。正法寺は，1458（長禄2）年小西城主原胤継が本土寺（松戸市）より日意を迎え，居館を提供し開山した寺院である。1590（天正18）年には日悟が檀林を開設し，最盛期には学僧900人を擁した。ここは戦国大名酒井定隆の土気・東金など領内の寺院を法華宗に改宗させる宗教政策上総七里法華の地域であるところから，飯高（現，匝瑳市）・中村（現，香取郡多古町）檀林と並び称されていた。

　境内には「寛政三（1791）年小西檀林配置図」の案内板がたっている。朱塗りの中門は，1678（延宝6）年，江戸幕府4代将軍徳川家綱の寄進で，なかに後西天皇の皇女理宝筆の「妙高山」の扁額がかかる。講堂（本堂）は，将軍の鷹狩りの宿舎である東金御殿を，家綱が1671（寛文11）年に寄贈し移築したものであり，玄関と屋根に三つ葉葵の紋がみえる。

　本国寺から地方道山田台大網白里線を，北西に1.8kmの季美の森入口バス停の西側に，縣神社（祭神天照大神）がある。1579（天正7）年，土気城主酒井伯耆守康治が「牛若丸と弁慶」の2面の板絵馬著色武者絵（県文化）を奉納した。これは県内最古の絵馬であり，現在，千葉県立中央博物館に保管されている。

　本国寺の近くには，第二次世界大戦中につくられた地下壕跡が残る。大網小学校の南東300mの新宿バス停には，熱海輪店（国登録）がある。1926（大正15）年から1970（昭和45）年まで，千葉銀行大網支店として使用されていた。

いわし文化の九十九里浜

Chōsei
Isumi

長生と夷隅の山と海

勝浦の朝市

月の沙漠記念像

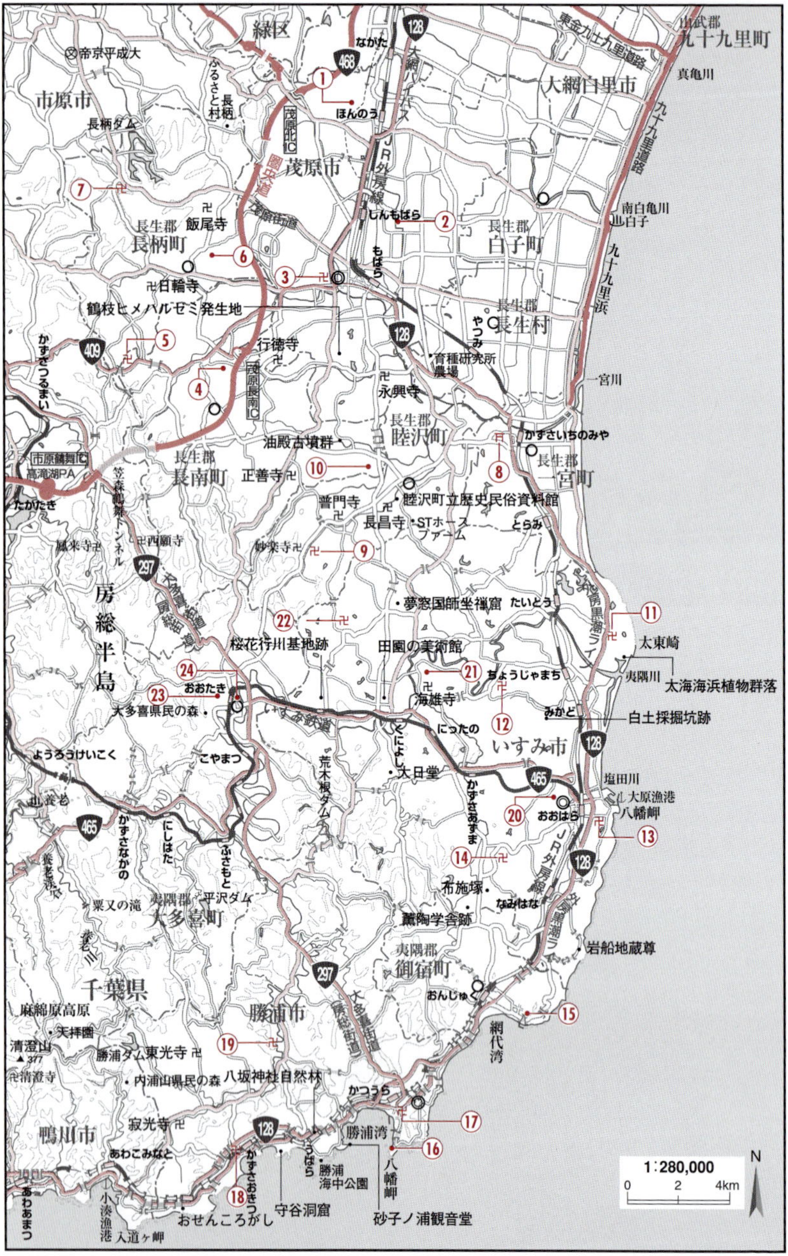

緑区
帝京平成大
市原市
茂原市
大網白里市
山武郡
九十九里町
長生郡
長柄町
長生郡
白子町
長生郡
長生村
長生郡
睦沢町
長生郡
一宮町
長生郡
長南町
房総半島
いすみ市
夷隅郡
大多喜町
夷隅郡
御宿町
千葉県
勝浦市
鴨川市
飯尾寺
日輪寺
鶴枝ヒメハルゼミ発生地
行徳寺
永興寺
育種研究所農場
油殿古墳群
正善寺
普門寺
睦沢町立歴史民俗資料館
長昌寺
STホースファーム
妙楽寺
西願寺
鳳来寺
夢窓国師坐禅窟
桜花特攻基地跡
田園の美術館
海雄寺
大多喜県民の森
太東崎
太海海浜植物群落
白土採掘坑跡
大日堂
荒木根ダム
塩田川
大原漁港
八幡岬
布施塚
薫陶学舎跡
岩船地蔵尊
粟又の滝
平沢ダム
麻綿原高原
天拝園
清澄山
▲377
清澄寺
勝浦ダム東光寺
内浦山県民の森
八坂神社自然林
寂光寺
勝浦湾
勝浦海中公園
八幡岬
守谷洞窟
おせんころがし
砂子ノ浦観音堂
小湊漁港
入道ヶ岬
網代湾
長柄ダム
真亀川
南白亀川
一宮川
夷隅川
九十九里浜
東金九十九里道路
九十九里道路
圏央道
茂原街道
茂原北IC
茂原長南IC
市原鶴舞IC
高滝湖PA
笠森鶴舞トンネル
大多喜街道
房総街道
房総黒潮ライン
いすみ鉄道
JR外房線
大網バイパス
養老渓谷
養老川
ながた
ほんのう
しんもばら
もばら
やつみ
かずさいちのみや
とらみ
たいとう
ちょうじゃまち
みかど
にったの
くによし
おおはら
かずさあずま
なみはな
おんじゅく
かつうら
うばら
かずさおきつ
あわこみなと
あわあまつ
たかたき
おおたき
こやまつ
ようろうけいこく
かずさなかの
にしはた
ふさもと
かずさつるまい
ふるさと村
長柄
128
468
409
297
465
1 2 3 4 5 6 7 8 9 10 11 12 13 14 15 16 17 18 19 20 21 22 23 24
1:280,000
0 2 4km
N

◎茂原・長生・夷隅地区散歩モデルコース

茂原市内の史跡をめぐるコース　JR外房線本納駅_10_本納城跡_10_荻生徂徠勉学の地_15_橘(橘樹)神社_7_掩体壕_8_鷲山寺_3_藻原寺_3_茂原市立美術館・郷土資料館_20_JR外房線茂原駅

長南・長柄の里を訪ねるコース　JR外房線茂原駅_15_称念寺_20_長南城跡_10_いせや星野薬局_7_笠森観音_20_長柄横穴群_15_JR茂原駅

夷隅の海辺沿いコース　　JR外房線太東駅_30_飯縄寺_15_太東海浜植物群落_15_清水寺_15_大聖寺_5_照願寺_15_日西墨三国交通発祥記念碑_20_JR外房線御宿駅

いすみ鉄道沿いの史跡をめぐるコース　JR外房線・いすみ鉄道大原駅_4_いすみ鉄道西大原駅_5_坂水寺義民杢右衛門供養碑_5_西大原駅_14_いすみ鉄道国吉駅_35_万木城跡_35_国吉駅_5_いすみ鉄道上総中川駅_7_行元寺_7_上総中川駅_7_いすみ鉄道大多喜駅_20_大多喜城跡_20_大多喜駅

①本納城跡	⑧玉前神社	⑮日西墨三国交通発祥記念碑	碑
②掩体壕	⑨妙楽寺		㉑万木城跡
③藻原寺	⑩能満寺古墳	⑯勝浦城跡	㉒行元寺
④長南城跡	⑪飯縄寺	⑰覚翁寺	㉓大多喜城跡
⑤笠森観音	⑫清水寺	⑱妙覚寺	㉔渡辺家住宅
⑥長柄横穴群	⑬大聖寺	⑲龍蔵寺	
⑦眼蔵寺	⑭長福寺	⑳義民杢右衛門供養	

1 県央茂原から長南・長柄へ

古代の横穴墓群の集中地。中世の房総武士団ゆかりの城跡や遺物も数多く残る。上総における日蓮宗の中心地。

本納城跡 ❶

〈M ► P. 230, 232〉 茂原市本納字本城 ほか
JR外房線本納駅 🚶10分

笠森層からなる丘陵上の中世城郭

荻生徂徠勉学の地の碑

本納城は、本納駅の西方約500mの蓮福寺(日蓮宗)の背後の丘陵上に位置する中世城郭である。房総特有の痩せ尾根を利用し、尾根上を削って平場をつくりだし、城域を広げている。15世紀中ごろの黒熊大膳亮景吉の居城とされてきたが、確証はない。しかし、16世紀後半には、土気酒井氏の領有となったのは確実であると考えられている。

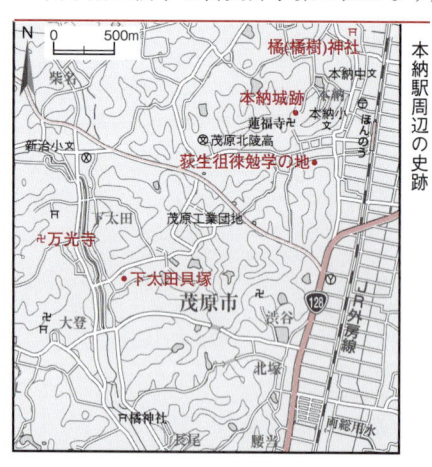

本納城をくだると、荻生徂徠勉学の地(県史跡)がある。江戸時代中期に儒学の古文辞学派の祖となり、当時の思想に大きな影響をあたえた徂徠は、14歳から10年余りの人間形成の重要な時期に、母親の実家のある南総で勉学にはげんだ。

国道128号線にでて北へ向かって800mほどいくと、弟橘姫命を祭神とする日本武尊東征伝説ゆかりの橘(橘樹)神社にでる。この神社は、『延喜式』式内社で、上総二宮として古くから信仰を集めてきた。

本納駅周辺の史跡

232　長生と夷隅の山と海

所有する「橘木社文書」(県文化, 非公開)では, 平安時代末期から鎌倉時代初頭にかけての橘木荘(現, 茂原市本納)の荘園経営をうかがい知ることができる。

本納駅から5km南の長尾にある橘神社には,「応永十六(1409)年」銘の鋳銅鰐口(県文化, 茂原市立美術館・郷土資料館保管)があり, 本納駅から西へ4kmのところにある下太田の万光寺(日蓮宗)の梵鐘(県文化)も「応永十六年」の銘がはいっている。これらは, 室町時代中期の鋳物師の活動を物語っている。万光寺近くの下太田貝塚では, 縄文時代中・後期の墓域が発掘され, 200体以上の人骨が発見された。

掩体壕 ❷ 〈M▶P.230〉茂原市本小轡 ほか
JR外房線新茂原駅🚶15分

第二次世界大戦時の飛行機の防護施設

新茂原駅をでて東へ進み, 阿久川をこえて県道茂原環状線を15分ほど歩くと, 両総用水にかかる東郷橋にでる。この付近にカマボコ形をしたコンクリート製の巨大な構造物が点在する。これらは, 太平洋戦争(1941～45年)中に, アメリカ軍の攻撃から飛行機をまもるためにつくられた有蓋掩体という施設で, 一般には掩体壕とよばれている。

茂原では, 1941(昭和16)年から海軍航空基地の建設がはじまった。サイパン島陥落後, 本土への空襲が激化し本土決戦がさけばれるなかで, 大本営はアメリカ軍の上陸予定地の1つとして, 九十九里浜を想定していた。こうして茂原航空基地は, 本土防衛拠点としての役割をになうこととなる。敗戦時までに基地は完成しなかったものの, 滑走路2本は完成して, 第252航空隊が配備された。この基地には, 敗戦時に掩体壕が17基あったが, このうち11基が現存し, 全国でもっとも多い数である。

滑走路の跡は, 三井化学

掩体壕

県央茂原から長南・長柄へ

千葉工場の東側の直線道路で、「1000m道路」とよばれている。茂原市では、1995（平成7）年に、戦後50年を記念して、市民が戦争の悲惨さ、平和の尊さについて考える「平和元年」とするために、この掩体壕の1基を借地し、説明板を設けた。また、近代の文化財としては、茂原駅から徒歩10分のところに、昭和初期の教会建築である日本聖公会の、茂原昇天教会(国登録)がある。

藻原寺 ❸
0475-22-3153

〈M ▶ P. 230, 235〉茂原市茂原1021 P
JR外房線茂原駅🚶25分

題目初唱の一族の寺
宝塔式山門・鋳銅鰐口

茂原駅から西に約2kmのところに、藻原寺(日蓮宗)がある。寺号の藻原が茂原の語源であり、藻の原であった湿原を平安時代に藤原南家が牧野として開墾し、荘園が形成されたことに由来している。この藻原荘は890（寛平2）年に、藤原菅根から藤原氏の氏寺である奈良興福寺に寄進された。

藻原寺は、日蓮の最初の信者である斎藤兼綱の居館からはじまった。1253（建長5）年、安房国の清澄山で法華開宗を宣言した日蓮は、法華経布教のため鎌倉に向かい、その途中、ここに1カ月余り滞在した。そのとき、「題目初唱の一族」と称された斎藤氏は、居館を開放し、布教の便をはかった。この居館に設けられた仏堂を日蓮が榎本庵と名づけ、のちに妙光寺と称した。江戸時代初期には地名から藻原寺とよばれ、東身延といわれるように、宗門から重視された。宝塔式山門、「文明十(1478)年」在銘の鋳銅鰐口(県文化)、本堂唐門向拝彫刻、日蓮真筆曼荼羅、石造釈迦如来立像、「藻原寺文書」など多数の文化財が残っている。

藻原寺の隣には、鷲山寺(日蓮宗)がある。境内には、1703（元禄16）年の元禄大津波の死者を供養する元禄津波供養塔がある。現在の白子町や九十九里町などの、海岸線につらな

藻原寺宝塔式山門

る村の信者によって建立された。近年の災害研究史では，こうした供養塔が被害の程度をあきらかにするもっとも重要な史料となっている。

藻原寺の裏には，道表山(どうびょうざん)という丘と弁天湖(べんてんこ)を中心に茂原公園が広がる。サクラやツツジといった花見の名所で，市民の憩いの場でもある。保存林に囲まれた茂原公園は，石碑の宝庫でもある。江戸時代の儒者東条一堂(とうじょういちどう)，1917(大正6)年の石井・ランシング協定を締結した石井菊次郎(きくじろう)，普通選挙の提唱者板倉中(なかば)ら多くの顕彰碑が並ぶ。

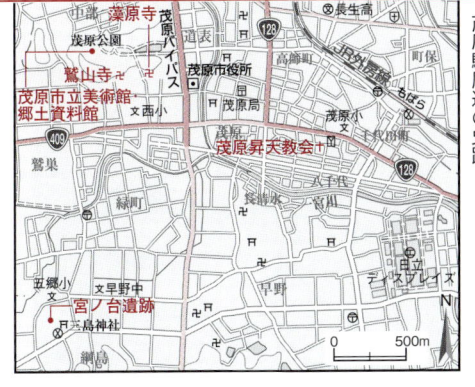

公園内にある茂原市立美術館・郷土資料館には，幕末外国船打払いのために，台場(だいば)に据えられた一宮藩大筒(いちのみやおおづつ)(県文化)が展示されている。また，国府関地区の国府関遺跡では，弥生(やよい)時代から古墳時代にかけての木製品(県文化)が多量に出土したが，このとき発見された珍しい琴板や，朱塗りの木剣なども展示されている。

公園から約5km南下した綱島(つなしま)地区には，弥生時代中期後半の標式土器名となっている宮ノ台遺跡(みやのだい)(県史跡)がある。宮ノ台式土器は東海地方の櫛目文(くしめもん)土器の影響を強くうけ，東京湾を囲む地域に広く分布している。近くの中善寺(ちゅうぜんじ)地区の行徳寺(ぎょうとくじ)(天台宗)には，鎌倉時代から室町時代にかけて各地でつくられた，善光寺式の銅造阿弥陀(あみだ)如来及び両脇侍立像(県文化，非公開)がある。この阿弥陀三尊像は，三尊が1つの光背を共有する一光三尊形で，13世紀後半の作と考えられている。また，上永吉地区の八幡山(かみながよし・はちまんやま)は鶴枝(つるえ)ヒメハルゼミ発生地(国天然)として知られ，三ケ谷(さんがや)地区の永興寺(えいこうじ)(天台宗)には，鎌倉時代後期に作られたヒノキの寄木造(よせぎ)で，清凉寺式(せいりょうじ)の優品として知られる木造釈迦如来立像(県文化)がある。

JR茂原駅から白里海岸行のバスに乗り，白子神社バス停で下車すると，江戸時代中期に建てられた白子神社本殿(県文化)がある。中世千葉氏の祈願所となり，地域の信仰を集めた。

茂原駅周辺の史跡

県央茂原から長南・長柄へ

長南城跡 ❹

戦国時代、上総有数の名族長南武田氏の居城

〈M ▶ P.230, 236〉 長生郡長南町長南字中城 ほか
JR外房線茂原駅🚌長南営業所行愛宕町🚶5分

いせや星野薬局

愛宕町バス停から東へ400mのところにある太鼓森から妙見社を中心にして、長南町市街の東側の丘陵一帯に長南城跡が広がる。15世紀後半に武田氏が当地に入部し、在地領主の長南氏から覇権を奪いとり、長南城を築造したといわれる。長南武田氏は、まず里見氏にしたがい、のちに北条氏に属して戦国時代を生き抜いた。戦国時代末期には、1500騎を有する上総有数の勢力となったが、豊臣秀吉による小田原攻めのあと、北条氏と命運をともにし滅亡した。

長南城跡周辺の史跡

愛宕町バス停から終点に向けて、2つ目の仲宿バス停の近くには、1805（文化2）年に建築された土蔵造・瓦葺き2階建て、切妻形式の星野家薬局店舗・調剤室・門（いずれも国登録）がある。いせや星野薬局は、江戸時代から現代にかけて300年続いている商家であり、この建造物はその歴史の重みを伝えている。また、星野薬局の南西にある浄徳寺（臨済宗）には、明治維新後わずか5カ月間であるが、安房上総知県事役所がおかれていた。この役所の設置は、江戸時代の長南宿が江戸と房総

236　長生と夷隅の山と海

木造阿弥陀如来坐像(報恩寺)

を結ぶ中央に位置し,「上総の名邑」とよばれるほどの繁栄をみせていたことに由来するのであろう。

愛宕町バス停から西へ400mのところに,天台宗関東十檀林の１つ長福寿寺(天台宗)がある。この寺には,天台宗中興の祖といわれた慈恵大師坐像(県文化,非公開)があり,室町時代の作である。

長南城跡への途中,千田地区には称念寺(浄土宗)がある。境内正面の山門と中門,本堂(県文化)が一直線に並ぶ伽藍配置で,参道から進むにしたがい,敷地が高くなっているところに特徴がある。本堂正面には,波の彫刻にすぐれたことから「波の伊八」とよばれた初代武志伊八郎信由の「龍三体の図欄間三間一面」がある。房総半島の多くの神社仏閣で伊八の江戸時代後期の作品が残っているが,明治時代の彫刻家小倉惣次郎はとくにこの龍を絶賛した。尾が天井まで巻きあがる昇り龍と,荒波に勇躍する下り龍は参詣者を圧倒する。

長南市街から南へ約３kmの報恩寺地区には,中世をしのばせる田園風景の山腹中に報恩寺(真言宗)がある。この寺の本尊木造阿弥陀如来坐像(国重文)は,運慶風の寄木造で,「正応三(1290)年」の像造墨書銘がある。ヒノキを用い,こまかく彫りだした運刀のさえに,洗練された造形美をみる。境内の「徳治元(1306)年」銘の梵鐘(県文化)には,とけきれずに残った古銭がみえ,往時の信仰のあり方がよくわかる。

笠森観音 ❺
0475-46-0536

〈M ▶ P.230〉長生郡長南町笠森302 P
JR外房線茂原駅 🚌 牛久行笠森 🚶10分

四方懸造の観音堂
笠森寺自然林に囲まれる

バスをおりて本坊前をとおり,自然林に囲まれた参道を300mほどのぼっていくと,岩の上に四方懸造の坂東三十三所観音霊場第31番札所で,「笠森観音」として名高い笠森寺(天台宗)の観音堂(国重文)がある。観音堂は後一条天皇の勅願で,1028(長元元)年に建立されたと伝えられていたが,1960(昭和35)年の修理の際に発見

笠森寺自然林

された墨書銘によって桃山時代の建物であることが判明した。

この観音堂は，正面5間(約9m)・側面4間(約8m)で，外陣は白木造，岩上の柱の構成美がみご とである。子授けのクスや松尾芭蕉の句碑などもあり，江戸時代から多くの参詣者を集めてきた。寺宝として鋳銅唐草文釣燈籠(国重文)・鋳銅鰐口(県文化)や，「応永三十三(1426)年」の銘がきざまれている鋳銅孔雀文磬(県文化)など多くの文化財を所蔵しているが，現在は千葉県立中央博物館に保管されている。なお，笠森寺の境内は，笠森寺自然林として国の天然記念物に指定されている。

長柄横穴群 ❻

〈M ▶ P. 230〉 長生郡長柄町徳増ほか
JR外房線茂原駅 🚌 大津倉行徳増 🚶20分

上総高壇式の横穴群
国指定史跡

徳増バス停から北東へ1.5kmほどはいっていくと，長柄横穴群(国史跡)がある。古墳時代後期には，山の斜面に墓室を掘った横穴墓が各地にあらわれたが，東上総の横穴墓は，羨道と玄室の間に著しい段差をもつ，高壇式という構造をもっている。長柄町の横穴群には25群324基の存在が確認され，2群36基は上総高壇式の特徴を示す代表的な遺跡として，国史跡の指定をうけている。また，人や馬，水鳥などの線刻壁画が彫りこまれているものも確認され，学界の注目を集めた。近くの資料館では，横穴墓の実物大レプリカや出土した土器を展示している。

徳増の北にある力丸地区には，13世紀後半に作成された18本の腕をもつ銅造准胝観音菩薩立像(県文化)が保管されている。准胝観音は仏母として説かれることが多い仏であるが，作例が非常に少なく貴重である。

徳増から西へ2kmの鴇谷に日輪寺(真言宗)がある。ここには，室町時代初期の製作と推定される絹本著色真言八祖像(県文化，非公開)がある。8幅ともに補筆がほとんど認められず，製作当初

の姿をとどめている。また、容姿端麗な密教法具(県文化)である金剛盤(付)五鈷鈴・五鈷杵がある。

　鴇谷からさらに西へ3km進み、刑部バス停から徒歩約10分の月川区には、平安時代後期の作品と考えられている、カヤからつくられた木造伝牛頭天王立像(県文化)が伝えられている。立烏帽子の頂上から頭体までの一木造であるが、木肌に枝分かれをみせるなど彫刻に適した材ではなく、神木のような木の霊力を像に託したものだと推定されている。

眼蔵寺 ❼

〈M ▶ P.230〉長生郡長柄町長柄山414
JR外房線茂原駅 🚌 ロングウッドステーション行追分 🚶 15分

鎌倉武士団ゆかりの古刹　千葉県最古の梵鐘

　茂原街道の長柄町皿木交差点から県道長柄大多喜線にはいり、約1kmのところに眼蔵寺(臨済宗)がある。眼蔵寺はもと胎蔵寺といい、千葉秀胤の創建と伝えられている鎌倉武士団ゆかりの古刹である。室町時代には五山十刹につぐ諸山の地位をあたえられていた。ここには、現存するものでは千葉県最古の「弘長四(1264)年」銘のある梵鐘(国重文)がある。これは、全国でもまれな無乳の鐘で、上帯の流雲文や下帯の唐草文ものびやかで、全体的に力強く、鎌倉時代の特徴をよくあらわしている。

　鋳工は当時針ケ谷(現、長柄町針ケ谷)に居住していた広階重永である。広階氏は畿内に本拠をもつ鋳物師であったが、鎌倉時代なかば、鎌倉大仏造立にあたって鎌倉に招かれ、製作にたずさわったとみられる。大仏の完成後、鋳物師は一宮川流域、とくに現在の長柄町刑部、針ケ谷、金谷一帯に来住した。このような職人たちは、特別に貢租を免じられ、郷内の金物の製作や修理にあたった。その一方で、近郷近在の寺社の注文をうけ、梵鐘や鰐口をはじめとして、仏具や祭具を製作していた。

　またこの寺には、鎌倉時

眼蔵寺梵鐘

県央茂原から長南・長柄へ

代中期の作とされる木造釈迦如来及び迦葉・阿難像(県文化)や関東管領上杉朝宗の供養塔といわれている宝篋印塔がある。

　皿木交差点から東へ約6kmの山根地区には，日蓮の高弟日什の開基と伝えられる飯尾寺(日蓮宗)がある。本尊は木造不動明王坐像(国重文)で，近世より「飯尾の不動様」とよばれ，九十九里沿岸の漁民から海難除けの崇拝をうけてきた。この像は鎌倉時代末期の製作で，ヒノキの寄木造である。

　皿木交差点から北東へ約10kmのところにある上野の長柄ふるさと村には，1945(昭和20)年から1978年まで，スイス連邦共和国大使館として利用されていた翠州亭(国登録)がある。この建物は，1930(昭和5)年に貴族院議員の日本郵船創設者の後嗣近藤滋弥が，東京都渋谷区広尾にたてた純和風住宅を移築したものである。

❷ 一宮川をさかのぼる

一宮川とその支流に広がる田園地帯。古代から近世にかけての日本の原風景をしのばせる、古墳や寺社などの遺跡群。

玉前神社 ❽
0475-42-2711
〈M▶P.230, 241〉 長生郡一宮町一宮3048 Ｐ
JR外房線上総一ノ宮駅 🚶 5分

上総一ノ宮駅から西へ向かい、国道128号線をこえるとすぐに玉前神社（祭神玉依姫命）がある。『延喜式』式内社で、上総国一宮として古来より地域の信仰を集めてきた。社殿（県文化）は、1687（貞享4）年にたてられたもので、大唐破風、流入母屋権現造で、黒漆が塗られている。秋の例大祭では、境内の神楽殿で、5軒の社家が伝承してきた神楽（県民俗）が奉納され、「上総十二社祭り」もしくは「一宮（上総）はだか祭り」として名高い村連合の神事が行われる。東浪見の海岸線を7kmにわたって、波しぶきをあげて疾走する汐ふみは壮観である。

また、かつて御正体として神前にかけられていた鎌倉時代の白銅製の梅樹双雀鏡（国重文、千葉県立中央博物館大多喜城分館保管）をはじめとして、松喰鶴鏡、蓬莱鏡など社宝も多い。イヌマキが群生し老樹古木が繁茂した境内には、十二末社がまつられるとともに、西南戦争（1877年）・日清戦争（1894〜95年）・日露戦争（1904〜05年）などの記念碑がたてられている。

玉前神社に隣接して、もと別当寺であった観明寺（天台宗）がある。この寺は、正木時通制札や豊臣秀吉禁制などの統治を知る手がかりとなる文化財や、有形文化財を数多く所蔵している。なかでも木造十一面観音菩

上総国一宮 村連合の一宮（上総）はだか祭り

上総一ノ宮駅周辺の史跡

玉前神社社殿

薩立像（県文化）は，1263（弘長3）年の作で，表面に錆地漆箔を残し，カヤの寄木造，高さ1.51mの仏像で，製作当時の面影を色濃く残している。

県立一宮商業高校の南には，一宮城跡がある。戦国時代の正木一族の城であり，交通の要地を押さえる城でもあった。また，江戸時代には，一宮加納藩（1万3000石）の陣屋としても用いられた。

一宮海岸には，明治時代より多くの名士や文人が訪れ，海水浴を楽しんだ。一宮川河口の旅館一宮館には，芥川龍之介が滞在した離れが，芥川荘（国登録）として残されている。内部には，芥川ゆかりの品々が展示されている。

玉前神社から国道128号線を南に2.5kmほどいったところに，軍荼利山植物群落（県天然）に囲まれて東浪見寺（天台宗）がある。この寺には，江戸時代の地曳網の隆盛によって崇拝された，海を守る木造軍荼利明王立像（県文化）がある。平安時代末期から鎌倉時代の初期にかけての作と推定され，カヤの一木造で，本来一面八臂であったものが，明治初年の廃仏毀釈の影響で，六臂が切りとられている。東浪見地区では盛んになった軍荼利信仰の影響をうけて，大漁の祝い唄である「東浪見甚句」（県民俗）が残っている。

一宮町内には，明治時代に建てられた高原家住宅店蔵，旧秋葉家住宅主屋，旧斎藤家住宅主屋（いずれも国登録）がある。

妙楽寺 ❾
0475-43-0150

〈M▶P.230〉長生郡睦沢町妙楽寺500　**P**
JR外房線上総一ノ宮駅🚌大多喜車庫行御大日下🚶1分

木造大日如来の巨像
ヒメハルゼミ発生地

御大日下バス停でおりるとすぐに妙楽寺（天台宗）がある。寺伝によると，849（嘉祥2）年に慈覚大師により開基されたという。本堂は大日堂ともよばれ，1725（享保10）年に完成したものと伝えられている。本尊は，2.78mのカヤでできた巨像の木造大日如来坐像（国重文）である。この像は，平安時代後期の定朝様，一木割刻造で

海の祭り

コラム

汐ふみを行う九十九里浜の2つの祭り

例祭などで神を浜に移してまつる「浜降り神事」は、海に囲まれた房総半島各地にみられる。その起源としては、禊・大漁祈願・漂着神の伝承などが考えられている。

ここでは、南房総に伝わる2つの祭りを紹介する。いずれの祭りも、神輿をかついだまま波打ち際におり、担ぎ手が潮をふむ「汐ふみ(潮踏み)」が中心となっている。

1つは、一宮町玉前神社の上総十二社祭り(県民俗)である。この祭りは、毎年9月13日に行われ、玉前神社と4社から9基の神輿が、一宮町の祭典場まで渡御する。

かつては十二社祭りというように、12基の神輿が集まっていた。玉前神社の祭神である玉依姫命の一族をまつる神社の神々が、1年に1度、釣ヶ崎海岸で再会するのである。

この祭りの魅力は、九十九里の浜辺で神輿をかついでの疾走である。担ぎ手たちは上半身はだかで神輿とともにかけることから、一宮(上総)はだか祭りともよばれ、1200年間の伝統を誇ると伝えられている。

もう1つは、18社の神輿が集まって勇壮な汐ふみを行う大原はだか祭りである。この祭りは、毎年9月23・24日に行われ、汐ふみは23日である。

祭りの始まりは定かでないが、天保年間(1830〜44)には、大原地区10社での祭礼(中魚落の10社祭り)のしきたりや組織ができあがっていた。

かつては、数社のみが波打ち際で、神輿を腕にかかえて汐ふみを行っていたが、1973(昭和48)年の千葉国民体育大会本会場への参加で脚光をあび、はだか祭りとよばれるようになった。

現在は、18社の神輿が漁港に集結し、五穀豊穣・大漁祈願祭のあと、ほとんどの神輿が担ぎ手の胸あたりまで海中にはいり、汐ふみを行う。数社もみあうさまは豪快である。

2つの祭りには、浜降り神事以外にも、近在各社の神輿が、中心となる祭場や神社に集まる寄合い祭りという共通点がある。他社の神輿との競争心のなかから、地域社会の人びととの絆が深まり、祭り独特の熱狂的雰囲気を高めている。

大原はだか祭り

一宮川をさかのぼる

木造大日如来坐像(妙楽寺)

豊かな胸部や太い腕など温和な作風で、全体的なバランスがよくとれている。脇侍として木造不動明王立像，木造毘沙門天立像(鉈彫)，木造毘沙門天立像(彩色)(いずれも県文化)が安置されている。

妙楽寺と日吉神社の周辺は、スダジイを主としてクスノキ・シロダモ・アラカシなどが混生する極相林で、シダ類が多くみられ、ヒメハルゼミの発生地ともなっている。この妙楽寺の森(県天然)は、妙楽寺と日吉神社とともに、郷土環境保全地域に指定されている。

御大日下バス停より一宮町側の西門バス停の近くの普門寺(天台宗)には、四面宝冠をいただき、螺髪に表現した定朝様の木造如来形坐像(県文化、睦沢町立歴史民俗資料館保管)がある。この付近の瑞沢川沿いに広がる大上地区は、肥沃な穀倉地帯であり、田園風景が広がっている。

また部早バス停から南東へ1kmのところにある長昌寺(曹洞宗)には、平安時代後期の作である、一木造の木造不動明王坐像(県文化、睦沢町立歴史民俗資料館保管)がある。

睦沢町では、上之郷にある睦沢町立歴史民俗資料館が、文化財や伝統文化を継承させ歴史学習を行える機関として、親しみやすいユニークな特別展や企画展を実施している。この資料館は、町立土睦小学校の教室を開放して資料館の収蔵品をおき、学校資料室としている。小学校に申し込めば、見学できる。

能満寺古墳 ⓾ 〈M ▶ P.230〉 長生郡 長南町芝原3829
JR外房線茂原駅🚌瑞沢経由大多喜車庫行能満寺入口🚶8分

能満寺前の旧熊野神社跡地に、全長73.5mの前方後円墳である能満寺古墳(県史跡)がある。この古墳は4世紀後半のもので、規模も大きい。1947(昭和22)年の発掘調査で、木棺を木炭で包んだ木炭槨が検出され、郭内から銅鏡など多くの副葬品がみつかった。付近に

東日本の古墳発生期の遺跡 後円部に木炭槨をもつ

芝原人形製作用具

は円墳が数基現存している。また，約2kmほど北西の豊原(とよはら)地区には，前方後円墳2基と円墳2基とからなる油殿(あぶらでん)古墳群(県史跡)がある。1号墳は全長が93mの前方後円墳で，能満寺古墳と同じ時期につくられたと考えられている。こうした古墳は，当時の一宮川とその支流の肥沃さを示している。

能満寺古墳のある芝原地区では，千葉県の郷土玩具として知られる芝原人形がつくられていた。芝原人形は，江戸浅草(あさくさ)に伝わった今戸(いまど)人形の流れをくみ，泥を型にいれてつくる型抜きの技法で製作された。明治時代の風俗を多く取り入れているところに特徴がある。その製作用具(県民俗)は，人形製作の3代目田中謙次(けんじ)のものを中心にして，長南町役場横の長南町郷土資料館に保管されている。

能満寺西方，県道茂原大多喜線の地引中(じびきなか)バス停近くに正善寺(しょうぜんじ)(天台宗)がある。この寺には，露柱庵(ろちゅうあん)と号し，江戸時代の天明(てんめい)年間(1781～89)の蕉風俳諧復興(しょうふうはいかい)に大きく貢献した，白井鳥酔ノ墓(しらいちょうすいのはか)(県史跡)がある。

一宮川をさかのぼる

③ 太平洋にはぐくまれた夷隅の海辺

太東岬から鵜原理想郷にかけての夷隅郡の海岸沿いには、中世から近世にかけての海にちなむ史跡や文化財が残る。

飯縄寺 ⓫　〈M▶P.230〉いすみ市岬町和泉2935　Ｐ
0470-87-3534
JR外房線太東駅 徒 約30分

飯縄寺本堂欄間の「牛若丸と大天狗の図」

太東駅から県道を東に向かい国道128号線をわたり、太東埼灯台入口の信号をはいって海の方に向かいしばらく歩くと、地元で「いづなさん」とよばれる飯縄寺（天台宗）に着く。この寺の本尊不動明王を安置している本堂（県文化）は、現存する普請帳から1797（寛政9）年の建築であることがわかる。欄間の「牛若丸と大天狗の図」は、高さ1m・長さ4mのケヤキの1枚板の大彫刻で、江戸時代後期の波の伊八といわれた初代武志伊八郎信由の作である。若々しい牛若丸が、鞍馬山で大きな翼を背にした大天狗から巻物を伝授される場面は、みるものに臨場感が迫ってくる力作である。また、マリア観音像と考えられている子安観音坐像も所蔵されている。

飯縄寺からきた道を戻り、さらに灯台への標識にしたがって山道を15分ほどのぼると太東崎の上にでる。先端に太東埼灯台があり、眼下に遠く続く九十九里浜や大原の八幡岬にかけての風景が一望できる。太東崎の南側から夷隅川の河口にかけての砂丘地帯に、1920（大正9）年に国の天然記念物第1号に指定された太東海浜植物群落がある。最近は海食のため絶滅の危機にさらされているが、初夏にはハマエンドウやハマヒルガオ、そして旧岬町の花となっていたスカシユリなどをみることができる。

清水寺 ⑫
0470-87-3360
⟨M ▶ P.230⟩ いすみ市岬町鴨根1270 P
JR外房線長者町駅🚗 7分

坂東三十三所観音霊場 木造十一面観音立像

　長者町駅から西へ4kmほどいったところに、坂東三十三所観音霊場第32番札所の清水寺(天台宗)がある。寺伝では、京都の清水寺と同じく、平安時代初期に坂上田村麻呂によって創建されたという。現在の本堂は元禄年間(1688～1704)に再建されたものといわれ、本尊の千手観音像は清水観音とよばれている。また奥院に安置されている木造十一面観音立像(県文化)は、像高1.1mのヒノキを用いた寄木造で、鎌倉時代後期のものと推定される。このほかに境内には源平争乱の平氏方侍大将藤原景清にまつわる「景清の身代わり観音」とよばれる、頭と両手のみの仏像や、銅造聖観音立像そして多くの絵馬と松尾芭蕉の句碑などがある。

　長者町駅隣の三門駅北側に、白土採掘坑跡が残っている。ここは、1903(明治36)年、房総鉄道創始者である大野丈助が、鉄道の付帯事業として採掘をはじめた房総白土商会跡である。幅1.8m・高さ2mの主坑道やトロッコ軌道跡なども残り、大正時代には従業員も100人をこえ、地域いちばんの大企業であった。産出された良質の白土は、みがき粉やセメントの混和剤などに使用されたが、クレンザーの出現などで、1969(昭和44)年に操業を停止した。

清水寺

大聖寺 ⑬
0470-62-0651
⟨M ▶ P.230, 248⟩ いすみ市大原10676 P
JR外房線大原駅🚶 約20分

室町時代の「浪切不動」 不動堂は国重文

　大原駅から県道を東へ向かい、国道128号線と交差する大原漁港入口の標識から500mほどはいると、大原港の近くに「浪切不動」として有名な大聖寺(天台宗)がある。鎌倉時代中ごろ、地元の漁師の妻が海辺で不動明王像を拾い、これをまつったのが始まりと伝えられている。この寺の不動堂(国重文)は、もともとはいすみ市岬町

太平洋にはぐくまれた夷隅の海辺　　247

大原駅周辺の史跡

の清水寺観音堂だったものを、江戸時代に移築したものと伝えられている。正面・側面ともに3間(約6m)の茅葺き・寄棟造で、禅宗様を主とした和様との折衷様式で、室町時代の建築と推定される。

またこの寺の裏山には、第二次世界大戦中に供出され、戦後アメリカから返還された旧長栄寺梵鐘、通称「平和の鐘」がある。この鐘は「貞享三(1686)年」銘があり、大原町に現存する最古の鐘である。

大聖寺の東隣にある照願寺(浄土真宗)は、1818(文政元)年に輪番所から寺に昇格したとき、常陸国(現、茨城県)の照願寺(浄土真宗)の西信が、宝物を移すとともに住職となった。このときもたらされた全4巻からなる紙本著色親鸞聖人絵伝(国重文、東京国立博物館保管)は、親鸞の出家から入滅までの一代記をあらわしたもので、各巻ともに縦41.3cm、横十数mにおよぶ大作である。この寺には、ほかに水戸藩2代藩主徳川光圀の書簡や、覚如(親鸞の女覚信尼の孫)旅掛の木像などが所蔵されている。

照願寺から5分ほど漁港方面にいくと、太平洋につきでた八幡岬にぶつかる。この岬は、戦国時代には小浜城とよばれた塩田浦(現在の大原漁港)を出入りする船と内海を監視する海城である。現在は激しい浸食によって大部分の遺構が失われているが、主郭部や堀切の跡も確認できる。

小浜城のある八幡岬をおりて先端部の海岸の近くにでると、洞穴が存在する。これは第二次世界大戦末期の1945(昭和20)年に、海軍によってつくられた水中特攻艇回天小浜基地の跡である。本土決戦を間近に控え、日本軍は最後の特攻作戦にでようと、1944(昭和19)年に海軍軍令部は9種類の特攻兵器の開発をすすめた。そのうちの1つが、人間魚雷回天である。現在では、基地跡入口の一部はふさがれてはいるが、内部には格納庫跡や燃料庫跡などが当時のまま残

長生と夷隅の山と海

房総の自由民権運動

コラム

国会開設を求めた桜井静
房総の活発な民権運動

　1879(明治12)年11月、愛国社第3回大会で国会開設の願望書提出が決まり、自由民権運動の中心は士族から豪農層へと移っていった。

　そのころ、千葉県は県令柴原和が地方民会(県会)を全国に先駆けて設置しており、公選による最初の県会議長選挙が1878年に実施された。

　また、1879年6月には山武郡の豪農桜井静が「国会開設懇請協議案」を各府県会議長に発送し、翌80年には「地方連合会創立主意書」をだし、地方官会議傍聴に上京する県会議員を組織して、地方連合会を設立しようとした。

　この試みは集会条例により失敗におわるが、桜井は1881年6月に県内最初の政論新聞『総房共立新聞』を創刊する。

　1880年に国会開設を求める気運が高まるなかで、千葉県では高知県についで全国2位の3万2015人が請願署名に加わっている。

　また、全国の民権結社の発足に対応して、県内でも夷隅郡の以文会をはじめ、69社が結成された。

　東京から船で渡来できる地理的な条件もあり、1881年ごろから県内には植木枝盛・末広重恭(鉄腸)・馬場辰猪ら中央で活躍する民権活動家が来県し、その演説会の様子は『朝野新聞』など民権派の大新聞に掲載されていく。

　しかし、翌年6月の集会条例改正による当局の弾圧で、『総房共立新聞』はたびたび発行停止の処分をうけ、10月に廃刊した。また、県内各地の演説会も当局の弾圧で中止・解散が多くなった。

　このなかで1883年には、夷隅郡の君塚省三・井上幹らのグループや、高橋喜惣治・佐久間吉太郎らは、地価修正・地租率改正を求めて減租請願運動を行っていた。

　板倉中と井上幹は、翌84年10月の自由党大会で解党に反対している。こうした運動も、11月から12月にかけて以文会が爆弾製造の嫌疑をうけたことなどによって、井上幹らが逮捕された夷隅事件、加波山事件の首謀者富松正安をかくまった罪で、旧自由党員の加藤淳造や佐久間吉太郎らが逮捕された安房事件によって、大きく後退した。

　しかし、1886年に星亨らによる三大事件建白運動が全国に広がると、斎藤自治夫らが減租請願運動を行い、千葉県内でも演説会や懇親会が再び活発になり、第1回衆議院議員選挙を迎えるのである。

っている(安全上の理由から内部にははいれない)。

　また、いすみ市大原には個人の所蔵で、上杉家伝来の名刀、吉岡一文字(国重文、非公開)が残されている。吉岡一文字とは、鎌倉時

岩船地蔵尊

代に備前（現，岡山県）でおこった刀工の一派で，室町時代にかけて名品を残している。

　大原駅から1駅くだった浪花駅から南東に約30分ほど歩くと岩船漁港近くの海につきでたところに，日本三大岩船地蔵の1つであるいすみ市大原の岩船地蔵尊がある。ここには，1275（建治元）年に75座の神々が漂着したという磐船伝説がある。本堂は3間四方で，屋根は宝形造・瓦葺きの地蔵堂である。縁起ははっきりしていないが，本尊の地蔵尊像は，鎌倉時代中期の建治年間（1275～78）にこの浦に漂着したものと伝えられる。

長福寺 ⑭　〈M▶P.230〉いすみ市下布施757 P
0470-66-1736　JR外房線大原駅 市内循環硯 すぐ

県指定の源頼朝伝説のマキ

　大原駅から西へ約4kmのところに長福寺（天台宗）がある。この寺は，伝教大師最澄の創建と伝えられる古刹で，本尊の木造薬師如来坐像（県文化）は，高さ1.01mのヒノキの一木造で，全体に漆箔がほどこされており，平安時代後期から鎌倉時代初期の作と考えられている。本堂の手前にある長福寺の槇（県天然）は樹齢1000余年と伝えられ，根回り5.5m・高さ12mという巨木である。源頼朝が平広常を攻めたとき，この木に筆を掛けたという伝説によって「頼朝筆掛の槇」とよばれている。

　長福寺から南へ約1.5kmの町台地区の小高い丘には，鎌倉時代の作とみられる布施塚という3層の石塔がある。この石塔は，平広常の供養塔といわれてきたが，調査によって舎利塔の可能性が高いことがわかった。町台地区の隣の大寺には，300年ほど前から伝えられてきた三番叟（県民俗）がある。毎年10月の第1日曜日の白山神社祭礼時に，大寺青年館で奉納される。

　また町台地区から南へ約2kmくだり，御宿町との境界に近い三島地区には薫陶学舎跡がある。この学校は，明治時代初期に自由党

員であった井上幹とその父佐幾夫が私財を投じて設立し、幕末にアヘン戦争を日本に紹介した『海外新話』をあらわした漢学者嶺田楓江を教師に迎えた。幹は、1880(明治13)年高梨正助・君塚省三らと国会開設をめざして活動した民権結社以文会のメンバーであった。近くの共同墓地には、嶺田楓江の墓が現存する。

日西墨三国交通発祥記念碑 ⑮

〈M ▶ P. 230, 251〉夷隅郡御宿町岩和田626 P
JR外房線御宿駅 🚶20分

オベリスク形記念碑／ドン・ロドリゴ上陸地

御宿駅から網代湾沿いに南東に約2kmいくと、岩和田岬の丘の上に高さ17m、オベリスク形で白大理石張りの巨大な日西墨三国交通発祥記念碑がたっている。1609(慶長14)年、フィリピン前総督ドン・ロドリゴ一行を乗せたサンフランシスコ号が、マニラからスペイン領メキシコのアカプルコへ向かう途中、暴風雨のため岩和田沖で座礁し、乗員のうち56人は溺死、317人は地元の海女を中心とした村民により救助された。救助の地田尻海岸が、ドン・ロドリゴ上陸地(県史跡)となっている。

ロドリゴらは大多喜藩2代藩主本多忠朝の面会を経て、江戸城では江戸幕府2代将軍徳川秀忠と、駿府城では家康と会見した。翌年、家康は船をあたえ彼らをメキシコに送り返した。このとき、メキシコとの通商を求め、京都の商人田中勝介を使節として同行させた。通称「メキシコ塔」とよばれるこの碑は、この出来事を記念して1928(昭和3)年にたてられた。現在、御宿町とアカプルコは姉妹都市となっている。1978年に、記念碑の周辺が記念公園として整備された際、メキシコのロペス大統領が来訪した。

サンフランシスコ号の唯一の遺品といわれているのが、御宿の造り酒屋岩瀬家の梁に使用されている2本の「サンフランシスコ号の帆柱」である。また、岩瀬家の先代当主禎之は、昭和時代の海女の写真を撮り続けた写真家でもある。

御宿駅から東へ徒歩2分のところ

御宿駅周辺の史跡

太平洋にはぐくまれた夷隅の海辺

日西墨三国交通発祥記念碑

にある御宿町歴史民俗資料館には、薫陶学舎出身で、明治から昭和時代初期にかけて御宿尋常小学校校長をつとめた伊藤鬼一郎が収集した各種教科書が、五倫文庫として展示されている。また、ここには、幕末の嘉永年間（1848～54）に海防の必要性から、藩主みずから御宿沿岸を巡見した様子を描いた紙本著色大多喜藩陣列図（県文化）の展示もある。題箋には「大田喜藩陣列之図」とあり、大筒や火縄銃などの兵器をもつ隊列が進む様子が描かれている。

　駅から南東に約1kmいった中央海水浴場の砂浜には、月の沙漠記念像がある。ラクダに乗った一対の王子と王女の像で、そばには詩人加藤まさをがこの砂丘から連想してつくった童謡「月の沙漠」の詩をきざんだ、三日月型の碑がたっている。

勝浦城跡 ⓰

〈M ▶ P.230, 253〉勝浦市浜勝浦　P
JR外房線勝浦駅🚶15分

戦国武将勝浦正木氏の拠点　お万の布さらし伝説

　勝浦駅から市街地を東南に約15分ほど歩き、虫浦トンネルのさきに八幡岬がある。岬の丘陵上には、八幡岬公園として整備されている勝浦城跡がある。八幡岬の先端につきでるように築城された典型的な中世の海城で、上総武田氏の一族真里谷氏の属城だったとされる。さらに1542（天文11）年の正木時忠の年貢書立から、このころには勝浦正木氏が移り住んでいたことがわかる。

　その後、豊臣秀吉の小田原攻めに際して、徳川家康の家臣本多忠勝や植村泰忠らの攻撃で落城した。その功績により、植村泰忠が城主となったが、のちに勝浦市串浜新田に串浜陣屋を構えたため廃城となった。

　勝浦城先端の主郭には、江戸時代末期に外国船に備えて岩槻藩によって築造された砲台がおかれた。現在は、養珠夫人（お万の方）像がたっている。1590（天正18）年、豊臣秀吉の小田原攻めで勝浦城

が落城した際，正木頼忠の女で当時14歳だった万が母と幼い弟を背負い，八幡岬の東側40mの断崖を白布を垂らして海におりて小舟で逃げたという「お万の布さらし」伝説が残っている。

　その後，万は17歳で徳川家康の側室となり，紀伊徳川家・水戸徳川家の祖となる頼宣・頼房の生母となった。しかし，1590年にこの城をめぐって本格的な戦闘が行われた記録はなく，平和裏に城をあけ渡した可能性が高い。

　勝浦城跡から北東に1.5kmいくと，絶景の華立岬に官軍塚（県史跡）がある。戊辰戦争のとき，箱館五稜郭（北海道）の榎本軍鎮圧を命じられた津軽藩主津軽承昭の援軍として，実兄の熊本藩主細川韶邦が350余人の軍勢を箱館に向かわせた。ところが，1869（明治２）年１月３日に，川津沖（現，勝浦市川津）で大暴風雨にあい難波した。地元ではこのとき200余人の死者を供養し，1878年に華立巌碑がたてられ，のちに官軍塚と称するようになった。近くの津慶寺（日蓮宗）には，犠牲者の過去帳などがある。

覚翁寺 ❶⓻　〈M ▶ P. 230, 253〉勝浦市出水1297　P
0470-73-3115　　JR外房線勝浦駅 🚶10分

　勝浦駅から南東へ歩き，勝浦市墨名交差点で国道128号線を横切り１kmほどいくと，市立図書館の横の覚翁寺（浄土宗）へでる。この寺は慶長年間（1596～1615）に，植村氏によって勝浦城内に創建された名刹である。その後，1634（寛永11）年に植村泰勝が死去した際，現在地に移され，泰勝の幼名覚翁丸にちなんで命名された。境内には，植村氏歴代の墓や宝篋印塔，波の伊八といわれた武志伊八郎信由の彫刻が残されている。

　また，勝浦の朝市の発祥にまつわる「植村土佐守布達書」が残されている。この文書によれば，当時城下の他地区で行われていた売買をすべて禁止し，勝浦城下の根古屋でのみ許可した。朝市はこれ

太平洋にはぐくまれた夷隅の海辺

高照寺ノ乳公孫樹

以後約400年間続いている。現在では，能登輪島（石川県）・飛驒高山（岐阜県）と並び，日本三大朝市の１つに数えられている。毎週水曜日以外，月の前半は下町通りに，後半は仲町通りで朝６時ごろから昼まで，約70の露店が並ぶ。

覚翁寺から朝市通りを海岸へ向かってほど近く，朝市発祥の地碑のたつ高照寺（日蓮宗）がある。高照寺ノ乳公孫樹（県天然）は，根回り10m・高さ９m，樹齢1000余年という大イチョウで，四方にのばした大枝から数十本の乳柱が垂れ，そのうち数本は地面まで届いている。乳児をもつ母親から篤く信仰されている。

高照寺の近くには，朝市発祥とされる場所に隣接し，江戸時代末期に創業した，昭和時代初期の和風建築の旅館，松の家（国登録）がある。松の家をすぎて，すぐ左側の高い石段をのぼると遠見岬神社（祭神天富命）に着く。近年２月下旬になるとこの石段を利用して「かつうらビッグひな祭り」が開催され，ひな人形が約60段の石段一面に並び，賑わいをみせている。祭礼は９月に行われ，とくに15日の神輿が新造船の上を通過する舟渡しの神事は豪快である。

妙覚寺 ⑱
0470-76-0339

〈M▶P.230〉勝浦市興津1195-1 Ｐ
JR外房線上総興津駅🚶10分

上総興津駅から旧国道を鴨川方面にくだった外房線の線路北側に，妙覚寺（日蓮宗）がある。寺域は日蓮に帰依した興津城主佐久間重貞の館跡といわれ，文永年間（1264～75）に重貞の子長寿丸が得度して日保となり，邸内に妙覚寺を建立した。寺には日保上人作と伝えられる日蓮像や日蓮真筆と伝えられる文書がある。また寺の境内には，仙台藩の船をつないだ石柱が繫船柱碑として保存されている。この石柱は石巻産の粘板岩で，以前は弁天崎の海岸に十数本並んでいたという。現在では妙覚寺境内のものと，興津港海浜公園

東廻り航路に由来する繫船柱碑が境内に

254　長生と夷隅の山と海

繋船柱碑(妙覚寺)

に1本ずつ残るだけである。

　興津の町は江戸時代、江戸と東北を結ぶ東廻り航路の重要な中継港として繁栄し、その繁栄ぶりは、千軒・三味線堀といった地名に、その名残りをとどめている。

　上総興津駅から勝浦方面に400mほどいくと、守谷湾の西側に守谷洞窟がある。入口の高さ6m・幅8m・奥行約30mの海食洞窟で、縄文・弥生時代などの人骨が発見された。また、地層からこの辺りは、少なくとも4回の隆起と3回の沈降が繰り返されたことがあきらかになった。

　勝浦駅と上総興津駅の中間の鵜原駅から西に進み、ガードをくぐると、スダジイなどのしげる八坂神社の自然林(県天然)がある。駅から北東へ約1.5kmいった砂子ノ浦地区付近には、第二次世界大戦末期の1945(昭和20)年5月に水上特攻艇震洋の基地がつくられた。現在でも壕や格納庫の跡があり、砂子ノ浦観音堂には震洋の模型が奉納されている。

　また、上総興津駅から鴨川方面へ1つ目の行川アイランド駅からすぐの海岸に、おせんころがしという断崖がある。その名の由来には、かつて地元の豪族の娘おせんが父の身代わりとなってこの崖から荒磯に身を投ぜられたという悲劇的な伝説も残っている。

龍蔵寺 ⑲　〈M▶P.230〉勝浦市法花128　P
JR外房線勝浦駅🚌簡易保険センター線勝浦サニーパーク🚶38分

日蓮の父母の創建
県内最古の銘文の鰐口

　勝浦駅から簡易保険センター行バスに乗り、勝浦サニーパークバス停で下車し2.9kmほどの法花の山間部に、日蓮の父妙日と母妙蓮の創建と伝えられる龍蔵寺(日蓮宗)がある。寺にある鋳銅鰐口(県文化)は、直径23.5cm・厚さ5.5cm、釣環の高さが1.5mで、2条ずつの帯線を3重に鋳出した外側の銘帯には「上総国滝上寺之鰐口」「永和四(1378)年」ときざまれている。後世、「法華村」の3文

太平洋にはぐくまれた夷隅の海辺

字が追加され，紀年銘も「正嘉二(1258)年」という100年以上も古いものに改刻された。銘文のある鰐口では千葉県内最古のものである。

　勝浦パークランドへの途中の，植野坂上バス停から県道沿いに東へ200mほど進むと吉野酒造(国登録)がある。店舗兼主屋ほか敷地内の施設の多くが，明治時代末期から大正時代の建築である。

　興津駅入口から市ノ川行き，または西原行きのバスに乗り，西原バス停でおりて，県道を15分ほど進むと，名木地区に寂光寺(日蓮宗)がある。本堂の手前には上野村ノ大椎(県天然)がある。幹回り約9.8m・樹高18mの千葉県内有数のスダジイの巨木である。寺伝によると，日蓮が布教にいったときにはすでに存在していたものといわれ，樹齢700〜800年と推定されている。また，西原バス停から北へ2kmほどいくと，大森地区に東光寺(臨済宗)がある。この寺には，室町時代の院助以来の伝統をもつ，京都仏師の一派である院派の手になるヒノキ材寄木造である木造僧形坐像と，ヒノキ材一木造の木造地蔵菩薩立像(ともに県文化，非公開，千葉県立中央博物館大多喜城分館保管)がある。なお，西原へは，勝浦駅から勝浦市民バスもでている。

④ いすみ鉄道で大原から大多喜へ

夷隅の山間部には、上総土岐氏にまつわる史跡と近世大多喜藩の遺跡群が広がり、武士の時代をしのばせる。

義民杢右衛門供養碑 ⑳
0470-62-2890(坂水寺)

〈M ▶ P.230, 257〉 いすみ市新田3281 P
いすみ鉄道西大原駅 🚶 5分

代表越訴の義民の供養碑

西大原駅を南に5分進むと、坂水寺(天台宗)にでる。階段をのぼり境内にはいると、左手の観音堂の奥に義民杢右衛門供養碑がある。1750(寛延3)年に、領主旗本阿部正甫が命じられた駿河在番に対する御用金400両の課金に対し、深堀村(現、いすみ市深堀)の組頭杢右衛門が負担軽減を求めて江戸屋敷に越訴した。しかし、門訴の罪でその年の12月23日に処刑された。領民のために処刑された杢右衛門の死をいたんで阿部氏知行地の5カ村(深堀・小池・浜・押日・加谷)の人びとが施主となり、建立したのがこの供養碑である。

駅まで戻り、国道465号線を西に進むと、佐室トンネルのさき右側に発坂峠古戦場本陣跡碑がある。江戸時代末の軍記物『房総治乱記』によれば、発坂峠(旗立山)は、戦国時代末期の古戦場で、里見軍と万木(上総)土岐氏がたたかった場所と言い伝えられているが、確証はない。

いすみ鉄道上総東駅から西へ3.5kmの山田大門の大日堂には、鉄造仏頭(県文化)がある。この仏頭は高さ1.13mで、頭頂部がはめ込み式となっているが、現存しない。1つの鋳型で筒状に鋳造され、肌がなめらかなので、鋳造者の技術は高かったと考えられる。銘などはなく、

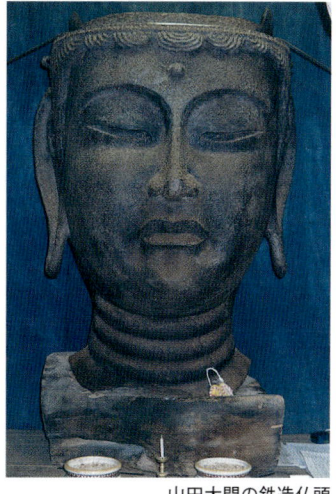

山田大門の鉄造仏頭

西大原駅周辺の史跡

いすみ鉄道で大原から大多喜へ　257

鋳造年代ははっきりしないが，鎌倉時代中期から後期のものと推定される。

　また，駅から北へ2.5kmにある善応寺（天台宗）には，11世紀後半の作と考えられているカヤの一木造の木造千手観音立像・不動明王立像・毘沙門天立像（いずれも県文化）がある。

万木城跡 ㉑　〈M▶P.230〉いすみ市万木 Ｐ
いすみ鉄道国吉駅 🚶40分

上総土岐氏の城郭跡　周囲は小鳥の森

　国吉駅から北西へ1kmのところに，田園の美術館（いすみ市郷土資料館）がある。いすみ市大野は，日本画の主流であった狩野派の始祖で，室町幕府の御用絵師として活躍した狩野正信の故郷と伝えられている。美術館では，伝正信筆「蘆雁図」や子の狩野元信筆「花鳥図」など，狩野派の名品が展示されている。

　美術館から北東の方角に進むと万木（喜）城跡入口に至る。万木城は，三方を夷隅川に囲まれた標高65〜85mの要害の地に築かれた中世城郭である。この城は千葉県内でも最大級であり，戦国時代の後半に現在の規模になったと考えられる。城主は上総土岐氏であるが，同氏は不明な点も多い。

　この城は自然地形を利用し，攻めにくい城であったが，1590（天正18）年の豊臣秀吉の小田原攻めによって北条氏とともに土岐氏も滅亡した。従来はこのときに廃城になったと考えられていたが，徳川家康の重臣本多忠勝が，大多喜城にはいる前に在城していたことが近年あきらかにされた。現在，山頂部は万木城公園として整備され，かつての櫓台跡地には天守閣をかたどった展望台がある。また毎年5月にはツツジが満開になる公園で，万木城まつりが開催される。

　城にのぼってきた道とは逆の山中に進むと，小鳥の森があ

銅造釈迦涅槃像（海雄寺）

長生と夷隅の山と海

中世城郭

コラム

県内に800カ所が残る中世城郭

　中世城郭は、天守閣や総石垣・水堀などをもつ近世城郭とは異なり、堀や土塁など「土でできた城」であり、一見すると地味な存在である。城郭を好む人たちの多くが、天守閣(近世城郭)を好む。

　しかし、1998(平成10)年、戦国時代の千葉氏の本拠であった本佐倉城跡(印旛郡酒々井町・佐倉市)が、中世城郭として千葉県ではじめて国指定史跡となったのをきっかけに、千葉県内でも中世城郭に興味をもつ人が、しだいにふえてきている。

　中世城郭の築かれる場所としては、下総は台地地形のため、舌状台地先端部が多い。しかし、上総や安房の丘陵・山地では、下からの比高が100m以上におよぶ山城も少なくない。

　近年の調査で、県南部に未周知であった山城が、いくつか知られるようになった。また、低地にも館跡が多く存在することがわかってきた。

　県内の中世城館跡の遺跡登録数は、現在1000カ所近くとなっているが、宅地・ゴルフ場・工業団地造成や土取りなどによって、そのうち、200カ所近くがすでに消滅してしまった。とくに都心に近い東葛飾地域は、都市化によって、公園化された数カ所をのぞくと、残り具合はきわめて悪い。それでも現在、全県では800ほどの城館跡が残っている。

　これらの中世城館跡は、文書には残らない、地域の歴史を物語る貴重な歴史遺産として、長く保存されることがのぞまれている。一見の価値があり、ぜひ訪れてみて欲しい。

本佐倉城鳥瞰図

る。野鳥の観察が楽しめる約800mの散策路をぬけ、山をおりると海雄寺(曹洞宗)に至る。この寺は土岐氏の菩提寺で、頼元・為頼・頼春3代の位牌と木像がまつられている。この寺にある銅造釈迦涅

いすみ鉄道で大原から大多喜へ　　259

繋像(県文化)は,長さ5.16mの巨像で,地元の人からは「万木の寝釈迦様」とよばれている。部分に分けて鋳造し,つなぎあわせる方法でつくられている。左腕や衣に,勧進僧をはじめ,寄進をした1000人以上の人名と,「正徳六(1716)年」の紀年銘がきざまれており,この地方での釈迦信仰の篤さを知ることができる。

なお,この地域をめぐるには,近くにあるいすみ環境と文化のさとネイチャーセンターで,無料のレンタサイクルが利用できる。

行元寺 ㉒

0470-86-3816

〈M ▶ P.230〉いすみ市荻原2136 P
いすみ鉄道上総中川駅 🚗 7分

中世以降の房総における天台教学の拠点

上総中川駅をでて,国道465号線を東へいき,1つ目の信号を北へ約4km進むと行元寺(天台宗)に至る。寺伝によると,849(嘉祥2)年に円仁によって,現在の大多喜町伊東に創建され無量寿院と号したが,その後衰退した。1180(治承4)年に大納言冷泉行元の発願により,荻原茶田之谷に再興されて行元寺と改称し,1586(天正14)年には現在地に移ったという。

中世以降,房総における天台教学の拠点となり,1369(応安2)年からはじまる十数巻の「行元寺文書」が現存する。江戸時代は上野(現,東京都台東区)寛永寺から代々住職を迎え,上総・安房に末寺96寺を有する大寺院として檀林(学問寺)・祈願寺として発展した。参道をのぼると1735(享保20)年建立の山門がある。本堂は房総屈指の大建造物で,内部の欄間彫刻は,江戸城改修工事などで彫物棟梁として活躍した高松又八郎邦教の作品で,「宝永三(1706)年」の銘がある。

ほかに,ヒノキ材一木造の木造阿弥陀如来立像(県文化)があり,平安時代後期の定朝様式の特色を示している。また銅造阿弥陀如来及び両脇侍立像(県文化)があり,像全体に金

行元寺旧書院欄間の波の彫刻

箔がほどこされており，鎌倉時代後期の作と考えられる。さらに金銅竜文五鈷鈴(県文化)は総高23.5cmで竜鈴と称し，請雨祈願のときに使われたものである。製作年代は，鎌倉時代末〜南北朝時代と推定される。

本堂隣には行元寺旧書院(県文化)がある。書院は1800(寛政12)年の建立で，内部は6室に区画されており，裏寄り3室の長押上の欄間には，波の伊八といわれた武志伊八郎信由の作になる波の彫刻がある。この彫刻は，波の伊八が馬に乗って海中にはいり，視点を低くして横波のくずれる光景を観察し，彫ったといわれており，波の動きに躍動感がある。また，この寺には，密教の根本思想をあらわした絹本著色両界曼荼羅図(県文化)もある。

行元寺の前の道路を東に進むと，能実地区に太高寺(曹洞宗)がある。この脇の道をあがると山腹に洞窟が掘られており，この洞窟が夢窓国師坐禅窟(県史跡)である。京都の天龍寺(臨済宗)や西芳寺(臨済宗)などの庭園をつくり，臨済宗の発展に尽くして，死後「国師」の称号をうけた夢窓疎石は，1323(元亨3)年から後醍醐天皇の命で京にのぼる1325(正中2)年秋まで，千町荘(現，いすみ市千町)に庵を結んでいた。洞窟は，高さ1.9mで2坪(約7㎡)ほどの広さがあり，奥壁にきざまれている「金毛窟」の3文字は，夢窓疎石がみずからきざんだと伝えられている。

太高寺から上総中川駅方面に戻る途中にある，市立中川小学校の裏手の山腹には特攻機「桜花四三乙型」行川基地跡がある。第二次世界大戦最末期，本土決戦に備えてつくられたもので，格納庫と発射用カタパルトに接続するための旋回盤が残っている。

大多喜城跡 ㉓
0470-82-3007(千葉県立中央博物館大多喜城分館)

〈M ▶ P. 230, 262〉夷隅郡大多喜町大多喜481　P
いすみ鉄道大多喜駅🚶20分

徳川四天王本多忠勝の居城　小江戸大多喜の中心

大多喜駅から南西の方角に進みメキシコ通りを歩くと，県立大多喜高校西側に，上総大多喜城本丸跡(県史跡)がある。この城は，夷隅川中流域の屈曲部に張りだした丘陵上に立地する。16世紀前半に上総武田氏が築城し，天文年間(1532〜55)に里見氏の重臣正木時茂が武田氏にかわり入城したという。1590(天正18)年の小田原合戦ののち，徳川家康の関東への入国に伴い，本多忠勝が10万石をあたえ

いすみ鉄道で大原から大多喜へ　261

大多喜駅周辺の史跡

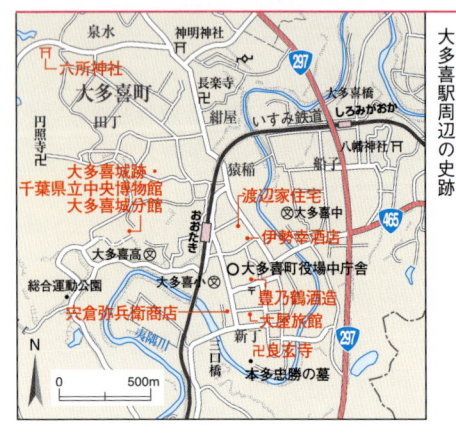

られて城主となり、地名も小田喜から大多喜へ改められた。

その後、阿部氏・青山氏・稲垣氏・松平（大河内）氏が城主となったが、徐々に規模が縮小され、廃藩置県で廃城となった。フィリピン総督をつとめたドン・ロドリゴは『日本見聞録』のなかで、「城は高い場所にあって濠に囲まれ、城門は大きくほとんど鉄製で、厳重に警備されている。また、御殿は金や銀の飾りで美しかった」と、近世大多喜城の様子を記している。

従来、戦国時代の大多喜城は、当城の北方300mほどのところにある根古屋城跡とされていた。最近になり城跡の北側尾根の栗山に大規模な中世城郭遺構が確認され、大規模な改修を行い、近世城郭となったことが確実となった。近世城郭の領域は東西950m・南北350mである。

現在は本丸跡に城郭に模した千葉県立中央博物館大多喜城分館があり、「房総の城と城下町」をテーマとした展示がなされている。収蔵資料のなかには、南北朝時代に作成された大薙刀（国重文）がある。銘はないが、但馬国（現、兵庫県）に本拠をおいた法城寺派の刀工によって製作されたと考えられている。この時代の大薙刀は類例が少なく貴重である。また、根古屋城跡で出土したと伝えられる

本多忠勝の墓（良玄寺）

長生と夷隅の山と海

大多喜城本丸跡(千葉県立中央博物館大多喜城分館)

室町時代の鋳銅釣燈籠(県文化)や，本多忠朝新田開発文書(県文化)も展示・保管されている。分館の東側，二の丸跡にある県立大多喜高校の校内には，本多忠勝が掘らせた周囲17m・深さ20mの大井戸があり，また，1842(天保13)年に建築された二の丸御殿の薬医門が移築・保存されている。

　駅に戻り，南へ1kmほどいくと良玄寺(浄土宗)に着く。大多喜藩祖本多忠勝は，菩提寺として1595(文禄4)年，城下の新町(現，大多喜町新丁)に良信寺を建立した。その後，3代政朝が1615(元和元)年に，2代忠朝の法号をもって良玄寺と改めた。この寺には，紙本著色本多忠勝像(県文化，大多喜城分館保管)が伝わり，徳川四天王とうたわれた忠勝の武者姿が描かれている。また本堂の西100mほどのところに，本多忠勝・同夫人・忠朝の墓がある。

渡辺家住宅 ㉔　〈M▶P.230, 262〉夷隅郡大多喜町久保126
いすみ鉄道大多喜駅🚶5分

江戸時代の商家建築　国の重要文化財

　大多喜駅から東へ5分ほどのところに，渡辺家住宅(国重文，内部非公開)がある。渡辺家は，大多喜藩の御用商人で，幕末には藩財政援助の功により兵粮奉行手附を仰せつけられている。明治維新の際には，大多喜城を接収にきた官軍の東海道鎮撫副総督柳原前光が本陣をおいた。2階建ての主屋は，棟札から1849(嘉永2)年に建てられたことがわかっている。茅葺きが瓦葺きになった以外は，大きな変更がされておらず，19世紀中ごろの商家建築として貴重である。

　大多喜には，このほかに豊乃鶴酒造・大屋旅館・伊

渡辺家住宅

木造虚空蔵菩薩坐像(大山祇神社)

勢幸酒店店舗兼主屋・宍倉弥兵衛商店店舗兼主屋・塩田家住宅主屋(いずれも国登録)など古い建物が残されている。豊乃鶴酒造は天明年間(1781〜89)創業の造酒屋で、1874(明治7)年、現在地に出窓格子の美しい主屋を建てた。大屋旅館も江戸時代から続く旅館で、現在の建物は1885(明治18)年頃に建てられた。伊勢幸酒店は1873(明治6)年の建築で、旧大多喜城の大手門の部材が用いられている。宍倉弥兵衛商店は1874(明治7)年頃の建築である。大多喜の町並みについては、城下町通りの商い資料館にも説明がある。また、大多喜町役場中庁舎(国登録)は、1959(昭和34)年に建築家今井兼次の設計により建設された。モダニズム建築の中にモザイク壁画などの装飾が取り入れられている。

　渡辺家住宅から北へ向かい、いすみ鉄道の線路をこえてさらに進むと、右手の紺屋地区に、平安時代後期の木造馬頭観世音菩薩立像(県文化、非公開)が保存されている。

　県道をさらに北西へ1kmほどいくと左手奥に大山祇神社がある。この神社には、木造虚空蔵菩薩坐像(県文化、非公開)が伝わっていた。現在は、六所神社の隣に保管されている。像高1.52m、カヤの寄木造で、表面は彩色されている。神社にあるのは神仏習合の名残りである。ここにはかつて泉水寺という大寺院があり、六所神社はその境内にあったと考えられている。六所神社本殿(県文化)は和様の珍しい神社建築で、室町時代後期の建立と考えられている。千葉県内では最古の神社建築の1つである。この神社から南の方にある円照寺(臨済宗)の木造釈迦如来像及び両脇侍坐像(県文化、非公開)は、14世紀中ごろの作である。

Awa

黒潮かおる安房

白浜の海女祭り

大山千枚田

◎安房・館山・鴨川地区散歩モデルコース

館山市内の史跡をめぐるコース　　JR内房線館山駅_5_大厳院_5_国分寺_5_稲村城跡_15_館山城跡(城山公園)_5_赤山地下壕_7_JR館山駅

鴨川の海岸沿いを訪ねるコース　　JR内房線太海駅_12_5_仁右衛門島_5_12_JR太海駅_5_JR内房線・外房線安房鴨川駅_6_鏡忍寺_6_JR安房鴨川駅_5_JR外房線安房天津駅_15_清澄寺_15_JR安房天津駅_5_JR外房線安房小湊駅_5_誕生寺_5_JR安房小湊駅

①大巌院	⑭石堂寺
②国分寺	⑮鴨川大山千枚田
③稲村城跡	⑯吉保八幡神社
④小網寺	⑰仁右衛門島
⑤館山城跡	⑱鏡忍寺
⑥赤山地下壕	⑲清澄寺
⑦館山海軍航空隊跡	⑳誕生寺
⑧洲崎砲台群跡	㉑宝珠院
⑨安房神社	㉒大房岬砲台跡
⑩那古寺	㉓天神社
⑪野島埼灯台	㉔源頼朝上陸地
⑫小松寺	㉕菱川師宣誕生地
⑬真野寺	㉖日本寺

里見氏のふるさと館山

安房国成立伝説にまつわる史跡や房総里見氏ゆかりの史跡，そして近代の海軍航空隊関連の戦争遺跡が多く残る。

大巖院 ❶
0470-22-1259
〈M ▶ P. 266, 269〉 館山市大網398 P
JR内房線南長須賀駅🚌豊房線 南長須賀🚶10分

ハングルなど4つの言語で念仏がきざまれた石塔

　南長須賀バス停から東に1km進むと，大巖院（浄土宗）がある。この寺は，1603（慶長8）年に，里見義康が帰依したという雄誉上人によって創建された。当初は檀林であったが，その後，安房国の浄土宗寺院の中心的な存在になった。

　雄誉は，徳川家康と深い関係をもつ千葉の大巖寺（浄土宗）に学び，若くして3世の住職となった。その後，豊臣秀吉の朝鮮侵略のころ，動乱期の西国で各地の寺院創建や再興にかかわり，多くの民衆の支持を得たといわれる。房総においても30余寺の創建に関与し，江戸では霊巖寺（浄土宗）を創建し，浄土宗の本山である京都知恩院の住職になった。

　山門をはいってすぐ左手に，高さ約2m・幅約50cmの玄武岩製の四面石塔（県文化）がある。石面には，山村茂兵夫妻が逆修（生前供養）のために寄進したことや，1624年に雄誉によって建立されたことが「元和十年三月十四日」としてきざまれている。しかしこの年は2月に寛永に改元されており，当時の時代背景をしのばせる。

　石塔の東西南北の四面には，それぞれ「南無阿弥陀仏」の六字名号が独特な漢字・梵字・篆字・ハングルできざまれている。なかでもハングルの字形は，現在使用されていないもので，15世紀なかばにハングルがつくられてまもないころの東国正韻式と考えられている。このような字形がきざまれる四面石塔は，富津市竹岡の松翁

大巖院山門

268　黒潮かおる安房

院境内で確認されているが、ほかには韓国内でも例はなく、貴重なものである。

国分寺 ❷
0470-23-5861

〈M ▶ P. 266, 269〉 館山市国分952-2 P
JR内房線館山駅🚌千倉線国分寺前🚶1分

国分寺(真言宗)の一帯は、かつての安房国分寺跡(県史跡)と推定されている。安房国は、国分寺建立の詔がだされた741(天平13)年に上総国に併合されたが、757(天平宝字元)年に再び分立した。この再分立後の奈良時代後半に、安房国分寺は建立されたと考えられている。発掘調査では、金堂跡とみられる基壇をはじめ、平瓦や布目痕のある軒丸瓦および三彩獣脚などが出土しているが、伽藍配置をもった建物群跡は認められなかった。

三義民の供養塔

万石騒動の供養塔　安房国分寺推定地

山門入口には、万石騒動で処刑された3人の名主を供養した三義民の供養塔がある。1703(元禄16)年に元禄地震がおこり、館山平野の北条藩領では、土地が隆起し山名川の流れが大きくかわった。3代藩主屋代忠位は川井藤左衛門を家老に抜擢し、改修事業と藩財

館山駅周辺の史跡

里見氏のふるさと館山

政の再建にあたらせた。

　川井は農民の無償労役と例年の2倍の年貢を課したので，1711（正徳元）年，藩内の数百人もの農民たちは藩主の江戸屋敷へ門訴をしたり，老中への駕籠訴という強行策をとった。江戸には徳川家宣の将軍就任を慶賀する朝鮮通信使が来聘していたので，その機会を利用し，農民たちは江戸で命がけの行動にでたと考えられている。

　この一揆では，湊村角左衛門，国分村長次郎，園村五左衛門の名主3人が処刑されるという犠牲をはらったものの，農民側の要求は認められた。国分寺より国道128号線を15分ほど鴨川方面に歩くと，三義民刑場跡の石碑がある。彼らは三義民とたたえられ，地域の人びとによって年忌法要が続けられている。

稲村城跡 ❸

〈M ▶ P. 266, 269〉館山市館野・国分・大網ほか
JR内房線館山駅🚌千倉線城山下🚶15分

里見氏初期の本城　一族の内乱で廃城に

　城山下バス停前に標高60mの小高い山がある。その山頂が里見氏初期の本城である稲村城（国史跡）の主郭部である。房総里見氏初代の里見義実は，15世紀なかばに古河公方足利成氏の命をうけ，安房に進出してきた。稲村城は館山平野のなかでも，安房の国府を押さえる水陸交通の要衝の地に築かれ，16世紀初期には里見氏の当主義通・義豊父子が居城とし，安房国支配の拠点としたといわれる。最近の説では，1533（天文2）年，稲村城にいた当主義豊が，叔父の実堯と家臣の正木通綱を殺害したことから天文の内乱が勃発したと考えられている。この内乱で義豊が敗死して稲村城は廃城となり，その後使われなかったので，戦国時代初期の曲輪・土塁・堀切などの城郭遺構がそのまま残った。

　周辺には宝篋印塔や五輪塔，崖に穴

稲村城跡

を掘った中世の墓である「やぐら」をみることができる。

小網寺 ❹
0470-23-7226
〈M ▶ P.266〉館山市出野尾859 P
JR内房線館山駅🚌豊房線岡田口🚶25分

千葉県の名鐘国重文の梵鐘相模との交流を示す密教法具

　岡田口バス停から豊房方面に歩き標識を右折して、左手の丘陵に沿ってしばらくいくと小網寺(真言宗)にでる。寺伝では、行基が開基したという古刹であるが、鎌倉時代には密教道場として栄えた。
　境内には、安房三十二番札所の観音堂がある。里見氏から15石、その後江戸幕府から25石の寺領をあたえられている。鐘楼には「弘安九(1286)年」銘の梵鐘(国重文)があり、銘文には関東で多くの名鐘を残した鎌倉の鋳物師大和権守物部国光の作であることや、当時小網寺が大荘厳寺とよばれていたことが記されている。寺には鎌倉時代のものといわれる21点の鋳銅密教法具(県文化、館山市立博物館保管)があり、なかでも金剛盤・花瓶・羯磨台には、「金沢審海」の銘がきざまれていることから、横浜市金沢区にある称名寺開山の妙性坊審海ゆかりの法具ではないかと考えられている。鎌倉時代における、安房国と江戸湾を隔てた対岸の武蔵国や相模国の僧侶との盛んな交流をしのばせる。
　安房白浜行きバスで豊房方面に向かい、神余小学校前で下車すると、南西約400mの神余字畑中に弘法井戸(県文化)がある。巴川の河床に、やや黄色味をおびた塩水がわきでるところがあり、地元では古くから塩井戸、あるいは弘法水とよんでいた。実際には天然ガスが噴きだしている塩井戸である。
　この井戸には、貧しい女性が弘法大師に小豆粥をふるまったが、塩を用いることができなかったので、大師が塩水を湧かせたという弘法伝説が残っている。

館山城跡 ❺
0470-22-2080(館山市立博物館別館)
〈M ▶ P.266, 269〉館山市上真倉2177 P
JR内房線館山駅🚌市内線城山公園前🚶5分

　バスをおりると、里見氏ゆかりの地のシンボルとして1983(昭和58)年に建設された館山城(館山市立博物館本館)がみえる。城山の麓には、館山市の歴史と民俗をテーマとする館山市立博物館がある。館山市の成り立ちが里見氏による城下町づくりにあったことにちなんで、この博物館は里見氏関係の情報センターとなっている。山頂

里見氏のふるさと館山

館山城(八犬伝博物館)

房総里見氏の居城『南総里見八犬伝』のふるさと

の天守閣を模した建物が、滝沢(曲亭)馬琴の小説『南総里見八犬伝』のテーマ展示をしている館山市立博物館八犬伝博物館である。本館には、11世紀前半の作といわれている千祥寺(真言宗)の木造如来形坐像(県文化)が展示されている。

　標高60mの城山からは、鏡ヶ浦ともよばれる波静かな館山湾が一望できる。かつては里見義康の本城岡本城の支城であったが、1590(天正18)年の豊臣秀吉の小田原攻めの際、義康の行動が秀吉の私戦禁止令に反したとされて上総国が没収され、しばらくして居城を岡本城から館山城へ移した。秀吉の朝鮮侵略のときには、義康は徳川家康の配下として、肥前名護屋(現、佐賀県唐津市鎮西町)まで出陣した。その後、関ヶ原の戦いのときにも徳川方につき、秀忠とともに宇都宮に出陣したので、その功により常陸国鹿島郡3万石が加増された。

　右手に館山城(八犬伝博物館)を眺めながら、南方に向かって城山公園脇道路を10分ほど歩き左折すると、かつて里見家の持仏堂で義康の菩提寺であった慈恩院(曹洞宗)に着く。この地域一帯には、城の外郭部を取り巻く堀跡があり、そのなかの鹿島堀跡は、あらたに加増されて領民となった常陸国鹿島郡の人びとが普請したと伝えられている。

　義康は、精力的に館山城下に家臣団や商工業者を集めて城下町建設に取り組んだが、病気がちで31歳の若さで没した。1603(慶長8)年、子の忠義が家督をついだが、まだ10歳であったので、一族・重臣の正木時茂や堀江頼忠らが補佐した。忠義は幕府の重臣大久保忠隣の孫娘を室として迎えたものの、1614(慶長19)年、忠隣の失脚に連座して改易され、伯耆国倉吉(現、鳥取県倉吉市)に移された。不遇のなか、29歳で堀村(現、鳥取県倉吉市関金)で病死し、里見氏は

黒潮かおる安房

房総里見氏再考

コラム

今あきらかになりつつある 房総里見氏の実像

　滝沢(曲亭)馬琴の『南総里見八犬伝』で全国的に知られる房総里見氏については，近年まで実像とかけ離れた姿で語られてきた。

　里見氏は上野国(現，群馬県)の新田氏の出で，室町時代には鎌倉公方の足利氏につかえた一族である。房総里見氏の始祖とされる里見義実については，結城合戦(1440年)で落武者となって安房にのがれ，その後に安房一国を平定していったと伝えられてきた。

　しかし，義実は，関東における戦国時代の幕開けとなった享徳の乱(1454～82年)の最中に，古河公方足利成氏から，対立する関東管領上杉氏討滅を命じられ，上杉氏の拠点の1つであった安房に入部したらしいことがあきらかになってきた。当時安房は，上杉氏が掌握する東国海上交通の軍事・経済上の拠点であり，とりわけ白浜(南房総市)は，早くから太平洋側の水運の要衝と知られていたのである。

　では，なぜ里見氏の前半の歴史は事実と異なったり，謎の部分が多かったのだろうか。それには，1533(天文2)～34年におこった，天文の内訌とよばれる一族の内乱が関係したことがわかってきた。

　この内訌によって，嫡流の里見義豊(研究史上ここまでの系統を前期里見氏という)は，庶流の義堯(同じくここからを後期里見氏)に滅ぼされた。勝利した義堯の系統は，みずからが当主となった正当性を主張するために，前期里見氏の歴史を改竄した。前期里見氏の系図に架空の人物が挿入されたり，年代上の大きな矛盾がみられる理由はここにあったのである。

　そして，この誤った歴史像に基づいて，馬琴が『南総里見八犬伝』を記し，それが当時の人びとの評判をよんだため，ゆがめられた歴史が史実であるかのように流布し，近年まで信じられていたのである。房総最大の戦国大名であった里見氏については，今ようやくその事実の一端があきらかにされつつある。

滅亡した。

　城山公園から南西に20分ほど歩くと，沼サンゴ層(県天然)がある。ここは，海岸線より約1kmほど内陸にはいった海抜約20mの丘陵で，約6000年前にサンゴ礁が隆起して現在の地形となった。現在も館山市の海岸線では，造礁サンゴの生息をみることができ，世界のサンゴ分布の北限といわれている。

　館山駅西口から北条海岸通りにでて左折し，道路に沿って10分ほ

ど歩くと、右手前方に全長約500mの館山観光桟橋と渚の駅たてやま(館山市立博物館分館)がみえてくる。ここには、房総沿岸の海と生活にかかわる資料2144点が、房総半島の漁撈用具(国民俗)として保管されている。これは、九十九里の地曳網・安房のツチクジラをとった捕鯨漁具や海女(海士)漁具・東京湾の見取図など、房総半島各地の漁撈用具を網羅的に集めたものである。また、房総半島の万祝及び製作関連資料(県民俗)は、房総の漁村や民衆の姿を生き生きと伝えている。

館山駅東口から国道128号線を鴨川方面に15分ほど歩くと、元県立安房南高校がある。この旧第一校舎(県文化)は、1930(昭和5)年に、関東大震災の教訓をもとにして、古来の日本建築の良さと、新しい西洋建築の要素を融合させてたてられた。左右対称の洋風建築の特徴や外壁のレリーフ、ダイヤ形の飾り桟など見どころも多い。

館山市長須賀の斉藤家は、インドに起源をもつ木綿の縞織物である館山唐桟織(県文化)のわが国唯一の製作者である。また、八幡には繊細な綴錦織(県文化、非公開)の技法をもつ和田秋野がいる。

赤山地下壕 ❻
0470-24-1911(市営豊津ホール)

〈M ▶ P. 266, 269〉館山市宮城192　P
JR内房線館山駅🚌市内線みやぎ🚶すぐ

東京湾要塞地帯の館山海軍航空隊地下壕

バスをおりて、鷹の島方向を眺めると造船所がみえる。この周辺の海岸には、かつて館山海軍航空隊水上班が配置され、現在も水上飛行機が海面に向かうコンクリート製の滑走台跡が残っている。降伏文書調印式が行われた翌日の1945(昭和20)年9月3日、この滑走台のある海岸に、カニンガム准将配下のアメリカ陸軍第8軍第11軍団約3000余人が上陸してきた。アメリカ軍の本格的な本州占領は、館山からはじまったのである。

海上自衛隊館山航空基地本庁舎の裏側には、標高60mの凝灰岩質砂岩の小高い山がある。第二次世界大戦中より赤山とよばれたこの一帯には、総延長2km近くにおよぶ地下壕や巨大な燃料タンク基地跡などが残っている。

バスを下車後、宮城交差点の丁字路を左折すると、市営プールの標識があり、隣の市営豊津ホールそばの小道を進むと赤山地下壕の入口がある。壕には、地上の海軍航空基地にある通信施設の一部

移したり，館山各地にあった基地施設を防御する防空砲台の戦闘指揮所があったと推測され，そのほかの壕には，兵舎・病院・発電所・兵器貯蔵庫などもあったと考えられている。東京湾要塞地帯にあって，本土防衛の最重要拠点に残った戦争遺跡である。

館山海軍航空隊跡 ❼　〈M ▶ P. 266, 269〉館山市宮城　🅿
0470-22-3191（海上自衛隊）　JR内房線館山駅🚌市内線館山航空隊終点🚶1分

> 第二次世界大戦時の空母パイロットの養成基地

　1916（大正5）年，日本海軍は最初の航空隊を神奈川県横須賀に配置して以来，航空兵力の増強に力をいれ，長崎県佐世保・茨城県霞ヶ浦・長崎県大村・広島県呉などに航空隊をつくっていった。1930（昭和5）年，東京湾要塞地帯の一角に，全国5番目となる館山海軍航空隊（通称「館空」）が誕生した。現在，バス停のすぐ前にある海上自衛隊館山航空基地として使用されているこの場所は，関東大震災による隆起で遠浅となったところを3年がかりで埋め立て，海軍航空基地を建設したものである。海上からの西風を強くうける滑走路は，航空母艦から離陸する訓練を行うには最適で，当時は「陸の空母」と称された。

　満州事変がはじまって以来，「館空」は航空戦略の最前線基地となった。九六式陸上攻撃機（中攻）は「館空」で開発実験され，中国大陸での無差別都市爆撃に使われた。第二次世界大戦末期には，館山基地の周辺で，住民や学生の勤労動員，強制連行した多くの朝鮮人を働かせて，飛行機を敵機からまもる掩体壕などが昼夜の突貫工事で建設された。河岸段丘上には，コンクリート製の掩体壕が1基現存する。戦後，この航空隊跡は海上自衛隊館山航空基地になるが，本庁舎は第二次世界大戦時のままで，一部を改修して現在も使用している。

洲崎砲台群跡 ❽　〈M ▶ P. 266〉館山市加賀名・坂田
JR内房線館山駅🚌JRバス西岬小前🚶15分

> 日本初の艦載砲を転用した砲台

　バス停前の西岬小学校裏には，標高40mほどの丘陵地の上に東京湾要塞洲崎第1砲台跡がある。この砲台は，1928（昭和3）年に起工し，32年に竣工した東京湾要塞の主力砲台で，射程約28kmを誇る45口径30cmカノン砲2門が設置されていた。1922（大正11）年のワシントン海軍軍縮条約で廃棄することになった巡洋戦艦の主砲を，

里見氏のふるさと館山

「館砲」平和祈念塔

陸上用に改造して4年がかりで配備したものである。第二次世界大戦後、砲台はアメリカ軍によって破壊されたが、巨大な地下施設は現在も埋まったままになっている。

さらにバスでさきに進み坂田で下車し、南側の谷間にはいっていくと、竹籔のなかに30cm長榴弾砲4門を配備したという洲崎第2砲台跡がある。破壊された砲座の丸いコンクリート跡や、迷彩をほどこした砲台付属の弾薬庫が残っている。そこから谷奥約100mのところには、東京湾要塞房総地区砲台の砲弾や、炸薬を貯蔵管理していた洲崎弾薬支庫跡がある。外側の分厚い鉄筋コンクリートに、当時の要塞の姿をみることができる。

館山駅から国道410号線を安房神戸経由安房白浜行きバスで南下し、安房佐野で下車すると、1941（昭和16）年に開校した館山海軍砲術学校（通称「館砲」）跡があり、「館砲」平和祈念塔がたっている。海軍の陸上戦闘の要員を養成することを目的にした日本唯一の教育機関で、ここで海軍初のパラシュート部隊が編成された。第二次世界大戦が勃発すると同時に、英領マレー半島近くのセレベス島への奇襲占領作戦を実施している。当時のパラシュート訓練用の巨大なプール跡や、烹炊所（厨房）のレンガ造りのボイラー室跡が残っている。

安房神社 ❾
0470-28-0034　〈M▶P.266〉館山市大神宮589 ℗
JR内房線館山駅🚌JRバス安房神社前🚶5分

阿波忌部氏ゆかりの天太玉命をまつる

安房神社は、四国阿波の忌部氏を率いてこの地に上陸したという、天富命の祖先である天太玉命をまつっている。安房国一宮であり、『延喜式』神名帳には「安房坐神社」と記載され、古代では伊勢神宮・出雲大社・鹿島神宮・香取神宮などとともに神郡におかれた8社のうちの1つである。

境内には安房神社洞窟遺跡（県史跡）がある。1932（昭和7）年、関

「軍郷」千葉

コラム

軍事施設とともに発達した近代千葉県

　千葉県は，首都東京や横須賀軍港におかれた海軍鎮守府が近いという地理的条件のなかで，地域の誘致運動とあいまって近代の「軍郷」形成がなされた。また，第二次世界大戦末期には，房総半島が本土決戦の舞台として想定されていた。こうしたことから，今でも戦争に関連した遺構や跡地（戦争遺跡）が数多く残っている。

　まず，広大な原野に恵まれ東京に近い交通の利便性から，明治時代初期には習志野の練兵場や下志津原の砲兵射的学校（のちに射撃学校と改称）が設置された。さらに習志野には，日清戦争後に倉庫施設が，日露戦争後には鉄道連隊もおかれた。

　第一次世界大戦時には近代戦に対応するために，習志野に騎兵学校が，四街道地域には下志津飛行学校や野戦砲兵学校などの教育施設が配置された。満州事変後には陸軍習志野学校が設立された。

　また，佐倉城跡は第1師団歩兵第2旅団第57連隊の兵営となり，同連隊は，徴兵対象地区を千葉県とする郷土部隊となった。千葉町（現，千葉市）では，交通兵旅団司令部・鉄道連隊の誘致に成功し，木更津町（現，木更津市）では海軍航空基地を誘致した。

　このように，千葉・津田沼・四街道・佐倉・木更津は，軍事施設とともに町が発展した例としてみることができる。

　第二次世界大戦で日本本土への空襲が本格化するなか，大本営は，アメリカ軍が首都攻略のため，関東平野に上陸侵攻すると想定し，その第一候補地を九十九里浜とした。

　1944（昭和19）年10月から九十九里浜内陸部では，陸軍の陣地構築が開始され，翌年には第12方面軍が配備された。九十九里浜防衛に第52軍が，安房地区には東京湾守備兵団（のち東京湾兵団と改称）がおかれた。

　1945年3月からは本土決戦にそなえて水際作戦をとり，陸軍の陣地構築は海岸部に進出した。海軍では，房総半島の海岸沿いに「震洋」「蛟龍」「海龍」「回天」などの水中・水上特攻基地を急ピッチで建設した。また夷隅郡や安房郡域の山間部には，人間爆弾桜花四三乙型の発射基地もつくられた。しかし，特攻基地は未完成のまま敗戦を迎えた。

東大震災の復旧工事で発見された海食洞窟のなかから，人骨22体・貝製の腕輪193個などがみつかった。人骨のうち15本には抜歯の跡があったが，年代は確定されていない。現在，洞窟は埋め戻されてみることはできない。安房神社の北を流れる巴川の河口近くに架

安房神社

かる巴橋(国登録)は、1906(明治39)年につくられた石積みのアーチ橋として貴重である。

バスを安房神社の北の洲の宮で下車したところの茂名地区では、毎年2月19日にサトイモを山のように盛りあげた神饌をつくり、20日に十二所神社に奉納する茂名の里芋祭り(県民俗)が行われている。

フラワーパーク・西岬循環バスを安房浜田で下車すると、標高約25mの河岸段丘上の海食洞穴のなかに船越鉈切神社がある。ここが鉈切洞穴(県史跡)で、洞穴のなかから縄文時代後期を中心とする土器や、シカの角でつくられた釣針などの漁具や魚の骨などが出土した。縄文時代には生活の場として、古墳時代には一部が墓として利用されたと考えられている。

フラワーパーク・西岬循環バスを洲の崎で下車すると、山側の岩陰に洲崎神社自然林(県天然)に囲まれた洲崎神社がある。ここは安房神社の祭神とされる天太玉命の后神である天比理乃咩命をまつったとされる。これは『延喜式』神名帳にみえる「天比理乃咩命神社」は、「元の名を洲神」と記されていることに由来するが、茂名地区にある洲宮神社とする説もある。1180(治承4)年に源頼朝が参拝してここに神田を寄進している。

この洲崎神社では、毎年2月の初午と8月21日の例大祭の日に、「みろく踊り」と「かしま踊り」からなる洲崎のミノコオドリ(県民俗)が奉納されている。

那古寺 ❿　〈M▶P.266〉館山市那古1125　P
0470-27-2444　JR内房線那古船形駅🚶7分

那古船形駅から県道富浦館山線を館山方面に800mほど歩くと、養老年間(717〜724)に、行基によって開基されたと伝えられている那古寺(真言宗)がある。ここは坂東三十三所観音霊場の最後(結願)

銅造千手観音立像（那古寺）

の札所であり，また，安房国札三十四観音の1番札所でもある廻国巡礼の霊場である。1703(元禄16)年の地震で，寺のすべての建物が倒壊した。観音堂と多宝塔(ともに県文化)はその後に建てられたものである。観音堂は，1758(宝暦8)年の再建で，堂内の欄間彫刻は，1759年に江戸蔵前の札差大口屋平兵衛や那古の釜屋太左衛門らによって奉納された。

観音堂にまつられている銅造千手観音立像(国重文)は，像高1.05mで，本体と腕などを別々に鋳造し，つなぎあわせている。像の脇のつなぎ目には「平 胤時」と銘がきざまれている。これは千葉常胤の孫で『吾妻鏡』に名がみられる千葉八郎胤時と考えられていて，像がつくられたのは鎌倉時代初期であることが確認でき，当時の東国武士の信仰をうかがい知ることができる。

また，奈良時代に書写された観世音経・孔雀王呪経(県文化，非公開)や1361(正平16)年に中国の元朝で作成されたことが記され，絹糸で経文を縫い取りした繡字法華経普門品(県文化，非公開)，鎌倉時代初期の木造阿弥陀如来坐像(県文化，非公開)がある。山門と本堂の間にある多宝塔は，芯柱の墨書から，1761(宝暦11)年に那古の伊勢屋甚右衛門を願主として，地元の大工によって建てられたことがわかっている。中央須弥壇に据えられている木造宝塔も，同時期のものである。

寺には絹本著色僧形八幡神像(県文化，非公開)が伝わっているが，これは那古寺が，館山駅から北へ1kmほどのところにある鶴谷八幡宮を別当寺として管理していたためである。毎年9月(敬老の日の前日と前々日)に鶴谷八幡宮で，周辺10社が集まって行われる安房やわたんまち(別名安房国司祭，県民俗)は，明治時代まで八幡放生祭とよばれており，この八幡神像を神社に移してとり行われていた。

坂東観音霊場札納めの寺　東国武士の信仰を集めた千手観音

里見氏のふるさと館山　279

❷ 房総半島南端の海沿い

太平洋沿いには黒潮の恵み深い漁村文化が、嶺岡山系一帯には石堂寺を中心に中世武士ゆかりの文化財が残る。

野島埼灯台 ⓫
0470-38-2019
〈M ▶ P. 266, 280〉 南房総市白浜町白浜630 P
JR内房線館山駅🚌豊房線野島埼灯台口🚶8分

開国後まもなくつくられた洋式灯台

野島埼灯台（白浜灯台）

バス停をおり、野島崎をまっすぐ南へくだると、房総半島の南端には野島埼灯台（白浜灯台、国登録）がある。この灯台は、1866（慶応2）年に江戸幕府が、欧米列強と結んだ改税約書に基づいて設置することになった全国8カ所の洋式灯台のなかで、2番目に建設されたものである。横須賀製鉄所をつくったフランス海軍技師ヴェルニーによって設計され、1869（明治2）年に完成した。1923（大正12）年の関東大震災によって倒壊したが、2年後に再建され、今も海の難所をまもり続けている。

灯台近くの海域では、約400人の海女（海士）により磯根漁が行われており、海女たちがとったサザエ・アワビ・伊勢エビなどは、白浜町の漁獲高の重要な部分を占めている。

野島埼灯台から国道を東に向かい、杖珠院前バス停から北へ10分ほど歩くと杖珠院（曹洞宗）に着く。この寺は、里見氏初代義実の創建と伝えられる里見氏嫡流の菩提寺で、江戸時代にたてられた義実の供養塔がある。その義実の安房進出の最初の拠点が、この寺の裏手の城山にある白浜城跡であり、現在も曲輪などの遺構が多く残っている。

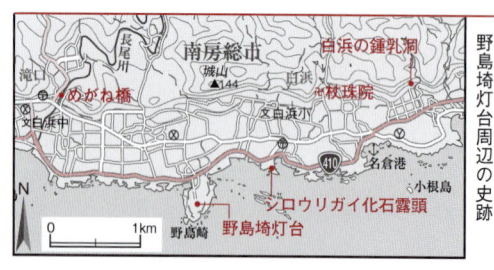

野島埼灯台周辺の史跡

280　黒潮かおる安房

白浜町滝口にあるめがね橋(県文化)は，1888(明治21)年に村民の寄付金で建設された石積みアーチ工法の洋式三重橋である。意匠的にもすぐれたこの橋は，関東大震災でも倒壊しなかった。

　また，白浜町は地質学的にも貴重なものが多くみられる。市街地の背後にある白浜の鍾乳洞(県天然)は，海水によってできた洞穴に貝の化石が多数堆積してつくられたものである。そして，野島埼灯台北東の海岸には，白浜のシロウリガイ化石露頭(県天然)がある。これは水深1000m以下のプレート境界部にメタンガスなどの湧出した断裂帯が生じ，その付近に群生した貝が化石化したきわめて珍しいものである。このほか，白浜フラワーパーク近くの海岸にある白浜の屏風岩(県天然)は，プレートの力によって押しまげられて直立した地層が浸食され，かたい部分が残ってできたものである。

　南房総の地震隆起段丘(県天然)は，この海岸が地震により5度も隆起したことを示している。なかでも，4度目の元禄地震で，島であったこの段丘が陸地になったことが，当時の絵図面と比べることで確認できる。

小松寺 ⑫
0470-44-2502

⟨M ▶ P.266⟩ 南房総市千倉町大貫1057　P
JR内房線千倉駅🚌10分

繊細な十一面観音
紅葉に映える梵鐘

　千倉駅から県道館山千倉線を1.2km館山方面へ進み，瀬戸川の手前で大貫街道にはいり2.5km進み，左折して林道小松線を山あいに500mいくと小松寺(真言宗)に着く。7世紀末ごろ役小角が創建したと伝えられ，中世から近世にかけて里見氏や徳川氏から崇敬をうけた。本堂にある木造薬師如来立像(県文化，非公開)は，9世紀の作と考えられる県内屈指の古像で，須弥壇上に並ぶ木造不動明王立像・木造毘沙門天立像・木像薬師如来立像も平安時代の作品である。また，鎌倉時代初期の作である銅造十一面観音坐像(国重文，東京国立博物館保管)や，「応安七(1374)年」銘の梵鐘(県文化)がある。

　千倉駅に戻り安房白浜行きバスに乗り，朝夷小学校前バス停で下車すると，3分ほどで南千倉海岸に着く。ここには，1980(昭和55)年に日中友好のシンボルとして建立された，清国船元順遭難救助記念碑がある。1779(安永8)年，長崎に向かっていた中国の貿易船

房総半島南端の海沿い

清国船元順遭難救助記念碑

元順号が暴風雨にあい、5カ月間の漂流後、南千倉沖合で座礁した。漁民たちは乗組員全員を救助し、当時支配していた岩槻藩の指示によって、その後2カ月間にわたって遭難者の世話をして、全員を無事中国に帰還させたという。

朝夷小学校前バス停付近で、県道と国道410号線が合流する。合流地の信号から北へいった三差路を西へ10分ほど歩くと高家神社に着く。この神社の祭神磐鹿六雁命は、景行天皇の東国行幸説話にみられる料理の神である。そのため料理人からの信仰が篤く、例年新嘗祭には、四条流による厳粛な包丁式が奉納され、神職が烏帽子・直垂姿で、式包丁とまな箸のみで魚にふれずに料理するという、古式に則った熟練の技が披露される。また、境内にはいくつもの包丁塚が建立されている。

千倉町勿戸の荒磯魚見根神社と千倉町平磯の諏訪神社では、7月に千倉の三番叟（県民俗）が行われている。これらは、古語のかけ声を舞い手同士でかけあうなど、三番叟の古い形を残している。

さらに国道410号線を白浜方面に5km進んだ千倉町白間津地区には、日枝神社がある。この神社で行われる白間津のオオマチ〈大祭〉行事（国民俗）とよばれる祭礼は、4年ごとの7月23〜25日の3日間にわたって開催される安房地域の代表的な夏祭りである。若者たちが大きな幟を海辺まで引き合い、その幟の倒れ方で漁の豊凶を占う大綱渡しや、子どもたちがささらをもって踊るささら踊りなどの行事がある。

真野寺 ⓭　〈M ► P. 266, 283〉南房総市久保587
0470-46-2590　JR内房線館山駅🚌館山・鴨川線 九重大井🚶15分

九重大井バス停を下車し、東南の丘陵にはいり10分ほど歩くと、館山市大井にある718（養老2）年創建と伝えられる手力雄神社（祭神天手力雄命）に着く。本殿（県文化）は、棟札から1584（天正

クジラのたれ

コラム 食

南房総の珍味 クジラの干し肉

　南房総では，商業捕鯨が制限されている今でも，細々とではあるが鯨肉の食文化がある。とくにクジラの赤身を，醬油をベースにしたたれに漬け込み，天日干しにした「クジラのたれ」とよばれている干物は，南房総の「道の駅」などで一般的に市販され，酒肴として珍重されている。

　この「クジラのたれ」は，ツチクジラからつくられる。ツチクジラは，ハクジラ類に属し，成長停止時の体長が10mほどの小型のクジラである。

　房総半島では鋸南町勝山沖を中心に，17世紀から手投げ銛を用いたツチクジラの捕鯨が行われていた。第二次世界大戦後は小型捕鯨業が盛んとなり，捕鯨船による沿岸捕鯨が活況を迎えた。しかし，国際的に自然保護活動が活発化するなかで，ツチクジラは国際捕鯨委員会の管轄外ではあるが，わが国の自主管理のもとで今日まで捕鯨が続けられている。

　現在では，農林水産省が年間の捕鯨枠を54頭に設定し，北海道函館と網走，宮城県鮎川，千葉県和田浦で捕獲枠と捕獲期間を制限して営まれている。

　南房総市の和田港では，毎年7〜8月にツチクジラを26頭捕獲し，その日のうちに解体する。解体後すぐに業者に売り渡されていく。

　一般的には，肉を刺身としたり，干物にして「クジラのたれ」としたり，脂身を燻製にした「鯨ベーコン」として食用にされる。そのほか，血や体液，そして内臓なども，捨てずに集められ，飼料や肥料に加工されている。

12)年に里見義頼によってたてられたことがわかる。

　さらに5分ほど歩き，南房総市久保には真野寺（真言宗）がある。寺伝では，725（神亀2）年に行基が開いたとされる。この寺の木造千手観音立像（県文化）は，この地方に多いクスが使用されていることや内刳りがほどこされていない古い技法から，平安時代後期に地元でつくられたと考えられている。この観音像の顔には，南北朝時代作の木造行道面（菩薩の面）がかけられ

真野寺周辺の史跡

房総半島南端の海沿い　　283

ていて,「覆面千手観音」とよばれている。また, 観音像の従者として南北朝時代につくられた木造二十八部衆立像と, 風神・雷神像(いずれも県文化)がある。このほか寺には, 鎌倉時代の作とされる木造大黒天立像(県文化)がある。毎年2月6日の福祭りには, 関東一円から商売繁盛を願う参詣客が訪れて賑わいをみせる。

国道を和田方面にいき加茂坂下を左折すると, ほどなく賀茂神社(祭神加茂別雷命)がある。この本殿(県文化)は建築様式から, 天正年間(1573～92)の建立と推定され, 現在鞘堂におさめられ保存されている。毎年8月1日の八朔祭りには, 加茂の三番叟と加茂の花踊り(いずれも県民俗)が, 地元の少年・少女たちによって奉納されている。なお, 賀茂神社から東へ800mほどいくと, 1948(昭和23)年に縄文時代前期の土器や丸木舟・櫂などが発見された加茂遺跡(県史跡)がある。現在, 指定地には碑と資料館がたてられている。

このほか南房総市岩糸の谷頭地区には, 豊田の人形芝居首及び衣装(県民俗, 非公開)がある。豊田の人形芝居は人形浄瑠璃の一種で, 地元の人びとは, 江戸時代末期から近くの村々に芝居興業にでかけていたが, 1921(大正10)年を最後にとだえている。

石堂寺 ⓮

0470-46-2218

〈M ▶ P. 266〉南房総市石堂302　Ｐ

JR内房線館山駅🚌丸線石堂寺前🚶1分

石堂寺(天台宗)は, 寺伝では726(神亀3)年に行基が開いたとされ, 古くはインドのマウリヤ朝3代アショーカ王の塔があったので, 石塔寺とよばれたという。近江国(現, 滋賀県)や上野国(現, 群馬県)の石塔寺とともに, 日本三塔寺として知られる。戦国時代に, 小弓公方足利義明の孫である頼氏が養育されたという寺で, 頼氏の幼名である石堂丸にちなんで, 寺名がつけられたともいわれている。

鎌倉時代には隆盛をきわめたが, 1487(長享元)年全山が焼失し, 1525(大永5)年に地域支配者であった丸氏一族の援助によって現在の地に再建された。禅宗様を基調とする本堂(国重文)は, 再建時の建築と考えられている。堂内には, 平安時代後期の作という, 本尊の木造十一面観音立像(国重文)がある。カヤの一木造で, 繊細で女性的な美しさをもつ像高180cmの像である。

薬師堂(国重文)は, 1971(昭和46)年に南房総市石堂原にあった仏

石堂寺本堂

堂を移築・復元したものであるが、寺伝によると、焼失後の仮本堂であったという。境内の多宝塔(国重文)は、1545(天文14)年に丸常綱の寄進によって建立されたもので、里見義堯が、天文の内訌で滅ぼした里見義豊らの供養のため、建立したとも考えられている。堂内には、鎌倉時代中期の造像とみられる木造千手観音菩薩坐像(県文化)が安置され、1791(寛政3)年に製作された波の伊八(武志伊八郎信由)の彫刻もあったが、現在彫刻は庫裏に展示されている。

　なお境内には、戦国時代の建築と考えられる山王宮(県文化)と南房総市珠師谷から移築された、享保年間(1716～36)にたてられた豪農であった旧尾形家住宅(国重文)がある。

　石堂寺から国道410号線を北に進み、千葉県内最高峰の愛宕山(408.2m)をのぞむ嶺岡山系にはいると、大井には日本酪農発祥地(県史跡)とされる畜産総合研究センター嶺岡乳牛研究所がある。嶺岡山系一帯は、平安時代より牧があったといわれ、なかでも戦国時代には、里見氏が軍馬飼育のため嶺岡牧をおこしたといわれる。江戸時代の里見家の断絶後、徳川幕府もこの牧の経営を継承し、1728(享保13)年には、8代将軍徳川吉宗がオランダよりインド産白牛3頭を輸入して繁殖させ、バターのような白牛酪をつくったという。研究所内には、千葉県酪農のさと酪農資料館があり、酪農の歴史を知ることができる。

　館山駅から4つ目の南三原駅から上三原行きのバスで、竹の中バス停でおりるとバス停の近くに山神社(祭神大山祇命)がある。境内には上三原ノ大樟(県天然)がある。この木は根周り約10m・高さ約12m、樹齢は約750年と推定され、県指定天然記念物第1号である。

房総半島南端の海沿い　　285

③ 黒潮にはぐくまれた鴨川の海岸

長狭街道沿いにはさまざまな時代の文化財が残り，天津や小湊には，清澄寺や誕生寺など日蓮の関連遺跡がある。

鴨川大山千枚田 ⑮ 〈M ▶ P. 266, 287〉鴨川市釜沼
JR外房線安房鴨川駅🚌長狭線・金谷線釜沼🚶20分

> 日本の棚田百選に選ばれた375枚の棚田

釜沼バス停から南に1.5kmいった大利地区の斜面には，東西約600m・南北約150mの範囲に，農林水産省が「日本の棚田百選」に認定した大山千枚田(県名勝)とよばれる375枚もの棚田が広がっている。この棚田がいつつくられたかは不明だが，江戸時代をつうじてこの地域に大きな石高の変化がないことから，江戸時代以前から存在していた可能性も指摘されている。1997(平成9)年には「千枚田保存会」が結成され，現在はオーナー制度も導入し，景観保全と農業体験の機会も提供している。

さらにバスを大山小学校で下車し，高倉山を約30分ほどのぼるとその中腹に，724(神亀元)年良弁僧正の創建といわれ，大山不動とよばれて地域の信仰を集めている大山寺(真言宗)がある。江戸時代末期にたてられたこの寺の不動堂(県文化)は，江戸時代中期の建築様式を忠実に残した方5間の密教堂である。向拝には，波の伊八と称された武志伊八郎信由の躍動感ある竜の彫刻がある。堂には，鎌倉時代中期の作とみられる木造不動明王坐像及び両脇侍立像(県文化)が安置されている。また細野地区には，大山不動尊にまつわる「安田文書」(県文化)も残っている。

この大山寺参道沿いには，バクチノキ群生地(県天然)があり，数十本がはえ，国内最北端の群生地である。

金束から鴨川方面に戻った奈良林地区に，この地方を代表する自由民権運動家佐久間吉太郎の生家がある。佐久間は1858(安政5)年にこの地で生まれた。政治結社浩鳴社を結成し，原亀太郎らとともに各所で演説会を開催した。のちにキリスト教に入信し，裏山の中復にある墓には十字架がきざまれている。長狭地方は自由民権運動が活発に展開され，自由党員を20人以上も輩出した。

また，安房鴨川駅から西へ約10kmほどの愛宕山の麓，曽呂川の上流に，旧水田家住宅(国登録)がある。ここには，江戸時代後期に

黒潮かおる安房

つくられた主屋と明治時代初期の建築になる長屋門が残されている。長屋門は両側の部屋が牛小屋となっていて，酪農発祥の地とされる嶺岡の牧との関連がうかがえる。水田家は江戸時代には名主をつとめた。

吉保八幡神社 ⓰ 〈M ▶ P.266, 287〉鴨川市仲253 P
JR外房線安房鴨川駅🚌長狭線・金谷線吉保🚶1分

農作物の豊凶を占う流鏑馬神事

安房鴨川駅から嶺岡山系に沿って，内房の保田へぬける県道34号線は，通称長狭街道とよばれている。この街道の吉保バス停で下車すると，北側に吉保八幡神社（祭神誉田別命）がある。この神社は，829（天長6）年の創建と伝えられ，波の伊八（武志伊八郎信由）の彫刻のほか，千葉県内では珍しい流鏑馬の神事（県民俗）が行われることでも有名である。これは毎年9月28日の例祭で，農民が収穫に感謝し，9本の矢を射て翌年の稲の豊凶・適種を占う行事である。

長狭街道を金束行きバスで西へ進み，御園橋バス停で下車し，御園橋の手前を左折し約800mほど歩くと，古泉千樫誕生地（県史跡）がある。千樫は伊藤左千夫の門下で，アララギ四天王の1人と称された人物である。42歳の若さで没するまで，故郷である長狭地方の自然をうたった作品を中心に，数多くの短歌を残した。現在の建物は当時のものではないが，短歌にも詠まれた「椿の井戸」が残っている。また，市内の汐入公園には千樫の歌碑もたてられている。

この近くの北風原地区には，雨乞いの獅子舞である羯鼓舞（県民俗）が伝わっている。これは，天文年間（1532〜55）の大旱魃のときに里見氏の命ではじめられたといわれ，現在は7月の第4日曜日に演じられている。

さらに金束行きバスに乗り六地蔵バス停で下車し，北へ5分ほど

長狭街道周辺の史跡

黒潮にはぐくまれた鴨川の海岸

歩いた丘の麓に，1177(治承元)年の創建と伝えられる龍江寺(曹洞宗)がある。ここに安置されている木造地蔵菩薩坐像(県文化)は，像高68.5cmのヒノキの寄木造で，1401(応永8)年の墨書銘から室町時代初期の作と考えられる。

仁右衛門島 ⑰
04-7092-3456
〈M ▶ P. 267〉鴨川市太海浜445　P
JR内房線太海駅🚶12分🚢手漕ぎ船5分

源頼朝を助けたと伝える平野仁右衛門

仁右衛門島

太海駅の南東約1.5kmの太海浜沖合約50mにある，周囲4kmの小島が仁右衛門島(県名勝)である。1180(治承4)年の石橋山の戦いに敗れた源頼朝は，海を渡り安房にのがれた。このとき，平氏方の長狭常伴の急襲から島の住人平野仁右衛門が頼朝を助け，礼としてこの島をあたえられた，という伝説が残っている。

駅から国道128号線を南西に約1.5kmいくと，天面地区の西側旧国道沿いに，「天面善光寺」とよばれている西徳寺(真言宗)がある。この寺には，鎌倉時代後期と考えられる善光寺式の銅造阿弥陀如来及び両脇侍立像(県文化)がある。

また，太海海岸周辺は，玄武岩がいくえにも連なった枕状溶岩(県天然)が続く。これは，昔この一帯が海底で，水中に溶岩が吹きだしたことを示している。

鏡忍寺 ⑱
04-7092-0604
〈M ▶ P. 267, 289〉鴨川市広場1413　P
JR外房線安房鴨川駅🚶20分

日蓮小松原法難の舞台　富木殿御書

鏡忍寺入口バス停から西へはいると，日蓮の小松原法難で名高い鏡忍寺(日蓮宗)がある。1264(文永元)年11月，日蓮は，信者であった天津城主工藤吉隆のもとへ説法にでかけた帰り，他宗批判を繰り返す日蓮に反感をもつ，浄土宗信者であった地頭の東条景信に襲われ負傷した。この小松原法難のとき，日蓮をまもろうとして討死

黒潮かおる安房

鏡忍寺

した弟子の鏡忍坊と工藤吉隆の菩提をとむらうため，吉隆の子で，日蓮の弟子となった日隆に，日蓮が1281（弘安4）年に建立させた寺である。

ここには，1274（文永11）年日蓮がはじめて甲斐身延山（山梨県）にはいったときに，下総国中山（現，市川市中山）の信者である富木常忍に伝えた真筆の書簡である「富木殿御書」（県文化）が所蔵されている。また境内には，鴨川市打墨出身で波の伊八として名高い，江戸時代末期の彫刻師初代武志伊八郎信由から5代信光までの墓もある。境内祖師堂前には鏡忍を葬った小塚や，近くには吉隆の墓と伝えられる上人塚もある。

また，この地区一帯には，明治時代から大正時代にかけての建造物が点在する。鏡忍寺から約1kmほど東へ向かい，JR外房線をこえると，西町地区に鈴木家住宅（国登録）の主屋・離れ・石蔵・火入れ蔵・穀蔵がある。当家は元禄時代からの旧家で，明治時代初期にたてられた主屋は，茅葺き・寄棟造の煙出しをもつ房総の民家の特色を残している。鏡忍寺から北へ約1kmの和泉地区には，1921（大正10）年にたてられた和風公会堂建築である和泉公会堂（国登録）もある。

和泉公会堂から西へ1kmほどいくと，粟斗地区に薬王院（真言宗）がある。ここの薬師堂（県文化）には「正保五（1648）年」建立の墨書銘があり欄間には初代波の伊八の竜虎の彫刻がある。伊八の作品は，県道を西に進んだ金乗院大日堂（真言宗）でもみることができる。

駅に戻り，旧道を太海方面へ進むと，魚見塚展望台近くに心巌寺（浄土宗）がある。ここには，来迎会に使われた菩薩

鏡忍寺周辺の史跡

黒潮にはぐくまれた鴨川の海岸

面21面，比丘面2面からなる木造行道面（県文化）が伝えられている。

清澄寺 ⑲
04-7094-0525

〈M ▶ P. 267〉 鴨川市清澄322 P
JR外房線安房天津駅🚌鴨川市コミュニティバス清澄ルート清澄寺🚶5分

清澄寺

標高370mの清澄山にある清澄寺（日蓮宗）は，寺伝によると，771（宝亀2）年に不思議法師が創始し，慈覚大師円仁によって再興され，天台宗の寺としたという。のちに日蓮がこの地で得度し，題目をとなえ布教活動をはじめた寺である。戦国時代には里見氏の保護をうけ，江戸時代には徳川家康も帰依し，一時真言宗の寺として再興されたが，1949（昭和24）年に日蓮宗に改宗された。

境内には多数の文化財や天然記念物がある。1647（正保4）年の建立で1837（天保8）年の改修といわれる，一門一戸の四足門の切妻造で茅葺きの中門（県文化）や，嶺岡山系で産出された蛇紋岩製で，台石に，1407（応永14）年の陰刻銘が残る石造宝篋印塔（県文化），そして1392（明徳3）年に源清貞が，武州の大工塚田道禅につくらせ寺におさめた梵鐘（県文化），さらに「髪塚」とよばれていた「応永三十一（1424）年」の陰刻銘が残る石幢（県文化）などがある。霊宝殿には，旭森経塚遺物（県文化）がある。1923（大正12）年に旭森山頂で，日蓮像建立の工事をしているとき発見されたもので，室町時代前期の常滑産の壺のなかに銅製経筒がおさめられている。

仁王門をくぐった正面に，根回り14.2m・樹高約44mの清澄の大スギ（国天然）とよばれる，全国でも有数の巨木がある。樹齢は不明ではあるが，地元では「千年杉」とよばれている。

日蓮

コラム

法難にめけずつらぬいた法華経への深い信仰

日蓮は，1222（貞応元）年安房国東条片海（現，鴨川市）の漁師の子として生まれた。父はもと鎌倉幕府の役人で，訴訟に敗れてこの地に流されたと伝えられている。

幼名を善日麿といい，生誕伝説「三奇瑞」が残されている。12歳で清澄寺（天台宗）にのぼり薬王丸と改名し，16歳で得度し是聖坊蓮長と名乗った。

さらに，鎌倉・比叡山・高野山などで修行を積み，法華経こそが仏教の神髄であるとの信念をもち，1253（建長5）年，故郷の清澄山の旭の森頂上で題目をとなえ，日蓮宗を開宗した。

日蓮は，清澄寺を追放されたのち，疫病や飢饉，大地震で多くの人びとが苦しんでいた鎌倉にはいった。1260（文応元）年に『立正安国論』をあらわし，前執権北条時頼に献じた。ここには念仏や禅への信仰が，国内の戦乱と外国からの侵略を招くと記されているが，これによって，他宗からの攻撃をうけた。

しかし，1268（文永5）年に元からの国書が届くと，日蓮はその意を強くし，他宗をいっそう激しく攻撃した。このため日蓮は幕府に弾圧され，1271年に竜口の法難にて処刑されかけたが，結局は佐渡に流された。

3年後，流罪を解かれた日蓮は，甲斐身延山（山梨県）にはいり，ここで弟子の指導にあたった。

この間に，日本は2度の元寇に見舞われた。このことで日蓮はみずからの考えの正しさを確信し，のちに四箇格言とよばれる「念仏無間・禅天魔・真言亡国・律国賊」という他宗派批判を展開した。

そして，1282（弘安5）年に，病気療養のために常陸国（現，茨城県）へ向かう途中，武蔵国の池上宗仲の館（現，池上本門寺）で波乱の生涯を閉じた。

千葉県内には，日蓮に関する史跡・資料が多く残っている。なかでも市川市の中山法華経寺に伝わる『立正安国論』（国宝）は，日蓮が鎌倉幕府に提出したものの控えで，日蓮の真筆である。

誕生寺 ⑳

04-7095-2621

〈M ▶ P.267〉鴨川市小湊183 P
JR外房線安房小湊駅 🚶 20分

日蓮の誕生を記念して創建された寺

国道128号線を誕生寺入口から右折し，旧道をおせんころがし方向へ約300mほど進むと誕生寺（日蓮宗）がみえてくる。この寺は，日蓮の弟子日家が，興津城主佐久間重貞の支援を得て，1276（建治2）年に創建した。仁王門（県文化）は1706（宝永3）年にたてられ，県内では最大級のものである。楼上にある般若の彫刻は，左甚五

黒潮にはぐくまれた鴨川の海岸

誕生寺仁王門

郎の作と伝えられている。

宝物館には「富城殿女房尼御前御書」(県文化)がある。これは、日蓮が中山法華経寺を開基した富木常忍の夫人に、修行していた子息伊予坊の様子を伝えた手紙である。内容から日蓮58歳のときのものと考えられ、中山法華経寺にあったものを水戸藩2代藩主徳川光圀が誕生寺に移したといわれる。光圀は祖母養珠夫人(お万の方)の追善供養のために、その生誕地に近いこの寺に十界本尊を奉納した。

門前に開けた内浦湾一帯は、鯛の浦タイ生息地(国特別天然)である。タイが一定海域に自然群生するのは、世界的にも珍しい生態である。この鯛の浦海岸と祓山を結ぶ遊歩道から、蓮華淵とよばれる日蓮誕生の地をのぞむこともできる。日蓮誕生の地は、1703(元禄16)年の元禄地震によって大きく陥没し、海になってしまったが、陸地であったときの井戸の跡がみえる。

安房小湊駅から北東へ約1kmの所に、日蓮が12歳まで養育されたと伝えられる西蓮寺(日蓮宗)がある。ここに安置されている一木割矧造の木造薬師如来坐像(県文化)は、鎌倉時代前期の慶派の様式を示している。

④ 国中から東京湾に沿って

三芳村から内房沿いには、里見氏の史跡と菱川師宣をはじめとする、江戸文化かおる遺跡や文化財が残る。

宝珠院 ㉑ 〈M▶P.266〉南房総市府中687 ㋐
JR内房線館山駅🚌平群横峰🚶10分

里見氏の祈願所 ふくよかな木造十一面観音立像

　横峰バス停を1kmほど南に進むと、宝珠院(真言宗)がある。この寺は、応永年間(1394～1428)に創建された里見氏の祈願所で、本尊の木造十一面観音立像(県文化、非公開)は、像全体に厚みがあり、平安時代後期の作風がうかがえ、「徳治三(1308)年」の造像銘から鎌倉時代の作であることがわかった。また1702(元禄15)年、京都智積院から寄付された元からの渡来品である繡字法華経陀羅尼品(県文化、非公開)や室町時代前期作の絹本著色両界曼荼羅図(県文化、非公開)がある。

　バス停から県道をこえて400mほど東にいくと、延命寺(曹洞宗)がある。この寺は、1520(永正17)年里見義通の弟実堯によって創建され、以後里見氏の菩提寺となった。本堂の裏山には里見氏の墓所があり、ここには、里見氏の時代以前につくられた武蔵型板碑の板石塔婆(県文化)がある。これは、秩父産の緑泥片岩(秩父青石)でつくられ、「正安三(1301)年」の銘がある。

　平群車庫行きバスで県道を北上し汐の下橋バス停で下車し、左手の丘をのぼると畑のなかに、桜花四三乙型を発射するカタパルト基地跡がある。1945(昭和20)年、桜花は第二次世界大戦末期に本土決戦の切り札として開発されていた特攻機である。先端に800kgの爆薬を装備し、カタパルトで発射させるタイプであった。この基地には、1945年8月下旬に特攻機を配備することになっていたが、その前に敗戦となった。現在もコンクリート製のカタパルト発射台が残っている。

　さらに平群車庫行きバスで県道を進み、滝田郵便局前で下車すると、前方の尾根の中腹に展望台がみえる。その一帯が里見氏の滝田城跡で、上総と安房を結ぶ平群街道をおさえる要衝の城郭であった。この城の北方の南房総市犬掛では、天文の内訌時に、里見義豊と里見義堯とが決戦をし、義豊が戦死した犬掛古戦場がある。

国中から東京湾に沿って　293

また、滝田郵便局から県道を東の増間方面に30分ほどいくと、日枝神社に着く。ここでは毎年3月1日、御神的神事（県民俗）が行われている。一般にはオビシャとよばれ、的に矢を射て稲作の豊凶を占う歩射神事で、古い民俗形態をよく残している。

大房岬砲台跡 ㉒

〈M ▶ P.266〉南房総市富浦町多田良 P
JR内房線富浦駅🚌 5分

大房岬に大房岬砲台跡がある。館山湾の防衛や東京湾に侵入した敵艦船の攻撃を目的とし、ワシントン海軍軍縮条約によって廃棄された軍艦の砲塔を利用して、4年の歳月をかけて1932（昭和7）年に完成した。江戸時代末期の1847（弘化4）年には、江戸幕府が黒船来襲に備えて砲台を築き、10門ほどの大砲を配備したという。現在、大砲が設置された平場を囲った土塁の痕跡だけをみることができる。

大房岬砲台跡

富浦駅に戻って国道127号線を北へ10分ほど歩くと、富浦小学校をすぎたところのトンネル付近に里見公園の標識がある。この公園は、1578（天正6）年に、里見義弘の死後、その実子の梅王丸と家督を争って勝利した、義弘の弟といわれている義頼の居城岡本城跡（国史跡）である。義頼は歴代当主のなかでも、内政・外交において、城下町形成をはかったり、海運に力をそそぐなど手腕を発揮した人物といわれている。義頼の子義康の時代に、里見氏は館山城に移った。なお、駅の南東にある光厳寺（曹洞宗）には、1587年に没した義頼の墓がある。

天神社 ㉓

〈M ▶ P.266〉南房総市平久里中202 P
JR内房線岩井駅🚌平群線天神郷🚶 1分

天神郷バス停の前に天神社（祭神菅原道真）がある。ここには紙本著色天神縁起絵巻（県文化）がある。これは菅原道真の一代記を

加藤淳造顕彰碑

描いたもので，全3巻からなる。上・中巻は土佐派の絵師によるもので，室町時代の作と考えられている。下巻には，1446（文安3）年に地元絵師歩石によって描かれたことが記されており，この巻だけは地元産の平久里和紙が使われている。

この神社の前には，明治時代に自由党員であった加藤淳造の顕彰碑がある。淳造は，医師の家に生まれ，1880（明治13）年に生地の平群で医院を開業したが，翌年には民権結社資友会を組織して，板垣退助や植木枝盛そして大井憲太郎らと交流をもった。加波山事件にかかわり投獄されたが，1892年第2回衆議院議員選挙に当選し，また，地元では安房郡医師会会頭などを歴任した。

岩井駅と天神社の間にある海抜349.5mの富山は，1814（文化11）年から28年余りをついやし完成した滝沢（曲亭）馬琴の『南総里見八犬伝』の舞台となった山である。山頂には「八犬伝の碑」がある。

土佐派の技法で描かれた紙本著色天神絵巻

源 頼朝上陸地 ㉔

〈M ▶ P. 266, 295〉 安房郡鋸南町 竜 島165-1
JR内房線安房勝山駅 🚶 10分

安房勝山駅から保田方面に歩いて竜島の海岸にでると，源頼朝上陸地（県史跡）の碑と説明板がある。『吾妻鏡』には，1180（治承4）年，頼朝が石橋山の戦いに敗れたのち，安房国平北郡猟島に上陸したとあり，この猟島が竜島に比定されている。岩井駅から南東方向へ800mほどくだった伊予ヶ岳へのハイキングコースの途中，南房総市竹内には，頼朝がほめたという伝承をもつ，樹高約8mの岩井ノ蘇鉄（県天然）がある。

上陸地碑の南，橋を渡ったところにある大黒山の中腹には，江戸時代に勝山藩の公

源頼朝上陸地碑

国中から東京湾に沿って

認をうけ、房総捕鯨の元締をしていた醍醐新兵衛の墓がある。1630（寛永7）年に勝山で生まれた新兵衛は、一代でこの地の捕鯨を組織化し、勝山藩から苗字帯刀を許されて大名主となった。その後も醍醐家は、北洋漁業開拓や洋式捕鯨の導入・鯨加工業の創業など、日本の水産史上に大きな足跡を残している。

安房勝山駅から鋸南町役場前をとおり東へ進むと、富津館山道路手前右手の標高70mの台地上に、弥生時代の住居が復元されている。この田子台遺跡（県史跡）は、1952（昭和27）年に発掘調査された弥生時代後期の住居跡で、当時調査例が少なかったことから貴重な資料として注目された。以来南房総の弥生時代後期の基準資料となった。

石橋山の戦い敗北後の頼朝上陸地

菱川師宣誕生地 ㉕ 〈M ▶ P.266, 296〉安房郡鋸南町保田182

JR内房線保田駅 🚶10分

保田駅から県道を南へ向かい、保田交差点のさきの保田中央バス停の近くに、菱川師宣誕生地（県史跡）の碑がある。浮世絵の祖といわれる師宣は保田で生まれたが、生誕年ははっきりしていない。没年についてもながらく不明であったが、南房総市二部にある勝善寺（浄土真宗）の菱川師宣過去帳（県文化、非公開）が発見されて、そこには、「元禄七戌ノ六月即友居菱川友竹」と記され、没年が1694（元禄7）年であることがわかった。また、富津館山道路鋸南保田ICから約1kmの昌龍寺（曹洞宗）で、1981（昭和56）年に発見された菱川師宣関係過去帳（県文化、非公開）によって、師宣の戒名が補完され、父や

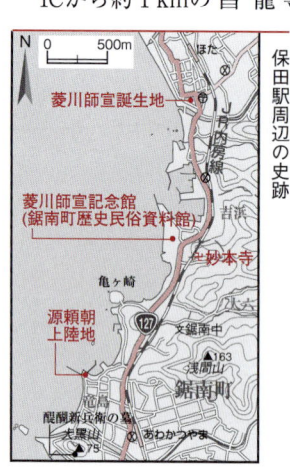

江戸文化を代表する浮世絵の創始者の記念碑

保田駅周辺の史跡

菱川師宣肖像画（「鹿野武左衛門口伝咄」）

黒潮かおる安房

菱川師宣

コラム

浮世絵版画の創始者　庶民に画題を求める

　江戸時代の元禄年間(1688〜1704)には，幕藩体制の安定と経済のめざましい発展のもとで，武士や有力町人を中心とした元禄文化が花開いた。

　この元禄時代に浮世絵版画を確立したのが，安房国平群郡保田(現，安房郡鋸南町)出身の菱川師宣である。

　師宣は一説によると，寛永年間(1624〜44)に京都から移住してきた紺屋と縫箔業を営む家に生まれたという。若くして江戸へでて，土佐派を中心に狩野派や長谷川派の画法を学び，みずから大和絵師と称して独自の画風を確立していった。

　師宣は諸派の絵の習練中に江戸庶民に注目し，それを描くことに専念していった。そして，版木に細工のしやすいサクラを用いた木版によって，一枚絵を量産する方法をとるようになり，それが人気を集め，絵画芸術の大衆化につながった。そのころ，上方では，現実の世相や風俗のなかで，みずからの才覚で力強く生きていく庶民の姿を描いた浮世草子が一大流行となっていた。

　町人生活を描いた井原西鶴は，江戸版『好色一代男』の挿絵に師宣を起用し，大きな人気を得たのである。これ以降30年以上も挿絵本に，師宣は腕をふるうのである。こうして，浮世絵版画の創始者としての名声は高まり，絵師としての地位を確立した。

　師宣の有名な「見返り美人図」には，「房陽菱川友竹」と，住居地ではなく生誕地を示すように「房陽」と署名されている。また，保田の菩提寺である別願院には，師宣によって梵鐘が寄進されている。こうしたことから，多くの美術史家は，師宣の郷土愛を推しはかり，彼の美人画にみる健康的で豊満な美人のモデルを，黒潮にはぐくまれたふるさとの美人にあるのではないかと指摘している。

妻と思われる女性の戒名もわかった。

　墓は地元の別願院につくられたと伝えられているが，墓石は1703(元禄16)年の元禄地震に伴う大津波で流された。誕生地から国道を南に15分ほど歩くと，鋸南町吉浜に菱川師宣記念館(鋸南町歴史民俗資料館)があり，師宣の浮世絵や関係資料が展示されている。

　保田駅から館山行きバスで妙本寺前で下車し，JRの踏切を渡ると妙本寺(日蓮宗)がある。ここには，愛染不動感見記(国重文)がある。これは，日蓮みずからが霊感をうけて愛染明王と不動明王を

国中から東京湾に沿って

描いたもので、2幅ともに日蓮が開宗をした翌年にあたる、「建長六(1254)年」の日付が記されている。この寺は日蓮の直弟子日興の孫弟子である日郷が、康永年間(1342～45)に開いたと伝えられている。その後、戦国時代には住職の日我が里見義堯の側近となり、寺も里見の陣所となって戦乱に巻き込まれたという。妙法寺聖教類及び関係資料(県文化)は、鎌倉時代から江戸時代までの歴代住職が、宗教上の教義や寺院経営などを記した貴重な史料である。

日本寺 ❷⓺
0470-55-1103

〈M ▶ P.266〉安房郡鋸南町元名184　P

JR内房線保田駅、または浜金谷駅🚶20分

千数百体におよぶ羅漢石像群

　鋸山山麓には、日本寺(曹洞宗)がある。725(神亀2)年、聖武天皇の勅命により行基が開いた、関東最古の勅願所と伝えられている。かつて7堂・12院・100坊の規模を誇っていたこともあったが、1939(昭和14)年の失火で大半が焼失した。本尊は高さ31mもある薬師瑠璃光如来立像である。

　境内には1553体におよぶ羅漢石像群(県名勝)がある。1780(安永9)年、高雅愚伝禅師の発願で、上総国桜井(現、木更津市)の石工大野甚五郎が、弟子27人とともに21年をかけて彫ったものといわれる。それぞれの石仏が喜怒哀楽をあらわした、1つとして同じ顔がない豊かな表情をもっている。頭部が欠けている石仏が多いが、これは明治初年の廃仏毀釈によるものである。寺にはこのほかに、「元亨元(1321)年」の銘がある梵鐘(国重文)がある。

発刊に寄せて

1989年に『新版 千葉県の歴史散歩』が発行されて早くも17年が経過しました。この間，社会の変化が著しく進行し，史跡・文化財などにも様々な変化が生じました。

また，近年の高齢化社会の到来により，市民講座などをとおして生涯学習はますます盛んになり，人びとの地域史への関心も高まっております。一方，学校では新教育課程により「総合的な学習の時間」が導入され，地域から歴史をとらえる授業の実践も重視されるようになりました。このような気運のなかで，本書が内容を新たに刊行されることは時宜を得たものと考えております。

本書が一般のガイドブックと異なるのは，編集・執筆にあたっているのは，日頃，地域史研究や歴史教育の実践に取り組んでいる本部会の会員であることです。そのため，最新の研究成果をふまえ，歴史的視点を重視し，正確でわかりやすい記述となっています。千葉県の歴史に関心を持つ多くの方々の「歴史散歩」の良き友，良き指針として活用されることを願ってやみません。

終わりに，この企画を推進するにあたり，旧版編集の関係者をはじめ，諸先輩から賜ったご教示・ご協力に深く感謝申し上げます。そして，吉井哲編集委員長を中心とした19名の執筆者の並々ならぬご苦労に対し深甚なる感謝を表します。

2006年3月

千葉県高等学校教育研究会歴史部会前会長

山本敬久

あとがき

1953年の「町村合併促進法」により，300余りあった県内の市町村は2桁にまで統合された。その後，多くの市町村が市町村史の編さんを行ったため，各地では，郷土の歴史を調査・研究する気運が盛り上がっていった。これにより，地方史研究は大きく前進し，普段見過ごしていた地域の文化財に対する関心も一段と高まった。

このような背景のなかで，山川出版社の企画「全国歴史散歩シリーズ」が生まれた。千葉県版は歴史部会に依頼され，1973年，文庫サイズの『千葉県の歴史散歩』が誕生し，次いで新書版の『新版千葉県の歴史散歩』(1989年刊)へと引き継がれた。幸い，何れも読者から温かい励ましや助言をいただき刷を重ね，その都度点検を行い充実に努めてきた。その後，資・史料の発見や文化財登録・抹消，交通・道路などの状況変化から再編集が迫られ，新たな「千葉県の歴史散歩」が陽の目を見る運びとなった。編集にあたっては，史実に基づく正確な記述に努めたことは勿論だが，利用しやすさも追求した。県民をはじめ，多くの方々に広く活用していただければ幸いである。

　最後に，本書の刊行にあたり貴重な資料や写真を提供していただいた関係各位，並びに助言と御協力をいただいた山川出版社に深く感謝する次第である。

　　2006年3月

千葉県高等学校教育研究会歴史部会長
古山豊

編集を終えて

　本書の編集にあたっては，旧版に表された諸先輩方の業績を踏襲しつつ，本書の性格上，指定文化財等を網羅しながらも，内容面にいかに特色を出すかが課題となった。具体的には文化財保護法の改正に合わせて，近代の建築物や戦争遺跡も新たに紹介したり，調査・研究の進展がめざましい，中世城館跡をはじめとする遺跡保存の動向や，東アジアの視点にも配慮した。また，コラムを刷新し，貝塚・千葉氏など日本全体や千葉県の歴史に関する事項をわかりやすく解説することで，本書の内容を豊かにするように努めた。

　本書が地域の歴史を楽しみ，学ぶガイドブックとして多くの方々に利用していただけることを切望している。

　　2006年4月

『千葉県の歴史散歩』編集委員長　吉井哲

【千葉県のあゆみ】

原始時代の房総

　日本列島のほぼ中央に位置する房総半島は、東の九十九里浜や南の安房は太平洋に、西は東京湾に面している。また北西の江戸川と北東の利根川を県境とする海と川に囲まれた地域である。

　房総半島において人びとの生活の痕跡が認められたのは、今から3万年前にさかのぼる。古込遺跡(成田市)や坊山遺跡(八千代市)では、ナイフ形石器と局部磨製石斧が出土した。旧石器時代とよばれるこの時代の人びとは、ナウマン象を食料にしたり、骨や角を道具としても使用していた。成田市猿山からはナウマン象の頭骨が発見されており、千葉県立中央博物館にその骨格が復元・展示されている。

　旧石器時代の人骨は県内からは発見されていないが、遺跡は数百カ所が確認されており、これらの遺跡は東葛飾・印旛地区や市原市など、下総台地の内陸部に密集している。

　縄文時代の房総においては、石槍などが出土した草創期の南大溜袋遺跡(富里市)をはじめ、早期の城ノ台貝塚(香取市)や飛ノ台貝塚(船橋市)などからは、炉穴や住居跡などが発見されている。前期には、大型集落を形成していた幸田貝塚(松戸市)や、丸木舟と櫂が発見された加茂遺跡(南房総市)など、竪穴住居を伴う遺跡が一般的となり、集落が形成され定住化が進んだ。

　中期になると、環状の大型貝塚を伴う加曽利貝塚・荒屋敷貝塚・月ノ木貝塚(千葉市)をはじめ、姥山貝塚(市川市)・山崎貝塚(野田市)・阿玉台貝塚(香取市)など、遺跡数も急増する。貝塚を伴う遺跡の8割は縄文時代の遺跡だが、貝塚が発達したのは東京湾に多くの貝類が生息したからであり、漁撈生活がさかんであったことを示している。貝塚の分布は後期にかけてさらに増加し、東京湾岸に直径100～200mの馬蹄形貝塚が分布し、房総における縄文文化の最盛期を迎える。全国で確認されている縄文貝塚約千数百カ所のうち、千葉では500カ所以上が確認されており、「貝塚の宝庫」ともいわれている。

　晩期になると、荒海貝塚(成田市)や山武姥山貝塚(山武郡横芝光町)など、かつて栄えた大型貝塚の一部に貝層が確認される程度となり、大型貝塚を伴った縄文集落は消滅していく。

　弥生時代には、九州に上陸した稲作文化は日本列島の西から東に普及していったが、房総には紀元前100年ごろに伝播した。農耕社会への移行により、集落の周りを濠で囲んだ環濠集落が形成されていく。大崎台遺跡(佐倉市)は弥生時代中期の代表的な遺跡であり、直径140mの濠に囲まれた中期の集落では、205軒の住居跡や50基の方形周溝墓が発見されている。

古代の房総

　4世紀に近畿地方に成立したとされるヤマト王権は、地方豪族との同盟関係を成立させることにより支配を拡大していったとされるが、その媒介の1つとなったのが、古墳の築造であった。房総における古墳の出現は、国分寺台遺跡（市原市）の神門古墳群が注目される。なかでも5号墳は、直径33mの円形の墳丘に突出部がついており、定型化された前方後円墳に移行する過渡的な様相を示している。3世紀中葉の築造とされており、古墳であるとすれば東日本で最古ということになる。

　その後も房総には多くの古墳が築造され、全長147mの内裏塚古墳（富津市）や128mの天神前古墳（市原市）のように、100mをこえる前方後円墳も14基存在している。現在までに、県内で全国最多の8600基以上の古墳が確認されており、ヤマト王権の大王と地方の王が共通の墓制をもつことが、両者の同盟・服属関係をあらわすと考えれば、東国のなかでもヤマト王権との関係が深い地域であったことがわかる。また、5世紀なかばごろに築造された直径30m前後の円墳である稲荷台古墳（市原市）から出土した「王賜」銘鉄剣は、ヤマト王権の大王が特別な人物に下賜した刀である。「王」とは、当時中国の南朝と外交関係をもっていた『宋書』にみえる「倭の五王」の1人であろう。ここからも房総とヤマト王権の関係がうかがえる。

　終末期の古墳として注目されるのが、7世紀前半の築造で、一辺が80mある日本最大級の方墳である龍角寺古墳群のなかの岩屋古墳（印旛郡栄町）であり、印波国造との関係がうかがえる。古墳の北側には7世紀後半に創建された龍角寺があり、西側には、埴生郡家推定地の大畑Ⅰ遺跡がある。近畿地方では、6世紀後半以降前方後円墳は消滅して古墳は小型化し、7世紀になると仏教の受容により、古墳にかわる権威の象徴として寺院が建立されるようになった。岩屋古墳と龍角寺の関係は、古墳から寺院への流れを具体的に示している。

　8世紀にはいると、律令制が施行され、国・郡・里という地方行政組織が制定された。これに伴って房総3国にも国府や郡家が設置されたとみられる。国府については、上総が市原市、下総が市川市国府台、安房が安房郡三芳村府中におかれていたと思われるが、明確な遺構などは確認されていない。また郡の役所である郡家についても、前述の大畑Ⅰ遺跡や、下総国相馬郡の正倉跡とされる日秀西遺跡（我孫子市）、上総国海上郡家とされる西野遺跡（市原市）、武射郡家とされる嶋戸東（山武市）などが発掘されているが、いずれも明確ではない。

　国府とともに国家仏教奨励の施設として、国分僧寺・国分尼寺が国ごとに設置されたが、上総・下総については、僧寺・尼寺の伽藍のほか、寺域も確認されている。とくに上総では、伽藍配置だけではなく、僧の日常生活にかかわる施設が確認され、尼寺では寺を維持・管理する関連施設を含め、その全容があきらかにされ、全国的にみても最大規模であることもわかった。

　房総は、律令政府による東北地方への勢力拡大のための前線基地でもあり、とく

に奈良時代末期から平安時代初期(774〜811年)にかけて, 蝦夷との戦いが激しくなり, 房総3国からも多くの民衆が動員されたり, 物資が調達されたりした。このとき鎮守府将軍として活躍した下総出身の物部匝瑳氏のように, 戦いに大きな役割をはたした豪族たちもあらわれた。

平安時代中期には, 房総をはじめ関東の国々では, 土着化した前任国司や荘園経営により財を蓄積した富豪農民らによる, 国司の徴税攻勢への対抗や群盗の横行により治安が乱れていった。そのため地方豪族らはみずからの所領や, 農民の支配権を維持するため, 一族が武装化し結束していった。これにより各地に武士団が形成されていった。このうち, 桓武平氏の流れをくむ平将門は, 下総国豊田郡(現, 茨城県岩井市)一帯を本拠としていたが, 10世紀なかばに所領をめぐる一族の内紛に端を発し, 常陸国府を襲撃し, 関東一帯に勢力を拡大し新皇と称し, 国家に対する反逆をおこした。この乱をしずめたのは, 将門と同様に地方に基盤をもつ武士団であった一族の平貞盛や下野の藤原秀郷であり, 中央政府の無力化と武士の中央進出のきっかけとなった。その後1028(長元元)年におこった房総を舞台とした平忠常の乱は, 関東での平氏一族の覇権をめぐる争いが背景となった。直接の原因は, 官物の納入をめぐる国司の収奪に対する紛争であったが, この乱を鎮圧したのは, 藤原道長につかえ, 鎮守府将軍も歴任し, 当時甲斐(現, 山梨県)の国司をつとめていた源頼信であり, 以後東国における源氏の勢力基盤を確立した。

中世の房総

12世紀なかばから平安時代末期までは, 両総平氏らを開発領主とする荘園化が進み, 勢力を拡大していった。

千葉常胤は源頼朝挙兵に際し大きな役割をはたし, 千葉氏隆盛のもとをきずいた。下総国守の藤原親通を祖とする下総藤原氏は, 親政の代には平清盛の義兄弟となるなど, 姻戚関係を通して勢力を拡大した。このため常胤は圧迫を受けていた。房総で最大の勢力をもっていた上総広常も同様な状況にあり, 房総武士団は, 頼朝の挙兵にいち早く味方したのである。常胤は下総国府を襲撃し, 広常は2万といわれる軍勢を率いて頼朝にしたがった。やがて東国の支配権を獲得した頼朝は, 強大な勢力を誇る広常を滅ぼし, 小勢力の常胤を引き立て密接な関係を維持した。常胤は下総国の守護に任命され, 鎌倉時代末まで一族によって引きつがれた。

千葉氏は有力武士団に成長したが, 一方で元寇での負担などが深刻な経済的窮乏を招き, 鎌倉時代中期から末期にかけて, 頼胤の子胤宗・宗胤兄弟により千葉宗家を二分する対立が生じたが, 幕府滅亡を機にいっそう激化した。彼らの従兄弟で千葉荘(現, 千葉市)に基盤をおいた貞胤が, 南北朝の動乱期を切り抜け, 足利尊氏方についたため, 千葉氏宗家の地位と下総守護に加え, 一時上総守護にも任じられた。

鎌倉新仏教の誕生は房総にも大きな影響をおよぼしたが, 鎌倉時代中期に法然の説いた浄土宗を学び, 東国の教化をめざしてこの地を訪れたのが, 良忠であっ

た。石見出身の良忠は、のちに最大の勢力を占めて浄土宗の中心的存在になったが、その基礎となった東国布教の最初は、房総の地であった。

また安房出身の日蓮は、1222(貞応元)年に現在の鴨川市小湊に生まれ、清澄寺で修行をし、のち鎌倉・京都や諸国の寺々で学んだ。1252(建長4)年ごろ清澄寺に戻るが、地頭からの圧力や寺内対立により、鎌倉に活動の拠点を移した。やがて1282(弘安5)年、武蔵の池上郷(現、東京都大田区)で61歳の生涯を閉じ、死の直前に「本弟子」に認められた6人が、各地域で布教活動を展開した。そのうち4人は上総・下総の出身であった。日朗開山の本土寺(松戸市)、日向開山の藻原寺(茂原市)は一大勢力となっていく。

また、日蓮の庇護者であった富木常忍が日常と名乗り、のちの中山法華経寺(市川市)を開いているが、本弟子の1人日頂は常忍を義父にもつ。この中山門流は千葉胤貞と結びつきを強め、発展していった。

房総は江戸湾に面し、海上交通の要所であり、北条氏以来鎌倉と密接な関係にあったため、鎌倉の寺社の勢力がおよんだ。また鎌倉府の御料所も設置され、上総守護には関東管領の上杉氏が任命されるようになった。上杉禅秀の乱後、鎌倉公方足利持氏は専制化を強め、関東管領上杉憲実や室町幕府とも対立した。やがて永享の乱や結城合戦にも、幕府方・上杉方についた千葉胤直はその恩賞として、上総・下総の守護に任命された。しかし、享徳の乱では、上杉方の千葉胤直・胤宣父子は、足利成氏についた庶家の馬加・原氏に攻められ、滅亡した。

この抗争に勝利した原氏は、下総で勢力を強めることになり、他方、円城寺氏や木内氏は武蔵にのがれ、実胤を擁立して武蔵千葉氏を成立させた。この動きは上総・安房にも波及し、上総には成氏の近臣武田信長が入部し、真里谷(木更津市)・長南(長南町)城を築いた。また安房には、新田氏の一族とされる里見義実が白浜にはいり、のちに稲村城(館山市)を築いた。このように戦乱の過程で、房総3国は下総古河(現、茨城県古河市)に移って、古河公方と称した足利成氏の勢力下におかれた。

その後、成氏は千葉孝胤の千葉館に一時のがれている。孝胤は、文明年間(1469〜87)ごろに本拠を千葉城から、本佐倉城(印旛郡酒々井町)に移した。本佐倉は香取の海の一角にあり、古河とも連絡する河川交通の要衝であった。有力家臣の原氏も、本拠地を小金城から小弓城(千葉市)に移している。

関東の戦国時代は、上杉氏の分裂抗争や古河公方足利氏の内紛で混迷の度合を深めていった。相模・武蔵へと勢力を拡大した北条早雲は房総にも侵攻した。真里谷の武田氏は早雲の援助を得て、三上氏が拠点とした真名城(茂原市)を攻めている。さらに原胤隆が拠点とした小弓城を攻略し、かわって古河公方足利高基の弟義明が小弓城にはいり、小弓公方と称した。

その後1524(大永4)年、扇谷上杉氏が、北条氏綱によって江戸城を追われると、

房総諸将は上杉氏に味方し、北条氏と対立した。安房では里見義堯が義豊との内乱に勝利し、のちの里見氏隆盛のもとを築いた。1538(天文7)年、古河公方が小弓公方義明の追討を北条氏に命じた第1次国府台合戦では、義明が戦死し北条氏が勝利した。その結果、小弓公方家は滅亡し、上総地域の混乱が深まったが、西上総地域において、江戸湾の水運の利害をめぐって里見氏と北条氏の抗争が展開された。同じころ正木氏が東上総を支配し、下総では原氏が小弓城を回復した。

千葉氏では、家臣に暗殺された親胤にかわって16世紀なかばの弘治年間(1555～58)に胤富が宗家をつぎ、本佐倉城を拠点としその存在を示した。しかし、臼井城を奪取した原氏の台頭と、北条氏の房総進出に押されぎみであった。その後1564(永禄7)年には、第2次国府台合戦がおこり、里見義弘は北条氏康に敗れた。その結果、一時的に北条氏が上総に侵攻し、里見氏との攻防を繰り返したが、関宿城を奪取した北条氏が攻勢を強め、1577(天正5)年に和睦が成立した。

戦国時代末期の房総は、安房の里見氏をのぞき、下総から上総の一部は北条氏の勢力下におかれた。

近世の房総

織田信長の後継者となった豊臣秀吉は、全国統一の最終段階として小田原の北条氏を滅亡させた。館山城を拠点とする里見義頼は、秀吉にしたがい安房1国を支配する大名として生き延びた。これに対し、下総では千葉氏やその一族の原氏らが、上総でも酒井氏・武田氏らが北条方に参陣したため、北条氏とともに滅亡した。

さらに関ヶ原の合戦ののち、大規模な改易・転封が実施され、徳川家康の上級家臣の多くは、関東から全国各地に移された。そのなかで、安房の里見義康の子忠義は、伯耆倉吉(鳥取県)に転封されたが、まもなく廃絶となった。以後房総3国には、天領や譜代大名領・旗本領が配置され、幕府のお膝元として重視された。また、それらの領地が複雑に入り組んでいたのも特徴であった。

関東には、幕府が管轄する鷹場が設定されたが、下総や上総には早くから鷹場が設けられ、なかでも上総の東金鷹場には、家康や2代将軍となった秀忠がたびたび訪れている。そのために船橋から東金に向かうための一直線の道として、いわゆる御成街道が整備され、鷹狩の拠点となった東金御殿(現、東金高校敷地内)や船橋御殿、御茶屋御殿も建設された。

徳川氏の支配が安定し、兵農分離が進展していくと、17世紀なかばごろまでには武士は農村を離れ、大名とその家臣は城下と陣屋に居住するようになった。房総では、佐倉に城下町が形成されたが、本格的な築城は、のちに老中をつとめた土井利勝が、1610(慶長15)年に小見川から移ってきてからである。以後幕末に老中職をつとめた堀田氏に至るまで、有力譜代大名の居城となった。ほかには関宿・大多喜・久留里・佐貫にも城下町が形成された。

一方、陣屋は、1万石程度の小大名の拠点として、もっとも長期にわたっておか

れた生実をはじめ、小見川・多古・高岡・勝山などに設けられた。この時期、村社会では農民たちの努力による土木技術の進展により、大河川から用水を引くことが可能となり、「大開発の時代」を迎えた。たとえば手賀沼などの利根川水系の湖沼や流域、九十九里浜北部に発達した淡水湖である椿海の開発により、新田の村が成立し、耕地面積が拡大していった。

　幕府は、江戸時代初期から年貢米や物資の輸送のため、水陸交通路の整備を進めたが、中期以降は、民間物資の流通も活発になり、とくに房総では利根川東遷により大量輸送が可能な舟運が発達した。下流域には飯沼・野尻（銚子市）、小見川、佐原などに河岸が形成された。米をはじめ、銚子・野田の醬油や佐原・神崎の酒などの物資が最寄りの河岸から関宿の関所を経て江戸川をくだり江戸に運ばれた。

　このうち、銚子や佐原などでは、地域間交流の拠点として町並みが形成され、発展していった。その後利根川沿岸の村々では、大消費地江戸を背景に、商品作物の生産が盛んになっていった。

　房総半島沿岸は、近世初期から紀伊・和泉・摂津などの関西の漁民が多数出漁してきたことで、漁場として栄えることになった。房総への出漁はいわし漁など季節的な出稼ぎ漁業からはじまったが、なかでも九十九里浜の地曳網漁業は地元に定着し、日本有数の漁業地域に発展した。干鰯や〆粕などの金肥の生産も盛んになった。また関西から移動してきた商人たちも醸造業などの生産技術をもたらして定着した。19世紀前半ごろには、流山の味醂や銚子・野田の濃い口醬油は江戸市場に進出し、上方からの「下り物」を圧倒する勢いを示した。

　近世後期以降になると、幕藩体制の諸矛盾が表面化し、幕府や各藩において改革が実施された。佐倉藩では1833（天保4）年に、藩主堀田正睦のときに藩政改革が行われた。人材育成のため房総最大の藩校となった成徳書院が開校し、そのほか、蘭方医の佐藤泰然が佐倉に移住し、城下に順天堂を開き、診療と医学教育を行ったことから、藩のオランダ医学が大きく発展した。近世後期には豊かな経済力を背景に台頭してきた豪商・豪農層が、地域文化の発展に貢献した。なかでも下総佐原出身の伊能忠敬は、天文学や天体観測技術に基づく測量技術を修得し、隠居後の56歳から17年間にわたって日本の沿岸を実測し、精密な「大日本沿海輿地全図」を作成したことで著名である。

　近世後期以降、農村においても、幕藩体制の矛盾や商品経済の浸透により本百姓の没落や分化が進み、年貢減免を求める百姓一揆や村役人層と小百姓の対立による村方騒動なども頻発した。このような情勢のなかで、名主佐倉惣五郎が身を犠牲にして将軍へ直訴し、佐倉藩の増税策を廃止させたとする義民伝承が流布していった。また18世紀後半以降になると、村社会の秩序がくずれ、「天保水滸伝」に描かれた笹川繁蔵や飯岡助五郎のような博徒の活動も活発となった。

　このような状況のなかで、村役人層のなかから宮負定雄のように、平田国学を精

神的なささえとして村の自力更生を行う者も登場した。また19世紀に流浪の末，長部村(現，旭市)にはいった大原幽学は，農業生産の合理化を説きながら農村改良を進めていった。

18世紀末以降になると，日本近海に異国船が出没し海防の必要に迫られた。ロシアの通商要求を幕府が拒み続けたため，19世紀初頭に北方海域でのロシアとの緊張が高まり，幕府は江戸湾防備に着手した。上総・安房の沿岸防備は当初陸奥白河藩が担当し，富津などに陣屋を構えた。その後諸藩が交代で防備にあたったが，沿岸の村々には人足役や役船の徴発などが課された。

やがて，開国による混乱は房総の地にも波及する。尊王攘夷派の一派である真忠組は，九十九里一帯に一時的ではあるが地域政権を打ち立てた。このように幕藩体制の崩壊は進み，まもなく維新政権を迎えることになった。

近現代の房総

1868(慶応4)年4月，新政府軍による江戸城の無血開城が行われたが，その前後には下総西部から下野一帯では，新政府軍と旧幕府軍との戦闘が展開された。房総では市川・船橋戦争がおこったが，新政府軍の攻勢により，幕府派は敗退し木更津方面まで追撃された。その間，譜代である佐倉藩は新政府にくだり，大多喜城も接収された。

7月には，政体書による府藩県三治の地方制度の実施により，久留米藩士柴山典が房総知県事として赴任した。

1871(明治4)年の廃藩置県で，房総地方では24藩が廃止され，26県となった。当初は全国的にも県の数が多く複雑な分布となっていたが，その後の統廃合により，上総・安房地方一帯に木更津県が，下総地方に印旛県が設置され，さらに利根川をはさんだ南北の地域は新治県とされた。そして，1873年印旛・木更津両県が合併して千葉県となり，千葉郡千葉町に県庁がおかれた。この日が6月15日であり，「千葉県民の日」の由来となった。

さらに1875年に香取など利根川以南が千葉県に編入され，現在の県域が定まった。その後千葉県令となった柴原和は，千葉県の成立から9年余りにわたって木更津・印旛・千葉各県の権知事や県令などをつとめ，また地域の有力者を区戸長につけて，明治政府の開明化政策を強力に推進していった。

1878年の府県会開設以後，国会開設運動が盛んになり，1879年には，武射郡小池村の桜井静が，全国の地方議員に対して国会開設をよびかけ，夷隅郡の以文会に代表される民権結社が50社以上も結成されるなど，活発な自由民権運動が展開された。

日清(1894～95)・日露(1904～05)戦争期には，佐倉連隊が旅順攻略など主要な戦いに参加している。この時期に県内の鉄道敷設が進み，1904年には両国橋・銚子町間の総武鉄道が開通するなど，従来の水運中心の流通や人びとの交通に変化を

千葉県のあゆみ 307

もたらした。県庁所在地である千葉町は、内房・外房とを結ぶ経済の中心として、都市化が進展した。また、日露戦争後には、習志野原の陸軍諸施設が拡充され、軍郷千葉といわれる首都周辺部の軍事的役割が強化されていった。

大正時代には、千葉町で憲政擁護大会が開かれるなど、護憲運動の盛り上がりもみられたが、第一次世界大戦を経て、1920年代にはいると戦後恐慌に見舞われた。これに追い打ちをかけたのが、関東大震災であった。県内では安房郡・君津郡・市原郡の被害が大きく、これに加え、「朝鮮人暴動」の流言によって、船橋町(現、船橋市)や東京近郊の町村で、軍隊や自警団、民衆らによる朝鮮人らの殺害事件が発生した。

一方、第一次世界大戦前後から労働・農民運動などが高まり、農業県である千葉県でも地主層の増加に伴う小作農の増加で、しだいに小作争議の件数も増大していった。また、県内の工場でも労働争議がおこったが、銚子町(現、銚子市)や野田町(現、野田市)の醤油醸造労働者による労働組合の結成や、給与の増額を求めるストライキなどがその代表的なものであった。昭和時代にはいっても、世界大恐慌による米価・繭価の低落により深刻な経済状況が続いた。

1931(昭和6)年以降、深刻な経済危機を背景に、日中戦争に突入し、千葉県から鉄道第1連隊や佐倉の57連隊が動員されると、しだいに戦争ムードが高まった。1940年に大政翼賛会が発足すると、全国的な組織となった。千葉県では翼賛会に応じた組織化の動きは早く、県支部が発足し、部落会・町内会まで取り込んだ体制ができあがった。

その後、アメリカとの戦争に突入したが、1942年7月のミッドウェー海戦の敗北以降、アメリカ側が反攻に転じたため、戦局は悪化していった。戦争の激化に伴い、東京近郊の市川・船橋・千葉市などに軍需工場が分散疎開して操業し、千葉市の海岸も日立航空機工場設立のため埋立て工事が行われた。さらに茂原・興津・鴨川などにも陸海軍関係の工場が建設され、中小企業の多くが軍需産業に組み込まれていった。

太平洋戦争末期、戦局の悪化に伴い、千葉県は首都防衛の最前線に位置づけられ、木更津市や館山市などに飛行場や軍の施設が急造された。1945年にはいるとアメリカ軍による本土空襲が本格化し、銚子市や千葉市も爆撃の対象とされたため、大きな被害をうけ、多数の死傷者がでた。

太平洋戦争が日本の敗戦により終結すると、アメリカ海兵隊が富津・館山に上陸し、県内各地で武装解除と軍事施設の接収のため、1949年まで駐屯した。この間、農地解放などの民主化政策が進められていった。

1950年に勃発した朝鮮戦争の特需景気により、この年千葉市蘇我町(現、中央区蘇我町)の旧航空機工場跡地に川崎製鉄の誘致が実現し、3年後に操業を開始した。これを機に千葉県臨海部への工場進出がはじまり、京葉工業地帯造成計画が進めら

れた。千葉市以南の埋立地には，石油化学コンビナート・造船所・火力発電所などが建設され，1960年代以降の高度経済成長期には，大規模な重化学工業地帯が形づくられた。

また，工業化・都市化の進行による人口の急増を招き，千葉・東葛(とうかつ)地域を中心に住宅団地の建設も行われた。その後も県北西部を中心に人口増加が進み，1983年には500万人をこえた。さらに県都千葉市は，1992(平成4)年に政令指定都市に指定された。

空の玄関として，新東京国際空港(現，成田(なりた)空港)が1978年に開港した。京葉工業地帯の一角に位置する千葉港は，1994〜2001年まで8年連続で年間取扱貨物量が全国1位となり，首都圏の海の玄関としての役割をになっている。また1997年には，東京湾アクアラインが開通し，さらに2007年には館山自動車道の全線が開通した。

【地域の概観】

県都となった千葉市

　県都千葉市は，東京湾に面した県北西部に位置し，花見川・都川などが下総台地の南西部の丘陵を流れて東京湾にそそぎ，鹿島川が土気地区から印旛沼にそそいでいる。

　市内は，1960年代ごろまでは，国道14号線より西側には遠浅の海岸が広がっており，縄文時代は約100カ所の貝塚がつくられ，なかでも，加曽利貝塚(若葉区)は，国内最大級の大型環状貝塚として有名である。

　古墳時代になると，南部の村田川下流域に面した台地上には，5世紀前半の築造とされる市内でも最大の大型前方後円墳である大覚寺山古墳(中央区)や，円墳の七廻塚古墳(中央区)が存在した。後期には村田川流域の台地上に群集墳が築造されるようになった。

　奈良時代のなかばまでには，市域の大部分が含まれる千葉郡が設置され，奈良時代から平安時代の大規模な集落遺跡も発見されている。

　平安時代後期には，各地に武士団が形成されるが，なかでも桓武平氏の平良文の子孫常重が千葉氏を称し，本領として千葉荘が成立した。常重の子常胤は，源頼朝の挙兵を助け，鎌倉幕府の創設に貢献した。以後千葉氏は，鎌倉幕府の有力御家人として下総国の守護をつとめた。一族の守護神として信仰された妙見菩薩をまつった千葉神社(中央区)や，大日寺(中央区)など千葉氏ゆかりの神社・寺院も多数築かれた。

　戦国時代に千葉氏が内紛をおこし佐倉へ移ると，里見氏と北条氏との争いを背景に，生実城(中央区)をめぐって原氏と小弓公方足利義明が合戦を繰り返した。小弓公方滅亡後は，生実城を拠点とする原氏と里見氏が攻防を繰り返し，市域を統一する勢力はあらわれなかった。

　江戸時代には，1627(寛永4)年に森川重俊が生実藩1万石をあたえられ，生実城跡の一角に陣屋を構えた以外は，佐倉藩領と旗本領であった。旗本領は幕末で45家と，市内の40％を占めていた。寒川と登戸(ともに現，中央区)には湊が開かれ，千葉町は米や商品作物をあつかう商人で栄えた。陸路は徳川家康が鷹狩りのためにつくらせた御成街道が東に走り，海岸部には房総往還，内陸部には土気往還があって，いずれも房総の物資を江戸に運ぶ重要な役割をになった。

　明治時代には廃藩置県により，1874(明治7)年6月に木更津県と印旛県が合併して千葉県が誕生し，当時の千葉町に県庁が設置され県都となった。その後1921(大正10)年の市制施行により，千葉市が誕生した。

　明治時代末期には，鉄道連隊が誘致されると，その後つぎつぎと陸軍の施設がつくられ，千葉市は軍郷とよばれるようになった。さらに蘇我(中央区)は日立航空機千葉工場があったため，太平洋戦争中の1945(昭和20)年6月10日と7月7日に，ア

メリカ軍による大規模な空襲をうけ、市内中心部は焼け野原となった。

戦後は川崎製鉄所が誘致され、以後高度経済成長期には、埋立地域に大規模な重化学工業地帯が形成されていった。これと前後して、1954(昭和29)年に正式開港した千葉港は、京葉工業地帯とともに日本有数の貿易港として発展し、1994年から2001年まで取扱貨物量は全国第1位となった。

人口が80万人をこえたのを機に、1992(平成4)年、全国で12番目の政令指定都市になった。また、稲毛から幕張の海岸部には住宅や幕張メッセ(美浜区)がつくられ、都市開発が進められている。

津で栄えた内房

東京湾岸の西上総の地域は縄文時代以来、三浦半島と交流があった。後期には台地上に祇園貝塚(現、木更津市)・山野貝塚(現、袖ケ浦市)などが形成され、弥生時代の菅生遺跡(木更津市)からは木製農具が出土した。

古墳時代、養老川流域には「王賜」銘鉄剣が発掘された稲荷台1号墳(市原市)、小櫃川流域には後期古墳の金鈴塚(木更津市)、小糸川流域には房総最大の内裏塚古墳(富津市)など、房総を代表する古墳が水系ごとに存在し、菊間・上海上・馬来田・須恵の国造がおかれたとされる。7世紀にはこれらの豪族により、大寺廃寺(木更津市)のような寺院が建立されるようになった。その後律令制下では、現在の市原市内に上総国府、上総国分寺がおかれた。

中世の房総は、上総氏や千葉氏の勢力下にあったが、鎌倉時代におこった和田合戦(1213年)や宝治合戦(1247年)によって、北条氏や足利氏の支配下にはいった。中世の主要な道路である鎌倉街道は、木更津から上総国府へとのびていた。中世荘園の畔蒜荘横田郷(現、袖ケ浦市)では、小櫃川の舟運を利用して物資が定期的に交易されていたと考えられている。戦国時代には椎津城(市原市)・真里谷城(木更津市)・佐貫城(富津市)・久留里城(君津市)などの城郭が築城され、その領有をめぐって激しい攻防が繰り返された。

近世、江戸幕府から公認された木更津船が米や甘藷・薪炭・材木などを江戸に運び、小林一茶や葛飾北斎ら多くの文人は船で上総に来訪した。この地域の支配は、近世初頭以来、天領・旗本領・譜代の小藩領が入り組んでおり、江戸湾の海防をになわせることが困難だったため、幕府は、白河藩や会津藩など有力譜代藩に陣屋や台場を築かせた。

1871(明治4)年廃藩置県により、木更津県が設置され、柴原和が権令として73年の千葉県成立まで上総・安房地域の行政を行った。しかし交通は、江戸時代と同じく舟運が中心で、鉄道の敷設は北総や外房より遅れた。日露戦争後、蘇我(千葉市)・木更津間が敷設され、大正時代以降、県営鉄道久留里線(現、久留里線)や小湊鉄道が内陸部にのび、さらに関東大震災の被害もあって舟運は衰退した。

1960年代の高度経済成長期以降、市原から富津の海岸は埋め立てられ、京葉工業

地域の概観

地帯となった。これにより，県外から多くの人びとが移転し，後背地に宅地が造成されていった。

川にはぐくまれた東葛飾

　東葛飾は下総国の北西部を占める地域で，その境界は東西が利根川と江戸川で区分され，南東は印旛郡，南は千葉郡に接していた。ここに現在船橋・松戸・市川・柏・習志野・野田・流山・我孫子・浦安・鎌ヶ谷・白井の11市が属しており，総人口250万人をこえる人口が集中している。

　東葛飾の台地上には，市川市の堀之内・姥山・曽谷貝塚（いずれも国史跡）と，野田市の山崎貝塚（国史跡）に代表されるように，大型の貝塚が多くみられ，縄文貝塚文化の宝庫であった。

　奈良時代には下総国府や国分寺が造営され，現在の市川市が政治・文化の要地となっていた。平安時代になると，鬼怒川流域に土着した桓武平氏が勢力をのばし，その一族の平将門の乱（939～940）もおこった。将門は下総国豊田郡・猿島郡・相馬郡を根拠地としたため，東葛飾には将門伝説が多く残されている。

　鎌倉時代には，下総相馬郡を根拠地とする千葉氏一族の相馬氏が，源頼朝につかえてこの地に勢力を得て，多くの城郭を構えた。また日蓮が下総での布教の拠点としたところが中山法華経寺となり，信仰を集めた。

　室町時代から戦国時代にかけて，足利成氏が下総古河城に移って古河公方と称し，その勢力は水陸交通の要衝である関宿にもおよんだ。16世紀前半には，古河公方の一族である足利義明を擁して勢力拡大をはかった里見氏と，関東一円に勢力をのばしていた北条氏との間で国府台合戦がおこった。勝利した北条氏は下総に勢力を伸張し，1574（天正2）年には簗田氏が拠点としていた関宿城を奪取した。

　江戸時代にはいると，関宿に居住した関宿藩久世氏と，駿河（現，静岡県）の田中藩本多氏の通称「下総一万石」の所領以外は，天領・旗本領となり，その多くは小金牧という幕府の馬牧で占められた。この地域は利根川と江戸川の舟運に恵まれ，江戸時代中期以降，江戸地廻り経済圏が成立するなかで，物資の中継地として多くの河岸が発達した。流山・野田では醬油醸造業が発達し，江戸への販売に成功した野田の醬油が地場産業化した。このほかの名産としては，行徳の塩，流山の酒と味醂，市川・松戸の梨や蔬菜，船橋の漁業などが江戸の台所をになった。

　明治時代以降，新都東京に隣接したこの地は，利根運河の蒸気船・総武線や常磐線の鉄道など，あらたな交通手段の出現とともに発展をとげた。戦後の高度経済成長期になると，海岸部はほぼ埋立てられ，明治時代からの軍用地や開墾地も，近郊農業の農地，住宅団地や宅地に変貌した。

　こうしてかつて存在していた地域ごとの差異は，東京のベッドタウンとして均質的な風景へと収れんされていった。

内海に開かれた印旛

　古代には大きく内海の入江となっていた印旛沼周辺は，ナウマン象の化石や旧石器時代の人びとの生活の跡などが発掘されている。縄文時代には荒海貝塚をはじめ，環状盛土遺構を有する井野長割遺跡が注目される。弥生時代には環濠集落の六崎大崎台遺跡(佐倉市)があったほか，古墳時代にはいると印波国造と関連するとみられる龍角寺古墳群(印旛郡栄町)などの古墳群や，集落跡が多く残っている。隣接する龍角寺には，白鳳仏が伝わり，古墳から寺院建立へと移りかわる状況がうかがえる。また，埴生郡衙とみられる大畑Ⅰ遺跡(印旛郡栄町)も近くにある。さらに松虫寺(旧印旛郡印旛村)・竜腹寺(旧印旛郡本埜村)・新勝寺(成田市)など，古い縁起をもつ寺院もみられる。

　中世には印旛浦とよばれた内海周辺には，印東荘(現，成田市・佐倉市・印旛郡酒々井町・八街市)や白井荘(現，佐倉市・八街市・千葉市)などの荘園が成立した。戦国時代には千葉氏の本拠本佐倉城(酒々井町)のほか，水陸交通の要衝に臼井城(佐倉市)，師戸城(印旛郡印旛村)など多くの中世城郭が築かれた。

　近世にはいると，鹿島川下流域の鹿島台地に，佐倉城(佐倉市)が築かれ，幕末まで江戸の東方防衛拠点として，譜代大名の持城となった。佐倉では江戸時代末期に堀田氏のもとで蘭学が盛んとなり，順天堂も開かれた。また，成田山新勝寺は，初代市川団十郎の歌舞伎で脚光を浴び，成田街道は参詣の人びとで賑わい，成田は門前町として栄えた。歌舞伎では佐倉惣五郎の話が全国的に有名となり，義民伝承は各地に広まり，大きな影響をあたえた。

　明治維新後，この地域を含む千葉県北西部には印旛県がおかれたが，のちに千葉県に統合された。旧佐倉城には歩兵連隊の兵営がおかれたほか，四街道市域の下志津原には飛行場や野戦砲の学校や連隊がおかれ，軍郷の一画を形成した。

香取の海と北総台地

　香取市・香取郡地方と銚子は，香取の海に面し，下総台地の東北部を構成していた。縄文時代には，阿玉台貝塚や良文貝塚(ともに香取市小見川地区)に代表されるように，豊かな海産物に恵まれていた。古代には，下海上国造の勢力を示す大きな古墳が点在する。香取神宮はヤマト王権の東北経略の伝承をもち，武徳の神として信仰されるようになった。律令制下では，香取神宮の神郡として香取郡がおかれたとみられているが，郡域は今よりせまく，香取市の西北部成田市東部に限定され，香取市小見川地区以東は海上郡，多古町・香取市の栗源地区は匝瑳郡に属した。

　中世では，原野の開発をになった開発領主層が台頭し，千葉氏一族の大須賀氏・東氏・国分氏などがそれぞれ大須賀郷(現，成田市)・東荘(現，香取郡東庄町)・大戸荘(香取市南西部・成田市大栄地区)などを拠点に勢力をふるった。一方で香取神宮は，香取の海の海民を広く支配していた。各地の津には，遠隔地交易を背景

地域の概観　　313

に経済力をたくわえた有徳人と称された富裕な人びともいた。

　近世になると、台地の縁にある谷津田から大河川流域の平野部へ、耕地が拡大されていった。新島（香取市）や椿海（旭市）の開発は、その代表例であった。銚子は下総第一の都市で、東廻り海運の要地にあり、黒潮に乗って上方の産業技術が伝来し、醬油醸造や漁業も伴って繁栄した。利根川水系の各所には河岸がたち、水運と海運が連結された。台地には佐倉牧が広がっていたが、近世中期以降薪炭需要の高まりから、牧周辺では林畑の開発が進んだ。短い陸路を経れば、河岸場は村から外界に広がる窓口となり、台地の内部からも江戸へ向かう回路がはりめぐらされていた。

　それは、物流ばかりでなく、人や文化の面でも交流を活発化させた。伊能忠敬の全国測量や大原幽学の農村改良運動は、そのような地域の状況を基盤に成立してきたものといえよう。

　明治新政府は当初、今日の茨城県南部も含んで土浦に県庁をおいた新治県を設置した。それは、旧来の地域民衆が香取の海を媒介に結合した範囲と重なり合っていた。江戸時代からつちかわれた利根川水系を基盤とした経済活動は、いっそう発展をとげていった。農業生産と農産加工業を基幹産業としたこの地域では、高度経済成長期の開発に伴う地域変動の波は県内他地域よりも比較的ゆるやかで、首都通勤圏の外にあって歴史的な遺産を多く残している。

九十九里の海辺

　刑部岬から、下総台地と上総丘陵の接点となる東金・大網付近までの九十九里一帯は、縄文時代には海進の影響で海面下であった時期もある。しかし、縄文時代の貝塚が大網白里市や東金市の平野部で発見されており、台地上にも集落が形成されていた。弥生時代の集落も台地上からみつかっており、古墳時代から奈良・平安時代まで、平野をのぞむ台地上は居住地として利用されていた。

　古墳の築造も前期から終末期まで続き、武社国造にかかわる芝山古墳群（横芝光町）をはじめ、成東町の駄ノ塚古墳、東金市の家の子古墳群などがある。また、成東町・松尾町から山武町（いずれも現、山武市）にかけて、7世紀後半の造営と考えられる真行寺廃寺（山武市）をはじめ、古代寺院跡が多いのも特徴である。また真行寺廃寺の近くには、武射郡衙と推定される遺跡も発見されている。

　中世には、荘園や国衙領である匝瑳北条・南条、武射北郡・南郡、武射御厨、山辺北郡・南郡が成立し、椎名氏や千葉氏の一族が中小武士団を形成していた。鎌倉に多くみられる墓制である「やぐら」の千葉県における北限が、大網白里町の道塚遺跡である。室町時代の犬懸上杉氏領国を経て、戦国時代には東金酒井氏・井田氏・椎名氏らの中小領主が割拠していたが、最終的には小田原の北条氏とともに豊臣政権に屈した。

　近世にはいると、有力大名もおかれず、天領や旗本領、藩分領などが複雑にいり

まじっていたが，将軍の鷹場が東金を中心に設定され，徳川家康や秀忠もしばしば狩猟を行った。関西漁民の出漁から，地曳網が行われるようになった九十九里浜では，イワシの豊漁が続き，網元を中心に江戸の文人墨客などを招いて，文化を愉しむ土壌が形成されていった。

明治になると，1873（明治6）年に千葉県が誕生したが，栗山川以北は新治県に編入された。1875年5月には，新治県の廃止によって香取・海上・匝瑳3郡が千葉県に編入され，ほぼ現在の県域となった。

また，首都に近いことと，近世には牧として使われていた広大な土地が多いという地理的条件によって，鉄道連隊ほか多くの軍施設が，旧下総地域に設置された。太平洋戦争末期には，さらに本土決戦に備えるための施設なども，九十九里を中心として県内各地に設けられた。

長生と夷隅の山と海

長生郡・夷隅郡は，千葉県のちょうど中央部に位置する茂原市を中核都市として，下総台地の延長部から房総丘陵につながる山間部と，九十九里浜南部に広がる海岸平野，および太東崎から浜行川岬に至る磯浜と岩石海岸に沿った地域からなっている。

海進の進んでいた縄文時代の海岸線近くには，多くの貝塚がみられ，台地上には縄文時代から弥生時代，そして古墳時代の，複合した遺跡がみつかっている。古墳時代には，一宮川水系と夷隅川水系周辺の肥沃な耕地を反映し，能満寺古墳（長南町）などの古墳とともに，高壇式を特徴とする横穴墓の集中地域となっている。

奈良時代の初期荘園として，藤原氏によって藻原荘（茂原市）が開かれてから，この地域には古代後期から中世にかけて橘木荘（茂原市）や伊北荘・伊南荘・千町荘（いすみ市・勝浦市・大多喜町）が営まれた。こうした地盤を背景とした在地領主は，桓武平氏の流れをくむ一族を中心に房総武士団を形成し，鎌倉幕府開設の原動力となった。長生・夷隅地区には源頼朝伝説が多く残され，仏像や鋳造物をはじめとした多くの文化財が残っていることも，房総武士団の力を物語っている。

戦国時代には，小田原の北条氏と安房の里見氏の二大勢力のはざまで，長南の武田氏・大多喜の正木氏・万木（喜）の土岐氏・勝浦の正木氏らが，攻防を繰り返した。この攻防の跡は，万木（喜）城跡（いすみ市）など上総特有の痩せ尾根を利用した中世城郭の遺構にみることができる。

近世になると，大多喜城には里見氏の押さえとして徳川家康の重臣本多忠勝が入封した。その後，里見氏が転封されると，譜代の小藩や分領・旗本領などで入り組んだ支配となった。近世後期に至ると，丘陵地には林業が，沿岸地域には八手網など関西漁法が伝わって漁業も発展していった。

近代になると，自由民権運動の盛んな地域となった。また，太平洋戦争期には，

地域の概観　315

茂原に海軍航空基地が建設され，掩体壕がつくられた。戦争末期に本土決戦がさけばれると，特攻艇震洋や人間魚雷回天などの基地もつくられるなど，多くの戦争遺跡が残されている。

黒潮かおる安房

　安房地区は，太平洋につきでた房総半島の先端部に位置する。この海につきでた地形から，古来黒潮に運ばれてさまざまな文化がこの地にもたらされた。また，丘陵部は海岸に迫り平地が少なく，山間部では鴨川市の大山千枚田に代表される棚田の広がりや，酪農・園芸といった農業が営まれた。

　安房国は，古代には上総国に含まれていた時期もあったが，8世紀なかばには一国となった。阿波（現，徳島県）の忌部氏がこの地を開拓したという伝説や，分棟式とよばれる黒潮に沿って分布する家屋様式にみられるように，西からの文化の伝播を物語る。

　中世には，在地豪族にささえられた源頼朝の再起と，日蓮生誕の地としての遺跡や遺物が残されている。戦国時代には，南房総を支配した里見氏の本拠地として栄え，稲村城跡（館山市）をはじめ関連する多くの文化財に，里見氏の栄華がしのばれる。

　江戸時代には，里見氏の伯耆国（現，鳥取県）倉吉への転封後，天領や譜代の小藩，そして飛び地としての各藩の知行地と，複雑に分割された。こうしたなかにも，万石騒動という惣百姓一揆がおこり，一揆を先導した三義民の供養塔が現在に伝えられている。また，滝沢（曲亭）馬琴の名作『南総里見八犬伝』の舞台として，関連地が今日観光資源として整備されている。

　近代では，東京湾の入口であるという地理的な条件のなかで，帝都東京防衛の最前線として，砲台をはじめとする軍事施設が設けられ，東京湾要塞地帯の一翼をになった。1930（昭和5）年には，全国で5番目の基地航空隊として，館山海軍航空隊が開隊した。館山海軍航空隊の赤山地下壕は，平和学習の拠点となるように，「地域まるごとオープンエアーミュージアム・館山歴史公園都市」構想をもつ館山市が整備し，一般に公開されている。

【文化財公開施設】　　　　　　　　　　　　　　　①内容，②休館日，③入館料

千葉県立中央博物館　〒260-8682千葉市中央区青葉町955-2　TEL043-265-3111　①房総の自然と歴史総合展示，②月曜日（月曜日が休日の場合は開館し，次の平日が休館），年末年始，③有料

千葉県文書館　〒260-0013千葉市中央区中央4-15-7　TEL043-227-7551　①主として近現代以降の県関係公文書，県内各地域の諸家文書を収蔵，②日曜日，祝日，年末年始，館内整理日（毎月末，月末が土曜日・日曜日の場合は月末に最も近い平日），特別整理期間（春・秋各10日間程度），③無料

千葉市立加曽利貝塚博物館　〒264-0028千葉市若葉区桜木町8-33-1　TEL043-231-0129　①加曽利貝塚出土の考古資料展示。遺跡全体を展示資料とする野外博物館，②月曜日，国民の祝日の翌日，年末年始，※国民の祝日の翌日が土・日曜日の場合は開館，③無料

千葉市立郷土博物館　〒260-0856千葉市中央区亥鼻1-6-1　TEL043-222-8231　①中世千葉氏関係資料，千葉市関係資料の展示，②月曜日（月曜日が祝日にあたる時は翌日が休館），年末年始，③無料

千葉市埋蔵文化財調査センター　〒260-0814千葉市中央区南生実町1210　TEL043-266-5433　①千葉市域出土の考古資料展示，②土曜日，日曜日，祝日，年末年始，③無料

史跡上総国分尼寺跡展示館　〒290-0024市原市国分寺台中央3-5-2　TEL0436-21-7633　①上総国分尼寺関係資料展示，②月曜日（月曜日が祝日に重なる場合には，その直後の休日以外の日），年末年始，③無料

市原市埋蔵文化財調査センター　〒290-0011市原市能満1489　TEL0436-41-9000　①市原市域出土の考古資料展示，②土・日，祝日，年末年始，③無料

木更津市郷土博物館金のすず　〒292-0044木更津市太田2-16-2　TEL0438-23-0011　①考古・民俗資料展示，②月曜日（月曜日が祝日の時はその翌日），年末年始，③有料

君津市漁業資料館　〒299-1147君津市人見1294-14　TEL0439-55-8397　①海苔づくり，漁具などの展示，②月曜日（祝・休日の時は，翌火曜日），祝日，年末年始，③無料

君津市久留里城址資料館　〒292-0422君津市久留里字内山　TEL0439-27-3478　①久留里城関係資料，君津市周辺の歴史資料展示，②月曜日（月曜日が祝日に重なる時は開館し，翌日休館），祝日の翌日，年末年始，③無料

袖ケ浦市郷土博物館　〒299-0255袖ケ浦市下新田1133　TEL0438-63-0811　①袖ケ浦市周辺の考古・歴史・民俗関係資料展示，②月曜日，祝日の翌日，年末年始，③無料

富津埋立記念館　〒293-0022富津市新井932-3　TEL0439-87-9740　①富津沖の漁業関係資料展示，②月曜日（月曜日が祝日の時はその翌日），祝日，年末年始，火曜日から金曜日の入館希望の時は，富津公民館へ連絡（TEL：0439-87-8381），③無料

船橋市郷土資料館　〒274-0077船橋市薬円台4-25-19　TEL047-465-9680　①船橋市一帯の考古・歴史・民俗資料の展示，②月曜日，祝日の翌日（土曜日・日曜日は除く）※5月3日～5月5日は開館，年末年始，③無料

船橋市飛ノ台史跡公園博物館　〒273-0021船橋市海神4-27-2　TEL047-495-1325　①飛ノ台貝塚出土の考古資料を展示，②月曜日，祝日の翌日（土・日曜日は除く。5月3日から5日は開館），年末年始，③有料

浦安市郷土博物館　〒279-0004浦安市猫実1-2-7　TEL047-305-4300　①漁具・民家を中心

とした民俗資料を展示。屋外に昭和初期のまちを再現，②月曜日（月曜日が祝日の場合はその翌日），館内整理日，祝日の翌日，年末年始，③無料

千葉県立現代産業科学館　　〒272-0015市川市鬼高1-1-3　TEL047-379-2000　①現代産業の歴史に関わる展示など。科学技術と人間生活を探求，②月曜日（祝日または振替休日の場合は開館し，翌日休館），年末年始，③有料

市立市川歴史博物館　　〒272-0837市川市堀之内2-27-1　TEL047-373-6351　①中世以降の市川の歴史資料，行徳塩業関係の展示，②月曜日（月曜日が祝・休日の場合は開館し，翌日の火曜日が休館），年末年始，③無料

市立市川考古博物館　　〒272-0837市川市堀之内2-26-1　TEL047-373-2202　①下総国分寺関係資料，曽谷・堀之内貝塚関連出土資料の展示，②月曜日（月曜日が国民の祝日の場合は開館し，火曜が休館），年末年始，③無料

和洋女子大学文化資料館　　〒272-8533市川市国府台2-3-1　TEL047-371-2494　①下総国府跡，下総国分尼寺跡出土の考古資料展示，②日曜日，国民の祝日，大学の休暇日，展示替えの期間，③無料

八千代市立郷土博物館　　〒276-0028八千代市村上1170-2　TEL047-484-9011　①八千代市周辺の考古・歴史・民俗資料展示，②月曜日，祝日，年末年始，③無料

鎌ヶ谷市郷土資料館　　〒273-0124鎌ヶ谷市中央1-8-31　TEL047-445-1030　①鎌ヶ谷市周辺の考古・歴史・民俗資料展示，②月曜日（月曜日が休日の場合は開館し，次の平日が休館），年末年始，③無料

松戸市立博物館　　〒270-2252松戸市千駄堀671　TEL047-384-8181　①松戸市周辺の歴史・民俗資料展示，②月曜日（祝日・休日にあたる場合は開館し，翌日休館），館内整理日（原則毎月第4金曜日，特別・企画展など開催中は開館），くん蒸期間，年末年始，③有料

松戸市戸定歴史館　　〒271-0092松戸市松戸714-1　TEL047-362-2050　①水戸徳川家関係資料展示，②月曜日（祝日の場合にはその翌日），年末年始，③有料

柏市郷土資料展示室　　〒277-0922柏市大島田48-1 沼南庁舎内　TEL04-7191-1450　①郷土に関する考古・歴史・民俗資料および美術工芸品展示，②月曜日（祝日，振替休日は開室），展示替期間，年末年始，③無料

野田市立郷土博物館　　〒278-0037野田市野田370　TEL04-7124-6851　①醤油醸造業関係資料が充実，②毎週火曜日（祝日となる場合は開館），年末年始，③無料

財団法人高梨本家上花輪歴史館　　〒278-0033野田市上花輪507　TEL04-7122-2070　①高梨本家の建築・庭園，上花輪周辺の歴史資料展示，②月・火曜日，8月，12月第2週〜2月，③有料

鈴木貫太郎記念館　　〒270-0206野田市関宿町1273　TEL04-7196-0102　①鈴木貫太郎関係資料展示，②月曜日（祝日の場合は開館），祝日，年末年始，③無料

千葉県立関宿城博物館　　〒270-0201野田市関宿町三軒屋143-4　TEL04-7196-1400　①利根川と，そこにかかわる地域の歴史・民俗資料展示，②月曜日（祝祭日の場合は翌日），年末，③有料

流山市立博物館　　〒270-0176流山市加1-1225-6　TEL04-7159-3434　①流山市周辺の考古・歴史・民俗資料展示，②月曜日（祝日の場合は直後の平日），毎月末日，年末年始，③無料

白井市郷土資料館　〒270-1422白井市復1148-8 白井市文化センター3F　TEL047-492-1124　①白井市周辺の考古・歴史・民俗関係資料の展示，②月曜日，年末年始，その他展示替等のため必要がある時，③無料（ただし特別展は有料の場合有り）

国立歴史民俗博物館　〒285-8502佐倉市城内町117　TEL03-5777-8600（ハローダイヤル）　①古代から近現代までの考古・歴史・民俗資料の総合展示，②月曜日（祝日にあたる時は翌日が休館日），年末年始，③有料

佐倉順天堂記念館　〒285-0037佐倉市本町81　TEL043-485-5017　①蘭医学塾「順天堂」関連の資料展示，②月曜日（祝日の場合は翌火曜日），年末年始，③有料

印西市立印幡歴史民俗資料館　〒270-1616印西市岩戸1742　TEL0476-99-0002　①印幡村周辺の民俗資料，平賀遺跡出土の考古資料展示，②月曜日（月曜日が祝日の場合は火曜日も休館），祝日，年末年始，③無料

印幡郡市文化財センター　〒285-0814佐倉市春路1-1-4　TEL043-484-0126　①印幡地域の考古資料展示，②土・日曜日，祝日，年末年始，③無料

千葉県立房総のむら　〒270-1506印幡郡栄町竜角寺1028　TEL0476-95-3333　①江戸時代から明治時代にかけての，民家の再現。技術・風俗の体験学習。龍角寺古墳群などの考古資料展示，②月曜日（休日の場合は開館し，翌日休館），年末年始，③有料

宗吾霊堂　〒286-0004成田市宗吾1-558　TEL0476-27-3131　①木内惣五郎関係資料，佐倉藩関係資料展示，②無休，③有料

成田山霊光館　〒286-0021成田市土屋238　TEL0476-22-0234　①成田山の歴史資料と，下総地方の考古・歴史資料の展示，②月曜日，祝日，年末年始，③有料

成田市三里塚御料牧場記念館　〒286-0116成田市三里塚御料1-34　TEL0476-35-0442　①御料牧場関係資料展示，②月曜日（月曜日が祝日の場合は火曜日），年末年始，③無料

成田市下総歴史民俗資料館　〒289-0108成田市高岡1500　TEL0476-96-0080　①猫作・栗山古墳出土の考古資料，民俗資料の展示，②月曜日（月曜日が祝日の場合翌日），年末年始，③無料

伊能忠敬記念館　〒287-0003香取市佐原イ1722-1　TEL0478-54-1118　①伊能忠敬関係資料，各種の地図を展示，②月曜日（国民の祝日は開館），年末年始，③有料

千葉県立中央博物館大利根分館　〒287-0816香取市佐原ハ4500　TEL0478-56-0101　①利根川の自然および周辺の歴史展示，②月曜日（月曜日が祝日・振替休日の時は開館，翌日休館）※企画展示会期中は開館，10月1日〜3月31日（土・日・祝）※期間（平日）は，事前予約された団体のみ見学可，③有料

香取市小見川文化財保存館　〒289-0393香取市羽根川38（小見川市民センターいぶき館2階）　TEL0478-82-1111　①城山古墳，良文貝塚出土の考古資料，佐藤尚中関連の資料展示，②月曜日，祝日の翌日（火曜日を除く），年末年始，③無料

銚子市青少年文化会館郷土資料室　〒288-0031銚子市前宿町1046　TEL0479-22-3315　①銚子市周辺の考古・歴史・民俗資料の展示，②月曜日（祝日に当る場合，翌日振替休館），国民の祝日（5月5日・11月3日を除く），年末年始，③無料

大原幽学記念館　〒289-0502旭市長部345-2　TEL0479-68-4933　①大原幽学関係資料の展示。屋外に生家や関係家屋，②月曜日，祝日の翌日，年末年始，③有料

飯岡歴史民俗資料館　〒289-2712旭市横根1355-9　TEL0479-57-6060（いいおかユートピア

文化財公開施設

センター）①旧飯岡町周辺の考古・歴史・民俗資料，天保水滸伝関係資料の展示，②月曜日（祝日の場合は翌日），年末年始，③無料

山武市歴史民俗資料館　〒289-1324山武市殿台343-2　TEL0475-82-2842　①伊藤左千夫関係資料，旧成東町周辺の考古・歴史・民俗資料の展示，②月曜日(祝日の場合は翌日)，年末年始，③有料

芝山町立芝山古墳・はにわ博物館　〒289-1619山武郡芝山町芝山438-1　TEL0479-77-1828　①芝山町周辺出土の考古資料展示，②月曜日および祝祭日の翌日（月曜日が祝日の時はその翌日），年末年始，③有料

海の駅九十九里いわし資料館　〒283-0102山武郡九十九里町小関2347-98　TEL0475-76-1734　①九十九里のいわし文化，②無休，③無料

茂原市立美術館・郷土資料館　〒297-0029茂原市高師1345-1　TEL0475-26-2131　①茂原市周辺の考古・歴史・民俗資料と芸術作品の展示，②臨時休館日，年末年始，③無料

長南町郷土資料館　〒297-0121長生郡長南町長南2127-1　TEL0475-46-1194　①長南町周辺の考古・歴史・民俗資料の展示，②年末年始，③無料

睦沢町立歴史民俗資料館　〒299-4413長生郡睦沢町上之郷1654-1　TEL0475-44-0290　①睦沢町周辺の考古・歴史・民俗資料の展示，②月曜日，館内整理日，年末年始，③無料

千葉県立中央博物館大多喜城分館　〒298-0216夷隅郡大多喜町大多喜481　TEL0470-82-3007　①房総の城と城下町．大多喜周辺の考古・歴史・民俗資料の展示，②月曜日（月曜日が休日の場合は開館し，次の平日は休館），年末年始，展示替期間，③有料

御宿町歴史民俗資料館　〒299-5102夷隅郡御宿町久保2200　TEL0470-68-4311　①五倫文庫関係資料，御宿町周辺の考古・歴史・民俗資料の展示，②月曜日，国民の祝日，年末年始，③無料

いすみ市郷土資料館(田園の美術館)　〒298-0124いすみ市弥正93-1　TEL0470-86-3708　①旧夷隅町周辺の歴史資料，狩野派絵画資料の展示，②月曜日（祝日の場合は翌日），年末年始，③原則無料（特別展示のみ有料）

黒汐資料館　〒299-5226勝浦市串浜1253-2　TEL0470-73-1234　①捕鯨などの海洋民俗資料展示，②無休，③有料

鴨川市郷土資料館　〒296-0001鴨川市横渚1401-6　TEL0470-93-3800　①鴨川市周辺の生活用具資料展示，②月曜日（祝日の場合は翌日），年末年始，③有料

千葉県酪農のさと酪農資料館　〒299-2507南房総市大井686　TEL0470-46-8181　①嶺岡の牧の歴史をはじめとした，酪農関係資料が充実，②月曜日（月曜祝日の場合，翌平日），年末年始，③無料

館山市立博物館　〒294-0036館山市館山351-2　TEL0470-23-5212　①中世里見氏関係資料の展示，②月曜日（祝日の場合は開館し，翌日休館），年末年始，③有料

"渚の駅"たてやま・渚の博物館　〒294-0036館山市館山1564-1　TEL0470-22-3606　①房総の海と生活，海洋民俗資料の展示，②毎月最終月曜日（月曜日が祝日の場合開館し，翌火曜日休館），年末年始，③無料

鋸南町歴史民俗資料館(菱川師宣記念館)　〒299-1908安房郡鋸南町吉浜516　TEL0470-55-4061　①菱川師宣関係資料の展示，絵画資料が充実，②月曜日（祝日の場合は火曜日），年末年始，③有料

【無形民俗文化財】

国指定

佐原の山車行事　　香取市　　7月9日以降の金～日曜日・10月第2土曜日
鬼来迎　　横芝光町虫生(広済寺)　　8月16日
茂名の里芋祭　　館山市茂名　　2月19～21日
白間津のオオマチ(大祭)行事　　南房総市千倉町白間津　　4年ごとの7月

県指定

浅間神社の神楽　　千葉市稲毛区稲毛(浅間神社)　　7月15日
鶴峯八幡の神楽　　市原市中高根(鶴峯八幡宮)　　3月15日，10月15日
市原の柳楯神事　　市原市五所・八幡(飯香岡八幡宮)　　8月15日
大塚ばやし　　市原市海保　　とくになし
上高根の三山信仰　　市原市上高根
木更津ばやし　　木更津市中央(八剣八幡神社)　　7月11～13日
大戸見の神楽　　君津市大戸見(稲荷神社)　　8月3日
三島の棒術と羯鼓舞　　君津市宿原・奥米・豊英・旅名(三島神社)　　9月28日
鹿野山のはしご獅子舞　　君津市鹿野山(白鳥神社)　　4月28日
鹿野山のさんちょこ節　　君津市鹿野山　　5年ごとの7月14～16日
飽富神社の筒粥　　袖ケ浦市飯富(飽富神社)　　1月14・15日
馬だし祭　　富津市西大和田(吾妻神社)　　9月
小室の獅子舞　　船橋市小室町　　8月21日，9月1日
下総三山の七年祭り　　船橋市三山(二宮神社)・古和釜町(八王子神社)，千葉市花見川区畑町(子安神社)・幕張町(子守神社)・武石町(三代王神社)，八千代市萱田・大和田(時平神社)・高津(高津比咩神社)，習志野市津田沼(菊田神社)・実籾町(大原大宮神社)　　丑・未年の11月
浦安のお洒落踊り　　浦安市猫実・当代島・堀江　　とくになし
松戸の万作踊り　　松戸市千駄堀・日暮・上本郷　　とくになし
篠籠田の獅子舞　　柏市篠籠田(西光院)　　8月16日
野田のばっぱか獅子舞　　野田市清水(八幡神社)　　7月24日
三ツ堀のどろ祭　　野田市三ツ堀(香取神社)　　4月第1日曜日
野田のつく舞　　野田市野田(口須賀神社)　　7月16日
坂戸の念仏　　佐倉市坂戸(西福寺)　　毎月9日
成田のおどり花見　　成田市成田　　4月3日
取香の三番叟　　成田市取香(側高神社)　　4月3日
墨獅子舞　　酒々井町墨(六所神社)　　7月16日
鳥見神社の神楽　　本埜村中根(鳥見神社)　　10月17日
武西の六座念仏称念仏踊り　　印西市武西　　2・3・6・8・9・12月の16日
浦部の神楽　　印西市浦部(鳥見神社)　　4月13日，10月17日
鳥見神社の獅子舞　　印西市平岡(鳥見神社)　　5月3日
富塚の神楽　　白井市富塚(鳥見神社)　　11月3日
おらんだ楽隊　　香取市扇島　　4月14・15日

熊野神社の神楽　　旭市清和乙(熊野神社)　3月21日
山倉の鮭祭り　香取市山倉(山倉大神)　12月第1日曜日
笹川の神楽　東庄町笹川(諏訪神社)　4月5日
多古のしいかご舞　多古町多古(八坂神社)　7月25・26日
水神社永代大御神楽　　旭市後草(水神社)　旧2月1日
倉橋の弥勒三番叟　旭市倉橋　20年ごと
鎌数の神楽　旭市鎌数(鎌数伊勢大神宮)　3月27・28日
八日市場の盆踊り　匝瑳市米倉・砂原　8月1日
仁組獅子舞　匝瑳市栢田　10月17日
東金ばやし　東金市岩崎・押堀(日吉神社)　旧6月14～16日
北之幸谷の獅子舞　東金市北之幸谷(稲荷神社)　2月1日，11月15日
九十九里大漁節　九十九里町片貝　とくになし
西ノ下の獅子舞　九十九里町西ノ下(八坂神社)　旧2月7日
白桝粉屋おどり　芝山町大里　10月17日
玉前神社神楽　一宮町一宮台(玉前神社)　4月13日，9月13日
東浪見甚句　一宮町東浪見　とくになし
上総十二社祭り　一宮町ほか　9月10～13日
岩沼の獅子舞　長生村岩沼(皇産霊神社)　2月24日，10月19日
大寺の三番叟　いすみ市下布施　10月第1土曜日
洲崎踊り　館山市洲崎(洲崎神社)　8月20～22日
安房やわたんまち　館山市八幡(鶴ヶ谷八幡宮)・大神宮(安房神社)・洲宮(洲宮神社)・大井(手力雄神社)・東長田(山宮神社)・山荻(山荻神社)・山本(木幡神社)・高井(高皇産霊神社)・湊(子安神社)，南房総市白浜町滝口(下立松原神社)・杏見(莫越山神社)，館山市北条(神明神社)・新宿(神明神社)　9月敬老の日の前日・前々日
北風原の羯鼓舞　鴨川市北風原(春日神社)　7月24日
吉保八幡のやぶさめ　鴨川市仲(吉保八幡神社)　9月28日
増間の御神的神事　南房総市増間(日枝神社)　3月1日
千倉の三番叟　南房総市千倉町忽戸・平磯(荒磯魚見根神社・諏訪神社)　7月7・8日
加茂の三番叟　南房総市加茂(賀茂神社)　8月1日
加茂の花踊り　南房総市加茂(賀茂神社)　8月1・2日

【おもな祭り】(国・県指定無形民俗文化財をのぞく)——————————
御田植神事　館山市洲の宮(洲の宮神社)　1月1日
ぽんてんたて　木更津市金田　1月7日
茂侶神社ヂンガラ餅神事　流山市三輪野山(茂侶神社)　1月8日
どんどやき　佐倉市岩富・内田・青菅　1月14日
はだか詣り　匝瑳市小高　1月14日
潮祭り　鋸南町保田・勝山　1月15日
星鎮祭　香取市(香取神社)　1月16日
ニラメッコオビシャ　　市川市大野町(駒形神社)　1月20日

祭り名	場所	日付
船戸のおびしゃ	柏市船戸(医王寺)	1月20日
松の木天満の備謝祭	野田市関宿(松の木天満神社)	1月25日
あんばばやし	銚子市小畑町	1月27日
追儺の神楽	千葉市花見川区畑町	2月3日
節分会	成田市成田山(新勝寺)	2月3日
関万歳	九十九里町(皇産霊神社)	2月13日
和良比はだかまつり	四街道市(皇産霊神社)	2月25日
かつうらビックひな祭り	勝浦市(遠見岬神社など)	2月25日〜3月5日
大供養	八千代市勝田・吉橋・高本	3〜4月
坂本獅子舞・湯立	長南町(坂本神社)	3月15日
相浜神社曳船祭	館山市相浜(相浜神社)	3月27〜29日
唐椀供養	松戸市馬橋(石満寺)	3月27〜29日
御田植祭	香取市香取(香取神社)	4月第1土・日曜日
花祭り	市川市真間(手児奈霊堂)	4月8日
やぶさめ祭	神崎町(神崎神社)	5月5日
虫供養念仏講	銚子市猿田町(南禅院)	6月1日
鵜原の大名行列	勝浦市(八坂神社)	6月6日
水祭	東金市(日吉神社)	6月14日
大潮祭	銚子市(川口神社・渡海神社)	6月15日
茅の輪	市川市(葛飾八幡宮)	6月21日
勝山祭礼	鋸南町(浮島神社・加知山神社)	7月7日
成田祇園祭	成田市成田	7月7日
海南刀切神社・船越鉈切神社祭	館山市見物・浜田	7月14・15日
茂原七夕まつり	茂原市	7月18〜21日
白浜海女まつり	南房総市白浜町	7月20〜22日
人見神社の馬出し行事	君津市人見(人見神社)	7月22日
駒真似祭	匝瑳市(八重垣神社)	7月25日
諏訪大神相撲祭	東庄町(諏訪大神)	7月27日
八剱神社神楽	千葉市中央区(八剱神社)	7月27日
たなばた祭	野田市	8月7日
四万八千日	成田市(滑河観音)	8月9日
麦搗踊り	八街市文違	8月12〜14日
上勝田の盆綱	佐倉市上勝田	8月14日
大室の盆綱ひき	柏市大室	8月15日
灯籠流し	一宮町	8月16日
石堂寺縁日	南房総市(石堂寺)	8月18日
疫神祭	市原市(権現堂)	8月23日
八幡神社祭礼	館山市八幡(八幡神社)	9月14日
ボロ市	市川市八幡(葛飾八幡宮)	9月15日
大原はだか祭	いすみ市大原	9月23〜24日

吉橋組大師講秋の大廻り　　八千代市吉橋　　9月26〜30日
農具市　　船橋市宮本(意富比神社)　10月1〜5日
熊野神社鳥居先神幸祭　　旭市松沢(熊野神社)　10月5日
羯鼓舞　　茂原市本納(橘神社)　10月10日
金谷神社例祭　　富津市金谷(金谷神社)　10月18〜20日
東大流鏑馬神事　　東庄町(東大神社)　10月20日
十二神社祭　　一宮町(玉前神社)　10月27・28日
七つ子参り　　鴨川市天津小湊(誕生寺)　11月12〜13日
蛇まつり　　多古町(潮神社・白幡神社)　11月15日
庖丁式　　南房総市宮下(莫越山神社)　11月23日
みかり　　木更津市茅野(羽雄神社)　11月26〜27日
山倉大六天初卯　　香取市(山倉神社)　12月7日
酉の市　　野田市(愛宕神社)　12月24日

【有形民俗文化財】

国指定

房総半島の漁撈用具　　館山市館山(県立安房博物館)　千葉県
上総掘りの用具　　木更津市太田(県立上総博物館)　千葉県

県指定

東京湾ののり生産用具　　木更津市太田(県立上総博物館)　千葉県
灯明台　　船橋市宮本　意富比神社
浦安の船大工道具　　浦安市猫実(浦安市郷土博物館)　浦安市
流山のみりん醸造用具　　流山市加(流山市立博物館)　流山市教育委員会
正泉寺の血盆経信仰資料　　我孫子市湖北台　正泉寺
甲賀神社の鹿面　　佐倉市羽鳥　甲賀神社
新勝寺絵馬類　　成田市成田　成田山霊光館
成田の商業用具　　成田市成田　成田山霊光館
押付の水塚　　本埜村押付　個人
迎接寺の鬼舞面 附衣装菊紋葵紋付桐箱1合　　成田市冬父　迎接寺
楽満寺の安産子育て関係資料　　成田市中里　楽満寺
浄福寺の鬼舞面 附用具及び縁起台本　　香取市下小堀　浄福寺
利根川下流域の漁撈用具　　県立中央博物館大利根分館
農村生活用具　　多古町多古(県立多古高等学校)　千葉県
広済寺の鬼来迎　　横芝光町虫生　広済寺
八幡神社のいざりばた　　山武市白幡　八幡神社
芝原人形製作用具　　長南町芝原(長南町郷土資料館保管)　個人
紙本著色観心十界図　　大多喜町横山　宝聚院
神余の弘法井戸　　館山市神余巴川　神余区
房総半島の万祝及び紺屋製作用具　　館山市館山(県立安房博物館)　千葉県教育委員会
豊田の人形芝居首及び衣装　　南房総市　谷頭区

【無形文化財】

県指定

式正織部流茶道　　市川市国府台　織部桔梗会
立身流の型　　佐倉市岩富　個人
天眞正伝香取神道流の型　　香取市香取，成田市下福田，酒々井町尾上　個人
銚子縮　　銚子市松岸町　個人
唐桟織　　館山市長須賀　個人
綴錦織　　館山市八幡　個人

【散歩便利帳】

[県外での問合せ]

千葉県東京事務所　　〒102-0093東京都千代田区平河町2-6-3 都道府県会館14F
　　TEL03-5212-9013

[県内の観光協会・教育委員会・観光担当課]

〈観光協会〉

千葉県観光物産協会　　〒260-0015千葉市中央区富士見2-3-1塚本大千葉ビル9F
　　TEL043-225-9170

千葉市　　〒260-0026千葉市中央区千葉港2-1千葉コミュニティセンター10F
　　TEL043-242-0007

市原市　　〒290-8501市原市国分寺台中央1-1-1市原市役所6F　TEL0436-22-8355

養老渓谷　　〒290-0536市原市朝生原181　TEL0436-96-1108

木更津市　　〒292-0831木更津市富士見1-2-1　TEL0438-22-7711

君津市　　〒299-1192君津市久保2-13-1　TEL0439-56-2115

君津市亀山支部　　〒292-0524君津市川俣8 亀山やすらぎ館内　TEL0439-39-2535

富津市　　〒293-8506富津市下飯野2443　TEL0439-80-1291

富津市富津支部　　〒293-0021富津市富津2280　TEL0439-87-2565

野田市　　〒278-8550野田市鶴奉7-1　TEL04-7123-1085

流山市　　〒270-0192流山市平和台1-1-1　TEL04-7150-6085

松戸市　　〒271-0091松戸市本町7-3　TEL047-703-1100

市川市　　〒272-0021市川市八幡3-3-2-408　TEL047-711-1142

浦安観光コンベンション協会　　〒279-0004浦安市猫実1-1-1浦安市庁舎10F
　　TEL047-350-7555

成田市　　〒286-8585成田市花崎町760　TEL0476-22-2102

印西市　　〒270-1327印西市大森4370　TEL0476-42-7530

佐倉市　　〒285-0014佐倉市栄町8-7　TEL043-486-6000

銚子市　　〒288-0444銚子市西芝町1 JR銚子駅構内　TEL0479-22-1544

山武市　　〒289-1392山武市津辺305　TEL0475-82-7100

東金市　　〒283-8511東金市東岩崎1-1　TEL0475-50-1142

茂原市　　〒297-8511茂原市道表1　TEL0475-20-1528

いすみ市　　〒298-8501いすみ市大原7400-1　TEL0470-62-1243

勝浦市　　〒299-5225勝浦市墨名815-56　TEL0470-73-2500

鴨川市　　〒296-0001鴨川市横渚945-2　TEL04-7092-0086

南房総市　　〒299-2403南房総市富浦町原岡89-3　TEL0470-28-5307

館山市　　〒294-0045館山市北条1879-2　TEL0470-22-2000

栄町　　〒270-1506印旛郡栄町龍角寺1039-1　TEL0476-89-0376

九十九里町　　〒283-0104山武郡九十九里町片貝6928　TEL0475-76-9449

長柄町　　〒297-0298長生郡長柄町桜谷712　TEL0475-35-4447

大網白里市　　〒229-3237大網白里市仏島72　TEL0475-70-0356

白子町　　〒299-4292長生郡白子町関5074-2　TEL0475-33-2117

一宮町　　〒299-4396長生郡一宮町一宮2457　TEL0475-42-1425

御宿町　　〒299-5106夷隅郡御宿町須賀195　TEL0470-68-2414
鋸南町保田観光案内所　〒299-1902安房郡鋸南町保田249　TEL0470-55-1683
鋸南町勝山観光案内所　〒299-2118安房郡鋸南町竜島848　TEL0470-55-0115

〈教育委員会など〉
千葉県　　〒260-8662千葉市中央区市場町1-1　TEL043-223-4068
千葉市　　〒260-8730千葉市中央区問屋町1-35　千葉ポートサイドタワー11F
　　　　　TEL043-245-5954
市原市生涯学習部　　〒290-8501市原市国分寺台中央1-1-1　TEL0436-23-9853
袖ケ浦市生涯学習課　　〒299-0292袖ケ浦市坂戸市場1-1　TEL0438-62-3744
木更津市　〒292-8501木更津市朝日3-10-19　TEL0438-23-7111
君津市　　〒299-1192君津市久保2-13-1　TEL0439-56-1481
富津市　　〒293-8506富津市下飯野2443　TEL0439-80-1345
野田市　　〒278-8550野田市鶴奉7-1　TEL04-7123-1267
流山市　　〒270-0192流山市平和台1-1-1　TEL04-7150-6106
柏市生涯学習部　　〒277-8503柏市大島田48-1　TEL04-7191-7403
我孫子市　〒270-1166我孫子市我孫子1858　TEL04-7185-1601
松戸市　　〒271-8588松戸市根本356　TEL047-366-7455
鎌ヶ谷市生涯学習部　　〒273-0195鎌ヶ谷市新鎌ヶ谷2-6-1　TEL047-445-1141
市川市　　〒272-8501市川市南八幡1-17-15　TEL047-334-1111
船橋市　　〒273-8501船橋市湊町2-10-25　TEL047-436-2884
八千代市生涯学習部　　〒276-0045八千代市大和田138-2　TEL047-483-1151
習志野市　〒275-0014習志野市鷺沼2-1-1　TEL047-451-1151
浦安市　　〒279-8501浦安市猫実1-1-1　TEL047-351-1111
成田市　　〒286-8585成田市花崎町760　TEL0476-22-1111
白井市　　〒270-1492白井市復1123　TEL047-492-1111
印西市　　〒270-1396印西市大森2364-2　TEL0476-42-5111
富里市　　〒286-0292富里市七栄652-1　TEL0476-93-1111
佐倉市　　〒285-8501佐倉市海隣寺町97　TEL043-484-6191
四街道市　〒284-0003四街道市鹿渡2001-10　TEL043-421-2111
香取市教育部　　〒287-8501香取市佐原ロ2127　TEL0478-50-1224
銚子市　　〒288-8601銚子市若宮町1-1　TEL0479-24-8181
旭市　　　〒289-2604旭市高生1　TEL0479-52-5727
匝瑳市　　〒289-2198匝瑳市八日市場ハ793-2　TEL0479-73-0084
山武市教育部　　〒289-1392山武市殿台279-1　TEL0475-80-1431
八街市　　〒289-1115八街市八街ほ796-1　TEL043-443-1464
東金市教育部　　〒283-8511東金市東岩崎1-1　TEL0475-50-1187
茂原市　　〒297-8511茂原市道表1　TEL0475-20-1559
いすみ市　〒298-8501いすみ市大原7400-1　TEL0470-62-2811
勝浦市　　〒299-5292勝浦市新官1343-1　TEL0470-73-1211
鴨川市　　〒296-8601鴨川市横渚1450　TEL04-7094-0515
南房総市　〒299-2592南房総市岩糸2489　南房総市役所丸山分庁舎2F　TEL0470-46-2963

館山市　　〒294-0045館山市北条740-1館山市コミュニティセンター内　TEL0470-22-3698
栄町　　　〒270-1592印旛郡栄町安食台1-2　TEL0476-33-7716
酒々井町　　〒285-0922印旛郡酒々井町中央台4-10-1　TEL043-496-5334
神崎町　　　〒289-0221香取郡神崎町神崎本宿96　神崎ふれあいプラザ　TEL0478-72-1601
東庄町教育課　　〒289-0601香取郡東庄町笹川い4713-11　東庄町公民館内　TEL0478-86-1221
多古町　　〒289-2241香取郡多古町多古2855　TEL0479-76-7811
芝山町　　〒289-1692山武郡芝山町小池992　TEL0479-77-1861
横芝光町社会文化課　　〒289-1792山武郡横芝光町宮川11907-2横芝光町町民会館
　　　　　TEL0479-84-1358
九十九里町　　〒283-0195山武郡九十九里町片貝4099　TEL0475-70-3193
大網白里市　　〒299-3292大網白里市大網115-2　TEL0475-70-0300
長柄町生涯学習課　　〒297-0218長生郡長柄町桜谷690長柄町公民館　TEL0475-35-3242
長南町生涯学習課　　〒297-0121長生郡長南町長南2110　TEL0475-46-1194
白子町　　〒299-4292長生郡白子町関5074-2　TEL0475-33-2144
一宮町教育課　　〒299-4396長生郡一宮町一宮2457　TEL0475-42-1416
睦沢町教育課　　〒299-4413長生郡睦沢町上之郷1654-1　TEL0475-44-0213
大多喜町　　〒298-0292夷隅郡大多喜町大多喜93　TEL0470-82-3010
御宿町　　〒299-5192夷隅郡御宿町須加1522　TEL0470-68-2514
鋸南町　　〒299-1908安房郡鋸南町吉浜516　TEL0470-55-2120
長生村生涯学習課　　〒299-4394長生郡長生村本郷1-77　TEL0475-32-5100
〈観光担当課〉
千葉県商工労働部観光企画室　　〒260-8667千葉市中央区市場町1-1　TEL043-223-2417
千葉市観光プロモーション課　　〒260-8722千葉市中央区千葉港2-1中央コミュニティセン
　　ター10F　TEL043-245-5066
市原市観光振興課　　〒290-8501市原市国分寺台中央1-1-1　TEL0436-23-9755
袖ケ浦市商工観光課　　〒299-0292袖ケ浦市坂戸市場1-1　TEL0438-62-3465
木更津市観光振興課　　〒292-8501木更津市富士見1-2-1　TEL0438-23-8118
君津市観光課　　〒299-1192君津市久保2-13-1　TEL0439-56-1325
富津市商工観光課　　〒293-8506富津市下飯野2443　TEL0439-80-1291
野田市商工観光課　　〒278-8550　野田市鶴奉7-1　TEL04-7123-1085
流山市商工振興課　　〒270-0192流山市平和台1-1-1　TEL04-7150-6085
柏市商工振興課　　〒277-8505柏市柏5-10-1　TEL04-7167-1141
我孫子市商業観光課　　〒270-1192我孫子市我孫子1858　TEL04-7185-1475
松戸市文化観光国際課　　〒271-0073松戸市小根本7-8京葉ガス下松戸第2ビル4F
　　TEL047-366-7327
鎌ヶ谷市商工振興課　　〒273-0195鎌ヶ谷市新鎌ヶ谷2-6-1　TEL047-445-1240
市川市観光交流推進課　　〒272-8501市川市八幡3-3-2-408　TEL047-711-1142
船橋市商工振興課　　〒273-8501船橋市湊町2-10-25　TEL047-436-2472
八千代市観光推進室　　〒276-8501八千代市大和田新田312-5　TEL047-483-1151
習志野市産業振興課　　〒275-8601習志野市鷺沼2-1-1　TEL047-453-7395
浦安市商工観光課　　〒279-8501浦安市猫実1-1-1　TEL047-351-1111

成田市観光プロモーション課	〒286-8585成田市花崎町760	TEL0476-20-1540
白井市しろいの魅力発信課	〒270-1492白井市復1123	TEL047-492-1111
印西市商工観光係	〒270-1396印西市大森2364-2	TEL0476-33-4477
富里市商工観光課	〒286-0292富里市七栄652-1	TEL0476-93-4942
佐倉市商業振興課	〒285-8501佐倉市海隣寺町97	TEL043-484-6145
四街道市シティセールス推進課	〒284-8555四街道市鹿渡無番地	TEL043-421-6162
香取市商工観光課	〒287-8501香取市佐原ロ2127	TEL0478-50-1212
銚子市観光商工課	〒288-8601銚子市若宮町1-1	TEL0479-24-8707
旭市商工観光課	〒289-2595旭市ニの5127	TEL0479-62-5338
匝瑳市産業振興課	〒289-2198匝瑳市八日市場ハ793-2	TEL0479-73-0084
山武市わがまち活性課	〒289-1392山武市殿台296	TEL0475-80-1202
八街市商工観光課	〒289-1192八街市八街ほ35-29	TEL043-443-1405
東金市商工観光課	〒283-8511東金市東岩崎1-1	TEL0475-50-1142
茂原市商工観光課	〒297-8511茂原市道表1	TEL0475-20-1528
いすみ市オリンピック・観光課	〒298-8501いすみ市大原7400-1	TEL0470-62-1243
勝浦市観光商工課	〒299-5292勝浦市新官1343-1	TEL0470-73-6652
鴨川市商工観光課	〒296-8601鴨川市横渚1450	TEL04-7093-7837
南房総市観光プロモーション課	〒299-2492南房総市富浦町青木28	TEL0470-33-1091
館山市観光みなと課	〒294-0036館山市館山1564-1	TEL0470-22-3606
栄町産業課	〒270-1592印旛郡栄町安食台1-2	TEL0476-33-7713
酒々井町商工観光班	〒285-8510印旛郡酒々井町中央台4-11	TEL043-496-1171
神崎町商工係	〒289-0292香取郡神崎町神崎本宿163	TEL0478-72-2111
東庄町産業振興係	〒289-0692香取郡東庄町笹川い4713-131	TEL0478-86-6075
多古町産業経済課	〒289-2292香取郡多古町多古584	TEL0479-76-5404
芝山町産業振興係	〒289-1692山武郡芝山町小池992	TEL0479-77-3918
横芝光町産業振興課	〒289-1793山武郡横芝光町宮川11902	TEL0479-84-1215
九十九里町商工観光係	〒283-0195山武郡九十九里町片貝4099	TEL0475-70-3177
大網白里市商工観光係	〒299-3237大網白里市仏島72	TEL0475-70-0345
長柄町産業振興課	〒297-0298長生郡長柄町桜谷712	TEL0475-35-4447
長南町産業振興課	〒297-0192長生郡長南町長南2110	TEL0475-46-3397
白子町商工観光課	〒299-4292長生郡白子町関5074-2	TEL0475-33-2117
一宮町産業観光課	〒299-4396長生郡一宮町一宮2457	TEL0475-42-1427
睦沢町産業振興課	〒299-4492長生郡睦沢町下之郷1650-1	TEL0475-44-2505
大多喜町産業振興課	〒298-0292夷隅郡大多喜町大多喜93	TEL0470-82-2176
御宿町産業観光課	〒299-5192夷隅郡御宿町須加1522	TEL0470-68-2513
鋸南町地域振興課	〒299-2192安房郡鋸南町下佐久間3458	TEL0470-55-1560
長生村産業課	〒299-4394長生郡長生村本郷1-77	TEL0475-32-2114

【参考文献】

『飯岡助五郎正伝』　伊藤實　崙書房出版　1995
『伊能忠敬』　小島一仁　三省堂　1978
『[遺聞]市川船橋・戊辰戦争』　内田宜人　崙書房出版　1999
『絵にみる図でよむ千葉市図誌』上・下　千葉市史編纂委員会編　千葉市　1993
『大原幽学』　中井信彦　吉川弘文館　1963
『大原幽学と幕末村落社会—改心楼始末記』　髙橋敏　岩波書店　2005
『柏市史』原始・古代・中世編，近世編，近代編　柏市史編さん委員会編　柏市　1995・97・2000
『学校が兵舎になったとき—千葉からみた戦争　一九三一～四五』(新装版)　千葉県歴史教育者協議会編　青木書店　2004
『角川日本地名大辞典12　千葉県』　角川日本地名大辞典編纂委員会編　角川書店　1984
『鴨川市史』通史編，読本編　鴨川のあゆみ　鴨川市史編纂委員会編　鴨川市　1996・98
『君津市史』通史，民俗編　君津市市史編さん委員会編　君津市　1998・2001
『郷土千葉の歴史』　川名登編　ぎょうせい　1984
『国府台合戦を点検する』　千野原靖方　崙書房出版　1999
『佐倉惣五郎』　児玉幸多　吉川弘文館　1972
『下総歴史人物伝』　中津攸子　崙書房出版　1997
『集落・町並』　千葉県立総南博物館編　千葉県教育委員会　2002
『史料が語る千葉の歴史60話』　千葉県高等学校教育研究会歴史部会編　三省堂　1985
『新京成電鉄沿線ガイド』　崙書房出版編　1995
『図説千葉県の歴史』　三浦茂一編　河出書房新社　1989
『図説成田市の歴史』　成田市史編纂委員会編　成田市　1995
『図説房総の城郭』　千葉城郭研究会編　国書刊行会　2002
『すべてわかる戦国大名里見氏の研究』　川名登編　国書刊行会　2000
『袖ケ浦市史』通史編1　原始・古代・中世，通史編2　近世，通史編3　近現代　袖ケ浦市史編さん委員会編　袖ケ浦市　1993
『平将門の乱』　福田豊彦　岩波書店　1981
『千葉県のあゆみ』　千葉県企画部広報県民課編　千葉県　1983
『千葉県の産業・交通遺跡』　千葉県立現代産業科学館編　千葉県教育委員会　1998
『千葉県の戦争遺跡をあるく』　千葉県歴史教育者協議会編　国書刊行会　2004
『千葉県の百年』　三浦茂一・髙林直樹・長amp廣至・山村一成　山川出版社　1990
『千葉県の民衆の歴史50話』　千葉県歴史教育者協議会編　桐書房　1992
『千葉県の歴史』　石井進・宇野俊一編　山川出版社　2000
『千葉県の歴史』通史編　古代2・近現代1　千葉県史料研究財団編　千葉県　2001・02
『千葉県の歴史』資料編　考古1-4・中世1(考古資料)　千葉県史料研究財団編　千葉県　1998-2004
『千葉市史』通史編　千葉市史編纂委員会編　千葉市　1974-
『千葉大百科事典』　千葉日報社編　千葉日報社　1982
『千葉の建築探訪』　中村哲夫　崙書房出版　2004

『ちばの鉄道一世紀』　　白土貞夫　崙書房出版　1996
『千葉のなかの朝鮮』　　千葉県日本韓国・朝鮮関係史研究会編　明石書店　2001
『手賀沼が海だった頃―松ヶ崎城と中世の柏北域』　手賀沼と松ヶ崎城の歴史を考える会編　たけしま出版　2000
『天保改革と印旛沼普請』　鏑木行廣　同成社　2001
『東葛観光歴史事典』　流山市立博物館友の会編　崙書房出版　1996
『東金市史』6 通史編　上，7 通史編　下　東金市史編纂委員会編　東金市　1993
『習志野市史』1 通史編　習志野市史編集委員会編　習志野市　1995
『成田街道』　山本光正　聚海書林　1987
『成田市史』　原始古代編，中世・近世編，近現代編　成田市史編纂委員会編　成田市　1980・86
『日本の古代遺跡18　千葉北部』　後藤和民・熊野正也　保育社　1984
『日本歴史地名大系12　千葉県の地名』　小笠原長和監修　平凡社　1996
『野田の樽職人』　小川浩　崙書房　1979
『野馬土手は泣いている』　青木更吉　崙書房出版　2001
『博物館に学ぶちばの歴史』　千葉県高等学校教育研究会歴史部会編　山川出版社　2002
『ふさの国の文化財総覧』1-3　千葉県文化財センター　2004
『プリンス昭武の欧州紀行』　宮永孝　山川出版社　2000
『ふるさと歴史読本』原始・古代の佐倉，中世の佐倉，近世の佐倉，近代の佐倉　佐倉市　2001
『房総考古学ライブラリー』1-8　千葉県文化財センター編　1985-94
『房総諸藩録』　須田茂　崙書房　1985
『房総と江戸湾』(街道の日本史19)　川名登編　吉川弘文館　2003
『房総の古代史をさぐる』　麻生優・鈴木道之助編　築地書館　1992
『房総の歴史散歩』　篠崎四郎　国書刊行会　1987

掲載の基準は，概ね1980年以降とし，自治体史については，通史編に類するものを原則とした。

【年表】

時代	西暦	年号	事項
旧石器時代			古込遺跡(成田市), 池花南遺跡(四街道市)
縄文時代		草創期	南大溜袋遺跡(富里市)
		早期	城ノ台貝塚(香取市), 南羽鳥中岫1遺跡(成田市), 飛ノ台貝塚(船橋市)
		前期	幸田貝塚(松戸市), 加茂遺跡(南房総市), 粟島台遺跡(銚子市)
		中期	加曽利貝塚(千葉市), 荒屋敷貝塚(千葉市), 姥山貝塚(市川市), 阿玉台貝塚(香取市), 山崎貝塚(野田市), 月ノ木貝塚(千葉市)
		後期	堀之内貝塚(市川市), 下太田貝塚(茂原市), 良文貝塚(香取市), 鉈切洞窟遺跡(館山市), 曽谷貝塚(市川市), 犢橋貝塚(千葉市), 井野長割遺跡(佐倉市)
		晩期	荒海貝塚(成田市), 山武姥山貝塚(横芝光町)
弥生時代		中期	須和田遺跡(市川市), 宮ノ台遺跡(茂原市), 菊間遺跡(市原市)
		後期	大崎台遺跡(佐倉市), 文脇遺跡(袖ケ浦市), 草刈遺跡(市原市)
古墳時代(飛鳥時代)		前期	神門5号墳(市原市), 油殿古墳群(長南町), 飯籠塚古墳(君津市), 白山神社古墳(君津市), 姉崎天神山古墳(市原市)
		中期	弁天山古墳(富津市), 姉崎二子塚古墳(市原市), 内裏塚古墳(富津市), 三之目大塚山古墳(香取市), 稲荷台1号墳(市原市,「王賜」銘鉄剣)
			阿波, 須恵, 馬来田, 伊甚, 上海上, 菊間, 武社の国造がおかれたという
	534		伊甚屯倉が設置される
		後期	城山1号墳(香取市), 殿塚・姫塚古墳(横芝光町), 金鈴塚古墳(木更津市), 龍角寺岩屋古墳(栄町), 長柄横穴墓(長柄町)
	709	和銅2	龍角寺(栄町)創建
奈良時代	710	3	平城京へ遷都
	715	霊亀元	上総ほか5カ国の農民1000戸を陸奥開拓に移住させる
	716	2	上総ほか6カ国の高麗人1799人を武蔵に移住させ, 高麗郡設置
	718	養老2	上総4郡をさいて安房国設置
	741	天平13	国分寺建立の詔を発し, その後, 房総3国でも国分寺が建立される
	755	天平勝宝7	上総・下総などの防人, 難波津で防人歌を献ずる
	771	宝亀2	安房清澄寺開創
平安時代	794	延暦13	平安京へ遷都
	890	寛平2	因幡守藤原朝臣菅根ら, 上総国藻原荘などを興福寺に献上
	935	承平5	平将門, 源護一族・平国香らと戦う(平将門の乱。~940年)
	1028	長元元	前上総介平忠常の乱おこる(~1031年)

	西暦	和暦	事項
	1126	大治元	千葉常重，亥鼻城(千葉市)を築き，居城とする
	1149	久安5	香取神宮の双竜鏡つくられる
	1180	治承4	源頼朝，伊豆で挙兵。石橋山合戦に敗れ，海路安房にのがれる。千葉常胤・上総広常ら頼朝を助け，頼朝，関東諸将をしたがえ鎌倉に入部
	1183	寿永2	頼朝の東国支配権が認められる。直後に上総広常誅殺される
鎌倉時代	1192	建久3	源頼朝，征夷大将軍になる
	1247	宝治元	宝治合戦おこる。上総大柳館で千葉秀胤一族ら自害する
	1253	建長5	日蓮，安房清澄寺(鴨川市)で日蓮宗を立宗
	1260	文応元	日蓮，『立正安国論』を北条頼時に献ず。富木常忍，自邸に法華堂建立(のちの中山法華経寺)
	1261	弘長元	市原市橘禅寺，伽藍焼失。日蓮，伊豆へ配流される
	1264	文永元	長柄町胎蔵寺(眼蔵寺)の県内最古の梵鐘鋳造される
	1270	7	小目代陰山土佐守，本土寺(松戸市)創建
	1274	11	文永の役で千葉頼胤は矢傷をうけ，翌年，肥前国小城郡で死去
	1281	弘安4	弘安の役
	1282	5	佐原市観福寺銅造十一面観音坐像，異国降伏のため鋳造される
	1285	8	霜月騒動おこる。安達泰盛の女婿金沢顕時，下総埴生荘へ配流
	1333	正慶2	新田義貞の挙兵に，千葉貞胤も呼応し鎌倉へ攻め込む(鎌倉幕府滅亡)
室町時代	1335	建武2	千田荘で千葉貞胤と千田胤貞の勢力激突する
	1365	貞治4 正平20	香取神宮で神官らと千葉氏家臣とが対立抗争(貞治・応安の相論)
	1416	応永23	上杉氏憲(禅秀)，千葉兼胤らと鎌倉公方足利持氏を襲う(上杉禅秀の乱)
	1418	25	禅秀与党の上総国人が蜂起，平三城にこもる(上総本一揆)
	1419	26	再び上総本一揆おこる，坂水城にこもるも降伏。首領埴谷重氏，鎌倉で斬刑となる
	1438	永享10	永享の乱おこる，千葉胤直，公方足利持氏にしたがうが途中から幕府方にくみする
	1454	享徳3	鎌倉公方足利成氏，関東管領上杉憲忠を殺す(享徳の乱。～1482)
	1455	康正元	千葉一族の内紛で，千葉城焼討。胤直は志摩城に，子の胤宣は多古城に拠る。両城とも原胤房らに急襲され落城，胤直父子自害
	1456	2	武田信長，足利成氏の命により上総に入部。真里谷・長南2城を取り立てる
	1457	長禄元	千葉輔胤，本佐倉城(現，印旛郡酒々井町)に移る
戦国時代	1467	応仁元	応仁・文明の乱はじまる(～1477年)
	1471	文明3	足利成氏，古河を追われ，下総の千葉孝胤のもとに拠る。この

年表 333

			ころまでに安房を里見氏が平定する
	1472	文明4	里見・千葉・結城氏ら，足利成氏を支援して古河城を奪還
	1488	長享2	酒井定隆が上総国土気城にはいる。領内を日蓮宗に改宗(上総七里法華)
	1516	永正13	北条早雲(伊勢宗瑞)，藻原寺に制札をあたえる
	1517	14	真里谷城主武田信保，小弓城の原胤隆を討つ
	1518	15	足利義明，小弓城にはいる(小弓公方の成立)
	1538	天文7	足利義明・里見義堯らが北条氏綱・氏康と下総国国府台で戦い，義明は戦死し(小弓公方滅亡)，義堯は安房にのがれる(第1次国府台合戦)
	1564	永禄7	里見義弘，北条氏康・氏政に国府台で敗れる(第2次国府台合戦)
	1566	9	上杉謙信(長尾景虎)，臼井城を攻めるが落城せず
	1574	天正2	関宿城の簗田氏，北条氏に攻められ水海城に退去する
	1577	5	里見氏，北条氏に上総を攻め込まれ，和睦を余儀なくされる(房相一和)
	1580	8	里見義頼，梅王丸派を制圧し，宗家をつぐ。続いて正木憲時の乱も平定する
	1581	9	里見義頼，上総国大多喜城の正木氏を攻め，自害させる
安土・桃山時代	1590	18	豊臣秀吉，小田原城攻め。北条氏とともに千葉氏・酒井氏ら滅ぶ。徳川家康，江戸城に入城し，上総・下総に家臣団配置。里見義康，安房1国に減封。里見氏をのぞいて，戦国時代の領主は支配権を失う
	1591	19	飯高寺(匝瑳市)，檀林になる
	1594	文禄3	利根川の瀬替工事開始，1654(承応3)年に完成。利根川流路は銚子にかわる
	1600	慶長5	関ヶ原合戦。里見義康は東軍に参加，会津上杉氏の押さえとして宇都宮へ出陣。譜代の本多氏らが大多喜・久留里・佐倉などへ大名として配置される
江戸時代	1603	8	徳川家康，征夷大将軍となる
	1609	14	前フィリピン総督ドン・ロドリゴ乗船のサンフランシスコ号，夷隅郡岩和田に漂着
	1614	19	館山城主里見氏を伯耆国倉吉に減封。家康，東金で鷹狩り，東金御殿・御成街道を整備
	1616	元和2	摂津西宮の真宜九郎右衛門の勧誘で，銚子飯沼の田中玄蕃が醬油醸造をはじめたという
	1630	寛永7	日蓮宗不受不施派の中山法華経寺の僧日賢・本土寺日弘・中村檀林日充ら放逐に処せられる
	1638	15	浮世絵師菱川師宣，安房の保田に生まれる。1694(元禄7)年死去

年	和暦	事項
1642	寛永19	堀田正盛，佐倉12万石に入封
1645	正保2	紀州広村の浜口義兵衛，銚子にきて醬油醸造はじめる
1648	慶安元	保科正貞，飯野陣屋築造
1651	4	飯高寺，講堂建立
1653	承応2	佐倉惣五郎刑死と伝承
1657	明暦3	新井白石生まれる。21歳まで久留里に居住
1658	万治元	紀州崎山次郎右衛門，銚子外川を築港
1660	3	佐倉藩主堀田正信，除封される
1661	寛文元	野田の高梨兵左衛門，醬油醸造はじめる
1662	2	印旛沼開拓はじまる，新利根川の開削。埜原新田村々開村
1669	9	椿海の干拓工事着工（椿新田，干潟8万石と称される干拓）
1679	延宝7	荻生徂徠，父にしたがい14歳で長柄郡本納村に移る。25歳まですごす
1695	元禄8	初代市川団十郎，成田屋の屋号用いる
1700	13	香取神宮本殿建立
1701	14	埴生郡地引村白井鳥酔，蕉風俳諧を伝える。成田山新勝寺光明堂建立，1712（正徳2）年三重塔建立
1703	16	元禄地震発生。津波により安房・上総沿岸で死者数千人という
1711	正徳元	安房北条藩で万石騒動おこる
1719	享保4	徳川吉宗，小金5牧・佐倉7牧の整備に着手
1724	9	印旛沼干拓，平戸・検見川間掘割工事，失敗
1727	12	幕府，嶺岡の牧の積極的経営開始
1735	20	青木昆陽，下総馬加村（現，千葉市幕張）・上総国不動堂村（現，九十九里町）で甘藷の栽培を試みる
1742	寛保2	暴風雨のため利根川などで大洪水
1746	延享3	堀田正亮，山形より佐倉へ転封
1753	宝暦3	銚子組醬油醸造仲間結成
1766	明和3	流山味醂醸造開始
1780	安永9	このころ旧御子神家住宅建築される
1781	天明元	野田醬油仲間結成
1783	3	大雨で利根川大洪水。浅間山大噴火。天明の大飢饉の被害が広がる
1786	6	幕府，手賀沼干拓について，勘定方を遣わす
1793	寛政5	松平定信，台場・陣屋設置のため，相模・伊豆を巡視。房総は江戸幕府普請役が巡視
1797	9	佐藤信淵，山辺郡大豆谷村（現，東金市）に滞在。農芸医業を行う
1800	12	伊能忠敬，蝦夷地測量のために出発
1808	文化5	幕府，上総竹岡・安房洲崎や相模海岸に台場建設開始
1810	7	幕府，白河藩と会津藩に江戸湾防備を命じる

	1812	文化9	小林一茶，富津に滞在し，女弟子・織本花嬌の三回忌に参列
	1821	文政4	伊能忠敬「大日本沿海輿地全図」が完成
	1822	5	佐藤信淵，山辺郡で『経済要録』をあらわす
	1823	6	近江屋甚兵衛，上総国人見村で海苔養殖の指導を行う
	1831	天保2	香取郡の宮負定雄，『国益本論』などをあらわす
	1836	7	佐倉藩主堀田正睦，藩校成徳書院を設立
	1838	9	佐藤信淵，上総久保田に至り，開墾を指導。大原幽学の指導により，香取郡各地で先祖株組合結成
	1842	13	幕府，忍・川越両藩に房総・相模海岸の防備を命じる
	1843	14	老中水野忠邦，印旛沼干拓を5藩に命ずる。佐藤泰然，佐倉で順天堂を開く
	1844	弘化元	印旛沼開拓中止。笹川繁蔵・飯岡助五郎抗争
	1845	2	佐原の清宮秀堅，『下総国旧事考』をあらわす
	1847	4	幕府，忍・川越両藩に加え，会津・彦根両藩に房総・相模沿岸警備を命じる
	1849	嘉永2	渡辺家住宅(大多喜町)建築される
	1853	6	ペリー浦賀に来航
	1856	安政3	堀田正睦，外交事務総裁になり，日米修好通商条約の折衝にあたる
	1858	5	成田山新勝寺釈迦堂建立，1861(文久元)年額堂建立
	1861	文久元	関宿藩主久世広周，和宮降嫁を推進
	1863	3	真忠組，九十九里地方で蜂起。翌年1月鎮圧される
明治時代	1868	明治元	戊辰戦争。船橋・市川戦争。上総請西藩主林忠崇，官軍に抵抗し，領地没収される。近藤勇，流山で官軍に捕らわれる。徳川慶喜，駿府移封に伴い，駿河・遠江の大名ら7藩が房総に転封。柴山典，安房・上総知事に，佐市直武，下総知事となる
	1869	2	下総に葛飾県設置。安房・上総に宮谷県設置。小金・佐倉牧の開墾はじまる。版籍奉還。白浜野島埼灯台できる
	1871	4	廃藩置県(房総に24県誕生)。木更津・新治・印旛の3県になる。国木田独歩，銚子に生まれる
	1873	6	木更津県・印旛県統合して千葉県になる。県庁を千葉町におく
	1874	7	千葉県初代権令に柴原和任命される。千葉師範学校創設。銚子犬吠埼灯台完成
	1875	8	常陸新治県廃止。香取・匝瑳・海上の3郡，千葉県に編入。この年から地租改正，本格化する
	1878	11	県立千葉中学校の創設。千葉第98銀行創設
	1879	12	第1回県会議員選挙。桜井静「国会開設懇請協議案」発表
	1880	13	夷隅に民権結社「以文会」結成。県内に民権結社結成あいつぐ
	1881	14	桜井静『総房共立新聞』発刊
	1884	17	加波山事件に関連して，夷隅事件・安房事件おこる。徳川昭武，

			松戸市の戸定邸に移る
	1885	明治18	下総牧場，宮内庁の所轄になる
	1887	20	利根運河掘削のため，利根運河株式会社設立
	1889	22	町村制施行（町村合併により358町村へ）
	1890	23	第1回衆議院議員選挙。利根運河開通
	1894	27	日清戦争開戦。私営総武鉄道市川・佐倉間，市川・本所間開通
	1896	29	房総鉄道千葉・大網間開通。1899年に大原まで延長
	1897	30	成田鉄道佐倉・成田間，総武鉄道佐倉・銚子間開通。郡制施行
	1904	37	日露戦争開戦
	1906	39	伊藤左千夫，「野菊の墓」を『ホトトギス』に掲載
	1907	40	千葉刑務所，千葉町貝塚に落成。総武・房総鉄道国有化される
	1908	41	鉄道第1連隊，都賀村に設置。『阿羅々木』創刊
	1909	42	歩兵2連隊水戸へ，57連隊佐倉に設置
	1910	43	利根川・江戸川大洪水
大正時代	1912	大正元	陸軍歩兵学校，作草部に設置。白戸栄之助，稲毛海岸で初飛行
	1913	2	第1次護憲運動盛りあがり，千葉町で憲政擁護大会
	1914	3	第一次世界大戦開戦
	1917	6	野田醬油株式会社設立
	1918	7	安房郡勝山村など県下数カ村で米騒動の動き
	1920	9	第1回国勢調査（県の人口133万6155人）。千葉師範学校附属小学校の自由教育広まる
	1921	10	千葉市，市制開始
	1923	12	野田醬油第1次争議。関東大震災，県内各地に被害。朝鮮人虐殺事件がおこる
	1924	13	銚子漁港建設開始
	1925	14	小湊鐵道五井・里見間開通
昭和時代	1927	昭和2	野田醬油第2次争議
	1929	4	房総環状線の開通。この年の県内の小作争議数105件
	1930	5	館山海軍航空隊開設
	1931	6	満州事変おきる。千葉県農会による自力更生運動はじまる
	1933	8	大利根用水着工
	1934	9	市川・千葉間，県営水道起工する
	1936	11	二・二六事件で佐倉57連隊出動
	1937	12	日中戦争開戦。陸軍戦車学校，千葉市に開校，翌年，防空学校も開校
	1940	15	大政翼賛会千葉県支部結成。千葉市海岸，日立航空機工場造成のための埋立て事業開始
	1941	16	太平洋戦争開戦
	1943	18	1県1行政策により千葉銀行設立。両総用水事業起工（1965年完成）

	1945	昭和20	銚子・千葉市など空襲をうける。敗戦により米海兵隊,館山と富津に上陸
	1946	21	千葉軍政部(のち民生部)開設
	1949	24	千葉大学開校
	1950	25	川崎製鉄の誘致決定
	1957	32	東京電力千葉火力発電所操業開始。八千代市に日本ではじめての住宅団地ができる
	1960	35	京葉有料道路完成
	1961	36	京葉臨海工業地帯造成計画決定
	1962	37	銚子大橋完成
	1966	41	新東京国際空港,成田市三里塚に決定。三里塚闘争はじまる
	1969	44	印旛沼疎水路完成,印旛沼の水が東京湾に流れる
	1974	49	千葉県企業庁発足
	1975	50	川崎製鉄公害訴訟はじまる
	1978	53	成田に新東京国際空港開港
	1983	58	県人口500万人突破。国立歴史民俗博物館,佐倉に開館。東京ディズニーランド開業
	1984	59	「千葉県民の日」(6月15日)制定
	1987	62	千葉県東方沖地震により県下の被害甚大
平成時代	1989	平成元	幕張メッセ開設。千葉県立中央博物館開館
	1992	4	千葉市,政令指定都市となる
	1993	5	谷津干潟がラムサール条約登録湿地となる
	1997	9	東京湾横断道路(アクアライン)開通
	2005	17	平成の市町村合併で鴨川市・旭市・いすみ市が誕生
	2006	18	平成の市町村合併で,南房総市・横芝光町・香取市・山武市・匝瑳市が誕生
	2007	19	館山自動車道全線開通

【索引】

ア

愛国学園大学正門(旧野戦重砲第4連隊正門)……152
青木昆陽(不動堂)甘藷試作地……21, 225
縣神社……28, 227
赤山地下壕……274
飽富神社……60, 189
芥川荘……242
明戸古墳……96
浅井忠……126, 131, 141
足利晴氏の墓……114
網戸城跡……200
阿須波神社……43
吾妻神社……68
愛宕神社……118
阿玉台貝塚……180
熱海輪店(旧千葉銀行大網支店)……227
姉崎古墳群……53
姉埼神社……54
姉崎天神山古墳……54
我孫子市白樺文学館……109
我孫子宿……109
油殿古墳群……245
荒久古墳……8
荒屋敷貝塚……13
安房国分寺跡……269
粟島台遺跡……189, 191
安房神社……276, 278
安房神社洞窟遺跡……276
安心坊……120
安蒜家板石塔婆……122

イ

飯岡助五郎の墓……198
飯尾寺……240
飯香岡八幡宮……40, 41, 44
飯郷作遺跡……140
飯篠長威斎墓……170
飯高城跡……201

飯高神社……201
飯野陣屋濠跡……67
雷神社……106
池花南遺跡……154
池和田城跡……51
飯籠塚古墳……62
石塚の森……213
石堂寺……284, 285
石渡家住宅……133
和泉公会堂……289
板附古墳群……214
市川市立市川考古博物館……96
市川市立市川歴史博物館……97
一宮城跡……242
市原市埋蔵文化財調査センター……46, 51
一夜城公園……135
五日堂(本覚寺跡)……26
一茶双樹記念館……106
飯縄寺……246
伊藤左千夫生家……215, 216
伊藤和の墓……205
稲毛公園……17
稲葉黙斎の墓……214
稲村城跡……270
稲荷台古墳記念広場……46
稲荷山古墳……67
犬吠埼灯台……191
伊能忠敬……147, 164, 165, 169, 171, 224
伊能頴則の墓……169
井野長割遺跡……140
亥鼻城跡……7
今富塚山古墳……54
今富廃寺跡……49
いわし資料館……220
岩船地蔵尊……250
岩屋古墳……149, 150
胤重寺……6
印旛沼……84, 85, 135, 137, 139, 143-145,

150, 169
印旛村歴史民俗資料館 139

― ウ ―

鵜澤修 204, 205
臼井城跡 138, 139
臼井田宿内砦跡 136
臼井八幡社 139
海上胤方 186, 192
海上八幡宮 186
姥山貝塚 97
浦安市郷土博物館 101
浦安町役場跡 101

― エ ―

永興寺 235
栄福寺(印旛郡印旛村) 155
栄福寺(千葉市) 10
円覚寺 63
円照寺 264
円応寺 138
圓福寺(飯沼観音) 188, 189
延命寺(鎌ヶ谷市) 88
延命寺(白井市) 158
延命寺(南房総市) 293

― オ ―

老尾神社 203
桜花四三乙型行川基地跡 261
近江屋甚兵衛の墓 67
大賀蓮発掘碑 20
大椎城跡 30
大多喜城跡 261-263
大堤権現塚古墳 211, 212
大百池 34
大畑Ⅰ遺跡(埴生郡家跡) 95, 149, 150
大原神社 83
大原はだか祭り 243
大原幽学記念館 183
大山寺 286
大山千枚田 286
大山祇神社 264
大和田排水機場 84

岡本城跡 294
荻生徂徠勉学の地 232
荻生道遺跡 29
お経塚 28
小熊家 109
おけ塚古墳 176
おせんころがし 255, 291
御滝不動 87
御茶屋御殿跡 23
御成街道 19, 23, 24
小見川城跡(城山公園) 179
小見川藩陣屋跡 179
小櫃古墳群 62
小弓城跡 33
生実城跡 31
生実藩陣屋跡 32
織本花嬌の墓 66
御宿町歴史民俗資料館 252

― カ ―

海気館 18
貝塚町貝塚群 13
回天小浜基地跡 248
海宝寺 198, 199
海保漁村生誕地 210
海雄寺 259
海隣寺 126
加賀清水公園 140
覚王寺 107
覚翁寺 253, 254
笠森観音(笠森寺) 237, 238
上総大寺廃寺跡 59
上総国分寺跡 45, 46
上総国分尼寺跡 44
上総十二社祭り 241, 243
加曽利貝塚 11, 12
刀洗池跡 26
勝浦城跡 252, 253
葛飾県印旛県史跡の碑 106
葛飾八幡宮 91, 92, 159
香取神宮 166, 169-171, 276

楫取魚彦の墓	169
金谷神社	73
庚塚古墳群	9
鎌数伊勢大神宮	199
鎌ヶ谷宿	88
鎌ヶ谷大仏	88
上花輪歴史館	119
加茂遺跡	284
賀茂神社	284
萱田遺跡群	86
川焼台遺跡	42
官軍塚	253
元倡寺	214
関東大震災犠牲同胞慰霊碑	89
関東大震災朝鮮人犠牲者慰霊の碑	84
観音院	205
観音教寺(芝山仁王尊)	208, 209
観福寺	168, 169
観明寺	241

―キ―

桔梗塚	141
菊田神社	81, 83
菊間古墳群	41
菊間八幡神社	42
菊間藩の藩庁	42
木更津県庁跡	57
木更津市郷土博物館金のすず	59
北ノ作古墳	112
北ノ作城跡	154
北野天神山古墳	41
橘禅寺	49
吉保八幡神社	287
絹横穴群	68
君津市漁業資料館	67
義民杢右衛門供養碑	257
旧安西家住宅	59
旧宇田川家住宅	101
旧生浜町役場庁舎	36
旧大沢家住宅	81
旧大塚家住宅	100, 101
旧尾形家住宅	285
旧海軍香取航空隊基地	199
旧海軍茂原航空基地	233
旧学習院初等科正堂	151
旧神谷伝兵衛稲毛別荘(千葉市民ギャラリーいなげ)	17
旧川崎銀行佐倉支店(佐倉市立美術館)	131
旧川崎銀行千葉支店(千葉市美術館)	6
旧河原家住宅	130
旧気球連隊の格納庫	14
旧近藤家住宅長屋門	82
旧佐倉順天堂(佐倉順天堂記念館)	132
旧四関家住宅	25
旧武居家住宅	130
旧但馬家住宅	130
旧鉄道聯隊材料廠煉瓦建築	14
旧鴇田家住宅	83
旧野田商誘銀行	119
旧花野井家住宅	116, 118
旧平野家住宅	151
旧堀田正倫別邸庭園	132
旧御子神家住宅	151
旧水田家住宅	286
旧茂木佐平治邸	118
旧陸軍演習場内囲壁	83
行元寺	260, 261
行徳寺	235
鏡忍寺	288, 289
刑部橋	199
清水寺	247
金環塚古墳(瓢箪塚古墳)	51
金鈴塚古墳	58, 59

―ク―

空挺館	82
草刈遺跡	42
九十九坊廃寺跡	64
九十九里教会	211
九条塚古墳	67
弘誓院	112

久世広周	113	小松寺	281
弘法寺	93	子守神社(素加天王社)	22, 83
弘法寺古墳	96	小御門神社	173
久保木竹窓の旧宅・墓	171	小湊鉄道蒸気機関車	48
熊野神社(旭市)	184	子安古墳	21
熊野神社(山武郡横芝光町)	207	子安神社	21, 83
熊野神社(匝瑳市宮本)	203	金光院	24
久留里城跡	62	金乗院	118
薫陶学舎跡	250	近藤勇陣屋跡	105

― ケ・コ ―

結縁寺	157		
源心寺	99		
眼蔵寺	239		
還来寺	196		
小網寺	271		
光岳寺	114		
興源寺	71		
広済寺	206		
神崎神社	173, 175		
光勝寺	135		
高照寺	254		
国府関遺跡	235		
高蔵寺	58		
光台寺	197		
公津城(鷲山城)跡	144		
幸田貝塚	104		
神門古墳群	47		
国府台合戦の古戦場(里見公園)	96		
興風会館	119		
弘法井戸	271		
光明院	106		
光明寺	56		
郡本八幡神社(市原郡衙跡)	43		
小金城跡	104		
小金牧	83, 86, 87, 116, 159		
虚空蔵堂	70		
国立歴史民俗博物館	46, 127, 128, 220		
五香公園	105		
五所神社	211		
犢橋貝塚	19		

― サ ―

西願寺	52, 53
西光院(柏市)	107
西光院(野田市)	118
西光寺	203
西徳寺	288
西広貝塚	47
西福寺	79
西蓮寺	292
酒井定隆	25, 27, 28, 35, 219, 227
坂田城跡	210
坂戸神社・坂戸神社古墳	60
鷺沼古墳群・鷺沼城址公園	80, 81
前廣神社	47
崎山治郎右衛門の碑	192
桜井静旧宅跡と墓所	209
佐倉高校記念館(佐倉高校旧本館)	133, 134
佐倉城跡	127, 277
佐倉新町おはやし館	131
佐倉惣五郎	141, 143, 145
佐倉養生所	129
笹川繁蔵の首塚	197
笹子城跡	60
佐是城跡	50
佐藤家住宅	131
佐藤泰然の墓	131
佐藤尚中誕生地	178, 179
佐藤信淵家学大成の地碑	220
里見実堯	270, 293
里見義実	270, 273, 280
里見義堯	97, 273, 285, 293, 298

里見義豊	270, 273, 285, 293
里見義弘	97, 294
里見義通	152, 270, 293
里見義康	268, 272
里見義頼	283, 294
佐貫城跡	69
猿田神社	185
三義民の供養塔	269
三条塚古墳	67
山神社	285
三代王神社	21, 83
三之分目大塚山古墳	149, 178
山武市歴史民俗資料館	216
山野貝塚	61
三里塚御料牧場記念館	147, 148

―シ―

椎津城跡	55
紫烟草舎(北原白秋旧宅)	96
慈恩院	272
志賀直哉邸跡	109
鹿渡城跡	153
七天王塚	7, 8
七百余所神社	86
実蔵院	137
実相寺	113
芝山古墳群	209
芝山町立芝山古墳・はにわ博物館	209, 210
芝山ミューゼアム	208, 210
渋谷嘉助旧宅正門	175
渋谷総司の墓	88
島戸境1号墳	217
嶋戸東遺跡(武射郡衙跡)	95, 215
嶋穴神社	48, 54
下総小金中野牧跡	88
下総国府跡(国府台公園)	95
下総国分寺跡	94, 97
下総国分尼寺跡	94
下総牧羊場跡地	148
釈迦山古墳	54
寂光寺	256

しゃくし塚古墳	176
修静居跡(西村茂樹旧宅跡)	130
住宅団地発祥の碑	83
十夜寺(松翁院)	72, 268
鷲山寺	234
勝胤寺	142, 143
正延寺	78
正覚院	86
正覚寺	175
勝覚寺	216
照願寺	248
常敬寺	115, 116
定慶寺	197
浄光院	91
荘厳寺	166
上座貝塚	140
杖珠院	280
證誠寺	57
正泉寺	111
正善寺	245
浄泰寺	225
常灯寺(常世田薬師)	192
浄徳寺	236
称念寺	237
昌福寺	114
正法寺(小西檀林)	227
城山古墳群	179
松林寺	133
恕閑塚	26
白井鳥酔ノ墓	245
白鳥神社	69
白幡神社	188
白幡天神社	92
白幡八幡神社八幡宮	214
白浜城跡	280
白間津のオオマチ	282
新川	199
真行寺廃寺	214-216
津慶寺	253
清国船元順遭難救助記念碑	282

索引 343

真勝寺	63
新善光寺	207
真蔵院	21
甚大寺	130
真忠組関連遺跡	223
新浜鴨場	100
真福寺	68
甚兵衛渡(水神の渡)跡	145
神野寺	69
震洋格納庫跡(銚子市)	189
震洋基地跡(勝浦市)	255

—ス—

瑞安寺	55
水神社	196
水神山古墳	110
須賀神社	59
須賀正教会	204, 205
須賀山城跡	181
鈴木貫太郎記念館	114
鈴木家住宅	289
砂子ノ浦観音堂	255
洲崎神社	278
洲崎砦跡	138
諏訪神社(香取郡東庄町)	181
諏訪神社(袖ケ浦市)	61
諏訪台古墳群	47
須和田遺跡	93, 97

—セ—

清光寺	141
清泰寺	116
清澄寺	290, 291
誠道館跡	70
成徳書院の跡	129
清宮秀堅の旧宅	166
西洋館倶楽部	93
清和県民の森	65
関根金次郎の墓	116
関宿城跡	114, 116
関宿水閘門	115
関宿関所跡	114

関山用水	70
善応寺	258
浅間神社	16, 17
浅間神社古墳	62
浅間山古墳	150, 151
善光寺(松戸市)	104, 105
善光寺(四街道市)	153
善勝寺	28
選擇寺	56
千人塚	190
泉福寺	139
善福寺	99
千葉寺	8

—ソ—

宗胤寺	15
宗英寺	113
宗圓寺	131
藻原寺	224, 234, 235
総合公園21世紀の森と広場	102
宗吾霊堂(東勝寺)	143–145
惣持院	170
宗徳寺	137
袖ケ浦市郷土博物館	60
曽谷貝塚	97
園生貝塚	18

—タ—

大覚寺山古墳	32, 33
大巌院(大網寺)	31, 72, 268
大巌寺	18, 31, 136, 268
太高寺	261
醍醐新兵衛の墓	296
大慈恩寺	174
大乗寺	66
大日寺	4, 15, 18
大日堂(山田大門)	257
鯛の浦	292
大房岬砲台跡	294
大満横穴群	70
平忠常	5, 25, 30, 87
平将門	7, 106, 117, 141, 146, 168, 201,

内裏塚……………………………………205
内裏塚古墳群…………………………66, 149
大龍寺……………………………………113
大蓮寺……………………………………101
高岡藩の陣屋跡…………………………173
高靇神社…………………………………105
高宕山……………………………………70
高崎藩の陣屋跡…………………………189
高滝神社…………………………………52
高滝ダム記念館…………………………52
高津観音寺………………………………83
高津比咩神社……………………………83
高梨氏庭園………………………………119
高家神社…………………………………282
滝田家住宅………………………………158
滝田城跡…………………………………293
武石胤重の墓……………………………6
竹ヶ岡陣屋跡……………………………72
武志伊八郎信由(波の伊八)…………237, 246, 261, 285-287, 289
武田家住宅………………………………42
竹内神社…………………………………111
田子台遺跡………………………………296
多古藩の陣屋……………………………176
多田庄兵衛家……………………………182
手力雄神社………………………………282
橘(橘樹)神社……………………………232
脱走塚……………………………………203
立野信之の文学碑………………………41
館山海軍航空隊跡………………………275
館山海軍砲術学校跡……………………276
館山城跡…………………………………154, 271
館山市立博物館(分館)…………………271, 274
駄ノ塚古墳………………………………214
玉崎神社…………………………………196, 197
玉前神社…………………………34, 196, 241-243
多聞院……………………………………20, 157
丹後堰用水………………………………7
誕生寺……………………………………291, 292

── チ ──

千葉教会…………………………………6
千葉県酪農のさと酪農資料館…………285
千葉県立中央博物館………………8, 28, 227, 238
千葉県立中央博物館大多喜分館………241, 256, 262, 263
千葉県立中央博物館大利根分館………168
千葉県立房総のむら……………………151
千葉公園………………………………13, 15, 20
千葉工業大学通用門(旧鉄道第二連隊正門)
 …………………………………………80
千葉貞胤…………………………………15, 145
千葉市美術館……………………………6
千葉市埋蔵文化財調査センター………33
千葉市ゆかりの家・いなげ……………16
千葉市立郷土博物館………………6, 7, 10, 29
千葉神社…………………………………4, 15
千葉胤直…………………………5, 15, 155, 177
千葉常重………………………………4, 5, 7, 30
千葉常胤……………………6, 7, 9, 18, 21, 279
千葉トヨペット本社(旧勧業銀行本店)
 …………………………………………16
千葉秀胤…………………………………5, 239
千葉宗胤…………………………………5, 15
千葉山……………………………………18
重願寺……………………………………126, 127
長源寺……………………………………135, 136
銚子市青少年文化会館………………186, 189, 190
重俊院……………………………………32
長昌寺……………………………………244
提灯塚……………………………………24
長徳寺(匝瑳市)…………………………204
長徳寺(千葉市)…………………………34
長南城跡…………………………………236, 237
長福寺……………………………………250
長福寿寺…………………………………237
長楽寺……………………………………57
超林寺……………………………………144

── ツ ──

廿五里北貝塚・南貝塚…………………11

廿五里城跡	10, 11
月影の井	157
月ノ木貝塚	9
月の沙漠記念像	252
造海城(百首城)跡	73
椿海干拓地	198, 199
鶴谷八幡宮	279
鶴舞藩庁跡	51
鶴牧藩庁	55
鶴峯八幡宮	49

―テ―

手賀沼	84, 85, 112, 169
手賀の丘公園	112
手児奈霊堂	92
鉄道大隊の記念碑	14
鉄道連隊建設の橋脚	89
田園の美術館(いすみ市郷土資料館)	258
天神社(南房総市)	294, 295
天神台遺跡	47
天福寺	19, 20
天保水滸伝遺品館	181

―ト―

土井利勝	23, 127, 133
等覚寺	186, 192
東金城跡	219
東関山古墳	41, 42
東京湾要塞洲崎第1砲台跡・弾薬支庫跡	275, 276
東光院(峯の薬師, 木更津市)	57
東光院大金剛寺(千葉市)	25, 26
東光寺	256
東照宮(船橋御殿)	78
東昌寺	92
東禅寺	176
東漸寺(旭市)	200
東漸寺(松戸市)	104
道祖神裏古墳	64
東大社	182, 196
東福寺	106
東明寺	70

遠見岬神社	254
渡海神社	192
時平神社	83, 86
德願寺	100
土気城跡	27
常代遺跡	64
戸定が丘歴史公園・旧徳川家松戸戸定邸	102
戸塚彦介英俊・英美の墓	6
利根運河碑	120
利根川下流史料室	168
殿塚古墳	209, 210
飛ノ台貝塚	78
富山	295
東浪見寺	242
鳥居河岸の跡	144
鳥の博物館	110
鳥見神社	159
登渡神社	6
ドン・ロドリゴ上陸地	251

―ナ―

内藤家長の墓	70
長熊廃寺跡	133
長崎砲台の跡地	191
中島城跡	185, 186
中台板石塔婆(爪書き地蔵)	203
長沼の駒形大仏	18
中野城跡	25
仲山城跡	157
中山法華経寺	90, 91, 174, 291, 292
長柄ふるさと村	240
長柄横穴群	238
流山市立博物館	106
那古寺	278
鉈切洞穴	278
七廻り塚古墳	33
浪切不動(大聖寺, いすみ市)	247, 248
浪切不動(長勝寺, 山武市)	213
滑川家の長屋門	185
成田山新勝寺	135, 146, 147, 201

成田山本尊上陸記念碑	205
成田市下総歴史民俗資料館	172
成田道の道標	135
成東城跡公園	213
南総中学校遺跡	51

―ニ―

仁右衛門島	288
西野遺跡（海上郡衙跡）	48, 95
西の城貝塚	174
日合上人の墓	24
日本寺（中村檀林跡，香取郡多古町）	174, 227
日輪寺	238
日蓮	90, 91, 103, 234, 254-256, 288-292, 297, 298
日光寺	49
日親	216, 217
日西墨三国交通発祥記念碑（メキシコ塔）	251
日泰上人の墓碑	36
二宮神社	82, 83
日本寺（安房郡鋸南町）	298
日本福音ルーテル市川教会会堂	93

―ネ・ノ―

根古谷城跡	217, 218
能満寺古墳	244, 245
野島埼灯台	280
野田貝塚	116
野田市立郷土博物館	119

―ハ―

芳賀輪遺跡	24
白山神社古墳	62
白土採掘坑跡	247
長谷部貝塚	26
八王子神社	83
鉢ヶ谷遺跡	220
八幡神社古墳	64
八幡岬	246, 248, 253
八犬伝の碑	295
花見川	19, 20
埴谷横宿廃寺	214
飯高寺（飯高檀林跡）	201, 227
坂水寺	257

―ヒ―

日枝神社	294
東寺山貝塚	10
ヒゲタ史料館	187
菱川師宣	72, 296, 297
菱川師宣記念館（鋸南町歴史民俗資料館）	297
日秀西遺跡（相馬郡衙跡）	95, 110
姫塚古墳	209, 210
廣瀬家住宅	81

―フ―

福秀寺	207
福聚寺	182
福善寺	202, 224
藤崎堀込貝塚	81
布施塚	250
布施弁財天（東海寺）	107
二子塚古墳	54, 149
府中日吉神社	43
二日市場廃寺跡	49
富津埋立記念館	66
富津陣屋跡	65
船越鉈切神社	278
舟戸の渡跡	138, 139
船橋市郷土資料館	82
船橋随庵の墓	114
船橋大神宮（意富比神社）	79
普門寺（長生郡睦沢町）	244
普門寺（野田市）	122

―ヘ―

へたの台貝塚	9
紅嶽弁財天	11
弁天古墳	108
弁天山古墳	67, 68

―ホ―

法皇塚古墳	97
報恩寺	237

宝光寺	203
宝珠院(印西市)	156, 157
宝珠院(印旛郡酒々井町)	143
宝珠院(南房総市)	293
宝聚寺	214
宝城院	101
北条塚古墳	176
宝泉院	88
法宣寺	218
法善寺(塩場寺)	99
房総往還	22, 70
宝幢寺	22
鳳来寺	53
星影神社	87
発坂峠古戦場本陣跡碑	257
堀田正順	130, 133
堀田正亮	127, 144
堀田正俊	130
堀田正倫	130, 134
堀田正信	141, 143
堀田正睦	127, 129-131, 133, 179
堀之内貝塚	96, 97
本行寺	29, 34
本行徳の常夜灯	98
本国寺(宮谷檀林跡)	226, 227
本寿寺	29
本城寺	25
本多忠勝	252, 258, 261, 263
本土寺	103, 104, 227
本納城跡	232

― マ ―

麻賀多神社(佐倉市)	129-131
麻賀多神社(成田市)	144
牧野康成の供養塔	114
馬加康胤の首塚[伝]	22
将門(口之宮)神社	141
増尾城跡	109
松ヶ崎城跡	108
先崎城跡	140
松平康元の墓	113

松戸市立博物館	102, 104
松の家	254
松虫陣屋	155
松虫寺	155
松本幸四郎[初代]の墓	179
松山神社	203
真野寺	282, 283
真武根陣屋跡	57
真間山古墳	96
真間の継橋	92
真里谷城跡	61
万木(喜)城跡	258
万光寺	233
萬福寺(柏市)	108
万福寺(富津市)	68
萬満寺	103

― ミ ―

美加保丸遭難供養碑	191
三島神社	65
三島ダム	65
御嶽神社	82
三谷家住宅	133
路分け六地蔵	116
三菱銀行佐原支店旧本館	165
南河原坂窯跡群	29
南田瓦窯跡	46
源頼朝上陸地	295
峰上城跡	71
三柱神社	72
見広城跡	196
宮負定雄旧宅	184
宮谷県庁跡	226
宮ノ台遺跡	235
三山の七年祭り	21, 22, 83
妙覚寺(勝浦市)	254
妙覚寺(山武郡九十九里町)	224
妙経寺	55
妙見大祭(だらだら祭り)	4
妙興寺(野呂檀林跡)	24
妙泉寺	62

妙宣寺	216, 217
妙福寺	187
妙本寺	297
妙楽寺	242, 244
民間航空発祥記念碑	16

― ム・メ ―

武者小路実篤邸跡	109
夢窓国師坐禅窟	261
睦沢町立歴史民俗資料館	244
村上込の内遺跡	86
明治百年記念展望台	66

― モ ―

本佐倉城跡	141, 142, 259
元洲堡塁砲台跡	65, 66
物井古屋城跡	154
もの知りしょうゆ館	120
茂原市立美術館・郷土資料館	233, 235
茂原昇天教会	234
森川家累代の墓碑	32
森山城跡	181
師戸城跡	139

― ヤ ―

薬王院	289
薬王寺	55
薬師寺(匝瑳市)	205
薬師寺(成田市)	145
薬師堂	49
八坂神社(勝浦市)	255
八坂神社(香取市)	166
八坂神社(山武郡九十九里町)	222
小食土廃寺跡	29
八千代市立郷土博物館	84, 86
谷津干潟	80
八剣神社	34
八剣八幡神社	56
柳台遺跡	202
柳楯神事	40, 44
柳宗悦居宅跡	109
山倉大神	177
山崎貝塚	120, 122
山下りん	204, 205
山梨城(月見里城)跡	154
山室姫塚古墳	212
八幡不知森	92

― ユ・ヨ ―

湯坂廃寺	214
横利根閘門	168
吉野酒造	256
良文貝塚	180
米本城跡	86
余山貝塚	186, 189

― ラ・リ・ル ―

来迎寺(白井市)	159
来迎寺(千葉市)	15
雷電の墓	136
龍江寺	288
竜崖城跡	157
龍角寺	148-150, 180
龍角寺古墳群	149, 150
龍正院	172, 173
龍蔵寺	255
隆台寺	206
竜腹寺	155
龍福寺	196
了源寺	79
良玄寺	263
両総用水第1揚水機場	167
ルボン山	152

― ワ ―

鷲神社	140
渡辺家住宅	263, 264
和洋女子大学文化資料館	95
蕨家	217
和良比堀込城跡	152

【写真所蔵・提供者】(五十音順，敬称略)

我孫子市白樺文学館	田原市博物館
石堂寺	千葉経済学園
石橋武	千葉県教育委員会
いすみ市産業経済課商工観光班	千葉県立安房博物館
市原市教育委員会	千葉県立佐倉高等学校
印西市教育委員会	千葉県立関宿城博物館
宇佐美順三・一夫	千葉県立美術館
圓福寺	千葉県立房総のむら
大山千枚田保存会	千葉市教育委員会
海宝寺	千葉市広報課
香取市	千葉市市民総務課
香取神宮	千葉神社
株式会社新川屋	銚子市教育委員会
川光倉庫株式会社	長徳寺
観福寺	長南町教育委員会
君津市教育委員会	東京国立博物館・Image：TNM Image Archives Source：http://TnmArchives.jp/
行元寺	
金鈴塚遺物保存館	中西文明
国民宿舎サンライズ九十九里	那古寺
九十九里町総務課	成田国際空港株式会社
弘誓院	野田市教育委員会
結縁寺	野田市広報課
小湊鐵道株式会社	東日本高速道路株式会社関東支社東京湾アクアライン管理事務所
財団法人千葉県教育振興財団	
佐倉市教育委員会	菱川師宣記念館
山武市商工観光課	福善寺
常灯寺	富津市経済環境部商工観光課
称念寺	法華経寺
昌福寺	本城寺
市立市川考古博物館	本土寺
白井市教育委員会	御嶽神社
匝瑳市教育委員会	南房総市白浜支所地域事業課
匝瑳市産業振興課	南房総市和田支所地域事業課
匝瑳市下出羽区	南房総文化財・戦跡保存活用フォーラム
大巌院	睦沢町教育委員会
滝田新太郎	山脇学園
館山市立博物館	横芝光町教育委員会
田中正治郎	龍角寺

本書に掲載した地図の作成にあたっては，国土地理院長の承認を得て，同院発行の50万分の1地方図，20万分の1地勢図，5万分の1地形図，数値地図25000（空間データ基盤），数値地図2500（空間データ基盤）を使用したものである（平15総使，第46-3093）（平15総使，第47-3093）（平15総使，第48-3093）（平15総使，第108-3093号）（平15総使，第184-3093号）。

【執筆者】(五十音順, 2019年1月現在)

執筆・編集委員

小川浩 おがわひろし(元昭和女子大学)
各務敬 かくむさとし(県立大原高校)
遠山成一 とおやませいいち(県立佐倉東高校)
酒井右二 さかいゆうじ(元県立佐原高校)
杉山芳寛 すぎやまよしひろ(県立東葛飾高校)
柳晃 やなぎあきら(元県立千葉高校)
山村一成 やまむらかずしげ(私立跡見学園中学校高等学校)
吉井哲 よしいあきら(県立船橋東高校)
渡邉政治 わたなべまさはる(県立千葉西高校)

執筆委員

愛沢伸雄 あいざわのぶお(NPO南房総文化財・戦跡保存活用フォーラム)
上田浄 うえだきよし(県立市川南高校)
荻悦久 おぎよしひさ(県立銚子高校)
久我髙行 くがたかゆき(千葉県庁)
栗原克榮 くりはらかつよし(元県立袖ヶ浦高校)
齊藤功 さいとういさお(県立松尾高校)
外山信司 とやましんじ(県立四街道高校)
土屋徳郎 つちやとくろう(県立流山北高校)
松丸明弘 まつまるあきひろ(県立東葛飾高校)
渡邉嘉幸 わたなべよしゆき(県立大原高校)

執筆協力者

滝川恒昭 たきがわつねあき(元県立船橋二和高校)

歴史散歩⑫
千葉県の歴史散歩

| 2006年5月31日　1版1刷発行 | 2019年4月20日　1版5刷発行 |

編者──千葉県高等学校教育研究会歴史部会
発行者──野澤伸平
発行所──株式会社山川出版社
　　　　〒101-0047　東京都千代田区内神田1-13-13
　　　　電話　03(3293)8131(営業)　03(3293)8135(編集)
　　　　https://www.yamakawa.co.jp/　振替　00120-9-43993
印刷所──図書印刷株式会社
製本所──株式会社ブロケード
装幀───菊地信義
装画───岸並千珠子

*

© 2006　Printed in Japan　　　　　　　　　ISBN 978-4-634-24612-6
・造本には十分注意しておりますが，万一，落丁・乱丁などがございましたら，
　小社営業部宛にお送りください。送料小社負担にてお取り替えいたします。
・定価は表紙に表示してあります。

茨城県
埼玉県
東京都
鹿島灘
東京湾
霞ヶ浦
五霞町
境町
坂東市
常総市
つくば市
土浦市
かすみがうら市
行方市
幸手市
杉戸町
野田市
春日部市
守谷市
つくばみらい市
牛久市
阿見町
美浦村
稲敷市
潮来市
鹿嶋市
神栖市
龍ケ崎市
利根町
河内町
取手市
我孫子市
柏市
松伏町
越谷市
吉川市
流山市
草加市
三郷市
八潮市
松戸市
鎌ケ谷市
白井市
印西市
栄町
成田市
神崎町
香取市
東庄町
旭市
銚子市
多古町
芝山町
富里市
八街市
佐倉市
酒々井町
八千代市
市川市
船橋市
習志野市
四街道市
浦安市
千葉市
東金市
山武市
横芝光町
匝瑳市
東京国際空港
成田国際空港
東関東自動車道
常磐自動車道
東京外環自動車道
東総道路
新空港道
圏央道
銚子連絡道
千葉東金道路
2014年春開通予定
犬吠埼
屏風ヶ浦
九十九里浜